2019
全球独角兽企业500强
蓝皮书

解树江 著

Blue Book of Global Top 500 Unicorn Enterprises in 2019

经济管理出版社
ECONOMY & MANAGEMENT PUBLISHING HOUSE

图书在版编目（CIP）数据

2019 全球独角兽企业 500 强蓝皮书/解树江著 . —北京：经济管理出版社，
2020. 11

ISBN 978-7-5096-7528-1

Ⅰ. ①2…　Ⅱ. ①解…　Ⅲ. ①企业管理—研究报告—世界—2019　Ⅳ. ①F279. 1

中国版本图书馆 CIP 数据核字（2020）第 175274 号

组稿编辑：张丽原
责任编辑：任爱清
责任印制：黄章平
责任校对：王纪慧

出版发行：经济管理出版社
　　　　　（北京市海淀区北蜂窝 8 号中雅大厦 A 座 11 层　100038）
网　　址：www. E-mp. com. cn
电　　话：（010）51915602
印　　刷：河北赛文印刷有限公司
经　　销：新华书店
开　　本：720mm×1000mm/16
印　　张：35. 25
字　　数：485 千字
版　　次：2020 年 11 月第 1 版　　2020 年 11 月第 1 次印刷
书　　号：ISBN 978-7-5096-7528-1
定　　价：198. 00 元

打造独角兽企业成长的"热带雨林"

王清宪　中共山东省委常委、青岛市委书记

中国经过 40 多年的改革开放，奇迹般地跃升为世界第二大经济体。这是一个事实，不是一个判断。因此，在全世界范围内，尽管从不同的角度有不同的评论，但还没有谁否认这个事实。当然，我们也遇到了新的问题，例如，贸易摩擦。成长必然会有烦恼，排除烦恼的过程本身就是成长。因此，我们更加明白一个道理：别纠结在烦恼中，还是更好更快地成长吧！习近平总书记说："面对百年未有之大变局，关键是把中国自己的事办好。"我们有太多的事需要自己办好，其中，把企业的事办好，把创新的事办好就很重要。这也是我们一年多来更深切透彻的领悟。

当前，世界秩序加速重塑，全球治理机制不断完善，新一轮科技革命和产业变革迅猛发展。习近平总书记说："综合国力的竞争说到底是创新的竞争。"而创新的根本力量在市场，主角是企业。研究表明，对人类有重大影响的 160 种主要创新成果中，80% 是由企业完成的。因此，可以说，创新的竞争，在很大程度上就是企业的竞争。

自 2013 年提出独角兽概念以来，这些企业已经成为各行各业创新发展的"代名词"和衡量一个国家或地区创新能力与创新生态的重要风向标。从研究来看，目前全球独角兽企业分布在 25 个行业，其中，电子商务、金融科技、云计算、人工智能、物流前五大行业占了近一半。这些行业正在影响世界经济，引领第四次工业革命，被广泛认为是未来的关键行业。根据本次大

会发布的《2019 全球独角兽企业 500 强发展报告》，中国独角兽企业的数量和估值均居全球第一。党的十九届四中全会指出，"要建立以企业为主体、市场为导向、产学研深度融合的技术创新体系，支持大中小企业和各类主体融通创新"。我认为，落实好这一要求，就要紧紧抓住独角兽企业这个蕴含着强大的创新力和巨大的成长性的企业群体。从一定意义上来说，一个城市有多少独角兽企业，就是对这个城市的创新活力、发展模式、未来前景的最好诠释。对这个问题，青岛心领神会。

从 2018 年 6 月的上海合作组织青岛峰会，到 2019 年 4 月的庆祝中国人民海军成立 70 周年海上阅兵活动，习近平总书记在不到一年的时间里，两次来到青岛，着眼我国开放发展大局和区域协调发展全局，要求青岛 "办好一次会，搞活一座城"、建设现代化国际大都市、打造 "一带一路" 国际合作新平台，推动形成我国东西双向互济、陆海内外联动的开放新格局。这意味着，今天的青岛已经站在了中国新一轮高水平对外开放的最前沿，青岛必须努力成为长江以北地区国家纵深开放新的重要战略支点。我们要打造的国际合作新平台，必定是中国面向世界的开放的平台、创新的平台。这个平台当然要聚起更多的独角兽，培育出更多的独角兽，以及众多新特优中小企业，这也是我们举办这次全球独角兽企业 500 强大会的初衷。2019 年是第一次，以后将每年举办一次。

2019 年以来，青岛怀着这样的想法，用心努力地营造着生态环境。独角兽要加快成长，更多中小企业要成为独角兽企业，首先需要资本！我们在 2019 年 5 月举办了 2019 全球（青岛）创投风投大会，出台 "青岛创投风投十条"，设立总规模 500 亿元的科创母基金，首期 120 亿元已开始运营。截至 11 月底，青岛市在中基协登记的私募基金管理机构达到 261 家，备案私募基金 529 只，实缴管理规模 813 亿元。我想告诉大家，近一个时期正在有更多的基金，更大的基金，更有实力、经验与全球视野的基金，在青岛对接落地。我们就是为更多的独角兽以及将成为独角兽的企业备料。总体来看，北方的企业与南方比，很大的差距在对资本市场的认识与运用上。从 2019 年 10 月开始，青岛在全市分类对万名企业家进行资本市场知识培训，我们希望更多的企业能够成长为独角兽。

青岛有门类齐全且实力雄厚的产业基础，但毋庸讳言的是，近些年来，我们在创新性高技术产业领域的引领性不如前些年了。我们的确很着急，如何维持好青岛在中国产业的引领地位？我们提出，青岛不能再仅仅满足于津津乐道了几十年的海尔、海信、青啤等"五朵金花"，必须有成批的、成片的新的金花。鼓励有创新力、有实力的企业创意策划发展成为 100 亿元、500 亿元、1000 亿元销售规模的新金花。我们鼓励企业提出创意，在政府研究论证完善后，就作为重点支持的产业发展项目推进。

前不久，我们组织召开了中国人工智能产业共同体大会，华为、科大讯飞、腾讯、商汤科技等 15 家头部企业发表共同体宣言，联合在青岛开展人工智能科技应用创业培训，把人工智能的上下游打通整合起来，形成技术链、人才链、资本链、创新链的"四链合一"。青岛将充分利用其产业门类齐全的优势，放开应用场景，推动人工智能在应用中创新。我们要把青岛打造成中国人工智能应用与服务产业高地，我期待在这个领域，青岛能产生一批独角兽。

独角兽企业作为创新性、成长性极强的企业，吸引创新型人才是最重要的。青岛拥有海洋试点国家实验室、国家高速列车技术创新中心等国家级创新平台，国家 E 级超算也已落地青岛，我们有 26 所大学、138 家国家级孵化载体、190 多家省级以上企业技术中心。为吸引更多年轻的创新型人才，我们出台了吸引人才的落户、住房补贴、创业补助等政策，2020 年 10 万套人才公租房将开工建设。最近，我从新闻上看到，在广州召开的一次会议上，青岛被评为年度最佳引才四个城市之一。理由是：在人才竞争中成绩亮眼，不仅引得来，还能留得住，人才质量在持续提升。作为一个有着时尚传统的城市，我们发起了国际时尚城建设攻势，让多元文化在青岛交汇交融，使青岛成为各种创新思想的策源地，能够吸引全世界的年轻人来体验、工作、生活，让他们在这里享受到世界最流行的艺术、运动、饮食、休闲、创意、生活方式以及各种各样的学术交流。

我们出台了独角兽企业培育和奖励方案，构建企业培育库，为企业提供政策政务、辅导培训、技术对接、管理咨询等全方位线上线下服务，构建企业从"专精特新"到隐形冠军、"小巨人"，从瞪羚到独角兽的全过程成长培育机制，为独角兽企业在青岛的创新发展提供有力支撑。

创新与成长是独角兽最鲜明的特质。我认为，这样的精神特质和今天的青岛很像，或者说青岛很像城市中的独角兽。我们看独角兽企业不只是看他们的今天，更是看他们的明天，看他们的后天；独角兽企业看青岛也不要只看青岛的今天，要看青岛的明天、青岛的后天。愿大家站在国家战略的大坐标中，面向未来谋划布局在青岛的发展。青岛愿意把最优质的资源交给高品质的企业、高品质的人去经营，青岛愿意提供一个国际合作的新平台，成为独角兽茁壮成长的"热带雨林"。

目　录

第一章

全球独角兽企业 500 强基本格局

2019 年 12 月 18 日，在青岛举办的全球独角兽企业 500 强大会上，中国人民大学中国民营企业研究中心与北京隐形独角兽信息科技院（BIHU）联合发布了《2019 全球独角兽企业 500 强发展报告》（*The Global Unicorn Top 500 Report 2019*）。报告基于 2019 年全球独角兽企业 500 强数据库，按照全球独角兽企业 500 强评价标准，采用人机共融智能技术（Human Machine Integration Intelligent Technology），遴选出全球前 500 家独角兽企业。

全球独角兽企业 500 强具有以下五个评价标准：一是公司估值在 70 亿元人民币（10 亿美元）以上；二是拥有独创性或颠覆性技术；三是拥有难以复制的商业模式；四是成立时间 10 年左右；五是符合现行政策导向，不存在重大负面舆情。本报告评估基准日期为 2019 年 7 月 31 日。

本章以全球独角兽企业 500 强为研究对象，以中国人民大学中国民营企业研究中心和北京隐形独角兽信息科技院发布的《2019 全球独角兽企业 500 强发展报告》为基础，通过对全球独角兽企业 500 强相关数据的分析和研究，概括全球独角兽企业 500 强的洲际分布、国别分布、城市分布、行业分布等基本特征和发展规律，并展望全球独角兽企业 500 强的发展趋势。

全球独角兽企业 500 强总估值超巴西 GDP

2019 年全球独角兽企业 500 强总估值为 19322.57 亿美元，超过 2018 年国内生产总值（Gross Domestic Product，GDP）1.87 万亿美元、位居全球第 9 位的国家巴西。

中美两国独角兽企业 500 强占全球的 82%，占据绝对优势。中国有 217 家，总估值 9413.82 亿美元，位居世界第一；位居世界第二位的美国有 193 家，总估值 7439.14 亿美元。其余 18% 主要分布在欧洲与亚洲国家。印度和英国分别为 20 家和 17 家，德国有 10 家，韩国有 8 家，法国有 5 家，以色列与印度尼西亚各 4 家，巴西与瑞士各 3 家，哥伦比亚与瑞典各 2 家，日本与新加坡各 2 家，卢森堡、澳大利亚、南非、爱沙尼亚、菲律宾、加拿大、马耳他和西班牙各 1 家（见图 1-1）。

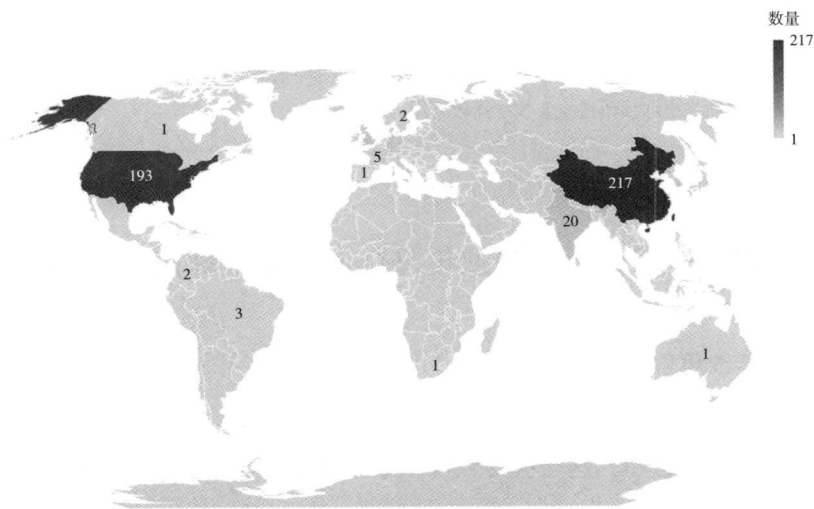

图 1-1 全球独角兽数量区域分布

资料来源：全球独角兽企业 500 强数据库（Unicorn500）。

　　全球独角兽企业 500 强极化现象显著。估值超过 100 亿美元的超级独角兽企业有 29 家，总估值为 9497.65 亿美元，占全球独角兽企业 500 强总估值的 49.15%。中国和美国均有 12 家超级独角兽企业，占比 41.38%，总估值分别为 5047.85 亿美元（占比 53.15%）和总估值为 3819 亿美元（占比 40.21%）。印度有 2 家超级独角兽企业，占比 6.90%，总估值为 280 亿美元，占比 2.95%。新加坡、英国和印度尼西亚分别拥有 1 家超级独角兽企业，依次是 Grab（估值 140 亿美元）、Global Switch（估值 110.08 亿美元）、Go-Jek（估值 100 亿美元）（见图 1-2）。

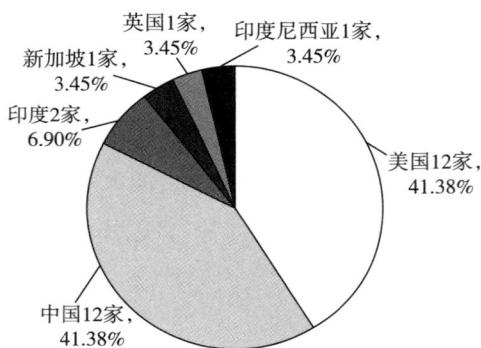

图 1-2　超级独角兽企业国家数量分布

资料来源：全球独角兽企业 500 强数据库（Unicorn500）。

亚洲时代来临：亚洲独角兽企业数量全球占比 51.60%

　　亚洲独角兽企业强势崛起（如图 1-3、图 1-4 所示），亚洲共有 258 家独角兽企业 500 强，数量占全球 51.60%，估值突破万亿美元大关，超过其他地区的总和，这与世界经济重心逐渐向亚洲转移的趋势高度吻合。中国和印度共有 237 家全球独角兽企业 500 强，占亚洲的 91.86%。

（家）

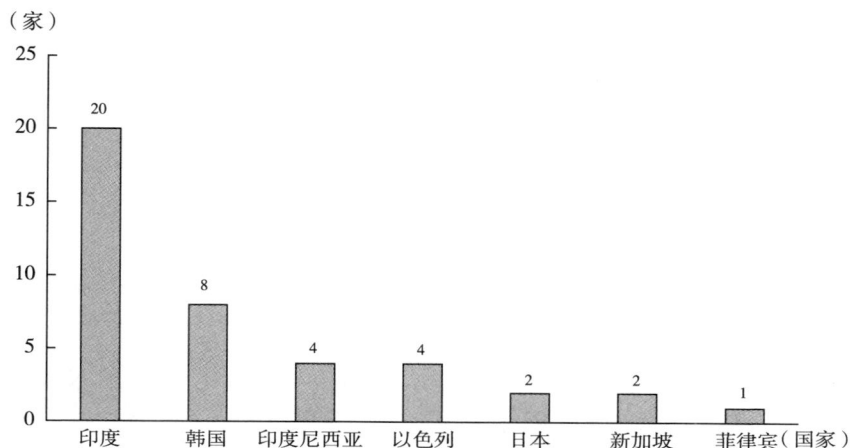

图 1-3　除中国外亚洲各国独角兽企业数量分布

资料来源：全球独角兽企业 500 强数据库（Unicorn500）。

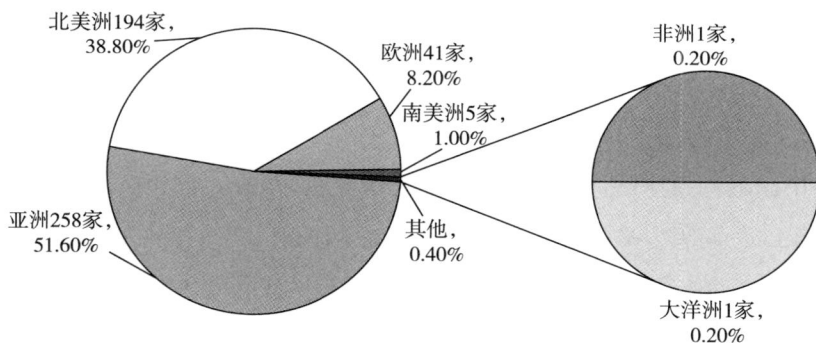

图 1-4　全球各地区独角兽企业数量分布

资料来源：全球独角兽企业 500 强数据库（Unicorn500）。

中国力拔头筹：数量和估值均居世界第一

中国有全球独角兽企业 500 强 217 家，占比 43.4%，总估值为 9413.82 亿美元，其中，有 45 家入围前 100（总估值为 6792.22 亿美元）。中国全球独角兽企业 500 强行业分布前三甲的为生活服务、企业服务和智能科技，分别有 41 家、31 家、28 家，分别约占 18.9%、14.3%、12.9%（如图 1-5 所示）。

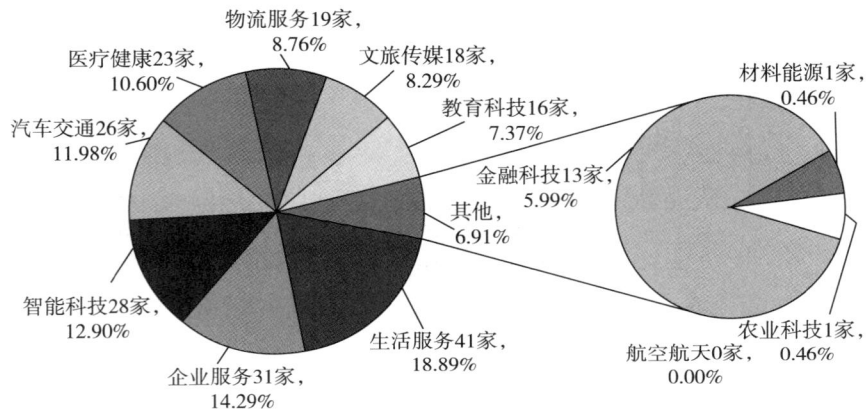

图 1-5 中国独角兽企业 500 强行业数量分布

资料来源：全球独角兽企业 500 强数据库（Unicorn500）。

中国具有独角兽企业成长壮大的肥沃土壤。2018 年，中国 GDP 世界排名第二，购买力平价世界排名第一。中国拥有 41 个工业大类、207 个工业中类、666 个工业小类，形成了独立完整的现代工业体系，是全世界唯一拥有联合国产业分类当中全部工业门类的国家，因而中国的创新能力不断增强。2018 年，中国研发投入世界排名第二（如表 1-1 所示），总量已接近美国，中国专利申请量世界排名第二，2019 年有望超过美国。随着中国商品服务供给日益丰富，消费规模不断扩大，2018 年社会消费品零售总额已达 38 万亿元，成为全球第二大消费市场。中国外贸持续快速发展，2018 年出口总额达到 4.63 亿美元，成为全球第一贸易大国。此外，根据 CrunchBase 数据，2018 年前 10 个月中国风险投资额以创纪录的 938 亿美元领跑全球。上述因素增强了中国科技创新企业的活力，加上风险资本的有力推动，中国独角兽企业呈现集群式发展的强劲态势。

表 1-1　2017~2018 年世界专利申请量前 7 强国家

排名	国家	2017 年专利数量	2018 年专利数量
1	美国	56676	56142
2	中国	48905	53345
3	日本	48205	49702
4	德国	18951	19883
5	韩国	15751	17014
6	法国	8014	7914
7	英国	5568	5641

资料来源：世界知识产权组织（World Intellectual Property Organization，WIPO）。

美国 Waymo 估值居全球独角兽企业 500 强之首

美国有 193 家企业入围全球独角兽企业 500 强，占比 38.6%，总估值为 7439.14 亿美元。其中，有 35 家企业进入 Top 100，总估值为 5010.54 亿美元，平均估值为 143.16 亿美元。美国有 4 家独角兽企业进入 Top 10 强（如表 1-2 所示），分别为 Waymo、JUUL Labs、Airbnb、Stripe，总估值为 2648 亿美元，平均估值为 662 亿美元。

美国创新能力仍为世界一流，在生物科技、网络安全、数据分析等多个硬科技领域领先中国（如图 1-6 所示）。

表 1-2　2019 全球独角兽企业 500 强榜单 Top10

排名	公司	估值（亿美元）	国家	领域
1	Waymo	1750	美国	智能科技
2	蚂蚁金服	1538.46	中国	金融科技
3	字节跳动（今日头条）	750	中国	文旅传媒
4	阿里云	670	中国	企业服务
5	滴滴出行	560	中国	汽车交通

续表

排名	公司	估值（亿美元）	国家	领域
6	JUUL Labs	380	美国	生活服务
7	阿里本地生活	300	中国	生活服务
8	Airbnb	293	美国	生活服务
9	Stripe	225	美国	金融科技
10	大疆无人机	220	中国	智能科技

资料来源：全球独角兽企业 500 强数据库（Unicorn500）。

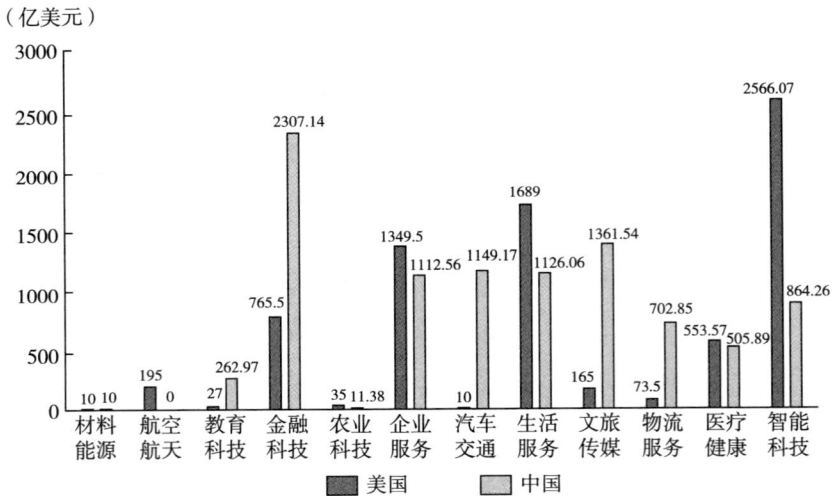

图 1-6　中美独角兽企业 500 强分行业估值总额分布

资料来源：全球独角兽企业 500 强数据库（Unicorn500）。

印度居全球第三

印度的全球独角兽企业 500 强数量位列全球第三，有 20 家，占比 4%，总估值 773.8 亿美元；进入前 100 位的有 7 家，总估值为 567 亿美元。印度的全球独角兽 500 强企业主要聚集于古尔冈、班加罗尔、新德里等城市（如表 1-3 所示），三城市分别产生了 7 家、5 家、3 家全球独角兽企业 500 强；超级独角兽有 2 家（Paytm 、One97 Communications）。

表 1-3　印度独角兽企业 500 强估值与城市分布

排序	公司	估值（亿美元）	城市	领域
18	Paytm	180	诺伊达	金融科技
28	One97 Communications	100	新德里	金融科技
41	Snapdeal	70	哈里亚纳邦古尔冈	生活服务
47	Ola Cabs	62	卡纳塔克邦科拉曼加拉	汽车交通
60	OYO 酒店	55	哈里亚纳邦古尔冈	生活服务
67	BYJU'S	50	班加罗尔	教育科技
68	Gaming Monk	50	新德里	生活服务
103	Swiggy	33	班加罗尔	生活服务
158	BigBasket	23	卡纳塔克邦班加罗尔	生活服务
165	Zomato	21.8	哈里亚纳邦古尔冈	生活服务
192	ReNew Power	20	哈里亚纳邦古尔冈	材料能源
212	Billdesk	18	古吉拉特邦艾哈迈达巴德	金融科技
237	Delhivery	16	哈里亚纳邦古尔冈	物流服务
283	Hike	14	新德里	文旅传媒
364	Shopclues	11	哈里亚纳邦古尔冈	生活服务
468	InMobi	10	班加罗尔	文旅传媒
472	PolicyBazaar	10	哈里亚纳邦古尔冈	金融科技
473	Ola Electric Mobility	10	班加罗尔	汽车交通
477	Udaan	10	班加罗尔	企业服务
483	Dream11	10	孟买	生活服务

资料来源：全球独角兽企业 500 强数据库（Unicorn500）。

　　目前，印度现有的独角兽企业主要分布在金融科技、生活服务、汽车交通和文旅传媒四个领域（如图 1-7 所示）。生活服务领域的独角兽企业最多，占比超过 1/3，独角兽企业集中于生活服务领域与其快速增长的人口有着密切的关系。虽然金融科技领域的独角兽数量只是生活服务领域的一半，但总体估值却高达 308 亿美元。

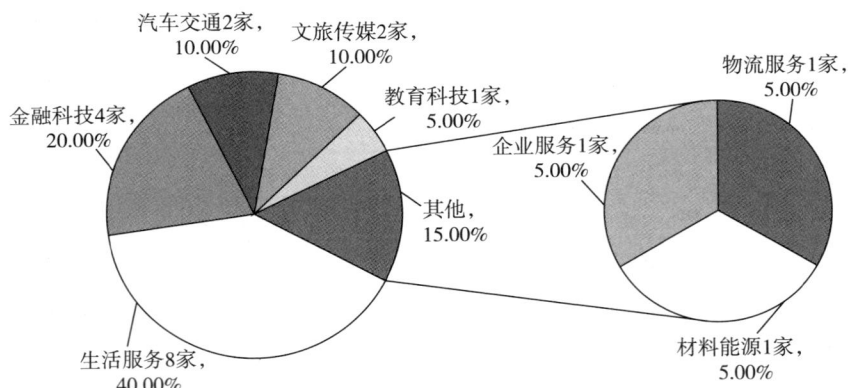

图 1-7　印度全球独角兽企业 500 强行业分布

资料来源：全球独角兽企业 500 强数据库（Unicorn500）。

　　印度非常重视以创新引领新经济发展。印度总理辛格宣布 2010~2020 年为印度"创新的十年"，并推出"印度十年创新路线图（2010~2020）"。印度在国家"十二五"规划（2012~2017）中明确了科技创新的具体目标和指标，到 2017 年成为全球科技六强，2020 年要成为全球科技五强。印度政府对重大关键技术领域的遴选和资助具有战略持续性。印度总理莫迪注重完善支持创新的体制机制，强化科技部的职能，科技部长提升为内阁部长。成立国家创新委员会，负责制定"印度十年创新路线图（2010~2020）"，鼓励草根创新、产业创新、教育创新和社会创新；下设创新基金，基金以公私合营模式（Public Private Partnership，PPP）由政府和私营部门投入，创新基金采取伞型基金（基金中的基金）模式；推动产业创新集群，以集群方式推动成立大学创新集群和产业创新集群。印度政府还出台了七大国家级旗舰计划：印度制造、数字印度、技能印度、绿色印度、智慧城市、清洁印度和基础设施建设等。

英国居欧洲首位

英国全球独角兽企业 500 强有 17 家,占欧洲的 41.46%,总估值为 430.7 亿美元,在欧洲总估值最高(如图 1-8 所示)。主要集中分布在金融科技领域,与其传统金融强国地位密不可分。目前英国的创新创业生态在欧洲依然位于前列。伦敦被认为是金融科技、大数据和数字技术的创新中心之一。在毕马威(KPMG)针对全球 740 名科技企业高管的调查中,预计英国将在最具颠覆性的技术生产国家排名中略微落后于美国和中国。

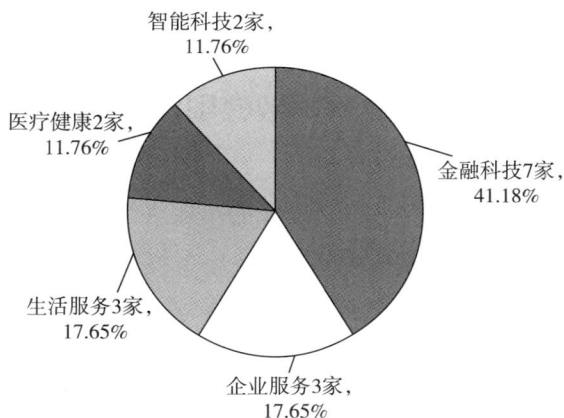

智能科技2家,
11.76%

医疗健康2家,
11.76%

金融科技7家,
41.18%

生活服务3家,
17.65%

企业服务3家,
17.65%

图 1-8 英国全球独角兽企业 500 强分行业数量分布

资料来源:全球独角兽企业 500 强数据库(Unicorn500)。

德国有 10 家全球独角兽企业 500 强,总估值为 171.56 亿美元。尽管德国创新实力强劲,但金融市场以间接融资为主,资本市场相对不活跃,企业大多依靠银行获取资金,导致德国高科技企业的估值被低估或不易确定估值(如图 1-9 所示)。因此,独角兽企业数量不能作为衡量一个国家创新能力的唯一指标。

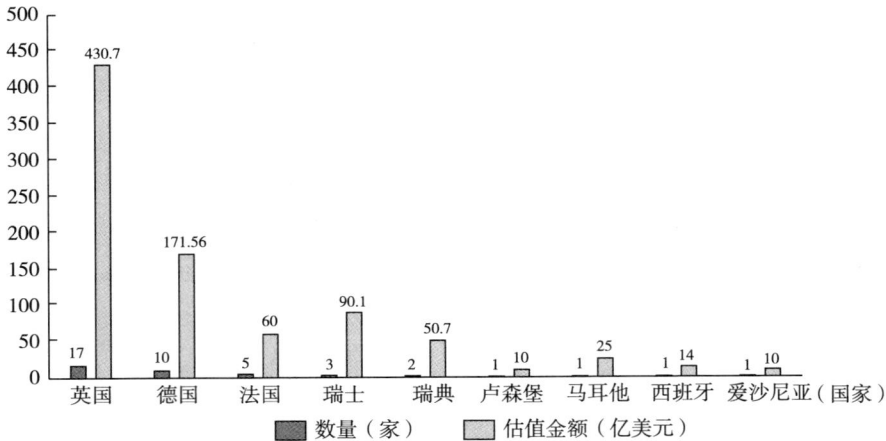

图 1-9　欧洲各国全球独角兽企业 500 强数量和估值分布

资料来源：全球独角兽企业 500 强数据库（Unicorn500）。

日本不敌韩国

日本只有 2 家估值 10 亿~20 亿美元的小独角兽企业进入 500 强，总估值为 30 亿美元；韩国有 8 家企业进入全球独角兽企业 500 强榜单，总估值为 254.5 亿美元，而且有 3 家独角兽企业入围 100 强（如表 1-4 所示）。

虽然日本和韩国的大型公司具备位居世界前列的技术创新能力，但是创新载体大都在大型企业，中小企业的创新竞争力有限。日本的政策努力与创新优势未能体现在独角兽企业发展上，主要原因有四个方面：一是老龄化严重、终身雇用制、创业氛围不浓；大企业是日本优秀年轻人就业首选，互联网类企业收入水平吸引力不足；二是创业创新资源分布失衡，许多隐形独角兽企业早期受到传统巨头竞争或收购，最终难以成长为独角兽；三是日本中小企业融资体系以银行为主导，风险资本市场运用不足；四是不少企业未长成独角兽企业便已上市。

表1-4　韩国和日本全球独角兽企业500强

排名	公司	估值（亿美元）	国家	领域
32	Coupang	90	韩国	生活服务
66	Bluehole	50	韩国	生活服务
79	Yello Mobile	40	韩国	文旅传媒
138	Woowa Brothers	26	韩国	企业服务
191	Preferred Networks	20	日本	智能科技
285	Wemakeprice	13.3	韩国	生活服务
286	GPClub	13.2	韩国	生活服务
318	Viva Republica (Toss)	12	韩国	金融科技
481	Yanolja	10	韩国	生活服务
482	Liquid	10	日本	金融科技

资料来源：全球独角兽企业500强数据库（Unicorn500）。

北京超越旧金山位居全球城市之首

从全球独角兽的城市分布来看（如图1-10所示），北京、旧金山、上海、纽约、深圳、杭州、伦敦和山景城的独角兽数量总和比例占到全球的54.6%，集聚效应明显。这些城市具有七个共性特征：一是创业服务发达，具有良好的创新氛围和创业环境；二是便于获取和利用丰富的金融资源，尤其是风险投资；三是拥有世界顶尖的大学及科研机构；四是便于拓展市场或本身市场容量较大；五是拥有完善的产业链支撑；六是经济发达程度高，政府扶持力度大；七是拥有机制良性的创新生态圈。

北京入围全球独角兽企业500强的有84家，占全国的38.71%、全球的16.80%，超过美国旧金山成为全球独角兽企业500强数量最多的城市。北京高等院校和学科研究所众多，风险投资机构云集，这是促使独角兽企业快速成长的最有利条件。此外，北京围绕《北京加强全国科技创新中心建设总体方案》《"智造100"工程实施方案》《北京绿色制造实施方案》等政

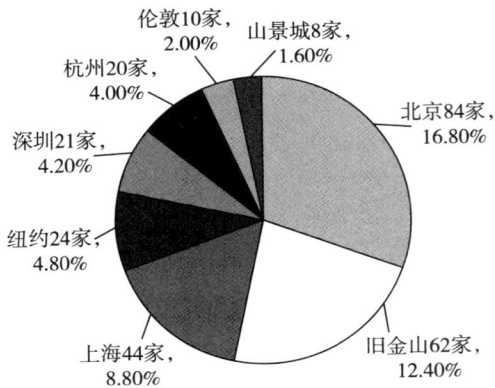

图 1-10　全球独角兽企业 500 强主要城市分布

资料来源：全球独角兽企业 500 强数据库（Unicorn500）。

策确定的产业方向，对标《北京市鼓励发展的高精尖产品目录》，集中力量突破产业关键技术，形成"高、新、轻、智、特"的高精尖产品创新集群，打造北京高精尖产业的核心竞争力。围绕龙头企业，支持符合各区主导产业方向的重大产业项目落地，引入一批国家亟须、能填补国内空白，在关键共性领域有技术突破，对产业上下游、生态构建或形成特色集聚等有较大拉动的高精尖项目。上述举措都有利于促进北京独角兽企业的发展。

　　"北上深杭"四个城市独角兽企业 500 强数量为 169 家（如图 1-11 所示），占全中国的 77.88%，总估值为 8364.55 亿美元，在全球城市中排名比较靠前，成为独角兽企业 500 强第一梯队城市。上海独角兽企业 500 强有 44 家，在世界城市排名中位居第三、占 8.8%；深圳有 21 家，排第五、占 4.2%；杭州有 20 家排第六，占 4%。这说明我国重点区域创新活力持续提升、创新型城市不断涌现，更多的城市开始注重营造创新创业生态，培育和引进创新型企业。

　　青岛成为独角兽新兴成长地。青岛有杰华生物、日日顺、伟东云等 6 家企业进入全球独角兽企业 500 强榜单，位列中国北方第二位，全国城市第七位。分属生物医药、智慧物流、教育科技、新文娱、企业服务和汽车

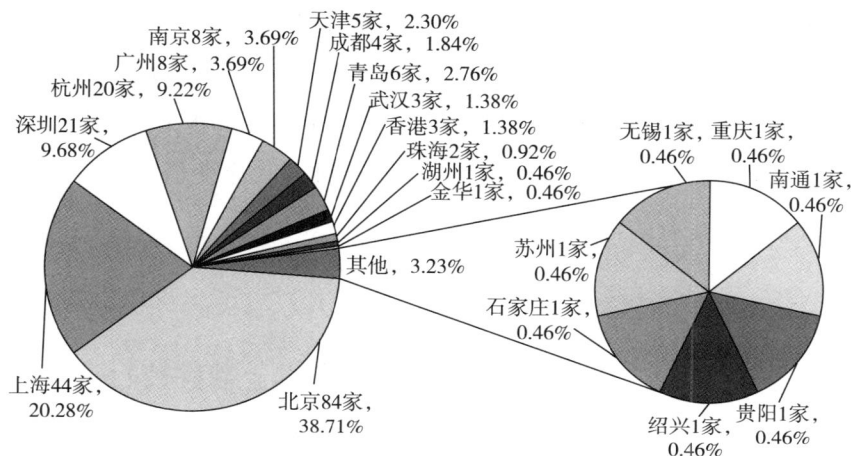

图 1-11 中国各城市独角兽企业数量分布

资料来源：全球独角兽企业 500 强数据库 （Unicorn500）。

交通等产业领域。

青岛具有独角兽企业发展的良好条件。青岛是中国北方一座极富人文与发展魅力的沿海开放城市。2018 年，青岛 GDP 总量达 1.2 万亿元，在全国五个计划单列市中，排深圳之后，列第二位。青岛具有雄厚的产业基础，已形成门类齐全、结构完备的工业体系，制造业涵盖 31 个行业大类，家电、汽车、石化、食品等产业链的产值都超过千亿，拥有海尔、海信、中车四方、青啤等一批世界知名制造业企业。青岛有发达的教育、科技，区域创新能力突出，拥有国家重点实验室 9 家，省级以上企业技术中心 193 家、工程技术研究中心 292 家，高新技术企业 3112 家。青岛有 15 个国家级开发区，一大批国家级科研平台和数千家高新技术企业。近年来，青岛着力发展高新技术产业，在新一代信息技术、高速列车、生物医药、新能源汽车、工业机器人、现代海洋等领域不断突破，新的企业在快速发展。

青岛抢抓国际创新资源重新布局机遇，以资本的力量撬动人才集聚，推动科技创新，全力打造全球创投风投中心。截至目前，已有 253 家创投风投机构在青岛完成注册，中基协登记私募基金管理人 254 家，实缴管理规模 796 亿元。这些基金与创业培训、创业人才相对接，用资本的力量支持创业，为独角兽生长培植肥沃的"资本土壤"。如今，青岛迎来了全方位扩大开放、高质量发展的大势，站在了中国新一轮高水平对外开放的最前沿，一系列政策优势的叠加效应，为青岛独角兽企业借力资本市场发展，带来前所未有的新机遇。

企业服务、生活服务、智能科技和金融科技行业 合计占比为 65.40%

从行业分布来看，全球独角兽企业分布于 12 个领域（如图 1–12 所示），分别为企业服务、生活服务、智能科技、金融科技、医疗健康、汽车交通、物流服务、文旅传媒、教育科技、材料能源、航空航天和农业科技。其中，企业服务、生活服务、智能科技、金融科技和医疗健康领域成为独角兽集中爆发领域。这五个领域的独角兽总数占全球独角兽企业 500 强的 65.40%。

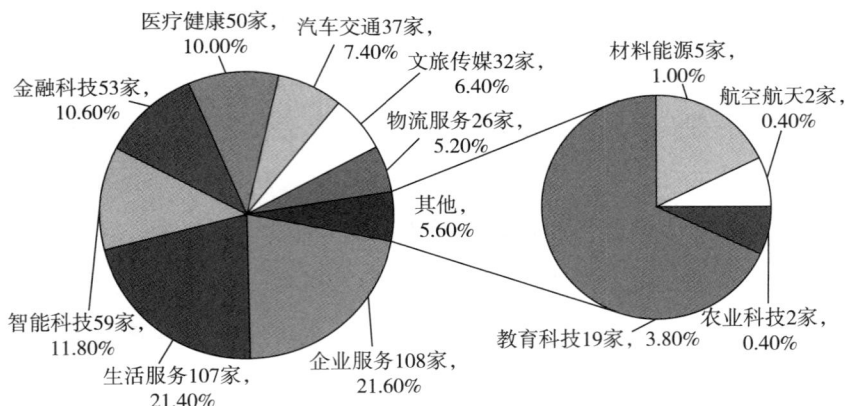

医疗健康50家，10.00%　汽车交通37家，7.40%　文旅传媒32家，6.40%　材料能源5家，1.00%
金融科技53家，10.60%　物流服务26家，5.20%　航空航天2家，0.40%
智能科技59家，11.80%　其他，5.60%
生活服务107家，21.40%　企业服务108家，21.60%　教育科技19家，3.80%　农业科技2家，0.40%

图 1–12　全球独角兽企业 500 强行业分布

资料来源：全球独角兽企业 500 强数据库（Unicorn500）。

企业服务行业：云计算、大数据领域独角兽聚集

本书中的企业服务涵盖了云计算、大数据、B2D 开发平台、软件应用等一系列为不同企业提供各项服务的公司。企业服务是全球独角兽企业来源中的一个重要组成部分，在本书的 500 家独角兽企业中有 108 家属于企业服务类，在行业排名中属于第一位，估值总金额为 2733.72 亿美元。其中，中国的阿里云以 670 亿美元的估值位居企业服务类独角兽榜首，美国的 Palantir Technologies 以 200 亿美元估值位居第二，英国的 Global Switch 以 110.8 亿美元估值排在榜单的第三名。

一、国家数量分布：中美是独角兽企业的主阵地，美国数量遥遥领先

从企业服务独角兽国家数量分布来看（如图 1-13 所示），中美仍然是独角兽企业的主阵地，尽管中国和美国企业服务独角兽数量合计 97 家，占总企业服务独角兽的 89.81%。但在数量上中美在企业服务领域的独角

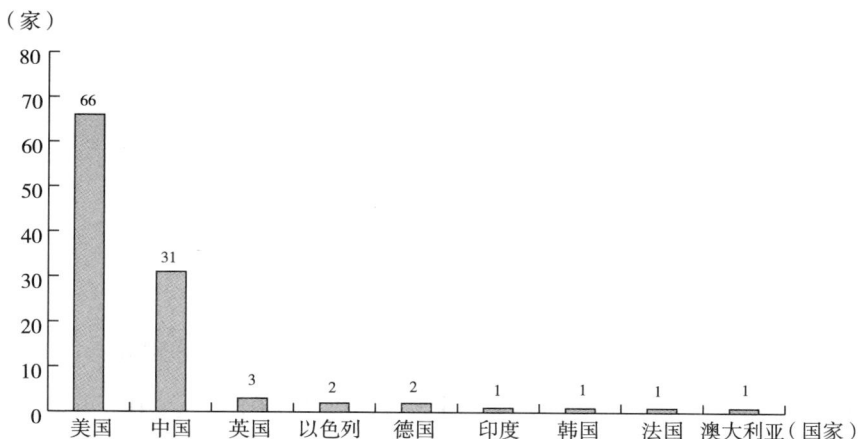

图 1-13 企业服务独角兽国家数量分布

资料来源：全球独角兽企业 500 强数据库（Unicorn500）。

兽分布有很大差距，中国只有 31 家企业服务类公司属于独角兽，而美国有 66 家入围榜单，大幅度超过中国。

美国企业服务独角兽领先（如图 1-14 所示），一部分是由于美国一直在大力发展服务业，服务业占全国 GDP 比重超过了 80% 以上，在全球服务业中遥遥领先；另一部分是由于美国企业服务行业起步时间较早，已经形成了较为成熟的企业服务市场，并且企业付费的习惯已经形成。而中国企业服务行业发展相对不成熟，尽管 2018 年我国服务业占 GDP 比重已过半，整体服务行业取得了较快的发展，但企业服务领域发展时间较晚，市场还没有形成，对企业服务的有效需求不足，因此，衍生出来的独角兽企业更少。随着云计算、大数据、软件应用等一系列新技术的发展和普及，我国企业服务行业将面临前所未有的发展机遇。

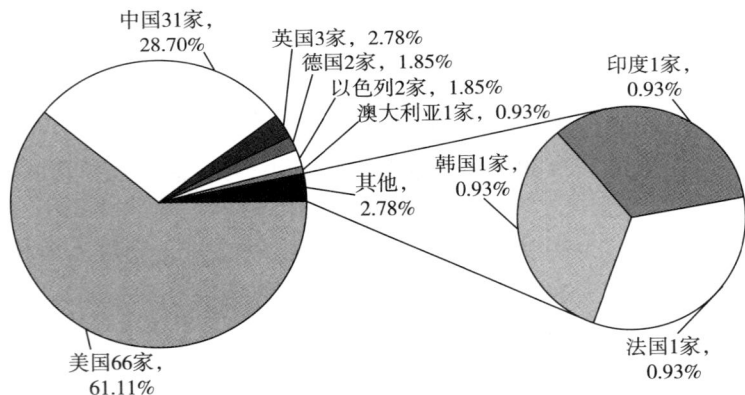

图 1-14　企业服务独角兽国家数量占比分布

资料来源：全球独角兽企业 500 强数据库（Unicorn500）。

除中美独角兽以外，剩余的 11 家企业服务类独角兽分别分布在英国、德国、以色列、澳大利亚、法国、韩国、印度 7 个国家，其中，英国占据 3 家，德国和以色列都是 2 家，剩下的只有 1 家。受脱欧不确定性因素影响，英国服务业增速显著恶化，脱欧进展严重影响了企业活动和企业信心，导致企业服务行业出现的独角兽数量较少。近七成的企业来自于发达国家，仅有三成的企业来自于发展中国家，可见企业的发展壮大离不开国家经济的繁荣和稳定。

二、国家估值分布：中国估值逼近美国，两者差距变小

尽管美国在数量上占据了比较大的优势，但在估值上中美两国的差距变小（如图 1-15 所示）。美国企业服务类独角兽的估值合计为 1349.5 亿美元，而中国估值合计为 1112.56 亿美元，估值差距大幅度小于两国的数量差距，其主要原因在于中国具有企业服务中估值最高的独角兽企业——阿里云。

（亿美元）

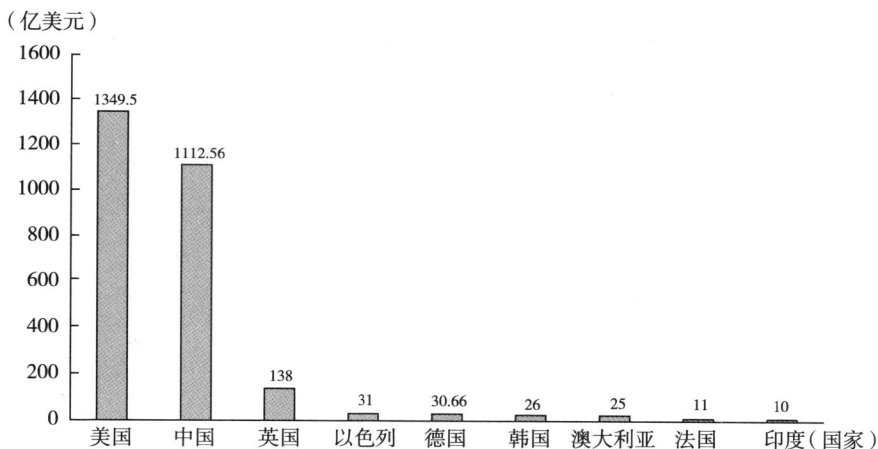

图 1-15　企业服务独角兽国家估值分布

资料来源：全球独角兽企业 500 强数据库（Unicorn500）。

阿里云是阿里巴巴集团旗下的一家云计算及人工智能科技公司，致力于为企业提供云服务器、云数据库、云安全等云计算服务。阿里云的成立时间较早，研发投入大，布局范围广，目前已经占据了国内云市场的半壁江山，并且在某些细分市场上占据了垄断地位。巨大的发展潜力、广阔的市场前景让阿里云获得了 670 亿美元的估值，该单个企业的估值就占了中国企业服务独角兽总估值的 60.22%。

英国以 138 亿美元的估值总额占据企业服务领域独角兽的第三位，以色列估值总额为 31 亿美元，排名第四，其他国家的独角兽企业估值总额均在 10 亿~30 亿美元。美国企业服务类独角兽估值分化较为严重，呈金字塔形状。其中，估值在 200 亿美元以上的超级独角兽有 1 家，估值在 100 亿~200 亿美元的有 2 家，估值在 30 亿~100 亿美元的有 4 家，估值在 20 亿~30 亿美元的有 6 家，估值在 10 亿~20 亿美元的有 53 家。众多估值较小的独角兽，使美国平均估值低于其他国家。中国企业服务独角兽估值分布相对集中，除阿里云以外，剩余的 25 家独角兽估值均处在 10 亿~40 亿美元。英国在平均估值上的超常表现，得益于具有一家超高估值的独角兽企业——Global Switch。作为欧洲最大的数据中心运营商，Global Switch 在当下尤为注重数据的大环境下取得了快速的发展，并逐渐成为了估值超过百亿的超级独角兽（如图 1-16 所示）。

（亿美元）

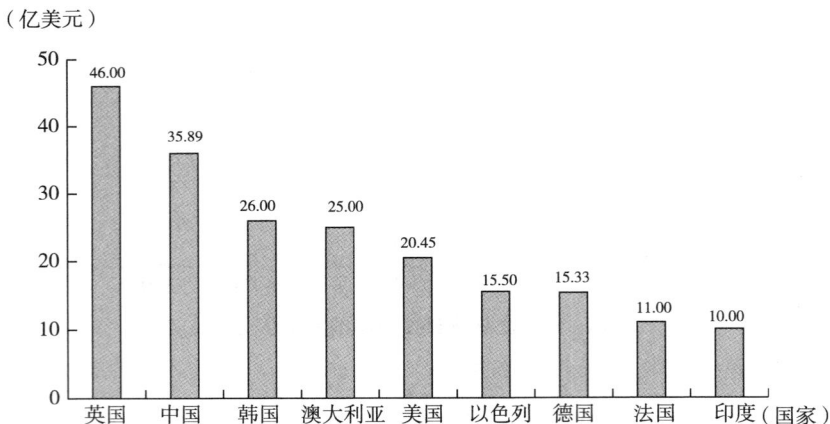

图 1-16　企业服务独角兽国家平均估值分布

资料来源：全球独角兽企业 500 强数据库（Unicorn500）。

三、子行业分布：云计算、大数据领域独角兽聚集，B2D 开发平台、创业服务崭露头角

从行业分布情况来看（如图 1-17 所示），云计算和大数据是企业服

务独角兽最为密集的领域。其中，云计算领域出现的独角兽企业数量最多，共有 20 家，占比 18.69%；大数据独角兽企业有 16 家，排名第二，占比 14.95%，这一发现恰好与当前行业的发展趋势不谋而合。自进入 21 世纪以来，在信息技术和互联网的发展浪潮下，数据体量迎来了爆炸式的增长，传统的生产力发展模式已不能满足人们的需求，越来越多的企业寻求技术的革新，由此催生了一大批以云计算、大数据为服务核心的行业。这些行业的发展不仅是实现传统行业与新一代信息技术融合的关键点，也是产业结构升级的核心动力，因此，受到了各国的高度重视。早在 2015 年我国就推出了《中国制造 2025》和"互联网+"行动计划，明确了云计算、大数据的战略方向，强调"互联网+"平台的搭建与应用。美国白宫先后发布一系列促进大数据发展的相关政策，并制定了云优先（Cloud First）、云敏捷（Cloud Smart）等云计算战略。科技的变革和国家政策的支持使大数据、云计算领域成为资本市场的新宠儿，大量资本涌入衍生出了一大批新兴独角兽企业，并造就了超级独角兽阿里云的诞生。

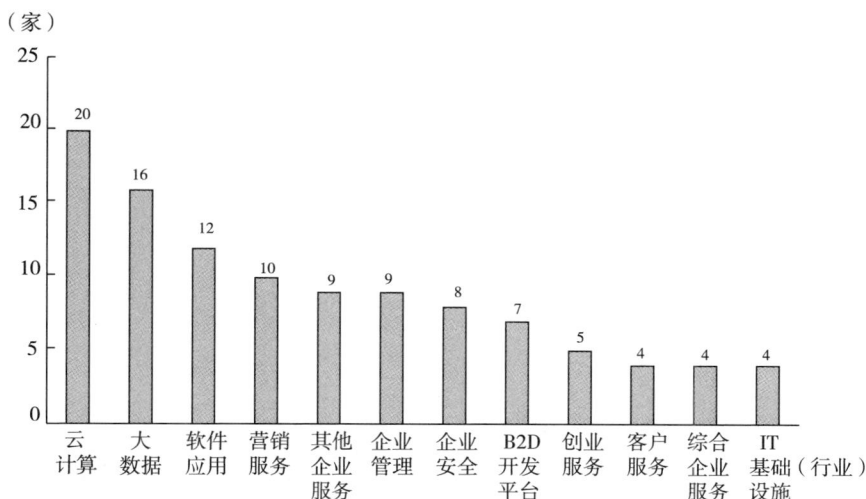

（家）

图 1-17　企业服务独角兽行业数量分布

资料来源：全球独角兽企业 500 强数据库（Unicorn500）。

与大数据、云计算等新兴领域相比，软件应用、营销服务、企业安全等领域出现的独角兽更少一些，目前软件应用领域的独角兽为 12 家（如图 1-17 所示），营销服务领域的独角兽为 10 家，企业安全和企业管理的独角兽分别为 8 家和 9 家，而客户服务和 IT 基础设施领域的独角兽都是 4 家。值得一提的是，随着 API 经济的崛起，B2D 开发平台应运而生，并涌现了 7 家独角兽企业，而在国家政策的号召下，为创新企业提供办公空间的行业也有了很大的发展，并派生了 5 家创业服务独角兽企业。剩下的 13 家企业服务独角兽则聚集在综合企业服务和其他服务领域，这里的综合企业服务是指那些为企业提供多样化服务的公司，例如，软通动力、美菜网、艾佳生活等，而其他企业服务则包含了所有不在上述 11 个领域的企业服务独角兽公司。

尽管云计算和大数据独角兽的数量差距不是很大，但从企业服务独角兽行业估值总额来看，云计算领域以 969.52 亿美元的估值总额位列第一，占总估值的 35.60%，而大数据领域估值总额为 519.30 亿美元，仅有云计算的 1/2 左右。这一反常表现，一个是来源于阿里云的超高估值。该单个

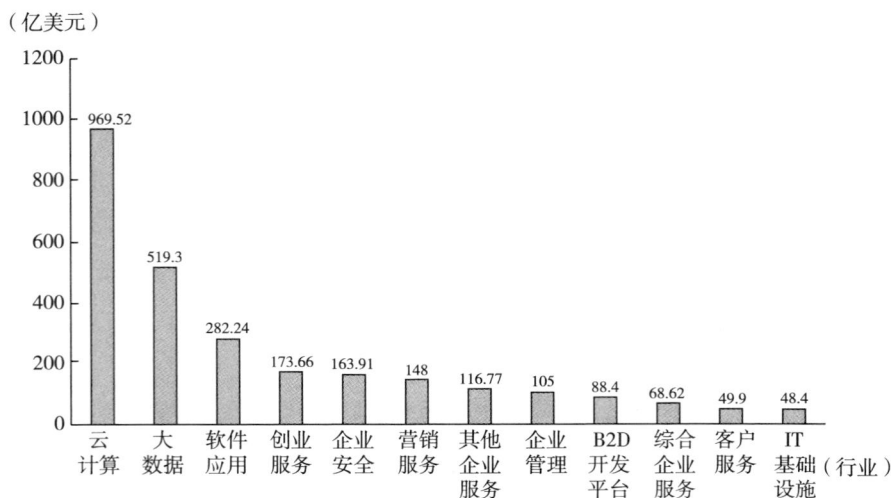

（亿美元）

图 1-18　企业服务独角兽行业估值分布

资料来源：全球独角兽企业 500 强数据库（Unicorn500）。

企业的估值就超过了大数据领域所有独角兽企业的估值总额，并占了云计算领域估值总额的 70%。另一个是创业服务行业，创业服务独角兽企业只有 5 家，但是估值总额高达 173.66 亿美元，在行业估值总额中排名第四，这主要是因为创业服务行业的独角兽以租赁办公空间为核心业务，而在当前房价高企的情况下，创业服务企业营收将会较高，进而估值也会更大（见图 1-18）。

生活服务行业：数量多、总估值高，但平均估值较低

广义的生活服务行业包含人们日常生活中的方方面面，餐饮、娱乐、购物、租房、买房、出行、居家等与生活相关的"衣食住行用"都属于服务的范畴。本书根据企业的主营业务和主要服务领域，将生活服务行业的独角兽企业细分为餐饮住宿、休闲娱乐、电子商务、房屋租售、出行旅行、家政居家、零售服装、食品生鲜共八个子行业。以下将从生活服务行业独角兽企业的国家数量分布、国家估值分布、子行业分布等方面进行研究与分析。

和独角兽企业 500 强总榜单相比，生活服务行业独角兽企业的数量和估值都较高，均位列行业第二名。其中，数量上为 107 家，占比高达21.40%；估值合计 3543.66 亿美元，占比 18.34%。从平均估值来看，生活服务行业独角兽企业的平均估值较低，仅为 33.12 亿美元，占 500 强平均估值的 85.70%。上述现象主要是由两方面因素造成的：一是生活服务行业的需求大、市场容量大，容易受资本的青睐，因而孵化了众多的独角兽；二是生活服务行业对企业的技术要求低、资本投入规模要求不高，并且行业进入门槛低、市场竞争较为激烈，因此，大多数生活服务企业的发展规模有限，而这由行业本身所决定，很难通过企业自身获得改变。

一、国家数量分布：发达经济体和新兴经济体势均力敌，中国小幅领先美国

从数量上来看（如图 1-19 所示），中国生活服务独角兽企业数量为41 家，排名第一；美国数量为 39 家，数量排名第二；排在第三名的是印度，数量为 8 家；第四名是韩国，数量为 5 家。剩余的生活服务独角兽企业分布在德国、印度尼西亚、英国、巴西、哥伦比亚、马耳他、南非，数量分别为：4 家、3 家、3 家、1 家、1 家、1 家、1 家。具体来看，中国、印度、巴西、南非、印度尼西亚以及哥伦比亚六个发展中国家的生活服务企业发展迅速，发展潜力广阔，独角兽企业合计数量为 55 家，与美、韩、英、德和马耳他五个发达国家的独角兽企业数量形成掎角之势，两者旗鼓相当。这说明生活服务行业独角兽的数量并不与国家的经济实力成正比，会受到很多其他方面因素的影响。

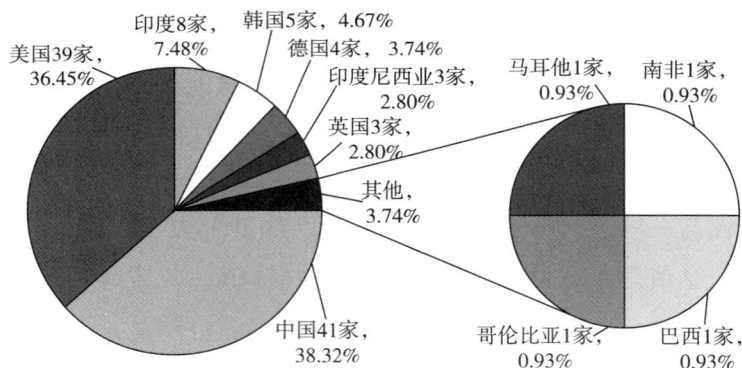

图 1-19　生活服务独角兽企业国家数量分布

资料来源：全球独角兽企业 500 强数据库（Unicorn500）。

由于中美市场容量大、创新基础扎实、产业资源丰富、人才集聚效应显著、企业融资获取便利等优势，处于独角兽超级大国地位，其中，估值前九家的企业中就有 8 家分属中美两国，美国占 5 家，中国占 3 家。总的来看，中国与美国在生活服务行业独角兽企业的数量上差距不大，而中国独角兽企业的发展速度更快，成长潜力更大，各有不同。

二、国家估值分布：独角兽企业实力与国家经济实力正相关，中美两国名列前茅

在生活服务行业中，经济实力强的国家，例如，美韩英德和马耳他，受益于美国独角兽企业总估值的强大，独角兽企业总估值达到 2006.5 亿美元，占总估值的 56.62%。目前来看，经济实力较强国家的独角兽企业的发展，超过经济实力较弱国家。

总的来看（如图 1-20 所示），美国生活服务独角兽企业总估值 1689 亿美元，排第一名；中国独角兽企业总估值 1126.06 亿美元，排第二名；而第三名印度只有 273.8 亿美元；第四名韩国只有 176.5 亿美元。具体来看，美国生活服务行业的独角兽企业的创办历史更为悠久，资本实力更为强大，经营过程也更为成熟和平稳，目前在这方面处于领先于中国的地位。

（亿美元）

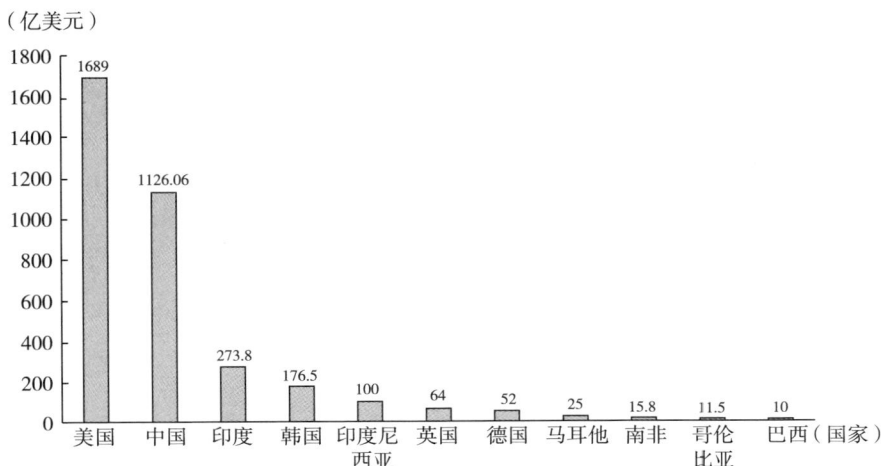

图 1-20　生活服务独角兽企业国家估值分布

资料来源：全球独角兽企业 500 强数据库（Unicorn500）。

与此同时，我们还看到，中国生活服务独角兽企业的实力正呈现比美国更快的上升趋势，未来中美之间关于生活服务行业独角兽企业估值上的差距将越来越小，中国终将超越美国。

三、子行业分布：电子商务类拔得头筹，阿里本地生活是代表性企业

具体从子行业来看（如图 1-21 所示），在数量上，电子商务类和零售服装类占比最高，合计达 42.06%，其余几家相差不多；在总估值上（如图 1-22 所示），电子商务、餐饮住宿、零售服装排名前三，均超过 600 亿美元，合计达 2158.26 亿美元，占比 60.90%。此外，电子商务类是生活服务行业最具优势的类别，在数量和估值上都拔得头筹，这说明与互联网进行融合、创新商业发展模式，已经成为生活服务领域企业发展壮大的必经之路。以代表性企业阿里本地生活服务公司为例，其将"饿了么"和"口碑"合并之后，围绕城市生活和互联网信息化，在新零售、营销物流方面成效显著，已经成功融入人们的日常生活中。

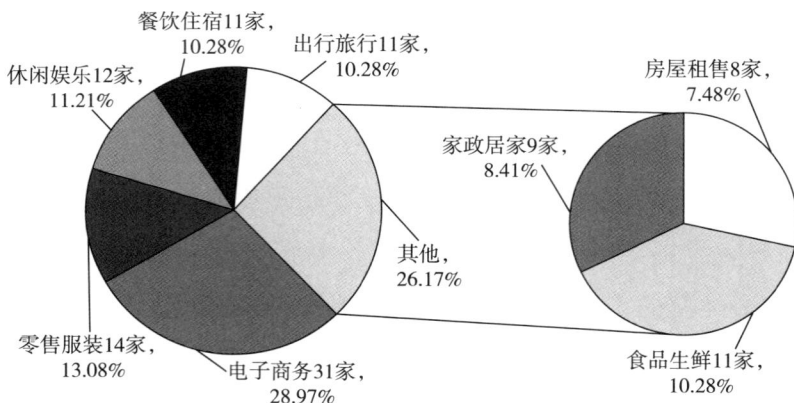

餐饮住宿11家，10.28%
出行旅行11家，10.28%
休闲娱乐12家，11.21%
房屋租售8家，7.48%
家政居家9家，8.41%
其他，26.17%
零售服装14家，13.08%
电子商务31家，28.97%
食品生鲜11家，10.28%

图 1-21　生活服务独角兽企业子行业数量分布

资料来源：全球独角兽企业 500 强数据库（Unicorn500）。

（亿美元）

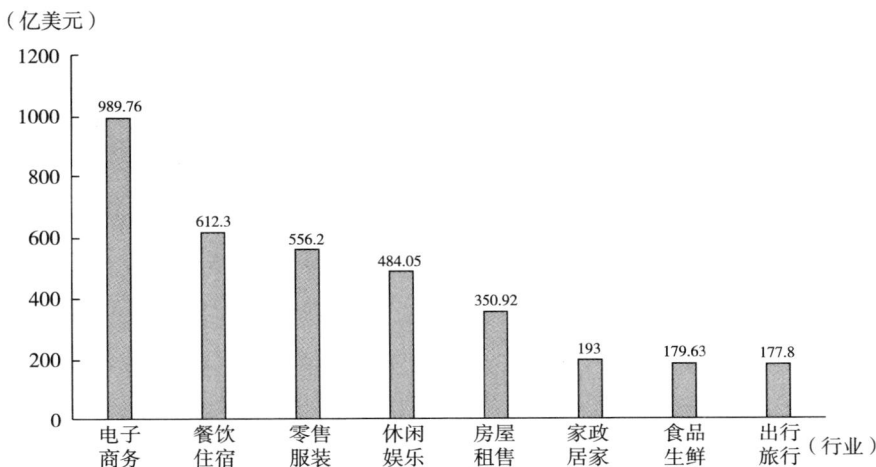

图 1-22　生活服务独角兽企业子行业估值分布

资料来源：全球独角兽企业 500 强数据库（Unicorn500）。

智能科技行业：智能硬件、无人驾驶、机器人公司数量最多

一、国家数量分布：中国企业总数量排名第一

在智能科技领域独角兽企业中（如图 1-23 所示），有 59 家入围独角兽 500 强榜单，其中，中国有 28 家，占比 47.46%；美国有 23 家，占比 38.98%,；英国有 2 家，占比 3.39%；日本、法国、新加坡、以色列、瑞士、菲律宾各有 1 家，合计占比 10.17%。

根据智能科技独角兽企业国家数量分布来看，中美两国的智能科技独角兽企业数量占全世界的 86.44%，这与中美两国经济发展形势和两国政府对人工智能产业的政策扶持密切相关。

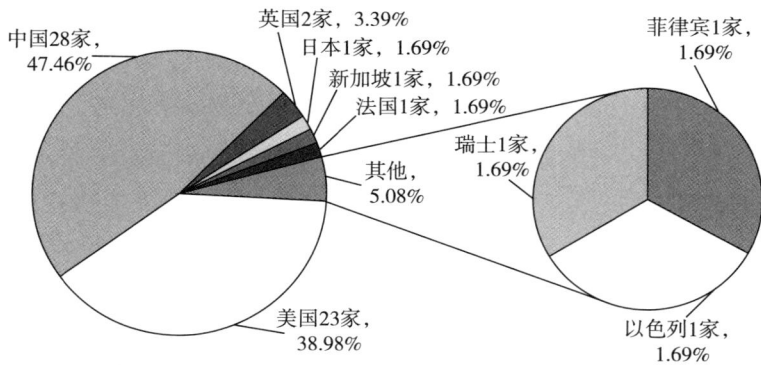

图 1-23　智能科技独角兽企业国家数量分布

资料来源：全球独角兽企业 500 强数据库（Unicorn500）。

中国作为世界经济的重要增长点，世界第二大经济体，自身科技实力也在不断提升。近年来中国的经济发展已经进入"新常态"，也就是说中国经济在未来由高速增长转变为中高速增长，同时强调经济结构的优化。在这样的背景下，以人工智能为代表的新产业受到重视：2017 年国务院发布了《新一代人工智能发展规划》，对人工智能产业进行战略布局；在 2018 年和 2019 年的《政府工作报告》中也都提到要加快新兴产业发展，推动人工智能发展。依托于政府的大力支持，众多人工智能企业开始迅速发展。

美国作为世界第一大经济体、世界头号强国，在众多领域依然是世界第一。近年来，虽然美国经济增速不高，但相对平稳，为美国政府布局新产业创造有利条件。2016 年和 2019 年美国均发布了《国家人工智能研究和发展战略计划》，旨在加大对人工智能产业的投资，继续保持美国在人工智能产业的地位。谷歌、苹果、微软等美国科技企业也早已开始布局人工智能产业，加大投资和研发力度，抢占未来科技的高点。中美两国对人工智能及相关科技行业的布局，为智能科技独角兽企业的发展打造了良好的基石。

二、国家估值分布：美国企业智能科技领域独角兽估值排名世界第一

从估值分布来看（如图 1-24 所示），尽管中国智能科技的独角兽数量领先，但估值上远远低于科技领先的美国。美国独角兽企业的估值为 2566.07 亿美元，占整个智能科技独角兽企业估值的 72.52%；而中国的企业估值仅 864.26，占比为 24.43%；英国估值 37 亿美元，日本估值为 20 亿美元，新加坡为 10.95 亿美元，剩下的法国、以色列、瑞士、菲律宾估值则均为 10 亿美元。

（亿美元）

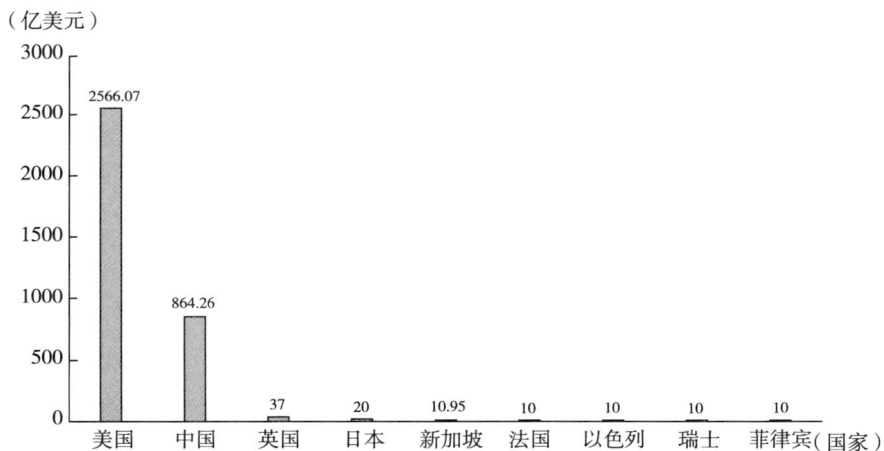

图 1-24　智能科技独角兽企业国家估值总额分布

资料来源：全球独角兽企业 500 强数据库（Unicorn500）。

美国智能科技领域独角兽企业估值遥遥领先于其他国家，主要原因在于：美国无人驾驶企业 Waymo 以 1750 亿美元的估值占据了智能科技领域总估值的半壁江山，而 Waymo 同时也在本次全球独角兽企业 500 强中排名第一。

Waymo 诞生于 Google 在 2009 年启动的自动驾驶计划，Alphabet 在 2015 年 10 月成立，Google 由此成为 Alphabet 旗下最大的子公司。次年 12

月，Waymo 从 Google 独立出来，成为 Alphabet 子公司。

美国在人工智能领域布局相对较早，政府的战略支持为相关领域独角兽企业发展保驾护航。人工智能需要建立在大量的基础研究上，而美国在基础研究方面实力雄厚，在基础学科建设、研究人才的培养上形成了领先世界的格局。虽然这些年来中国在人工智能方面的论文和专利数在快速增长，但是缺少重大科研成果，和美国还有一定的差距。自 2018 年中美贸易战开始以来，我国越来越意识到核心技术必须掌握在企业自己手里，否则将在关键时刻被人卡脖子。

由于 Waymo 公司估值占了智能科技行业总估值的一半，所以将 Waymo 公司做分离分析，中国独角兽公司总估值则超过美国，排名第一（如图 1-25 所示）。除了 Waymo 公司之外的平均估值，美国、中国、日本分列前三。总估值 50 亿美元以上的独角兽共有 10 家，其中，美国 6 家，中国 4 家。在前五名中有 4 家公司来自美国，中国公司中排名最高的是大疆无人机，排名第二，智能算法类四小龙之一的商汤科技排名第七，中国公司位列第二（如图 1-26 所示）。

（亿美元）

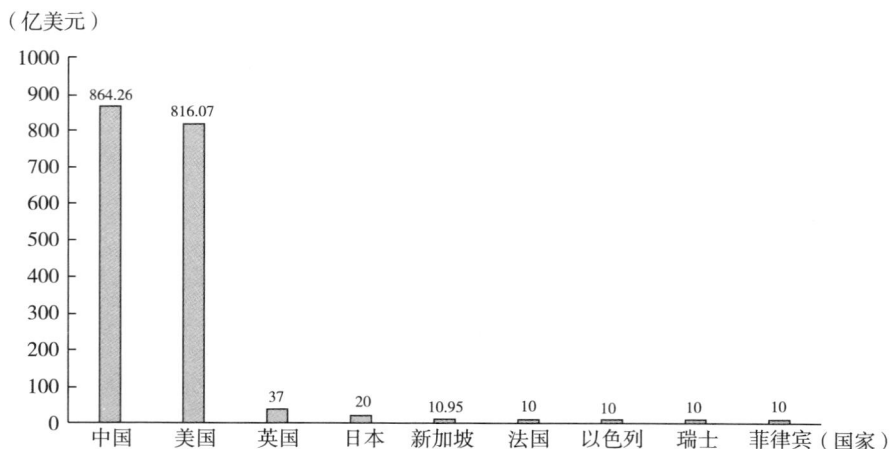

图 1-25　智能科技独角兽企业国家估值总额分布（不含 Waymo）

资料来源：全球独角兽企业 500 强数据库（Unicorn500）。

（亿美元）

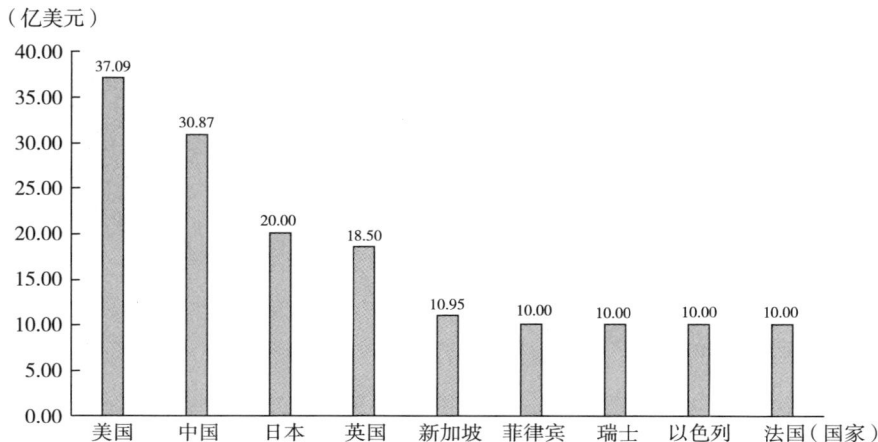

图 1-26　智能科技独角兽企业国家平均估值分布（不含 Waymo）

资料来源：全球独角兽企业 500 强数据库（Unicorn500）。

三、子行业分布：智能硬件和无人驾驶公司数量最多

在智能科技的子行业中（如图 1-27、图 1-28 所示），智能硬件与无人驾驶公司数量最多，视觉智能位列第三，智能算法类公司遇冷。今年智能硬件与无人驾驶受到广泛的重视，曾经被认为是人工智能领头羊的智能算法类（视觉智能、语音智能、机器学习）公司的热度明显下降，说明智能科技市场开始逐渐回归理性，注重实际的产品输出。

虽然算法类公司热度明显下降，但是未来的智能科技发展依然需要更好的算法来支持。作为人工智能的基础性技术，算法在该领域内起着至关重要的作用，可以说算法的优劣程度决定了人工智能水平的高低。人工智能作为计算机科学的一个分支，应该围绕计算机技术来发展壮大。科技的发展总是走在普通消费者需求的前面，智能科技领域的公司不应该完全向市场需求让步，毕竟只有科技进步才能决定你能走多远。

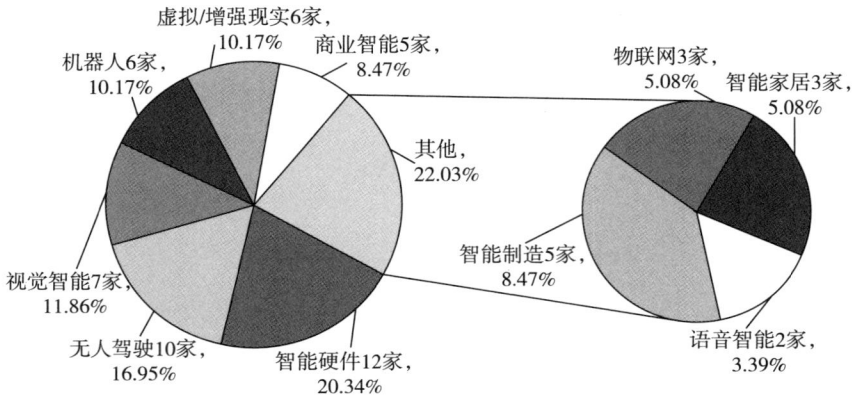

图 1-27　智能科技独角兽企业行业数量分布

资料来源：全球独角兽企业 500 强数据库（Unicorn500）。

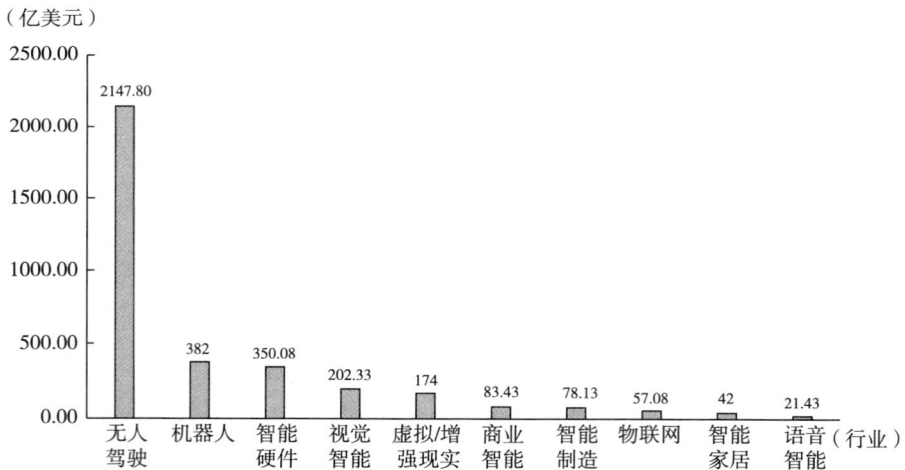

图 1-28　智能科技独角兽企业行业估值总额分布

资料来源：全球独角兽企业 500 强数据库（Unicorn500）。

在智能科技的子行业中，中美两国的侧重点差异比较大（如图 1-29、图 1-30 所示）。美国发力无人驾驶、虚拟/增强现实、智能制造，中国全面布局智能硬件（含智能芯片）、视觉智能、机器人。无人驾驶领域企业美国 8 家，中国 2 家，除了 Waymo（1750 亿美元估值）之外，美国的无

人驾驶公司总估值是中国的 18 倍多，优势巨大，中国大部分无人驾驶的
研发在传统车企进行，是造成中国无人驾驶独角兽企业数量较少的原因之
一；虚拟/增强现实与智能制造领域（含 3D 打印）独角兽企业美国分别
上榜 4 家与 5 家，中国公司在这两个领域无一家上榜，中国的"亮风台"
"悉见科技"等增强现实公司估值还未达到独角兽 500 强的水平；中国在
智能硬件（含智能芯片）领域全面发力，以寒武纪、中芯南方为代表的
上榜公司达 9 家，而美国在这个领域只有 1 家上榜，事实上美国这个领域
拥有多家上市公司（英伟达、高通、英特尔等），中国正在奋起直追；视
觉智能领域，中国人工智能四小龙公司（商汤科技、旷视科技、云从科
技、依图科技）加上影谱科技占据了全面优势，与中国的阿里巴巴、百
度、腾讯等上市公司全面竞争，而美国在视觉智能领域无一家上榜，美国
的谷歌、脸书、微软等上市公司已经占据了美国大部分市场，美国新兴的
视觉智能公司还难以成型；机器人领域，中国以大疆为代表的 4 家公司上
榜，而美国只有 2 家，中国 4 家公司的总估值为美国 2 家公司的近 4 倍，
平均估值也是美国 2 家公司的近 2 倍。

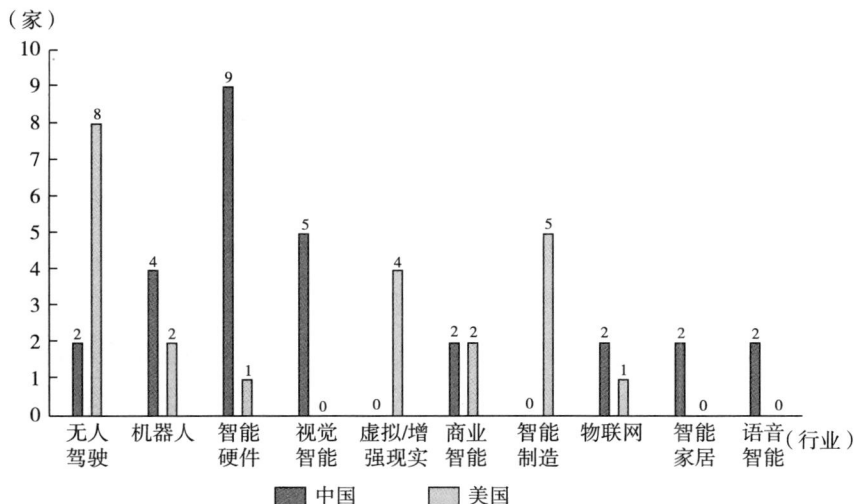

图 1-29　中美智能科技独角兽企业 500 强行业数量对比

资料来源：全球独角兽企业 500 强数据库（Unicorn500）。

（亿美元）

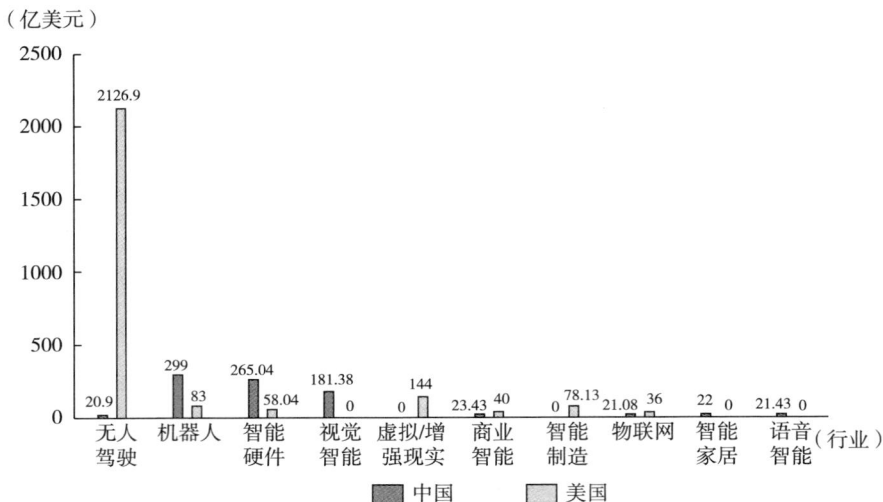

图 1-30   中美智能科技独角兽企业 500 强行业估值对比

资料来源：全球独角兽企业 500 强数据库（Unicorn500）。

金融科技行业：中国、印度和巴西整体估值占比 72.35%

一、国家数量分布：发达国家的整体数量较发展中国家优势明显

通过研究分析（如图 1-31 所示），金融科技领域的 500 强独角兽企业一共有 53 家，其中，美国企业 23 家，中国企业 13 家，英国企业 7 家，印度企业 4 家，德国、日本、韩国、瑞典、瑞士、巴西企业各 1 家。就数量而言，发达国家的整体数量占据明显优势，这与原本成熟的金融市场及完善的法律法规密不可分。以英国为例，英国共有 17 家独角兽企业入榜全球 500 强，金融科技领域就占据了 7 家，可见老牌金融强国在金融领域的创新一直没有停步。

（家）

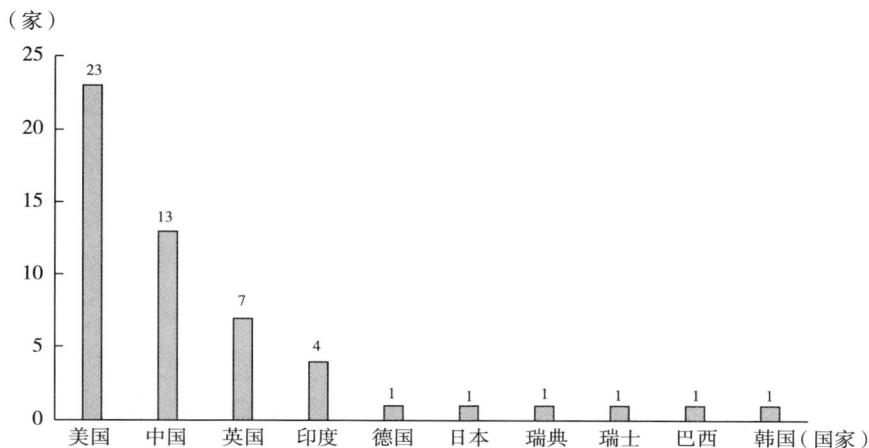

图1-31　金融科技独角兽企业国家数量分布

资料来源：全球独角兽企业500强数据库（Unicorn500）。

二、国家估值分布：发展中国家整体估值超越发达国家

金融科技独角兽企业总估值为3669.94亿美元，约占500强独角兽企业总估值的18.99%。其中，估值最大的企业是蚂蚁金服，估值为1538.46亿美元，同时蚂蚁金服也是独角兽企业500强中排名第二的公司。在金融科技领域虽然美国独角兽企业数量最多，中国紧随其后，但是如果考虑整体估值（如图1-32所示），中国独角兽企业的整体估值为2307.14亿美元，占整个领域的62.87%，远远高于美国独角兽企业。类似的现象，也出现在英国和印度两个国家。作为发达国家的代表之一，英国在金融科技领域共有7家企业，总估值为155.2亿美元。身为发展中国家的印度，虽然只有4家企业入围，但是整体估值为308亿美元，远高于英国独角兽企业整体估值。巴西虽然只有1家企业入榜，但是整体估值排在500强榜单第77位。综合考虑，虽然只有中国、印度和巴西三个发展中国家的企业入围，但是三个国家独角兽企业的整体估值为2655.14亿美元，占整个金融科技领域的72.35%。可以看出，发展中国家在金融科技领域的创新势头十分强劲，这种现象与传统金融行业的格局密不可分。

（亿美元）

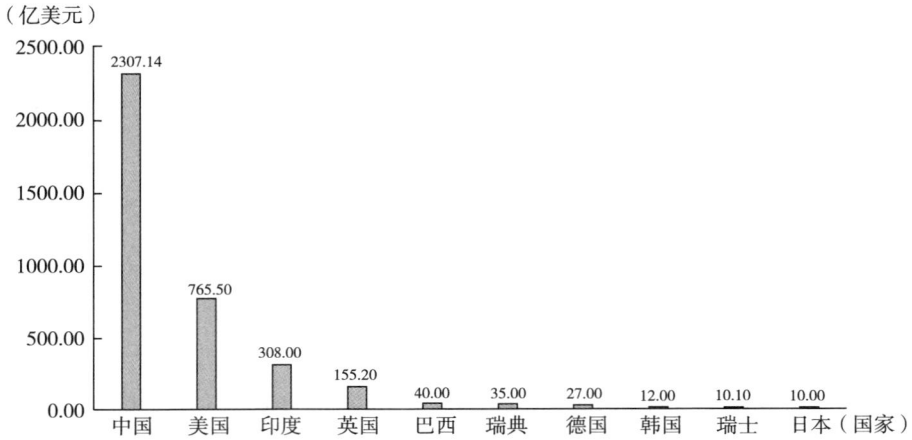

图 1-32   金融科技独角兽企业国家估值金额分布

资料来源：全球独角兽企业 500 强数据库（Unicorn500）。

三、子行业分析：区块链企业正在成为金融科技领域的新势力

金融科技领域共有金融服务、第三方支付、金融软件、保险行业和区块链五个子行业。其中，金融服务数量最多，为 25 家，占据了金融科技领域整体数量的 47.17%（见图 1-33）。

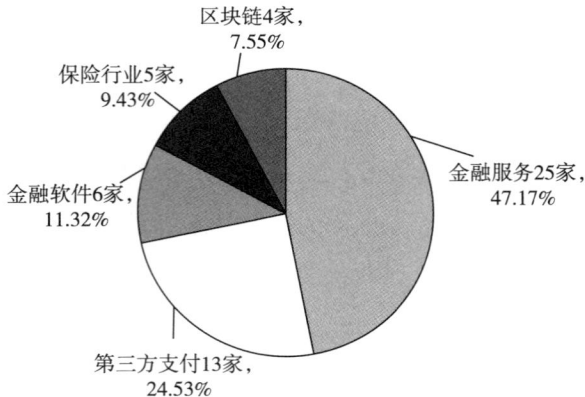

图 1-33   金融科技独角兽企业子行业数量分布

资料来源：全球独角兽企业 500 强数据库（Unicorn500）。

金融科技作为金融市场的一部分，是原有金融体系的延伸与发展。无论是以英、美为代表的市场主导型金融体系，还是以法、德、日为代表的银行主导型金融体系，得益于传统金融体系在发达国家的相对完整性，目前发达国家在金融领域的创新多为对原有体系的完善。例如，美国的 Stripe 公司，就是以设计简洁的，易操作，可站内付款的移动方式弥补了传统支付方式在移动端的不便。它允许商户在自己的网站上嵌入一条代码就可以设置收款，免去了企业账户通过美国 Payment Card Industry（PCI）认证的手续。整体认证时间从原可能需要在银行花费一星期的时间缩减到 5 分钟，而这也免去了每年数万美元的认证费用。类似地，其他发达国家的独角兽企业也多在跨境支付、移动支付、保险等领域进行创新，主要的方向是提高便捷性和降低服务费用。

相比较发达国家，发展中国家的传统金融体系远不如发达国家完善，但这恰恰给了企业更多的创新机会。在中国的金融体系内，金融服务难以覆盖到全部群体，小微企业和个人融资难，融资成本高。作为金融科技领域估值第一的独角兽企业——蚂蚁金服，解决的最大问题就是个人和小微企业融资的问题。即便去除蚂蚁金服这个超级独角兽，综观整个金融科技领域的估值情况，估值前十位的企业中有 8 家都是为个人或小微企业提供金融服务，而这 8 家企业全部位于中国和印度两个人口最多的发展中国家。支持这些企业估值的主要有三个方面：一是庞大的人口基数；二是由于经济高速发展，个人和小微企业对于金融服务的需求强烈，但是在这两个国家中传统金融业又不能提供相应的服务；三是互联网技术的普及，全新的技术更易于资源的整合，让金融科技公司可以高效地服务客户。

绝大多数独角兽企业都是基于所在市场的金融体系进行创新（如图 1-34 所示）。在发达国家的金融科技领域，独角兽企业侧重于提供更便捷、费用更低的服务。而在发展中国家，独角兽企业革新力度更强，正在对原有金融体系不能覆盖的人群进行服务。

与此同时，还有一类基于区块链技术的公司正在对原有的金融体系进行挑战。虽然比特币的热潮已经逐渐退去，很多区块链技术的企业也烟消云散，但是仍有几家专注于区块链技术的公司获得极高的估值。在美国最具代表性的企业是 Coinbase，估值 80 亿美元，排名金融科技领域第九位。美国不仅是区块链技术的发源地，拥有最多的行业专家，也是区块链领域创新能力最强的国家。目前中国是虚拟货币交易量最大的国家，但是由于金融风险和法律风险问题，此次没有区块链企业进入 500 强榜单。中美是在区块链领域创新能力最强的两个国家，拥有最大的区块链社群，为区块链技术的发展提供了肥沃的土壤。

（亿美元）

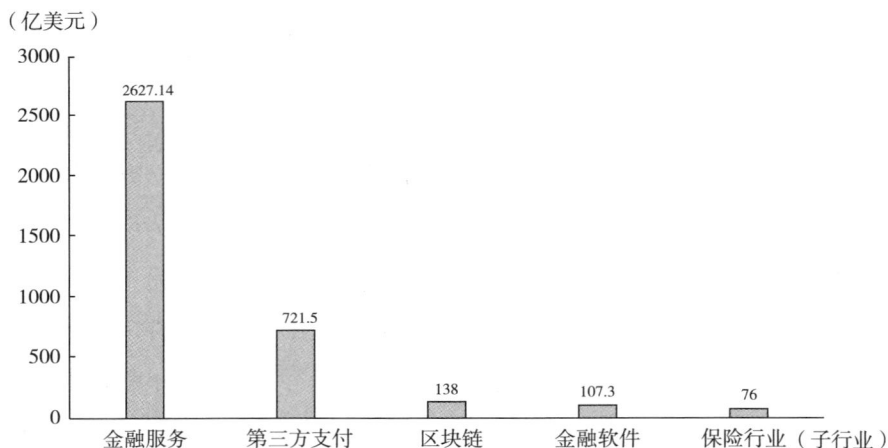

图 1-34　金融科技独角兽企业子行业估值分布

资料来源：全球独角兽企业 500 强数据库（Unicorn500）。

　　总体而言，区块链金融独角兽企业有 4 家，整体估值 138 亿美元，占金融科技领域估值的 3.76%，分布在美国、日本和印度。根据 2018 年国际货币基金组织发布的数据，美国和日本全球 GDP 排名第一位和第三位，2019 年印度 GDP 位居世界第五，可见区块链企业的发展与当地经济的发展紧密关联。目前区块链技术的应用呈现以下三个优势：一是提高金融服务的质量和数量；二是提高信息的透明度和可获得性；三是发展跨组织的信息共享。例如，印度农村的经济发展需要将偏远村庄与当地和全球供应链连接起来，区块链缓解了印度农村地区的金融问题。不难看出区块链技术正在几个主要的经济体推动技术革新，如果仔细分析各大投资机构，可以看到红杉资本、IDG 资本、Y Combinator 等主要投资机构都在区块链领域布局，投资人仍然看好区块链技术。

文旅传媒行业：字节跳动摘得桂冠

一、国家数量分布：中国文旅传媒企业总数量排名第一

从数量上来看（如图 1-35 所示），文旅传媒领域独角兽企业的数量共有 32 家，其中，中国共有 18 家，占比 56.25%；美国有 9 家，占比 28.13%；韩国、印度、法国和加拿大共 5 家，合计占比为 15.64%。

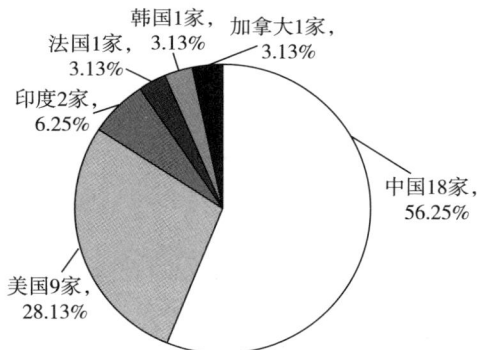

图 1-35　文旅传媒独角兽企业国家数量分布

资料来源：全球独角兽企业 500 强数据库（Unicorn500）。

根据文旅传媒独角兽企业国家数量分布可以发现，中国的文旅传媒独角兽企业数量占比达到全世界半数以上，而美国的文旅传媒独角兽企业数量是中国的一半。虽然中国是发展中国家，但在文旅传媒领域，独角兽企

业的数量却超过美国。在中国，文旅传媒是一个朝阳产业，同时，从发展趋势上来看也是一个高收入弹性行业。可以看出，中国的文旅传媒行业独角兽企业发展态势良好，发展前景光明，数量与估值位列世界第一，未来仍有很大的市场空间，能够保持该产业在一个较长的时期内保持较高的发展速度，具有很大的发展潜力。

● 二、国家估值分布：中国企业文旅传媒领域独角兽估值排名世界第一

根据文旅传媒独角兽企业国家估值分布来看（如图 1-36 所示），中国不仅在企业数量方面领先于其他国家，并且在企业估值方面，中国文旅传媒领域独角兽企业估值以 1361.54 亿美元遥遥领先于包括美国在内的其他国家。在企业数量方面，美国的独角兽企业数量是中国的一半，但是美国文旅传媒领域独角兽企业估值 165 亿美元，与中国相差甚远。

（亿美元）

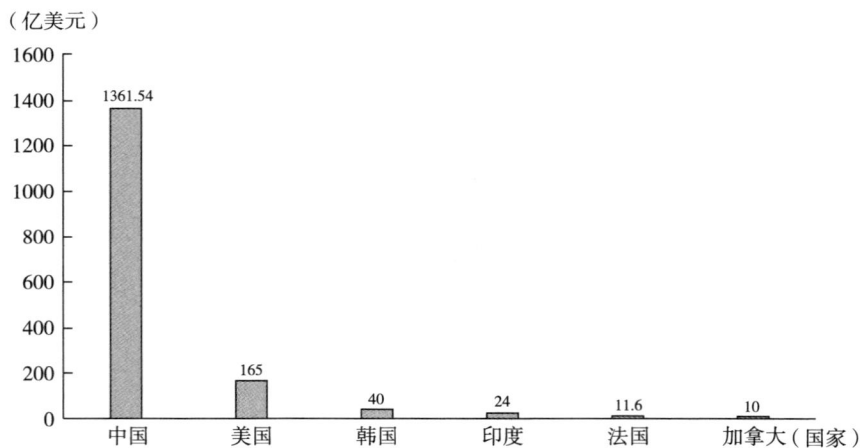

图 1-36　文旅传媒独角兽企业国家估值总额分布

资料来源：全球独角兽企业 500 强数据库（Unicorn500）。

在文旅传媒领域，无论是独角兽企业数量，还是企业估值，中国排名都是世界第一，深究其原因，这是多因素共振的结果。首先是近年来中国政策支持促进行业蓬勃发展。一直以来，中国政府对文化传媒行业高度重

视，自党的十七届六中全会提出发展文化传媒为国民经济的支柱产业后，开始实施降低准入门槛等各种扶持文化传媒产业的政策，促进该行业的发展与创新；其次是技术创新推动产业进步。中国网络的普及、网速的加快、技术的升级使媒体传播效率变高，其中，网络内容分享平台就是最好的例证；最后是消费升级拉动行业需求。随着中国居民收入水平的提高，人们对文旅传媒等精神需求的追求逐渐成为一种内在需求，构成驱动文旅传媒行业发展的重要动力。多年来，中国一直不懈地努力发展，最终打造出属于自己的文旅品牌与传媒符号，向世界展示中国风采和中国形象。

三、子行业分布：内容分享平台的平均估值远高于整体估值

从子行业分布来看（如图 1-37 所示），总估值超过 50 亿美元的公司有 4 家，且这 4 家公司中 3 家为内容分享平台。其他入榜企业主要集中在音乐和影视领域，如网易云音乐专注于发现和分享音乐产品，灿星文化专注于综艺节目制作等。中国文旅传媒行业的估值远高于榜单中其他国家入围企业，这主要依托于中国庞大的手机用户量，通过使用手机人人均能成为资讯的制造者和传播者，正是基于这些庞大的用户量，才提升了整体的估值水平。

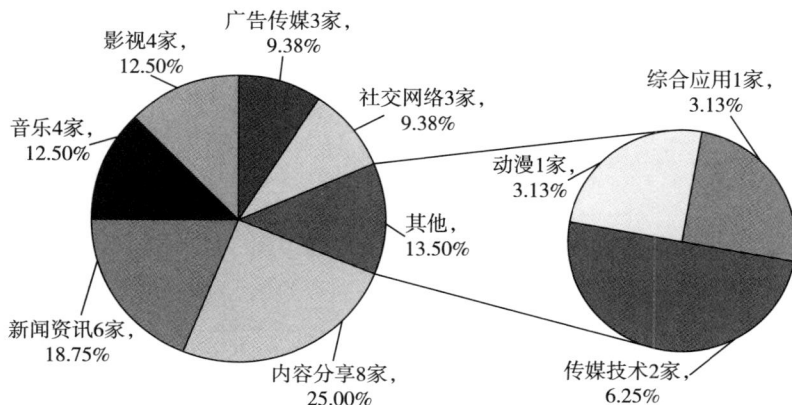

图 1-37　文旅传媒独角兽企业子行业数量分布

资料来源：全球独角兽企业 500 强数据库（Unicorn500）。

根据图 1-37 可以看出，入围文旅传媒的独角兽企业有 8 家是内容分享平台，在文旅传媒行业中占比最高，达到 25%。根据《2019 全球独角兽企业 500 强榜单》，这 8 家互联网内容分享平台中包括美国的 Quora 公司估值 18 亿美元、中国知乎估值为 25 亿美元、社交新闻分享网站 Buzzfeed 和 Reddit，估值分别为 17 亿美元和 18 亿美元、中国界面公司估值为 14 亿美元等。内容分享平台占比最高的形成原因，主要归功于移动互联网的普及提供了丰富的资源和活跃的用户。移动互联网作为信息处理成本最低的基础设施，其开放、平等、透明等特性将使信息和数据动起来转化成巨大生产力，成为文旅传媒行业收入增长的新源泉。文旅传媒领域的众多独角兽企业通过搭建互联网生态圈，完善互联网基础，改造实现互联网化，既可以提高企业效率，又能让企业的产品和服务具备互联网属性，从而更容易获得消费者认可。

根据图 1-38 可以发现，内容分享平台的估值金额为 1108 亿美元，占整个文旅传媒行业的 68.73%，遥遥领先于文旅传媒行业中的其他子行

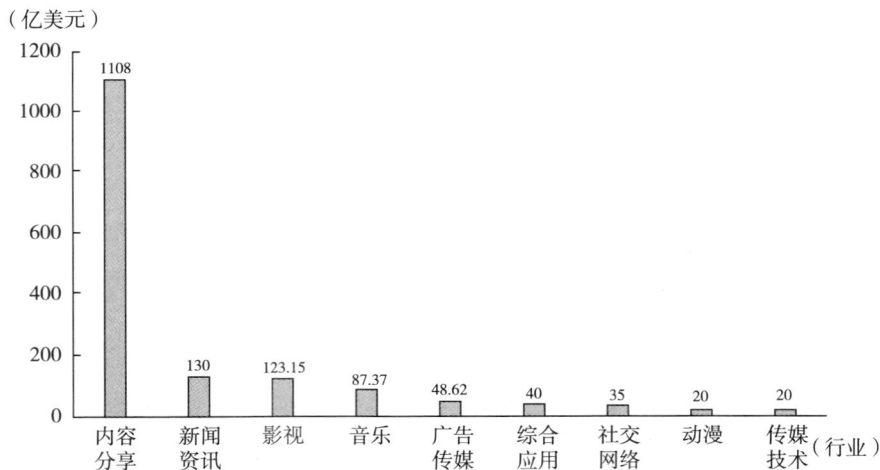

图 1-38　文旅传媒独角兽企业子行业估值总额分布

资料来源：全球独角兽企业 500 强数据库（Unicorn500）。

业，而且，文旅传媒板块中内容分享平台的平均估值 138.50 亿美元，远高于文旅传媒行业整体估值 50.38 亿美元。其中，内容分享平台中字节跳动估值最高，估值为 750 亿美元。以字节跳动为代表的社交化手机资讯阅读平台，在文旅传媒板块中估值占绝对优势，估值额占文旅传媒行业整体估值的 46.52%。即使将极高估值字节跳动分离出去再进行分析，互联内容分享平台仍远高于分离后的文旅传媒行业的整体平均估值。

所谓内容分享平台，主要由用户创造内容，对于内容的筛选和甄别将成为各分享平台需要把控的关键，以免企业因法律风险和政治风险丧失发展机会。其中，以字节跳动、快手、秒拍和喜马拉雅等为代表的互联网内容分享平台，受到了投资者的广泛认可，获得了较高估值。这是因为内容分享平台用户黏性逐渐加强，且向各领域不断纵深发展，各类营销形式日渐成熟，广告转化率不断提高，发展潜力巨大。内容分享平台在文旅传媒领域中发展势头强劲，与内容分享平台深挖流量价值和用户价值有着密不可分的关系，提升用户的终身价值，为用户持续创造价值，大力推进流量规模发展，探索实施流量管控，持续提升流量价值，从而成为收入增长第一生力军。以字节跳动旗下的今日头条和西瓜视频为例，作为字节跳动的阅读产品和短视频产品，吸引大量稳定用户，其活跃用户持续增长，具有极大的规模效应。流量的聚合促进广告主投放意愿的增强，带动收入的增长。与此同时利用流量优势，其重点向各领域逐渐纵深发展，充分利用流量优势扩大覆盖和影响范围，形成新的增长点。

汽车交通行业：新能源汽车、出行服务、二手车领域发展前景最大

汽车交通包含六个子行业：交通出行、二手车交易、P2P 租车、汽车制造及硬件、电池制造、汽车服务。在独角兽企业 500 强中，总共有 37

家独角兽属于汽车交通领域，行业总估值为 1571.57 亿美元。其中，汽车制造及硬件领域出现的独角兽数量最多，为 15 家；交通出行领域的总估值金额最高，为 979.08 亿美元。与传统汽车制造业相比，如今的汽车交通行业已经成为集科技、制造、服务为一体的综合性超级产业，互联网的发展将完全颠覆传统汽车产业的上下游，最终 5G 引领的车联网将使汽车变成移动的智能终端。行业的大变革和边界的拓展将孕育出新能源汽车、出行服务、二手车等领域前所未有的发展机会。

一、国家数量分布：中国汽车交通独角兽企业数量全球最多

从企业的区域分布来看（如图 1-39 所示），中国汽车交通独角兽全球最多。在 37 家独角兽企业中，中国有 26 家，德国和印度有 2 家，其余 7 家各分布在爱沙尼亚、法国、美国、西班牙、新加坡、以色列和印度尼西亚，其中，新加坡和印度尼西亚各有 1 家估值超百亿的超级独角兽企业。

（家）

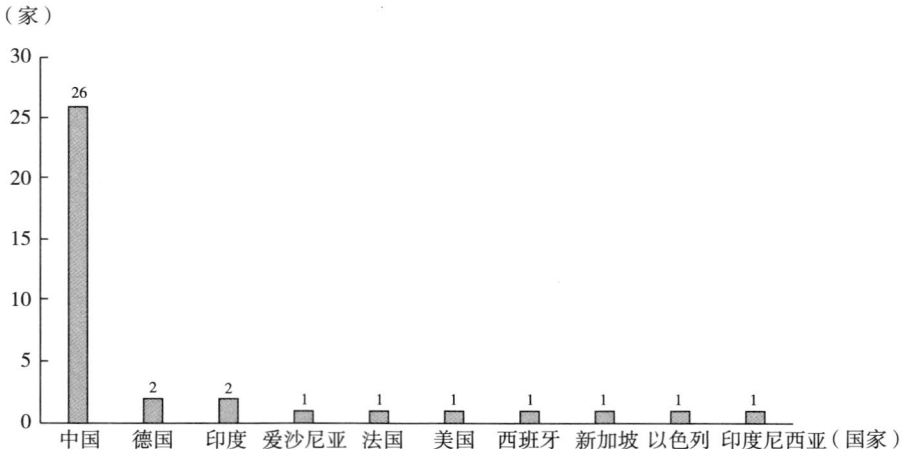

图 1-39　汽车交通独角兽企业国家数量分布

资料来源：全球独角兽企业 500 强数据库（Unicorn500）。

欧美发达国家汽车产业发展较早，出现了如 BBA、丰田、本田等成为巨头的汽车品牌，产业上下游也都有了发展很成熟的上市公司。这些发达国家行业集中度高，产业链被巨头垄断，所以出现独角兽企业较少的情况。中国作为具备后发优势的国家则不同，中国汽车交通独角兽企业发展源于迅速崛起为世界第一的中国汽车市场。中国汽车产量从 1984 年的不到 32 万辆增加到 2009 年的 2572 万辆，增长 80 倍多。中国自 2009 年代替美国成为汽车销售第一大市场。根据中国汽车工业协会数据，2018 年世界汽车销量为 9505.6 万辆，其中，中国汽车销量达 2808 万辆，占世界总量约 30%，远超排名第二美国的 1770 万辆、第三伊朗的 960 万辆。庞大的市场空间对独角兽企业成长发挥重要作用。

二、国家估值分布：中国汽车交通独角兽企业估值全球最高

从独角兽企业估值分布来看（如图 1-40 所示），中国汽车交通独角兽企业全球估值最高，处于绝对领先地位。中国 26 家独角兽企业总估值为 1149.17 亿美元，平均估值为 44.20 亿美元；印度和德国的 2 家汽车交

（亿美元）

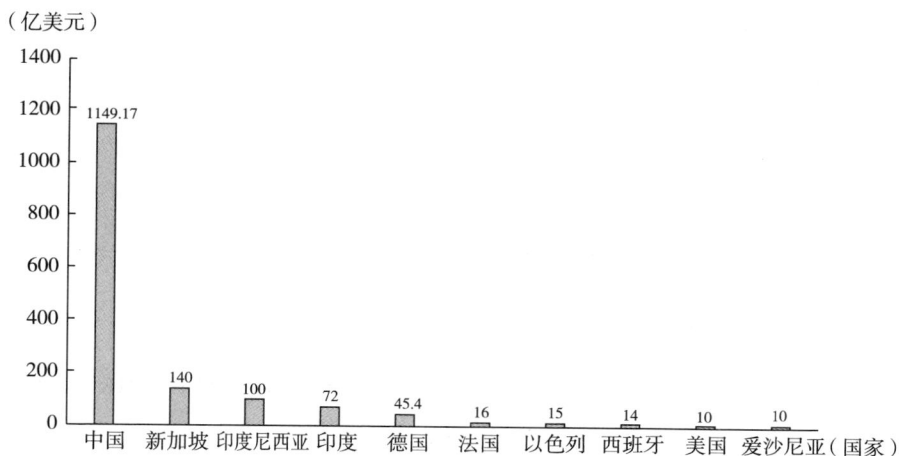

图 1-40　汽车交通独角兽企业国家估值分布

资料来源：全球独角兽企业 500 强数据库（Unicorn500）。

通独角兽企业总估值分别为 72 亿美元和 45.4 亿美元；其余 7 家各分布在新加坡、印度尼西亚、法国、以色列、西班牙、美国和爱沙尼亚的企业合计总估值为 305 亿美元，其中，新加坡和印度尼西亚各有 1 家超级独角兽估值分别为 140 亿美元和 100 亿美元。

　　汽车交通独角兽企业的前三名均是估值超百亿的超级独角兽（如表 1-5 所示）。TOP10 企业分别是滴滴出行、Grab、Go-Jek、车好多、Ola Cabs、威马汽车、奇点汽车、小鹏汽车、Auto1 Group 、大搜车。TOP10 企业中中国独角兽企业占 6 家，新加坡、印度尼西亚、印度和德国各占 1 家。

表 1-5　汽车交通行业排名前 10 独角兽企业

排序	公司	估值（亿美元）	国家	地域	领域
5	滴滴出行	560	中国	北京	汽车交通
20	Grab	140	新加坡	新加坡	汽车交通
29	Go-Jek	100	印度尼西亚	雅加达	汽车交通
31	车好多（瓜子）	90	中国	北京	汽车交通
47	Ola Cabs	62	印度	卡纳塔克邦科拉曼加拉	汽车交通
49	威马汽车	60	中国	上海	汽车交通
81	奇点汽车	38.46	中国	北京	汽车交通
82	小鹏汽车	38.46	中国	广州	汽车交通
87	Auto1 Group	35.4	德国	柏林	汽车交通
91	大搜车	35	中国	杭州	汽车交通

资料来源：全球独角兽企业 500 强数据库（Unicorn500）。

　　滴滴出行以 560 亿美元的估值夺得行业估值榜首，尽管 2018 年滴滴业务被要求整改，顺风车业务持续下线，但目前滴滴依然在超过 400 个城市为 4.5 亿用户提供出行服务，拥有广阔的市场空间。

　　此外，滴滴出行在融合共享出行和汽车产业方面早有准备。2018 年 4

月，滴滴出行就已经宣布与 31 家汽车产业链企业成立了"洪流联盟"。2019 年 1 月 28 日，滴滴和北汽新能源宣布合资成立京桔新能源汽车科技有限公司，致力于新能源汽车运营和 AI 领域，未来有望在全国设 20 家子公司。根据预计，未来十年，滴滴平台将在全球范围内服务 20 亿用户，并推广超过 1000 万辆共享新能源汽车。

新加坡的 Grab 和印度尼西亚的 Go-Jek 分别以 140 亿美元和 100 亿美元的估值位列第二、第三名。Grab 作为估值第二高的独角兽公司，业务与滴滴相似，这家新加坡公司经营着面向东南亚市场的移动出行平台，Go-Jek 创立于印度尼西亚，已从一款摩托车共享出行应用发展成为按需提供服务平台，同时提供账单支付、订餐和买电影票等功能。

行业头部效应明显，排名前 10 交通出行的独角兽总估值为 1159.32 亿美元，占行业总估值的 73.77%。TOP3 全部为交通出行领域且估值超过 100 亿美元的超级独角兽企业，总估值 800 亿美元，占行业总估值的 50.9%，交通出行领域的超级独角兽正在快速成长。

三、子行业分布：新能源汽车、出行服务、二手车领域发展前景最大

从细分领域分布数量来看（如图 1-41 所示），汽车制造及硬件行业独角兽数量最多，交通出行次之，二手车交易第三。其中，汽车制造及硬件有 15 家，占比 40.54%；交通出行有 12 家，占比 32.43%；二手车交易有 4 家，占比 10.81%；剩余汽车服务 3 家、P2P 租车 1 家、电池制造 2 家。

从细分领域估值来看（如图 1-42 所示），交通出行总体估值最大。交通出行总估值为 979.08 亿美元，平均估值为 81.59 亿美元，去掉滴滴出行后，估值总额仍高达 419.08 亿美元；汽车制造及硬件总估值为 357.02 亿美元，平均估值为 23.80 亿美元；二手车交易总估值为 170.4 亿美元，平均估值为 42.60 亿美元；剩下的汽车服务、电池制造和 P2P 租车估值分别为 33.53 亿美元、21.54 亿美元以及 10 亿美元。

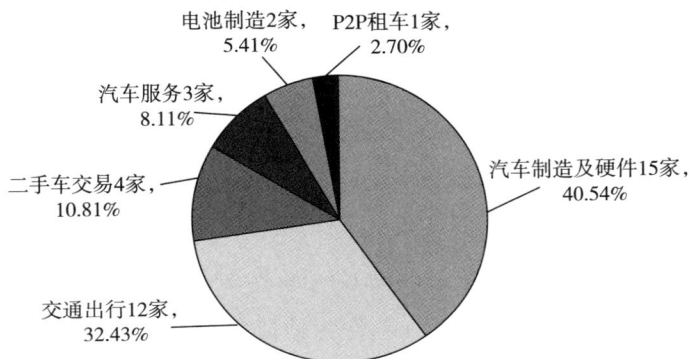

图 1-41　汽车交通独角兽企业子行业数量分布

资料来源：全球独角兽企业 500 强数据库（Unicorn500）。

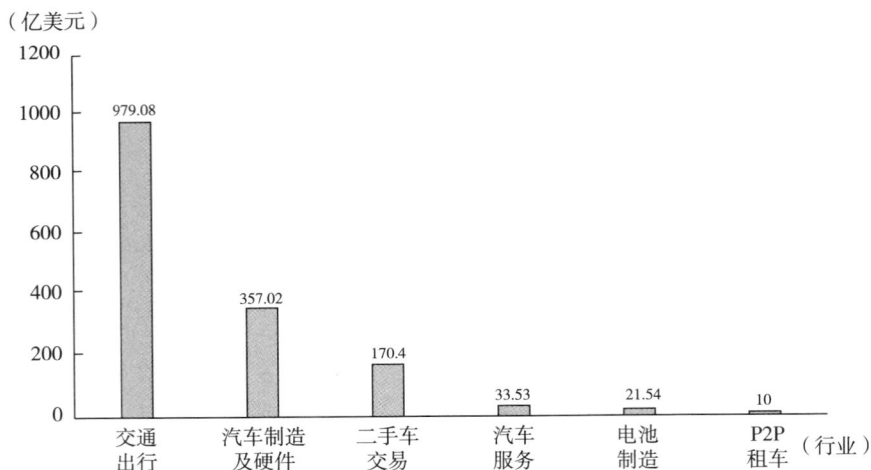

图 1-42　汽车交通独角兽企业子行业估值分布

资料来源：全球独角兽企业 500 强数据库（Unicorn500）。

　　与传统汽车制造业相比，如今的汽车交通行业已经成为集科技、制造、服务为一体的综合性超级产业，行业的大变革将孕育出新能源汽车、出行服务、二手车等领域前所未有的发展机会。TOP10 汽车交通独角兽企业中，4 家经营出行服务业务，3 家经营新能源汽车业务，3 家经营二手车业务。

在新能源领域，2019 年 4 月，欧盟发布史上最严碳排放标准《2019/631 文件》，挪威、荷兰、英国、法国、葡萄牙设定燃油车禁售时间分别为 2025 年、2030 年、2040 年、2040 年、2040 年，发展新能源汽车已经成为无法逆转的历史趋势。中国从十年前就开始对新能源汽车领域进行规划，2009 年实施新能源汽车购置补贴政策，2010 年新能源汽车被国务院确定为七大战略性新兴产业之一。从 2015 年开始中国就已经成为全球最大的新能源汽车市场，经过十年的发展，中国新能源汽车产业已经具备了一定的先发优势。2019 年上半年中国新能源乘用车销售 56.3 万辆，全球市场份额达到 56.9%，远高于排名第二欧盟的 20%，三电系统、充电基础设施等产业链配套初步形成；在 1~11 月全球新能源乘用车销量前十的车企中，自主品牌占据 4 席（比亚迪、北汽、上汽、吉利）。在汽车交通行业独角兽企业 TOP10 中，上榜的三家汽车制造及硬件企业威马汽车、奇点汽车、小鹏汽车全部为中国企业，且全部为新能源电动汽车品牌。

在出行服务领域，美国的共享出行巨头 Lyft 和 Uber 已在 2019 年的 4~5 月相继上市，滴滴出行也成为全球汽车交通领域最大的独角兽企业，在本次全球独角兽企业 500 强榜单中排名第五。由于共享出行模式的创新性和依托庞大用户群体而产生的未来可拓展性以及大数据的应用，出行服务领域最大的独角兽均诞生于共享出行行业。TOP10 企业中，滴滴出行、Grab、Go-Jek、Ola Cabs 均经营共享出行业务，其中，滴滴出行、Grab、Go-Jek 均是市值超过百亿美元的超级独角兽企业。从中国到印度、从东南亚到非洲，各个国家都涌现出行服务独角兽企业，而现有的独角兽企业也都企图利用出行服务庞大用户数量的优势开展新业务。滴滴出行掌握千万级的私家车用户数据，开发小桔车服 App 提供汽车服务，同时进一步拓展金融业务，提供车险和借贷服务，进军无人驾驶和新能源汽车市场；Grab 加大对食品配送和金融业务的投入，计划收购印度尼西亚电子钱包 DANA 公司，加码在线支付市场；Go-Jek 则从共享摩的平台转变成提供综合服务的超级 App，提供摩的出行、汽车出行、外卖、快递、在线买票、在线促销、在线支付等服务。从接送到配送、从支付到大数据应用，出行服务正展现出百花齐放的新气象。

在二手车领域，上榜的汽车交通行业独角兽企业 TOP10 中有 3 家二手车交易平台，其中，Auto1 Group 是来自德国的二手车交易电商平台，其余两家大搜车和车好多均是来自中国的二手车交易平台。与美日欧发达国家成熟的二手车交易市场相比，我国的二手车交易市场仍处于早期发展阶段，这也给了中国在二手车领域孕育出独角兽企业的机会。根据中国汽车流通协会《2019 年二手车市场简析》报告显示，2019 年全国累计完成二手车交易 1492.28 万辆，交易金额达到 9356.86 亿元。而 2009 年中国二手车交易量才为 333.86 万辆，十年之间中国二手车交易量增长超过 4 倍。除了二手车实车交易之外，二手车交易衍生的如二手车检测、汽车金融、跨区域购买等服务还存在很大的需求等待挖掘。

医疗健康行业：美国 Samumed 估值居首

随着人民生活水平的不断提高，国民越来越关注生活质量、健康；同时，新一轮消费升级正在如火如荼地进行着，这与国民经济发展以及人们收入提高有着直接的关系。近几年，中国居民人均可支配收入逐年上升，2018 年，全国居民人均可支配收入 28228 元。其中，城镇居民人均可支配收入为 39251 元，农村人均可支配收入达 14617 元。由于中国人口基数大，人民对于健康的意识越来越注重，而国家政策导向也是健康消费升级，因此，医疗健康产业在政府的支持以及人类需求的推动下，将成为下一个风口。

一、国家分布：中美是医疗健康独角兽企业主要孵化地，估值占全球八成以上

从数量上来看（如图 1-43 所示），中国有 23 家独角兽企业属于医疗健康领域，占比为 46%；美国有 22 家，占比 44%；英国有 2 家，占比 4%；瑞士、法国和德国各有 1 家，占比均为 2%。根据统计数据显示（如图 1-44 所示），2012~2016 年，全球医疗费用保持增长态势，2016 年全球医疗费用达到 11.4 万亿元，复合增速保持在 4.7% 左右。2012~2016 年全球医疗费用占 GDP 的比例也保持增长，2016 年已达 10.5% 的水平。全球医疗费用支出不断增加，受到全球人口老龄化、居民患病比例增加等因素影响，属于刚性需求；并且随着人们对健康标准的不断提高，大健康产业会在相当长的时期内持续保持增长态势。而这促使了全球医疗健康领域的独角兽企业快速发展。

（家）

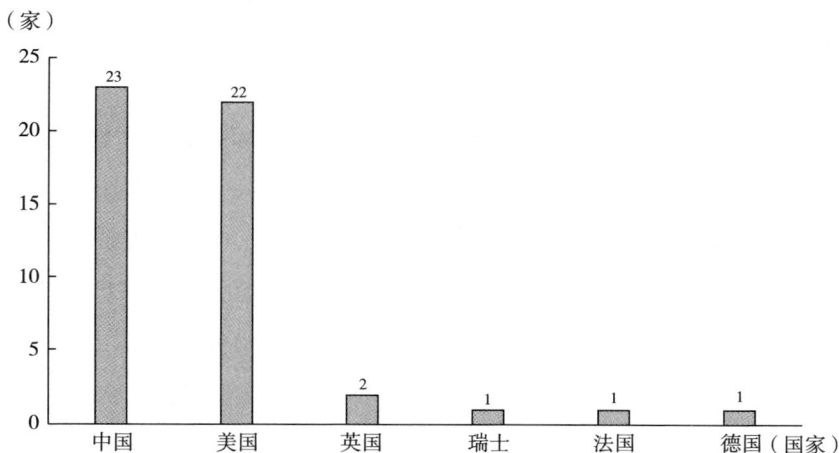

图 1-43　医疗健康独角兽企业国家数量分布

资料来源：全球独角兽企业 500 强数据库（Unicorn500）。

目前美国是世界上最大的医药消费和生产国，是全球最大的医药市场。多年来美国一直处于世界医疗发展和创新的绝对领先地位。2016 年美国贡献了全球 75% 的生物技术领域的收益，世界上 82% 的生物技术方面的研发都产生于美国，其生命科学领域诺贝尔奖获得者人数占全球该领域获奖者人数的 50% 以上。美国在生物医药产业领域领先世界，主要得益于其长期不懈的巨大财政投入和丰厚的知识储备。美国在生物学、化学和医学等基础科学领域拥有一大批世界一流的科学家和设备先进的实验室。多年的原始创新和知识积累，为美国生物制药产业发展带来了足够的知识和技术储备。医疗健康领域的产值已经占 GDP 比重的 8.8%，堪称近十年增速最快的产业，仅次于制造业、房地产业等大产业，尤其在美国 2008 年金融危机之后，可以说，医疗健康已经成为美国经济的支柱产业。

中国医疗健康产业规模扩大。在政策的大力支持下，中国医疗健康产业未来市场前景广阔，产业规模从 2011 年的 1.6 万亿元增长至 2015 年的 3.9 万亿元，产业规模扩大了 1 倍以上。2016 年中国医疗健康产业的市场规模已经达到 4.6 万亿元，同比增长 18%，2017 年，中国医疗健康产业的市场规模已达 5.1 万亿元。《"健康中国 2030"规划纲要》指出，预计到 2020 年，中国健康产业总规模将超过 8 万亿元。

中国医疗健康投资规模不断扩大。2010~2017 年中国医疗健康产业投资市场大体呈上升趋势，投资案例数平均增长率高达 35.02%。尤其是在 2015 年和 2016 年，医疗健康产业投资增加迅速。2015 年投资案例数约 603 起，同比上升 138.34%，2016 年延续了 2015 年的高位态势，投资案例数达 842 起，同比上升 39.64%。2017 年中国医疗健康产业共发生投资案例 947 起，披露投资金额的案例为 536 起，披露金额约 958.17 亿元。在细分领域的投资热度分布上，技术创新所建立的融资优势已经显现。有一定技术壁垒的细分领域，例如，生物技术、医疗信息化、医药等领域的投资热度明显高于其他领域

由于中国和美国市场容量大，创新基础扎实，产业资源丰富，人才集聚效应显著，企业融资获取便利等方面的优势，因此，成为医药健康产业创新高地，是医药健康产业独角兽企业孵化和培育的主要集中地，未来将继续保持其医药健康产业领先的优势，继续孵化和培育医药健康独角兽企业。

同时，德国、英国、法国和瑞士等国家利用各自的资本和技术优势，

加速产业布局，未来也将成为医药健康独角兽企业孵化和培育的重点关注对象。

二、估值分布：医疗健康领域企业估值呈金字塔分布

全球医疗健康产业现有独角兽企业 50 家，主要分布于互联网医疗、健康服务、生物制药技术、医疗服务、医疗器械及硬件、医学诊疗、智慧医疗和综合医疗八个领域，总估值为 1193.86 亿美元，平均估值为 23.88 亿美元（如图 1-44 所示）。其中，美国估值排名第一，为 553.57 亿美元；中国排名第二，估值为 505.89 亿美元；瑞士排名第三，估值为 70 亿美元；英国、德国、法国估值分别为 36.5 亿美元、16.5 亿美元、11.4 亿美元。

（亿美元）

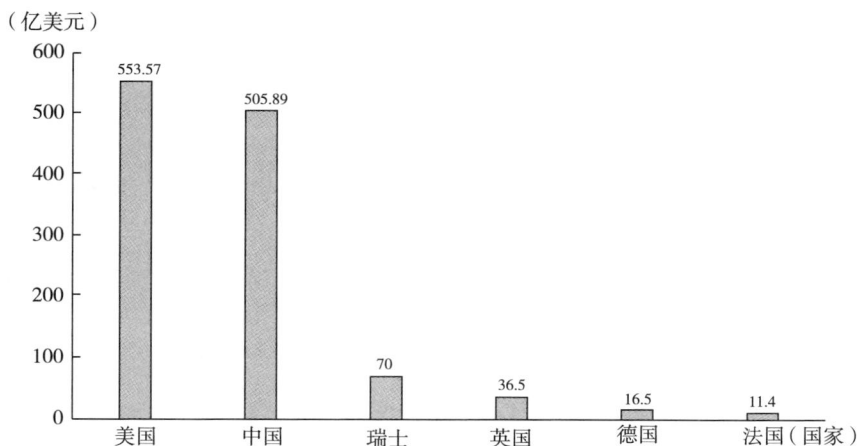

图 1-44　医疗健康独角兽企业 500 强国家估值分布

资料来源：全球独角兽企业 500 强数据库（Unicorn500）。

美国 Samumed 以估值 120 亿美元占据医疗健康独角兽首位（见表 1-6），它成立于 2008 年，是一家专注于逆转衰老的健康科技公司，是组织级再生医学研究和开发领域的领导者，拥有一系列可以革新毛发、皮肤、骨骼和关节的专利疗法，由 Osman Kibar 创立。2018 年，Samumed 宣布获

得融资 4.4 亿美元，加上以前融到的 2.1 亿美元，使这个尚无上市产品的生物技术公司获得了极高的估值。

表 1-6　医疗健康行业中估值 50 亿美元以上的独角兽企业

排序	公司	估值（亿美元）	国家	领域
23	Samumed	120	美国	医疗健康
33	平安医保科技	88	中国	医疗健康
42	Roivant Sciences	70	瑞士	医疗健康
48	联影医疗	61.54	中国	医疗健康
57	Intarcia Therapeutics	55	美国	医疗健康
58	微医（挂号网）	55	中国	医疗健康
62	Outcome Health	50	美国	医疗健康
65	汇影医疗	50	中国	医疗健康

资料来源：全球独角兽企业 500 强数据库（Unicorn500）。

从企业的估值分布来看（如图 1-45 所示），医疗健康领域独角兽呈现金字塔分布形态。其中估值超过 100 亿美元以上的"超级独角兽"有 1 家，50 亿~100 亿美元的有 7 家，中国有 4 家，分别为平安医保科技、联

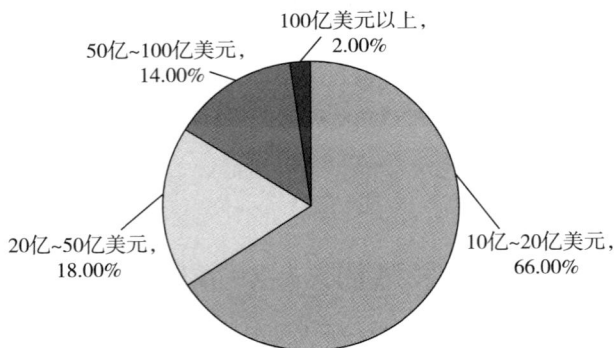

图 1-45　医疗健康独角兽企业 500 强估值区间分布

资料来源：全球独角兽企业 500 强数据库（Unicorn500）。

影医疗、微医和汇影医疗，另外 3 家是美国的 Intarcia Therapeutics、Outcome Health 以及瑞士的 Roivant Sciences；20 亿～50 亿美元有 9 家，占比 18%，合计估值为 234.9 亿美元，占比 19.68%；还有 33 家估值为 10 亿～20 亿美元的独角兽企业，占比 66%。

三、子行业分布：互联网医疗发展迅速，但总体估值不及药物研发领域

从医疗健康的子行业数量分布来看（如图 1-46 所示），生物医疗技术领域独角兽数量最多，为 15 家，占全行业的 30%；互联网医疗领域独角兽为 10 家，占比 20%；排在第三位的是智慧医疗，独角兽为 7 家，占比 14%，剩余的分布在医学诊疗、医疗服务、医疗器械及硬件、综合医疗和健康服务等领域。

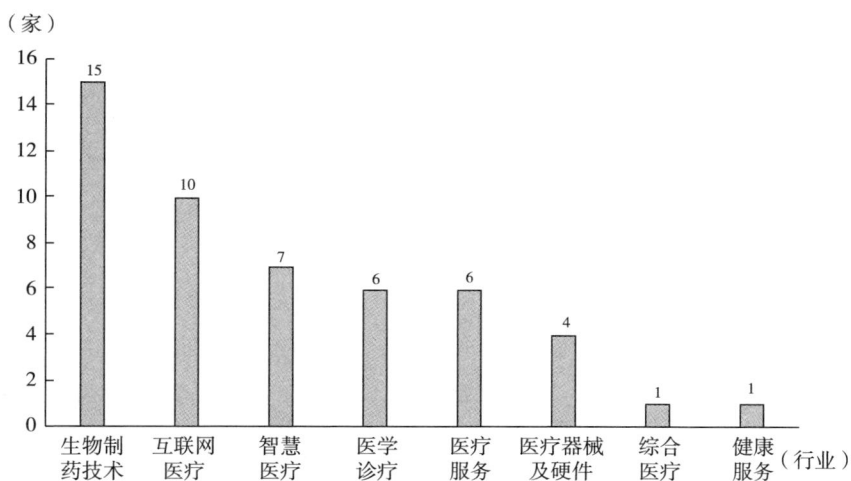

图 1-46 医疗健康独角兽企业子行业数量分布

资料来源：全球独角兽企业 500 强数据库（Unicorn500）。

从医疗健康的子行业估值和平均估值来看（如图 1-47 所示），生物制药技术领域不仅是企业数量最大，而且也是所有子行业中总估值最高的。其中，生物制药技术领域总估值 339.14 亿美元，平均估值为 22.61

亿美元；医学诊疗为 228 亿美元，平均估值为 38 亿美元；互联网医疗估值为 175.85 亿美元，平均估值为 17.59 亿美元；医疗服务为 172.83 亿美元，平均估值为 28.81 亿美元；医疗器械及硬件为 134.04 亿美元，平均估值为 33.51 亿美元；智慧医疗估值为 124 亿美元，平均估值为 17.71 亿美元；健康服务和综合医疗均为 10 亿美元，平均估值也为 10 亿美元。

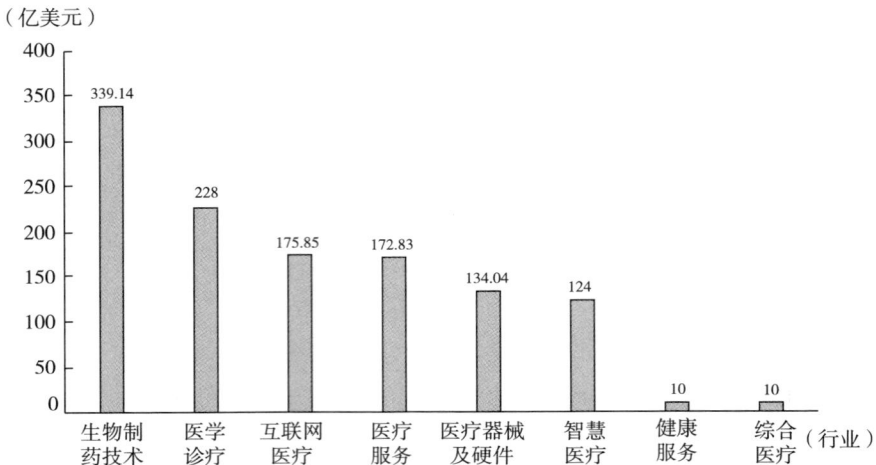

图 1-47   医疗健康独角兽企业子行业估值分布

资料来源：全球独角兽企业 500 强数据库（Unicorn500）。

借助资本力量，医疗服务、健康服务领域的企业在新产品研发和上下游产业链整合方面都实现了快速发展，整个产业逐渐向高精尖端方向迈进。与此同时，医疗健康行业正在趋于成熟，投资更加集中在头部玩家。以智慧医疗领域为例，零氪科技、碳云智能等企业占领了医疗人工智能和大数据的细分高地；复宏汉霖、杰华生物则在人类重大疾病的医药研发和生物技术方面奋力前行；而以微医为代表的互联网医疗平台，在为国内打造健康医疗生态圈的过程中做出了巨大的贡献。

由于药物研发具有投资时效长、资金规模需求大等特点，一直是医疗产业中最具前景的领域之一。在创新药物领域获得资本青睐的企业，大都以肿瘤特效药和心脑血管、中枢神经和精神类等慢性病药物为核心卖点。随着医药市场政策细化以及对"更安全、质量更好"药品的需求，资本对创新药物领域一直抱有长线期待，各细分赛道也纷纷有吸引大额融资的优秀头部玩家出现。

新药研发具有成本高、研发周期长、失败率高等行业痛点，深度神经网络、机器学习等 AI 技术应用于药物研发可以大大提高研发效率。根据高盛的预测，AI 将为新药研发每年节约近 260 亿美元的成本，该领域具有巨大的开发价值。

根据公开数据统计，全球有超过 100 家 AI+药物研发公司，其中，美国的企业占比超过一半。目前中国布局该领域的公司较少，AI 主要用于新药研发的早期开发阶段，并且这些应用仍然处于起步阶段，尽管不断有新的研究进展报道，但是距离广泛应用仍然有很长的路要走。

在各种信息技术、政策和风险资本的支持下，数字化发展已深入医疗健康行业的各个领域，人们越来越相信数字医疗将改变行业的未来。各相关方应抓住这一发展机遇，布局相关领域，共同推动数字医疗的进程。对拥有核心技术的初创公司应深化与医院、大型医疗器械与制药公司的合作，大公司拥有广泛的行业影响力，能够领导大规模的技术创新和应用，从而推动整个生态系统的转型；目前政府已经出台了诸多"互联网+医疗健康"的支持政策，监管部门也应当在新的数字医疗服务机制下完善监管体系；同时，在产品设计和监管政策实施中应当始终坚持以患者为中心，为患者提供更高质量的诊疗和更好的就医体验。

随着细胞治疗技术、抗体技术、基因编辑技术等生物技术的研究和产业化关键技术的突破，抗体药物研发和产业化进程不断加快，细胞治疗和基因治疗产品加速落地，生物制药行业已经成为"独角兽"企业的诞生和成长的摇篮之一。与此同时，随着大数据积累和算法的优化，智能医疗技术的不断完善，未来将在解决肿瘤、糖尿病、神经退行性疾病等威胁人类健康的劲敌方面发挥越来越大的作用，具有非常广泛的临床应用空间，也将成为"独角兽"企业诞生和成长的摇篮之一。

在生物制药技术领域，中美两国的侧重点不同，中国独角兽倾向于应用领域，而美国则倾向于基础领域（如图 1-48 所示）。中国有 6 家独角兽企业，总估值为 105.07 亿美元，平均估值为 17.51 亿美元；美国有 8 家，总估值为 218.57 亿美元，平均估值为 27.32 亿美元，以明显的优势领先中国。

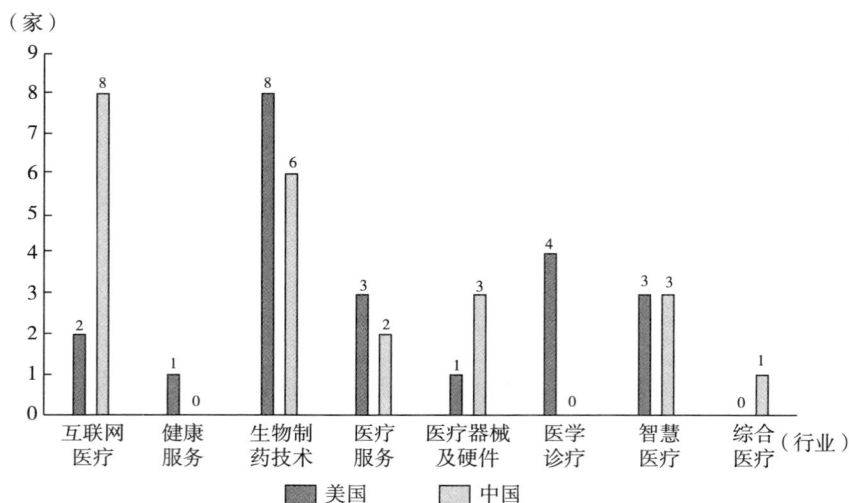

图 1-48　中美医疗健康独角兽企业子行业数量对比

资料来源：全球独角兽企业 500 强数据库（Unicorn500）。

在互联网医疗领域，中国有 8 家，总估值 129.85 亿美元，平均估值 16.23 亿美元；美国有 2 家，总估值 46 亿美元，平均估值 23 亿美元。

在医疗服务领域，中国有 2 家独角兽企业，总估值为 99.43 亿美元，平均估值为 49.72 亿美元；美国有 3 家，总估值为 62 亿美元，平均估值为 20.67 亿美元。

在医疗器械及硬件领域，中国有 3 家，总估值为 121.54 亿美元，平均估值为 40.51 亿美元；美国有 1 家独角兽企业，总估值为 12.5 亿美元。

在医学诊疗领域，中国尚没有企业处于全球独角兽 500 强榜单中，而美国有 4 家企业位列其中，总估值为 141.5 亿美元，平均估值为 35.38 亿美元。

在智慧医疗领域，中国有 3 家，总估值为 40 亿美元，平均估值为 13.33 亿美元；美国同样也有 3 家，总估值为 63 亿美元，平均估值为 21 亿美元。

从中美医疗健康行业独角兽企业的细分领域分布情况来看，生物制药技术是两国都比较重视的领域，这是未来医疗健康持续发力的重点。中国多集中于互联网医疗和医疗器械及硬件，美国集中于医学诊疗和医疗服务。这主要是因为国内医疗基础相对薄弱，医疗资源分布上相对不均匀，发展互联网医疗相对更容易并且市场发展潜力较大。而且美国医疗健康行业独角兽企业尤其注重创新药的研发，这也为中国医疗健康行业的未来发展指明了方向。

全球独角兽企业 500 强投融资结构

全球风险资本投资从 2010 年的 520 亿美元激增至 2017 年的 1710 亿美元，增长了 200% 以上（见表 1-7）。尽管风险资本投资中心仍集中于美国的旧金山、纽约等城市，但资本的逐利性与全球化决定了中国、印度等进步较快的新兴国家日益青睐风险资本。北京、上海、深圳、杭州等城市的风险资本市场进步有目共睹，印度的古尔冈、班加罗尔等城市显示吸引风险投资等资源的能力，资本、人才、技术的积聚效应催生更多的独角兽企业。

表 1-7　全球风险投资前 10 强城市与全球独角兽企业 500 强城市分布

序号	城市 （2019 年独角兽数量）	资本投资（百万美元） （2015~2017 年）	全球份额 （%）	累计全球份额 （%）
1	美国旧金山（62 家）	81808	16.0	16.0
2	中国北京（84 家）	72819	14.2	30.2
3	美国纽约（24 家）	33763	6.6	36.8
4	美国圣何塞（2 家）	24857	4.9	41.6
5	美国波士顿（7 家）	24567	4.8	46.4
6	中国上海（44 家）	23839	4.7	51.1
7	美国洛杉矶（5 家）	17391	3.4	54.5
8	英国伦敦（10 家）	15650	3.1	57.5
9	中国杭州（20 家）	11390	2.2	59.8
10	印度班加罗尔（6 家）	10568	2.1	61.8

资料来源：全球独角兽企业 500 强数据库（Unicorn500）；The Rise of the Global Startup City：The New Map of Entrepreneurship and Venture Capital，Center for American Entrepreneurship and the NYUSPS Schack Institute of Real Estate，October 2018.

根据对全球独角兽 500 强企业获得机构投资的不完全统计（如图 1-49 所示），共有 637 家投资机构参与其中，排名在前 100 的投资机构中有 49 家风险投资机构来自美国，45 家来自中国，仅有 6 家投资机构来自日本、新加坡、瑞士和俄罗斯。目前，虽然美国主流投资机构仍处于领先地位，但中国新秀投资机构势头强劲紧随其后。美国投资机构投中 470 家独角兽企业，中国投资机构投中 300 家。

红杉资本战绩一马当先（如图 1-50 所示），投中 83 家全球独角兽 500 强企业，腾讯、阿里巴巴紧随其后。红杉资本于 1972 年在美国硅谷成立，作为第一家机构投资人投资了如 Apple、Google、Cisco、Oracle、Yahoo、LinkedIn 等众多创新型公司。红杉资本中国基金 2005 年 9 月由沈南鹏与红杉资本共同创办，专注于科技传媒、医疗健康、消费品服务、工业科技四个方向。自创办以来，红杉资本在中国投资了京东商城、阿里巴巴、今日头条、滴滴出行、DJI 大疆创新、拼多多、VIPKID、贝达药业等 500 余家企业。

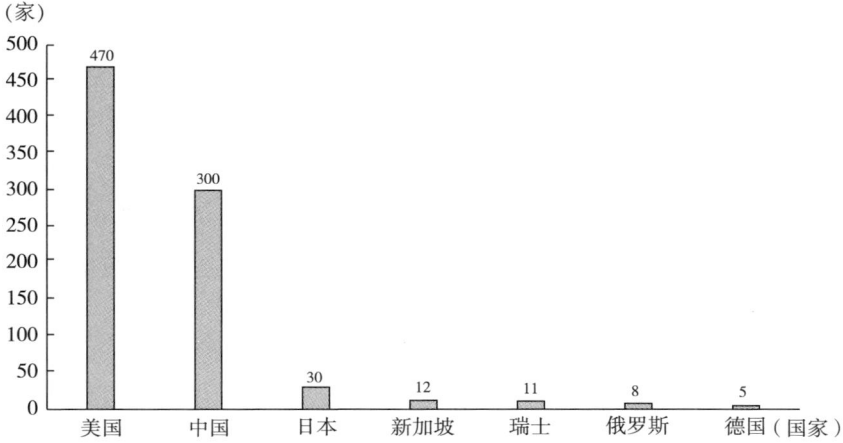

图 1-49 各国投资机构投资的全球独角兽企业 500 强数量

资料来源：全球独角兽企业 500 强数据库（Unicorn500）。

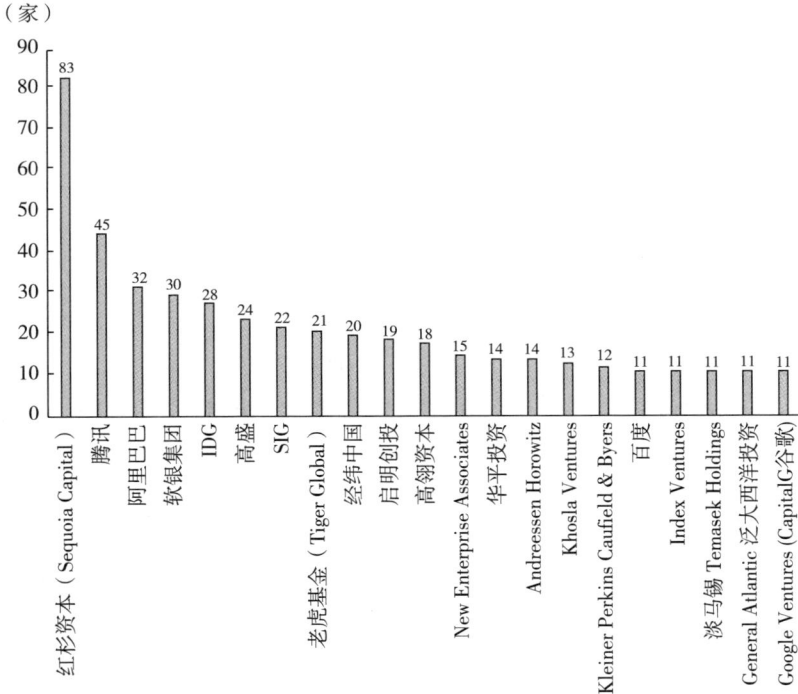

图 1-50 投资机构投中全球独角兽企业 500 强数量排名

资料来源：全球独角兽企业 500 强数据库（Unicorn500）。

中国形成了大独角兽通过投资、分工孵化或培养小独角兽的良性机制。在全球独角兽企业 500 强榜单中，阿里巴巴投资了大搜车、博纳影业、寒武纪、BigBasket、易果生鲜、Tango 和商汤科技等公司，其覆盖了智能科技领域、金融科技领域和云服务等多个领域。腾讯投资了 Epic Games、贝壳找房、满帮集团、优必选机器人和 BYJU'S 等公司，其覆盖领域包括游戏开发、生活服务、物流服务、智能科技和教育科技等。

全球独角兽企业 500 强发展趋势

全球独角兽企业 500 强将成为全世界科技创新企业发展最精彩的舞台，它将成为全球科技创新发展趋势的风向标，成为全球科技创新企业市场地位变迁的测量仪。在金融科技行业，区块链技术将在金融科技外找到应用场景。在生活服务行业，盈利渐趋多样化与全方位线上化。在智能科技行业，感性人工智能与硬科技将抢占创新制高点。在企业服务行业，业态模式将更加网络化、智能化、信息化。在汽车交通行业，车联网、新能源汽车、燃料电池等类型企业发展空间巨大。在医疗健康行业，人工智能、大数据、云计算将与医疗行业深度融合。

2020 年全球独角兽企业 500 强格局可能发生剧烈变动，原因在于以下八个方面：一是全球政治经济秩序中的不稳定因素在不断增加；二是随着数据更新将发现更多的独角兽企业；三是随着估值泡沫被挤压，有些在榜独角兽企业可能被淘汰；四是企业上市等退出因素导致独角兽新陈代谢；五是技术突破、颠覆性创新催生更多的独角兽企业；六是市场扩大促进独角兽企业排名上升；七是隐形独角兽成长为独角兽；八是随着对独角兽企业认识深化，一些城市将出台更具吸引力的优惠政策，营商环境改善催生更多独角兽企业。

　　独角兽企业是科技创新企业中最具代表性的部分，全球独角兽企业
500 强又是独角兽企业的佼佼者。全球独角兽企业 500 强的发展壮大将会
彻底改变当今世界的科技格局、产业格局和经济格局，并为世界经济发展
注入新的强劲动力。

第二章

全球独角兽企业 500 强经典案例

京东数科：用数字服务实体

京东数科，全称为京东数字科技，其前身是京东金融。2018 年 11 月 20 日，京东金融品牌升级为京东数字科技。京东数字科技成为整个公司的母品牌，京东金融是京东数字科技集团旗下子品牌。京东数字科技集团是一家以 AI 驱动产业数字化的新型科技公司。公司以 AI、数据技术、物联网、区块链等前沿数字科技为基础，建立并发展起核心的风险管理能力、用户运营能力、产业理解能力和企业服务能力。截至目前，公司完成了在 AI 技术、AI 机器人、智能城市、数字营销、金融科技等领域的布局，服务客户纵贯个人端、企业端、政府端，累计服务 4 亿个人用户、700 多家各类金融机构和 30 余座城市的政府及其他公共服务机构。

公司使命是"以科技为美，为价值而生"，经营的宗旨是从数据中来，到实体中去，通过数字科技来服务金融与实体产业，助力相关产业实现互联网化、数字化和智能化，通过降低成本、提高效率、提升用户体验和模式升级，最终实现新的增长，并在这个过程中创造公平与普惠的社会价值。

一、广泛的客户基础，多样化的客户服务

京东数科企业的主要目标客户及客户群包括个人用户、线上线下小微企业、各类金融机构、创业创新公司、政府及其他公共服务机构等，其中，在金融科技领域中最主要的客户就是各种各样的金融机构。

在京东金融成立到改名为京东数科之前的大部分时间里，京东数科的客户主要是个人用户，这些用户需要在京东上进行支付理财等资金操作，京东数科就是为这些客户提供各种金融服务平台，所以京东数科早期的客户主要来自京东商城上巨大的客户流。通过引流，保障了京东数科前期的

金融软件平台类产品的客流量和资金流。随着平台口碑的提升，京东数科的线上金融服务平台也得到了用户的认可，从而形成了一个巨大稳定的客户群，这部分也成为京东数科一直以来的主要资金支持来源。京东数科与个人客户之间相互依赖，京东数科为客户提供金融服务平台，客户为京东数科积累用户流和现金流。

京东金融在改名为京东数科之后，京东数科瞄准了另一类客户，那就是各种各样的金融科技机构。在前期个人用户积累的基础上，京东数科又主攻利用研发技术为金融科技机构提供企业金融问题解决方案。通过之前企业自身的金融服务平台积累下来的口碑和京东数科多年积累的过硬的技术研发能力，京东数科得到了众多金融机构的支持。通过与金融机构的合作，为金融机构提供技术支持和解决方案，京东数科从中不仅获得了资金利润，也获得了更多忠实客户。京东数科和金融机构之间共赢发展：京东为金融机构类客户提供了技术方案，客户回报给京东数科相应的项目费用和潜在的合作伙伴关系网。

广泛的客户基础为京东数科的跨越式发展提供了良好的铺垫，助力企业价值的创造和实现。

二、灵活调整产品组合以顺应市场需求

京东数科的产品组合主要包括软件平台类产品和解决方案类产品。其中，金融科技中的软件平台类产品主要包括技术中台服务产品、JT 资管科技产品、智能营销产品、供应链金融产品等，还包括京东支付、白条、小金库等产品；解决方案类产品主要包括为数字银行、数字证券、数字保险、虚拟营业厅这些金融机构提供的金融问题解决方案，这些解决方案类产品既包括前期的咨询服务，也包括后期的技术开发、平台系统研发、后期维护服务等。综合来看，京东数科大部分的产品均属于虚拟产品和服务方案类产品。

目前，在所有的产品中，京东数科最关键的产品是为金融机构提供一系列金融问题的解决方案。在早期，京东数科主要是发展虚拟平台软件产品居多，为客户提供的是金融产品，京东数科依托集团前期的优势——拥有京东巨大的潜在客户流，将其引流变现。后来在各大金融服务平台竞争越发激烈的情况下，京东数科开始转变方向，将企业的产品重心向解决方案类产品转移，专注于企业最突出的优势——科技研发的优势，为客户，尤其是金融机构，提供科技产品。

产品组合的调整体现了京东数科在面对市场竞争时，能快速做出反应，及时制定新的发展战略，最大限度挖掘企业自身的核心竞争力。新的产品组合最终为社会、为企业创造价值双丰收的局面。

三、完备的生产支持体系和坚实的合作伙伴

京东数科有着完备的生产支持体系支撑，即产业 AI 中心。京东数科的产业 AI 中心可谓是企业产品的"源泉"。产业 AI 中心集成了京东数科集团旗下 AI 实验室、数据智能实验室、智能风控实验室、智能城市研究院、数字农牧研究院、资管科技实验室、区块链实验室、AI 机器人实验室等多个科技研发机构的 AI 研发力量，聚集了来自全球各领域的超百位顶尖人工智能技术专家。

此外，京东数科还开创了产业 AI 公开课，力邀身处产业一线的行业大咖及学界专家，探讨如何以数字化实现真正破局，重塑新的增长路径，并打造一个开放的交流平台。这些有形研发资源和无形的智力资源都是京东数科产品服务背后巨大的支撑，也是京东数科在金融科技行业中最大的优势所在。

京东数科的生产合作伙伴涉及范围极广，包括各种智能硬件厂商、软件平台供应商等。例如，在 2019 年 11 月，京东数科就联合零售 ERP、智能商业硬件厂商等合作伙伴展示了京东自助收银解决方案。在选择这些合作伙伴时，京东数科会倾向于选择在行业中沉淀多年的厂商，通过严格的挑选来保证后续合作的顺利和产品的高质量提交。

这些合作伙伴为京东数科提供了高质量的协助，京东数科也会为合作伙伴提供开放的框架和结构，让他们可以连接到更多的客户、数据和场景。在这样一个共建共赢的合作关系里，京东数科才走到如今这个高度，这也符合京东数科一直以来的理念——通过自己的力量推动行业的发展，创造公平与普惠的社会价值。

四、持续稳定的盈利能力

京东数科的盈利主要有两个：一是前期通过免费注册的金融服务平台，积累客户和资金，在这些平台上吸引广告商、投资者入驻，赚取广告费、收取费用或提成等；二是为金融机构提供技术支持或联合合作伙伴为这些机构提供金融服务解决方案，通过口碑传播和合作伙伴的潜在人脉网积攒客户，从而赚取服务费、项目费和提成等。前者为企业提供了大量的收益，支撑着企业的转型升级，后者则为企业更高水平、更高质量的发展提供了资本源泉。

京东数科在发展过程中，不断摸清企业的优势和定位，逐步调整自己的方向，最终实现了从 B2C 向 B2B2C 转型。广泛的客户基础、灵活的产品组合、完备的生产支持体系和坚实的合作伙伴以及持续稳定的盈利能力，造就了不一样的京东数科，也成就了这一金融科技领域的超级独角兽企业。

SpaceX：硅谷钢铁侠的力作

SpaceX 由埃隆·马斯克（Elon·Musk）于 2002 年成立，总部设在美国加利福尼亚州霍桑恩市。SpaceX 设计、制造和发射先进的火箭和航天器。公司旨在彻底改变太空技术，其最终目标是使人们能够生活在其他星球上。自 2008 年 SpaceX 获得美国国家航空航天局（National Aeronautics and Space Administration，NASA）商业轨道运输服务的合同以来，SpaceX 的一系列具有里程碑意义的壮举吸引了全世界的目光。

该公司于 2010 年完成从低地球轨道返回航天器的壮举，从而成为世界上唯一一家完成此类任务的民营公司；又于 2012 年再次创造了历史，其"龙"（Dragon）太空船成为第一个向国际空间站运送物资的商业航天器，开启了私营航天的新时代。该公司现在定期发射经过飞行验证的火箭，并于 2017 年成功实现轨道级火箭的历史性突破。2018 年，SpaceX 开始发射"猎鹰重型"（Falcon Heavy）火箭，这是世界上功能最强大的运载火箭。

作为全球增长最快的航天发射服务提供商之一，SpaceX 已完成了 100 多次任务，涉及的合同金额超过 120 亿美元。这些措施包括商业卫星发射以及美国政府的任务。根据与 NASA 签订的一系列商业补给服务合同，SpaceX 的"龙"（Dragon）太空船将执行许多货物补给任务。面向未来，在"猎鹰 9 号"（Falcon9）火箭和"猎鹰重型"（Falcon Heavy）火箭的基础上，SpaceX 正在研究下一代完全可重复使用的运载火箭，这将是有史以来功能最强大的运载火箭，能够将人类运送到火星和太阳系中的其他目的地。

一、星际龙鹰，直指九天

SpaceX 公司产品主要包括"猎鹰 9 号"（Falcon9）火箭、"猎鹰重型"（Falcon Heavy）火箭、"星际飞船"（Starship）和"龙"（Dragon）太空船。

"猎鹰 9 号"是由 SpaceX 公司设计和制造的两级火箭，致力于可靠和安全地将卫星等航天器送入轨道。火箭的简单两级配置简化了分离过程，配备的 9 个一级发动机也将为火箭提供充足动力，即使有的发动机出现故障，其余的发动机也可以保证发射任务的安全。SpaceX 公司认为，如果能将火箭安全地回收再利用，就能使进入太空的成本大大降低。只有这样才能满足未来人类向太空移民和进军的需要。

2012 年，"猎鹰 9 号"将"龙"太空船安全地送入正确轨道，太空船与国际空间站会合，这使 SpaceX 成为有史以来第一家访问该空间站的民营公司。此后，"猎鹰 9 号"多次前往太空，将卫星送入轨道，搭建起了国际空间站和地球之间运送物资的桥梁。"猎鹰 9 号"和"龙"太空船就被设计用来将人类送入太空，根据与美国国家航空航天局的协议，SpaceX 正在为实现这一目标而积极努力。

"猎鹰重型"（Falcon Heavy）火箭是世界上最强大的运载火箭。它能够把将近 64 吨（14.1 万磅）的货物送入轨道。它的运载能力是紧随其后的德尔塔 IV 重型运载火箭的两倍多，而成本仅为后者的 1/3。该火箭借鉴了之前研发"猎鹰 9 号"的经验，性能大大增强。

"星际飞船"（Starship）是一种完全可重复使用的运输载具，旨在将人员和货物运送到地球轨道、月球、火星甚至更远的地方。该飞船将成为世界上最强大的运输载具，能够携带更多的物资进入地球轨道。SpaceX 公司一直在加速研制星际飞船，公司的目标是在 2020 年实现飞船的轨道飞行。

"龙"（Dragon）太空船旨在将货物和人员准确无误地运送到预定轨道上，这是目前唯一能够将大量货物运回地球的航天器。美国东部时间 2019 年 3 月 2 日凌晨 2:49，美国国家航空航天局执行"商业船员计划"中的第一次演示飞行。"龙"太空船于 3 月 3 日上午 6 点 2 分提前完成了与国际空间站的对接任务，从而成为历史上第一个与国际空间站自主对接的美国航天器。

二、政策助力，轻装上阵

美国政府的政策支持为公司降低成本奠定了坚实的基础。时间回到 2004 年，美国国家航空航天局（NASA）宣布不再涉及地球轨道的发射任务，将会把精力主要放在探索深空，并把这些任务转交给其他商业公司。同时美国政府还出台相关的政策和法规，引导 NASA 助力商业航天市场，为民间私营商业火箭发射公司提供相关技术支持。这对广大的商业火箭发射公司来说，无疑是千载难逢的好机会。

　　SpaceX 正是看到这次机会背后蕴含的巨大商机，积极参与 NASA 牵头的一系列项目，从而获得了一大笔的资金支持。同时公司也从 NASA 手中直接接收了一批技术，租用了发射设施和发射场地等基础实验设施，这些举措让 SpaceX 吸引了很多航天领域的工程师加入其中。在获得来自政府和 NASA 的支持后，2006 年 SpaceX 正式获得 NASA 商业轨道运输服务的合同。2008 年 SpaceX 宣布获得 NASA 价值 16 亿美元的商业补给服务的合同，在航天飞机即将退役的情况下，SpaceX 将会肩负起为国际空间站进行补给的任务。

三、打破常规，积极创新

　　创新是一个民族进步发展的灵魂，对于个人和一家公司来说更是如此。简单地降低成本发展不是长远之计，SpaceX 公司依靠创新驱动来从源头上减低生产成本。在 SpaceX 技术团队的工作中，充满敢为人先的冒险精神和脑洞大开的创新理念，例如，探索重复使用火箭，实现助推火箭海上平台回收；颠覆了火箭制造领域一些传统的论断，大胆尝试新的工艺并获得成功。SpaceX 公司的一系列创新思维也为未来重型火箭的结构设计提供了另一种思路。在富有创新激情的背后，SpaceX 公司同样敬畏和遵循着自然规律。商业公司一般将盈利作为终极目的，公司上下往往被一种急功近利的氛围所包围。SpaceX 在火箭可控回收这一领域始终保持循序渐进的态度，尽管经历了多次的失败，但是 SpaceX 技术团队依然保持乐观，继续总结经验，为下一次的实验打好基础。如今在经历了无数艰难险阻之后，SpaceX 公司的运载火箭回收技术已经日趋完善和成熟。

　　统一产品标准。例如，SpaceX 公司主力运载火箭"猎鹰 9 号"的 9 台一级发动机是相同的，二级发动机是在一级发动机的基础上改进而来的，并且更适合高空。发动机的制造工艺基本相同给生产带来便利的同时，也大大降低了生产成本和生产周期。另外，SpaceX 公司采用类似汽车生产的流水线生产模式，实现了火箭流水线式的大规模生产，在大量生产的过程中形成规模经济。在未来，生产火箭也许就像生产一辆小汽车那样，而不再是高高在上的高科技产品。

除此之外，SpaceX 公司在火箭的动力系统、箭体结构、电子系统和发射操作方面也采取了最节省成本的做法。在动力系统方面，采用最实用的"灰背隼"泵压式发动机和最便宜的推进剂；在电子系统方面，SpaceX 公司自行研制了不同于其他火箭的全新系统，其中相当大一部分的元器件自行生产，降低了采购成本；在发射操作方面，运输火箭走陆路运输，降低了运输成本。火箭在上发射台前使用水平组装模式，与发射台之间都是水平放置，到了发射台才垂直起来，这样也可快速更换火箭部件。

四、高效的扁平式管理结构

SpaceX 公司总部位于美国加州的霍桑恩市，总部的建设风格充满科技感，办公室全部由玻璃幕墙来装饰，营造出开放式格局。就连 CEO 马斯克自己的办公地也是一个开放式的小隔间，这样便于和其他员工随时交流。或许正是因为早年间马斯克在 Paypal 公司工作的经历带给他灵感，SpaceX 总部办公区的这种设计和很多互联网科技公司的风格有异曲同工之妙。开放式的大型办公场所内，会聚了来自不同部门的员工，又因为玻璃幕墙是透明的，所以整个工作的进程都实时分享给所有的员工，从而大大节省了不同部门之间来回沟通的时间。而这种工作中的透明度，对于研发和生产部门来说更是至关重要和难能可贵的。整个公司给外人的感觉更像是一个互联网科技公司，员工和老板之间距离感不大，团队合作氛围很好，凝聚力强。

如此开放和自由的工作氛围来源于 SpaceX 公司相对扁平化的管理结构。这种管理结构具体表现为以下三个方面：

1. 等级层次少

SpaceX 公司在管理层级的设定上尽量避免官僚式的结构，压缩员工到老板之间的等级差，虽然还存在等级，但是相对来说已经比较扁平化。抛开高级管理层不讲，其余的人员从一个普通员工到最高级别之间只有四个等级头衔。这样的结构设定使每一个普通的员工或是工程师都能向马斯克反馈对产品和公司的建议，并且这种传递信息的时间也很快，让员工的建议和上层的决策都能及时送达对方。

作为公司的首席执行官，马斯克是一个追求简单而高效的人，这从公司疯狂压低成本的做法中可见一斑，他对传统的官僚主义做事风格深恶痛绝，认为这大大限制了公司的发展。他总是希望能和所有的员工、研发团队直接对话，甚至在听取项目团队的汇报时，总是作为一名普通员工来一起参与讨论。

在马斯克的推动下，SpaceX 公司得以便捷而高效地组织起产品的研发团队，并让研发团队和市场团队进行直接对接，缩短彼此沟通上的麻烦。同时每一个管理团队的领导人都能够对整个产品的全流程负责，而不只是在管理方面独当一面，这样也就要求团队的领导人具有极高的专业素养。

2. 共同价值观

"所有的观点都可以尝试，除非它是违背物理原则的"，这是 SpaceX 公司上下所共同秉持的价值观。SpaceX 借助扁平化的管理结构，从根本上解决创新想法被官僚主义扼杀的情况，为所有有创意的想法提供一个自由交换的平台。在这个平台上，首先，最大程度地消除了等级观念，员工可以畅所欲言，而不是单单接受来自高级管理人员的指示。其次，SpaceX 公司在日常团队汇报以及行政工作中都尽量减少文件和文字内容，追求用简练的文字表达事情。这项举措事实上为公司内部营造出了简洁、高效的工作氛围，并减轻了员工的压力，达到了很好的效果。再次，SpaceX 公司中的经理和其他公司有所不同，其他公司的经理往往是发号施令的角色，但是 SpaceX 公司中的经理是在为员工创造良好的环境，从而帮助员工更好地完成工作，同时还会去想办法争取其他方面的资源。最后，SpaceX 公司中的员工不以功劳大小来排名，只要是通过自己努力为公司创造了价值，都会受到管理层的鼓励和支持。

3. 便捷的交流

SpaceX 公司一直以来致力于建设信息技术，为公司员工提供可靠的技术服务，方便他们的工作。在此背景下，SpaceX 公司在 2002 年设置了首席信息官，由专门的人员来负责相关事务，并创造适合本公司的信息系统，服务于公司日常的研发和采购等业务。SpaceX 借助这一信息系统，提高信息互动的效率，理顺了工作的流程，为扁平化管理结构奠定了基础。

五、硅谷钢铁侠

作为 SpaceX 公司的创始人兼 CEO，埃隆·马斯克本人就是公司最大的品牌标签。这位被称作"硅谷钢铁侠""硅谷狂人"的企业家曾经多次表示，他只是一个工程师，并不太喜欢称自己是生意人。因为他把精力主要放在生产更好和更酷的产品上，如果能让大部分消费者都能消费得起自己的产品，那将是让他十分开心的事情。

1971 年，埃隆·马斯克出生在南非一个相对富裕的家庭，童年时期，他和别的孩子就不太一样，他对科学技术表现出十足的兴趣。1995 年，他在斯坦福大学攻读博士学位，但出人意料的是，在入学后的第二天，他就选择休学并开始创业。

1995 年，马斯克和自己的弟弟一起创办了 Zip2 公司，公司业务主要是为传统新闻媒体开发出版软件。1999 年，马斯克卖掉了这家公司，并且用赚到的钱继续创业。这一次他和其他合伙人创办了 X. com，这个网站后来跟其他公司合并，并改名为 Paypal。2002 年，全球最大的电商公司 eBay 看上了这家公司，并全资收购了它，在这次交易中马斯克拿到了

1.65 亿美元。虽然马斯克因为某些原因离开了 Paypal，但正是这笔钱为今后的 SpaceX 公司奠定了基础。

2001 年，当马斯克还在 Paypal 工作时，他曾经提出一个"火星绿洲"的概念，"火星绿洲"计划在火星上建立一个专门用于种植地球农作物的温室，因此，他需要运载火箭来帮助他去火星完成这个任务。如果选择美国的火箭，价格十分高昂，即便是后来马斯克退出 Paypal 获得 1.65 亿美元，这些钱也不能支撑他的计划，因为航空航天领域确实是一个很吃钱的领域。他也曾想去俄罗斯寻求帮助，但俄罗斯方面给出的运载火箭价格同样较高，而且并不看好他的计划，只是想从这个互联网新贵身上赚一笔钱而已。

马斯克并没有因此而使计划搁浅，他做了一个惊人的决定：自己造火箭。这样的决定让周围的人都觉得马斯克疯了，因为在人们的观念中，火箭这种高科技的东西都是国家层面来组织设计研发的，想要自己搞火箭简直是异想天开。马斯克没有理会其他人的看法，他请了航天领域的专家，一起来研究自己造出成本更低的火箭是否可行。在这个过程中，他本人也恶补航天领域的知识，研究相关物理学知识。最后他和他的团队得出结论：从理论上来说，这件事行得通。

在这种背景下，2002 年他决定设立 SpaceX 公司并出任 CEO。在并不被世人看好的情况下，这家私人商业公司竟然出人意料地完成了火箭发射、火箭回收、航天器对接国际空间站等一系列壮举。虽然在研制过程中存在不少坎坷和挫折，但是这位永不言败的"硅谷钢铁侠"依然顽强地带领着公司走了下来。有人戏言，世界上掌握火箭发射技术的有四家：美国、俄罗斯、中国、埃隆·马斯克。

作为一个追求完美的人，马斯克是一个不折不扣的工作狂，在他刚创业时，每天都在电脑前面敲代码，累了就睡在电脑前。不仅是对自己严格要求，马斯克在日常工作中对待员工也十分严格，甚至到了有些不切实际的地步。例如，在某次 SpaceX 的会议上，员工汇报了某项工作的进展，认为完成这项工作需要两个星期左右的时间，而马斯克在考虑了工作流程之后认为一天时间足矣，结果是这些员工开始疯狂地工作，最后真的在一天的时间内完成了任务。

在接受媒体采访时，马斯克曾这样表示，一家公司在发现自己的错误时，一定不会拒绝承认自己错误的，而是应该在日常就经常注重自我反省，以此来发现错误并马上改正。马斯克和他的 SpaceX 公司在 2008年曾经遭遇过巨大的危机。SpaceX 公司研发的火箭"猎鹰 1 号"在2008 年连续三次发射失败，而且都是在进入轨道前爆炸，加上美国次贷危机的影响，整个公司举步维艰。面对这样的情况，马斯克和他的团队积极应对，反思自己的错误。之后他们迅速改进产品，马斯克也把自己所有的家底投了进去。功夫不负有心人，最后一次发射圆满成功。也正是因为这样，SpaceX 公司接到了美国国家航空航天局（NASA）的电话，因此成为国际空间站的供应商，还附带收到了价值 16 亿美元的商业补给服务合同。

在马斯克小的时候，他非常喜欢英国科幻作家道格拉斯·亚当斯的小说《银河系漫游指南》。在《银河系漫游指南》的封面上有这样一行醒目的话：Don't Panic（不要恐慌）。这句话在他幼小的心灵里埋下了种子。2018 年，SpaceX 发射了"猎鹰重型"运载火箭，这是世界上功能最强大的运载工具。火箭带着一辆特斯拉跑车进入太空，而跑车的屏幕上写着马斯克最熟悉的话：Don't Panic（不要恐慌）。显然这句话深深影响了马斯克，他甚至用这句话来教育自己的孩子，无论遇到什么样的困难，都不要惊慌。同样，我们在 SpaceX 公司身上也能看到这种临危不乱，积极向上的气质，正是这种由领导人带来的力量，支撑着这家公司一直前进，向火星乃至宇宙不断进军。

结语

SpaceX 公司此次成功入选全球独角兽企业 500 强名单，可谓实至名归。相信 SpaceX 公司在未来将实现人类移民火星，探索更深层级的宇宙的目标，造福全人类。

WeWork：赢在商业模式

时间回到 2018 年，亚当·诺伊曼（Adam Neumann），这位 WeWork 联合创始人、WeWork 前 CEO、2018 年《时代周刊》全球最具影响力人物或许永远也想不到，从曾经风光无限的明星公司到经历商业模式的挑战，从 470 亿美元估值缩水到 80 亿美元，WeWork 只用了短短几个月的时间。WeWork 的成功之路并没有走得一帆风顺，前进之路任重而道远。

2010 年，31 岁的亚当·诺伊曼和米格尔·麦克凯尔维（Miguel McKelvey）成立了 WeWork 公司，最初的目标主要是为自由职业者、初创公司和小企业提供共享办公区域。他们相信创建一个可以帮助人们有目的生活的社区可以对整个世界产生有意义的影响，公司希望通过整合空间、社区、服务和技术建设一个包容美丽的空间为世界各地的会员提供更好的工作环境。对于打造一个让人们舒畅生活而不仅仅是生存的办公空间的愿景让 WeWork 在短短的九年间获得飞速成长。

一、"空间即服务"的商业模式

WeWork 的主要业务是租赁或购买写字楼进行翻新，然后采用会员制的模式将其租赁的写字楼转租给其他公司或个人会员，公司营收超过八成来自出租办公空间而收取的会员费。WeWork 先在优质地段租下房产，然后通过设计师和建筑师的设计整合之后将房产改造成更加开放，更加有效率的办公空间，再以较高的价格将房产出租给会员，从而赚取租赁费用。在此过程中，公司也会提供安装互联网、配备邮件收发室、提供休闲水吧等服务，通过提供除租赁以外的便捷性服务 WeWork 可以因此再收取一笔额外费用。和传统房地产租赁服务公司只是简单地进行转租业务不同，WeWork 在产品开发和技术基础设施上进行了大量的投资，他们企图通过技术支撑下的商业模式的改变来颠覆传统房地产租赁业务。公司开创了一种"空间即服务"的会员制模式，将会员聚集在一起，建立社区，根据需要设计令人感觉舒适的工作空间，同时营造开放包容的文化从而达到提高会员生产力的目标。

"空间即服务"的会员制商业模式的一个切入点是其对空间的设计、聚合和分配，这种模式提供了公司在其全球空间组合中根据个人和企业的需要拓展工作空间的可能性，会员可以按分钟、按月或按年使用 WeWork 所提供的办公场所。同时以其集成解决方案和全球化的平台为依托，个人和组织在向 WeWork 说明工作空间需求之后，WeWork 能在适当的时间以适当的价格聚合需求，并将个人或组织匹配到合适的空间，这使 WeWork 能以相对较高的价格却更短更灵活的租期租给有需要的租户。通过扮演这种需求聚合者和空间分配者的角色，WeWork 能够突破传统商业地产的使用方式，更高效地利用空间面积。

在"共享"概念之下，"空间即服务"会员制模式为会员提供了在其需要的任何时候使用 WeWork 办公空间的能力，会员可以全天候享用不同地区 WeWork 的共享办公空间。这一概念顺应了城市化、全球化和越来越多的独立劳动者出现的趋势，创造了会员跨地区办公空间的灵活性。除了空间需求的满足之外，服务需求的满足也是其模式重点建设的一部分。会员在工作空间中可以享用通用的便利设施和现场社区团队服务，而不用担心在陌生的办公环境中的办公设施匹配问题。WeWork 希望通过打造"空间便利型+服务多样型"的服务来满足用户需求，提升用户体验。考虑到企业会员不同组织形式和设计独特的办公空间需求，在提供标准化的共享空间之外，WeWork 还提供私人订制版的 Power by We 服务。这是一款针对组织需求进行空间配置的高级解决方案，在技术支持之下，Power by We 依据用户需求设计改造客户工作空间，部署软件和硬件解决方案，为员工提供更易于使用的工作场所体验。

"空间即服务"模式的另一个切入点是社区的建立，在公司官网中关于企业愿景的描述写着这样一句话"To create a world where, people work to make a life, not just a living"。早在 2018 年创办 WeWork 时，亚当·诺伊曼和米格尔·麦克凯尔维的目标就是创造一个社区帮助人们有目标地生活，在那时公司创始人就已经意识到了建设社区的重要性，这种社区形态的建设对于 WeWork 来说是打破传统，同时也是一种加强企业和会员联系的双向互补机制。从会员的角度来看，企业会员希望通过培养社区来提高员工的参与度和工作效率创造企业文化，而个人会员也希望能在社区内进行交流，获得个体工作者平时单独工作所无法获得的归属感。从企业的角度来看，WeWork 也会因为社区的建设获得了极大的反哺。WeWork 将社区技术整合到所有的运营中，以进一步提升为员工创造的价值。通过开发 WeWork 程序，会员可以预订空间，与其他成员进行交流并一起发起和参加各种活动。社区会员们平均每周发起 2500 多个活动，这些活动进一步提高了会员的活跃度和留存度。公司希望通过社区建立一种会员自我发展的生态环境，在社区里，每个会员都主动规划和参与活动，相互推荐服务，并在能够相互帮助的会员之间充当媒介。在这样的社区生态之中，WeWork 的付费会员会成为免费的平台建设者。

WeWork 打破了传统商业地产租赁商的单纯空间出租者的形象，在"空间即服务"的商业模式之下，为个人和企业会员提供了传统租赁商所不能提供的价值。通过空间的设计、服务的提供、社区的建立，80% 的会员认为在加入社区之后工作效率得到了提高；78% 的企业会员认为 We-Work 帮助企业吸引和留住了人才；65% 的初创公司和自由职业者会员认为加入 WeWork 帮助了他们的成长；在 2018 年新增加的会员中，35% 归因于 2017 年底已经成为会员的组织。WeWork 不希望只是简单地为会员提供办公空间，而是希望建立全球平台打造充满活力和包容性的社区文化，帮助人们提升自己的工作、生活和成长空间。

二、规模扩张陷阱

据 WeWrok 2019 年 8 月向美国证券交易委员会（Securities and Exchange Commission，SEC）提交的募股说明书显示，从第一家在纽约市曼哈顿 SOHO 区的店面开始，截至 2019 年 6 月，WeWork 已经雇用了 500 多名设计师和建筑师、近 1000 名工程师、12500 位员工，在全球 29 个国家、111 个城市设立了 528 处经营地点。会员人数从 2010 年的 450 名增加到 52.7 万名，其中，有超过一半是外国（非美国）会员，根据他们的测算，在这 29 个国家、111 个城市中，潜在会员人数将达到 1.49 亿人。

九年的发展也使 WeWork 将触角从独立工作者、初创公司和小型商业团体伸向超级大企业，将员工超过 500 人的会员组织称为企业会员，WeWork 的企业会员人数占比已经达到了 40%。《财富》500 强公司中已有 38%是 WeWork 的企业成员，包括 IBM、亚马逊、微软、汇丰银行在内的企业会员费用已经成为 WeWork 营收增长最主要的推动器。其在未来还计划入驻其他 44 个城市，最终全球定位 280 个城市，估计潜在成员人数达到 2.55 亿。通过将平均员工占用成本应用于现有 111 个城市的 1.49 亿潜在会员上，WeWork 估计出现有潜在市场的机会价值为 1.7 万亿美元，如果将此估算方法推至未来 280 个目标城市的约 2.55 亿个潜在会员，则总商机将达到 3 万亿美元。

中国是 WeWork 在海外重点布局的区域之一，据 WeWork 官网信息显示（见表 2-1），自 2016 年首次进入中国市场之后，WeWork 在北京、上海、深圳、中国香港、中国台湾等 12 个城市已经拥有 117 栋楼的物业。大中华区在 WeWork 的总营收占比也在逐步走高，2019 年前 6 个月大中华区营收为 0.94 亿美元，占公司总营收的 6.1%，而 2018 年同期占比为 3.8%。

表 2-1　WeWork 营业收入来源

年份 类别	2010	2012	2014	2016	2018	2019/Q2
物业（栋）	2	7	23	111	425	528
城市（个）	1	3	8	34	100	111
会员数（家）	450	4000	15000	87000	401000	527000

快速增长同时体现在财务数据上，募股书显示，2016~2018 年 We-Work 的营业收入分别为 4.36 亿美元、8.86 亿美元和 18.21 亿美元，每年同比增长 100% 以上；2019 年上半年营业收入高达 15.35 亿美元，较 2018 年同期的 7.6 亿美元增长 101%。在 15.35 亿美元的全球收入中 56% 来自美国，其余收入均来自海外（非美国）市场，体现了 WeWork 的全球化海外扩张战略。

可惜的是，营收的增长并没有带来亏损的收窄，和一些风投追逐的明星企业一样，WeWork 营业收入快速增长的背后是投资方的压力、快速的扩张和运营费用的不断扩大。2016~2018 年 WeWork 净利润分别为 -4.30 亿美元、-9.33 亿美元和 -19.27 亿美元；2019 年上半年净亏损 9.04 亿美元，与 2018 年同期的 7.2 亿美元相比增长 25%。门店的扩张所带来的运营费用是造成亏损的主要原因，为了降低租金成本，WeWork 通常与房东签订的是 10~15 年的租赁合同，这造成了资金流动的巨大压力。2016~2018 年门店运营费用分别为 4 亿美元、8 亿美元和 15 亿美元，2019 年上半年，WeWork 的门店运营费用达到 12 亿美元，同比增长超过 100%。因为快速扩张和高运营费用导致的财务亏损引发了外界对 WeWork 资金流可持续性的怀疑，为后来的一系列事件和 IPO 的中止埋下了伏笔。

三、与软银的爱恨纠葛

自 20 世纪 50 年代风投在美国出现以来，经过 60 余年的发展，资本已经成为初创企业发展壮大最重要的武器和技术革新的主要力量。资本像狼一般审视着市场，贪婪地寻找能够让投资指数级增长的机会，而初创公司们则绞尽脑汁希望得到市场之狼的庇护，最终成为市场的王者，WeWork 在这一点上也毫不例外。背靠软银孙正义这棵大树，WeWork 的成功是软银的成功，WeWork 的失败也成为了软银的失败。

在 2016 年 1 月的"创业印度"活动上，WeWork 联合创始人诺伊曼遇到了软银集团董事长孙正义，彼时的孙正义正在印度寻找投资机会，就在不久前他刚刚宣布了其在印度将投资 100 亿美元的计划，而诺伊曼则作为演讲嘉宾在会议上向与会者介绍了自己一手创办的公司。当时的 WeWork 在全球只有不到 100 个办公场所，但是估值也达到了 120 亿美元。那一天，诺伊曼在讲台上面对台下的商界和政界名流侃侃而谈，介绍着 WeWork 颠覆房产租赁，让世界变得更好的目标。除了晚上一起共进晚餐之外，两人之间并没有更多的交集，孙正义似乎也没有表现立刻投资 WeWork 的兴趣，诺伊曼在那时也并不清楚孙正义心中正在酝酿将会震惊整个投资界的庞大计划。2016 年 9 月孙正义飞往沙特，在与沙特王储穆罕默德的会议中，孙正义声称要送给穆罕默德一个万亿美元的礼物，之后孙正义宣布他在 45 分钟之内拿下了沙特阿拉伯公共投资基金 450 亿美元的投资，开始组建第一期 1000 亿美元的基金。

同年 12 月，孙正义在纽约期间联系了诺伊曼要求参观位于曼哈顿的 WeWork 总部，在参观之前的孙正义也没有表现出很强烈的投资倾向，只是表示对联合办公业务感到好奇，希望能够了解。在比原定计划晚了两个小时出现在 WeWork 总部后，孙正义告知诺伊曼自己只有 12 分钟的参观时间，为了能够继续交流，参观完公司总部的孙正义邀请诺伊曼上了他的车，在车上孙正义作出了对 WeWrok 投资 44 亿美元的承诺，孙正义在车上郑重其事地告诉诺伊曼："让 WeWork 比你最初的计划大十倍。"与孙正义 45 分钟获得沙特阿拉伯公共投资基金 450 亿美元的投资如出一辙，WeWork 获得软银 44 亿美元的投资只花了 30 分钟。彼时的孙正义期待 WeWork 成为他投资下的另一个阿里巴巴，同时还把诺伊曼称作他遇到的第二个马云。众所周知，2000 年孙正义对马云的阿里巴巴的 2000 万美元投资在阿里上市之后最终回报率超过 1700 倍，成为其投资生涯最显赫的战绩。

在这之后软银通过旗下的愿景基金和其他投资工具陆续给 WeWork 投资了约 106 亿美元的资金，在疯狂的资金支持之下，WeWork 的估值在 2019 年 1 月达到了 470 亿美元。资金加持助长了 WeWork 的海外扩张计划，急于获得孙正义的肯定的诺伊曼不断加快扩张步伐，全然忽略了盲目扩张所带来巨大风险。2017~2018 年，WeWork 的办公空间从 1000 万平方英尺疯狂增长到了 4500 万英尺，不过在最初这些风险被看似迅猛的势头所掩盖。

在谈及 WeWork 未来时，孙正义曾经声称 WeWork 将成为世界上第一个实体社交网络，出于对诺伊曼的欣赏加之对联合办公商业模式的高期待，1000 亿愿景基金募集完成后的软银甚至曾希望投资 150 亿~200 亿美元收购 WeWork。不过在软银因为负面新闻股价下跌和沙特方面的要求对此谨慎的重重压力下，孙正义最终没有真正实施这一投资计划。传闻在 2018 年圣诞的前夕，孙正义亲自打电话给诺伊曼告知之前的交易计划停止。面对不断加大的资金压力，2018 年 12 月 28 日，在圣诞节后的几天，诺伊曼最终决定选择公开募股的道路。殊不知，正是这一决定将 WeWork 推向了滑铁卢。

2019 年 4 月、5 月共享经济代表 Lyft 和 Uber 在相继上市之后破发，Uber 上市首日大跌 7.6%，次日再跌 10.8%，较上市前 1200 亿美元的估值更是接近腰斩。一系列事件使市场开始看衰"共享经济"模式，就是在这样的市场情绪之下，2019 年 8 月 14 日，WeWork 向外界发布了 IPO 的募股说明书，WeWork 糟糕的财务状况曝光在了公众的视野之中。在这之后的几周里，媒体上关于 WeWork 的负面消息越来越多，糟糕的财务状况、市场对"共享经济"的怀疑、对公司创始人兼 CEO 的诺伊曼个人经营习惯的批判导致 WeWork 的估值如多米诺骨牌一般一路从 470 亿美元跌到只剩 80 亿美元。

　　诺伊曼这位魅力型领导者在 WeWork 成长和融资的过程中扮演着无法替代的角色，但在公司发布募股说明书之后也因为其随心所欲的管理习惯被推到了风口浪尖。诺伊曼的任人唯亲一直受到外界的诟病，诺伊曼的妻子丽贝卡不仅担任公司的首席品牌和影响官，还兼任旗下教育部门 We-Grow 的首席执行官，同时如果诺伊曼意外身亡，丽贝卡也被指定为几个接班人之一，诺伊曼的妹夫经营着公司的健身房，其他很多亲戚也在公司担任着职务。除了任人唯亲之外，诺伊曼作为公司管理者还向公司收取自己所拥有的物业的租金，并向公司收取 590 万美元的其个人持有的 "We" 品牌的商标使用费，虽然后来他还了这笔钱。诺伊曼的私生活也犹如披头士一般，2019 年 9 月 18 日《华尔街日报》发表了一篇有关诺伊曼行为的报道，其中，就包括他在一架私人飞机上吸食大麻的轶事。在工作的管理上，诺伊曼有着卓越的商业敏感性和眼光，这种自信让他无法忍受其他人对自己的决定做出干涉。作为公司最大的控制者，诺伊曼拥有绝对的投票权。有员工曾经表示："你会因为反抗他而受到惩罚"，诺伊曼常常斥责与他发表相左意见的员工，甚至为此而勃然大怒，久而久之，诺伊曼对公司的管理越发的独裁化。

　　在发布募股说明书的数周后，舆论不断发酵，外界对于这位明星创始人管理不善、任人唯亲的批评声越来越大。为了使投资人重拾信心，2019 年 9 月 24 日，WeWork 董事会投票通过了诺伊曼辞去公司首席执行官的决议，同时支付 17 亿美元要求其转让控制权，10 月 1 日，WeWork 母公司 We Company 正式宣布撤回上市申请。在软银财报发布会上，讲到对于 WeWork 投资的评价，孙正义承认他高估了诺伊曼好的一面而忽略了他在公司管理上的缺陷，也坦言对 WeWork 投资上所犯的错误是一个需要吸取经验的教训，但同时也认为 WeWork 的产品还是可靠的，其仍有可能在未来几年内产生十亿美元的年利润。

四、新挑战，新征程

前进的道路不可能一帆风顺，当前遇到的困难也开始让 WeWork 重新审视自己战略发展和商业模式的新问题。

作为全世界最知名甚至最有潜质的独角兽企业，WeWork 受到无数投资方的关注和追捧，大量外部资本追逐带来的自信和压力也使公司走向了快速扩张的道路，而快速的扩张成为了 WeWork 的一个隐患。WeWork 的全球规模和运营效率优势还未跟上其扩张的速度。以中国市场为例，据 2019 年英国《金融时报》的一篇报道显示，截至发稿日期，上海的 WeWork 办公地点已经建立了 43600 个办公场所，2019 年 10 月的空置率为 35.7%；其在中国香港的 8900 个办公桌中，空置率则为 22.1%，WeWork 的空间利用率还有很大的提升空间。WeWork 已经开始有意识地控制自身的扩张速度来对空间的供给进行限制，在英国退欧公投之后，WeWork 放缓了伦敦的增长，入住率迅速提高 10%，其他地区也表现出类似的因为供给放缓而空置率下降的情况。

此外，虽然声称是科技企业，但是 WeWork 无法通过技术降低其本质地产租赁业务最核心的租金成本。WeWork 的物业主要还是集中在白领聚集的热门商圈和写字楼附近，在北京的 WeWork 旗舰店，独立办公室的工位出租价格为每月 3600~4500 元，移动工位则为每月 2560 元，高额的租金对于 WeWork 刚创办时的初创企业客户目标其实并不友好，他们没有能力长期承担办公房租，这也必然迫使 WeWork 越来越将目标放在企业会员身上以寻求财务利润，也只有企业会员才负担得起高租金和定制空间服务。

大企业会员越来越多意味着 WeWork 现有收入结构与实现共享概念下"企业与个人""个人和个人"之间外部互联的愿景之间的背离。除此之外，"共享"真正的概念是对已存在的闲置资源的再利用，而 WeWork 的本质只是提供空间服务，让会员可以享受其在全球范围内的办公空间。他创造一个新的工作空间，提供服务，并且试图利用科技降低空置率。从这方面考虑，这并不是对闲置办公空间的再利用，只是在技术和概念基础之上，对传统地产商试图降低房屋空置率的目标更进一步。

同时 WeWork "空间即服务" 商业模式下对于社区的建设也还没达到预期目标。即便因为空间设计的创新性和舒适性，WeWork 确实在一定程度上提高了会员的工作效率，但这与通过打造社区文化提高会员生产力的愿景还存在一段距离。不仅如此，文化的打造存在地区差异性，作为以全球市场为平台的企业，WeWork 在全球扩张过程中也遇到了文化适配的问题，美国文化喜欢的办公环境或许并不适合其他国家的办公文化。美国人在办公中更喜欢交流，更加开放，但是当把依据美国办公文化设计的办公空间照搬到中国时，就有会员抱怨办公室之间的距离太近，同事之间聊天容易被听到，认为这种空间设计缺乏隐私性。在很多投资者看来，联合办公的本质还是赚取差价，WeWork 需要通过文化的建设真正成为联合办公社区创造者，摆脱联合办公空间提供者的标签。

资本最终追逐的只有收益而不是概念，孙正义的投资让 WeWork 闪耀在聚光灯下，穿上 "共享经济" 外衣的 WeWork 估值一路水涨船高，甚至一度成为美国第二大独角兽企业，而高估值也掩盖了公司内部管理和商业模式的风险。这些问题在 WeWork 2019 年 8 月发布募股说明书之后真正暴露在投资者眼前。巨额亏损、CEO 管理不善等问题引发了市场对 WeWork 的悲观情绪，WeWork 的估值也因此一泻千里。最终 WeWork 董事会不得不罢免诺伊曼，中止公司 IPO 的计划。面对当下的问题，实际掌握了 WeWork 的软银已经开始对公司进行大刀阔斧的改革，为了降低成本，WeWork 宣布裁员 2400 人，但前路依旧艰难。道阻且长，但是正如孙正义所说："道路没有改变，愿景没有改变，战略也没有改变，我们所能做的就是继续前进，继续前进。"

平安医保科技：打造"三医联动"新生态体系

平安医疗健康管理股份有限公司（中文简称"平安医保科技"，英文简称"Ping An Health Konnect"）正式成立于 2016 年 9 月，是中国平安"大医疗健康"战略的重要组成部分与集团智慧城市建设的核心成员。公司聚焦医改重点领域，通过与医疗健康服务各参与方的高效连接和有效协同，持续打造精准、合理、便捷的"三医联动"新生态体系。截至目前，公司市场覆盖全国近 30 个省、200 余个城市，为 8 亿社会公众提供服务。2018 年初，平安医保科技完成首次融资，融资规模 11.5 亿美元，融资后估值 88 亿美元，发展态势持续快速、稳健。

依托平安集团强大的综合金融实力与品牌影响力，公司凭借行业领先的医保管理、医疗管理、健康管理、疾病管理经验，基于大数据、云计算、生物识别、区块链、人工智能等核心科技，为医保、商保及医院、医生、医药提供系统、服务和数据赋能。公司以智慧医保系统为核心，咨询、服务、保险为辅助，打造智慧医保一体化平台，全面赋能医保局。同时，积极延伸至为医院、医生、药店、药企赋能。此外，公司还可为合作伙伴提供多元化专业医疗租赁服务，并为广大人民群众提供便捷、精准、安全的创新型健康检测服务。

到 2019 年，平安医保科技成立三年以来，已快速积累领先行业的技术壁垒。不仅旗下公司具有金保工程全资质，且积累了大量专利和软著。此外，公司已获取 ISO 9001 质量管理体系、ISO 20000 信息技术服务管理体系、ISO 27001 信息安全管理体系、ISO 14001 环境管理体系、CMMI 能力成熟度模型集成 5 级、双软评估、ITSS 信息技术服务运行维护标准 3 级、信息安全等级保护 3 级等多项企业资质。

展望未来，平安医保科技将以革新中国医疗市场，助力"三医联动"，实现"一降两提"（降低医疗成本、提升服务体验、提升保障水平）为目标，秉持"成就大我以成小我格物修身奋勇必达"的核心价值观，持续深耕与开拓创新，为医保管理机构的科学决策管理与高效运营赋能，为百姓健康管理、看病就医助力，为国家智慧城市建设做出贡献，矢志成为"中国领先的全方位赋能医疗生态圈的智慧科技公司"。

一、全面多样化的商业模式

1. 智慧医保

积极应用人工智能、区块链、生物识别、大数据、安全等现代科技技术与安全保障，为各级医保局提供一揽子智能化解决方案及技术服务，构建智慧医保一体化平台，覆盖经办管理、公共服务、智能监管、宏观决策等医疗保障全领域。在提供信息化平台建设的同时，公司凭借国际领先的医保管理、商保管理、医疗管理、健康管理、疾病管理经验，为各级医保局开展科学决策和精细化管理提供专业化、系统化的咨询和服务支持，构建"决策规划—政策执行—运营监测—分析反馈"的管理闭环，助力政府实现降低成本、提高保障、提升服务的目标。

2. 智慧医健

2018 年 5 月新医保局成立后，医保局成为超级支付方，持续推动"三医联动"改革。在医保控费、处方外流、分级诊疗、医生多点执业等利好政策背景下，医保科技抓住机遇成立医疗业务事业中心，打造医院网络、药事服务、基层卫生三大服务场景及一站式健康管理参保服务平台，利用数据、科技、医疗、保险、金融五大核心能力赋能"医院、医生、医药"，构建全新医疗服务生态。通过医院网络赋能医院、药事服务，赋能药企和药房、基层卫生，赋能家庭医生，打通医院、医药、医生，基于医保移动支付等服务，构建以百姓健康保障为核心的参保服务平台。截至目前，参保服务平台"城市一账通 App"用户量突破 3000万人，已上线家庭医生服务、智慧就医、电子社保卡查询、自助参保服务经办等便民利民服务，大大提高政府和医疗机构服务效率，大幅提升群众满意度。

3. 智慧商保

在"健康中国"战略及保险业"十三五"规划的背景下，商业保险公司纷纷发力积极发展健康保险。

平安医保科技以做"放心的健康保险、省心的健康服务"为理念，通过"好保险""好风控""好服务"三大系列核心产品，引入产品设计方案、智能风控、健康管理服务相结合的"三合一"服务模式，为商保公司提供覆盖售前、售中、售后全流程的一体化解决方案，全面解决商保公司在健康险产品、风控、运营、系统、服务等诸多方面痛点。

4. 医疗租赁

依托平安集团大医疗健康生态圈，实现健康产业金融服务资源全面整合。扎根产业，多面延伸，致力于为合作伙伴提供多元化专业金融服务。

为客户提供最长可达八年的设备采购融资方案。初期投入较少的资金即能完成大型设备的购置，"借鸡生蛋，生蛋还鸡"，是国际上最常使用的设备投资融资方式。

5. 健康（检测）中心

平安健康（检测）中心在全国首创集影像诊断、医学检验、精密检查"三位一体"的创新业态，并以三大业态为基础，打造共享医疗平台，致力于成为中国第三方健康检测行业的领导者。平安健康（检测）中心作为第三方医疗服务提供方，也是中国健康事业发展的参与者和推动者。

6. 影像诊断

通过世界上先进的医学影像设备，国内权威的影像专家团队和"平安好影像"智能影像云平台，满足广大医疗机构和患者对高水准影像诊断的需求。

7. 医学检验

与全球优质的医学检验服务商合作，引进国际一流医学检验项目和自动化体系，为客户提供技术好、项目全、质量优、速度快的医学检验服务。

8. 精密检查

依托先进设备、权威专家和优质服务，主打"精密检查"概念，开展针对专病专项的临床级深度检查，成为国内中高端健康检查市场的引领者。

二、勇于承担社会责任

平安医保科技与青岛人社共同启动"青岛时间银行"，为志愿服务搭建"时间交换"平台。目前青岛地方累积接入 12 家社会第三方志愿者组织及 8 家养老机构，后续青岛红十字会将进入并深化时间银行全闭环应用。

自 2018 年 4 月启动以来，截至 2019 年 12 月 31 日，平安移动健康检测车已经行驶 60 余万千米，途径重庆、广西、江西、湖北、广东、陕西、贵州、河南、山东、四川、河北、山西、云南、安徽共 14 个省，进入 558 个山村，开展了 573 场健康体检和义诊行动，服务了 99337 位村民，平安健康（检测）中心各机构共有名医专家 1114 人次，医护人员 4585 人次，市县级医院和志愿者 10555 人次参与活动。

2019 年 11 月，平安医保科技结合平安集团"三村工程·村医项目"的部署要求与自身业务特色，科技赋能健康扶贫，用心守护全民健康，全新打造"数字化+精准化+一站式"三位一体的健康扶贫模式，助力脱贫攻坚最后一役，并开展"医行千万里"公益行动，现已落地山东平度、山东海阳、山东德州、四川凉山；上线了"医行爱次方"公益游戏，目前已有近 8000 人次参与爱心捐赠。

三、危机感驱动的创新意识

平安集团的金融+科技赋能以及领先的企业文化，无疑是平安医保科技从 2016 年 9 月养老险医保事业部孵化，到独立成为国内大医疗健康领域独角兽企业的原动力，也是获得投资者认可的一大重要原因。

中国平安董事会秘书兼品牌总监盛瑞生曾向记者坦言，"（平安）一切商业模式均面临'互联网+'的挑战，大批基于'互联网+'的新型业态相继诞生。2013 年，马明哲提出'科技引领金融'。到 2018 年，具有尖端科技能力的平安，孵化了平安医保科技、陆金所控股、平安好医生等多个互联网子公司。如此平安，甚至被业界称为'独角兽的乐园'"。

究其动因，诚如中国平安副董事长孙建一所言，由危机感驱动的创新意识是平安孵化独角兽的文化土壤。平安的创新，来自面对市场瞬息万变、优胜劣汰的深刻危机感。30 年来，强烈的危机感已成为平安文化的DNA，迫使平安不断挑战自我；不断应对来自市场、技术、客户和行业的急速变化。但除此以外，还有两个原因也是不容忽视的。

首先，从外部环境变化与行业发展趋势来看，国内相关领域的市场规模足够大，商业前景非常广阔，探索和实践机会是非常多的。近年来以O2O 为代表的"互联网+医疗"以及基于大数据的"精准服务"已深刻改变了社会传统服务模式的方方面面，包括"衣食住行玩"等高频生活场景。在"消费升级"的大背景下，定制服务、预约服务、个性化服务也彻底改变了传统的生活方式。因此，在医疗管理和健康服务领域，大数据、云计算带来的技术革命势必将驱动医疗服务更加便捷、省心、安全、可靠。

其次，平安医保科技在大医疗健康领域的支付端布局很早，属于行业先驱者，对用户需求的洞察力强，经过几年快速稳健的发展，业务规模、科技实力以及平台运营能力已远远领先行业。在"健康中国"国家战略指引下，国家卫健委、国家医保局相继成立，新政策不断出台，众多企业相关方不断入场，而平安医保科技作为后起之秀，始终走在行业前列。

2019 年，平安医保科技先后中标国家医保局医保信息平台项目第七包、国家医疗保障局 2019 年医疗保障基金监管购买服务项目、山东省医保局智能监管系统信息化平台建设项目等国家局、省平台项目。几年来的发展，已积累了诸多可复制、可推广的成功模式。

四、深圳"多层次保障体系"模式

深圳，中国首个经济特区，外来常住人口占 67.7%，常住人口平均年龄仅为 32.5 岁，是全国最年轻的城市。为响应深圳市创新保险制度，提高医疗保障水平、提升医疗服务体验，近年来，深圳市政府携手平安积极开展"多层次医疗保障"探索。

1. 社商合作，保障创新

为贯彻国家、广东省大病保险政策精神，进一步完善深圳市社会医疗保险制度，提高重特大疾病保障水平，2015 年深圳市政府建立重疾补充保险试行制度。作为市政府 2015 年民生实事之一，试行之初由市人力资源保障局负责牵头推进实施，联合平安，大胆尝试"政府主导型商业健康保险"补充医疗保障的创新模式，引入商业保险公司承办的运作模式，构建基本医保、地补医保、重疾补充保险的三层次医疗保障体系，为罹患重特大疾病参保人精准减负。自 2015 年 11 月 1 日落地实施以来赢得多方好评并多次获得表彰。

2018 年 12 月，深圳市舆情研究院针对重疾补充保险承办机构进行社会满意度调查。调查显示市民整体满意度较高，报销体验满意度达 100%。截至 2019 年 10 月 31 日，2015~2019 年医保年度，深圳政府重疾险累计参保 3069 万人次，累计案件量为 182611 起，累计 59463 人受益，人均赔付金额 12799 元，累计赔付金额 7.61 亿元。2019 年医保年度，深圳政府重疾险参保人数达 750 万人。

2. 服务互联，智慧体验

平安医保科技利用"互联网+"手段，构建了以"医保+医疗+健康"服务为核心场景的"城市一账通"移动平台。该平台作为深圳市政府指定的重疾补充保险唯一投保渠道，通过打通经办网点和医疗网络，为老百姓提供便捷、高效的服务体验。

五、厦门"医疗服务智能监管"模式

2014 年至今，平安集团和厦门市医保管理机构强强联手、共同研发，成功打造了一套全国领先的"医疗服务智能监管平台"。该平台自上线以来成效显著，全面实现监管方式由事后人工抽查向事前、事中、事后全流程智能化精准监控升级，监管触角实现医疗和就诊服务过程全覆盖。截至 2018 年 12 月，有效提醒 1439 万人次超量取药等违规行为，门诊重点关注药品费用在全市医保定点医疗机构减少约 8000 万元，防范了各类违规行为，门诊重点监控医药费用大幅减少，线下人工审核准确率达 95% 以上。

1. "智慧线上+专业线下"智能监管闭环

首先，大数据技术结合专业、权威的医学知识库，形成高质量的审核规则和先进的风控模型，实现线上监管智能化；其次，配套线下专业的分析、稽核、巡查队伍，建立监管闭环，实现全面、科学、精准、高效监管；最后，利用线下稽核的结果推动审核规则和风控模型迭代升级，形成智能监管的效果闭环。

2. 数据治理配合支付方式改革提升控费效果

利用专业的数据治理技术和丰富的实践经验，配合复合式医保支付方式改革的推进，逐步建立按病种分值付费的医保支付模式，提高病案规范化水平，提升病例诊断与分值对应的准确性，降低不合理的医疗费用，提高医保基金使用效率。

3. 医保智能管理功能创新

智慧监控为全面、灵活分析全流程医疗服务行为的全量和实时数据奠定了基础。针对定点医疗机构的考核，厦门实现管理频度由年度向月度提升，管理效果实现线上指标化考核，管理方式增加诚信评级、考核结果与预划拨、医师刷脸和身份管理等；助力大幅提升考核覆盖率、效率、精准度及有效性。

2019 年，平安医保科技开启厦门智慧医保 2.0 的全面升级，内容包括基于大数据的风控审核、基金精算、考核评价、病案质控、支付改革政策调整及慢病服务六项"系统+服务"内容。其中，基于大数据的风控审核涵盖了平安一体化风控的全部最新产品及服务，包括智能审核（事后审核、实时监控、大数据模型应用、参保人/医生/医疗机构风险画像）、智能识别（人脸识别）、智能管理（监控分析系统）、智能稽核（移动稽核）等。

平安在厦门的探索与创新、设计与理念、应用与效果得到了时任国务院领导、人社部、保监会的高度认可，先后有全国百余城市专业人员前来厦门考察与学习，并获得新华社等多家权威媒体肯定报道。

六、重庆"健康医疗大数据应用"模式

重庆地处中国内陆西南部，是我国中西部唯一的直辖市和国务院医改试点城市。重庆政府相关管理部门携手平安医保科技积极探索"健康医疗大数据应用"模式，打造便民惠民服务应用创新体系，助推医疗、医保、医药三医联动改革进程。

1. 健康医疗大数据平台

建设省级健康医疗大数据平台，协同整合全市医疗数据，实时传输，AI 智能治理，实现医疗数据资源的全面、实时汇聚与标准转化，目前该平台已覆盖全市 38 个区县和 2 个经开区，共 226 家公立医院。

2. 健康医疗大数据应用

基于健康医疗大数据平台，协助政府相关部门及医院，开展医改指标监测、处方点评管理以及基于 DRG 的绩效评估管理等工作，以信息化为支撑，助力医改，不断提升医疗服务效率，控制医疗支付成本。

实践证明，重庆"健康医疗大数据应用"解决方案，"政府+市场"的社商运作模式和实施效果，得到了国务院医改办等相关部门的高度认可，不仅为政府提供了先进的决策支持工具和高效管理抓手，也为医院精细化管理提供了多元化选择，更为广大市民带来了更好的就医服务体验。

七、商保"保险产品方案设计+智能风控+健康服务"综合服务模式

2019 年，平安医保科技携手外部商保公司与互联网平台，以保险产品方案设计为切入点，提供"保险产品方案设计、智能风控、健康管理"的综合服务。

1. 结构："保险产品方案设计+智能风控+健康管理"

（1）应用。平安医保科技通过大数据扫描保障缺口，设计符合市场需求的保险产品方案；提供风控工具引擎，有效提升风险识别，在大数据和 AI 驱动下，助力保险公司实现两核自动化、智能化；为保险客户提供一键理赔的优质服务体验以及高品质、精细化的健康管理服务。

（2）效果。打通健康险经营各环节，将销售渠道、销售场景、科技运用、保险产品方案设计、服务供应、基本医保等有效结合。

（3）评价。为客户提供覆盖售前、售中、售后全流程的一体化解决方案，全面解决其在产品、风控、运营、系统、服务等诸多方面的痛点。

2. 医疗租赁"设备+金融+阅片"三位一体创新模式

2019 年，医疗租赁携手飞利浦共同发布"设备+金融+阅片"三位一体创新模式，在以探索医院客户的终极需求为前提下，打破行业的固有藩篱，有机结合了医疗租赁、飞利浦、平安健康（检测）中心三方优势，

从而产生 1+1+1>3 的协同效应。

该模式切实从医院角度出发，针对基层医院引入飞利浦行业领先影像设备的急迫需求，平安医保科技除了在提供专业快速低价的分期购买融资方案外，还通过一键嫁接平安好影像，赋能专家资源库，进行后续疑难报告的分析诊断，一举解决了医院设备差、资金难、阅片力量薄弱等普遍性问题，为医院提供一站式综合医疗金融解决方案。三位一体创新模式对于医疗设备行业具有开创性的意义，也标志着医疗租赁深耕金融与医疗领域的决心，并在打造产融结合全服务业态版图上迈出了坚实一步。

（1）设备。行业顶级配置，打造影像筛查新标准。

（2）金融。融资绿色通道，提供稳健可靠的资金支持。

（3）阅片。嫁接平安健康（检测）中心专家资源，实现远程疑难诊断。

八、检测中心"区域医联体"模式

2019 年 10 月，合肥平安健康（检测）中心与安徽省胸科医院（公立三甲医院）医联体揭牌仪式圆满举行。

安徽省胸科医院是集医疗、教学、科研为一体的三级专科医院，其结核科、胸外科为安徽省临床重点学科，肿瘤科为省临床特色专科，呼吸科为安徽省重点培育专科，介入肺脏病科和放射介入微创诊治中心为重点专科。通过此次医联体合作，利用平安健康（检测）中心大数据导入和尖端设备，能够在胸外科、呼吸内科、肿瘤科等多个重点学科做到资源互补，促进双方医疗质量提升，实现肺小结节一体化的精准诊治。从肺结节的早期筛查到多学科（MDT）评估；从影像学的三维重建到微创介入的精准取材；从分子病理的准确报告到最佳个性化治疗方案的制定，以及 CT 引导下精准定位和胸外科一站式的单孔胸腔镜下微创手术，此次医联体合作为进一步实现安徽省肺癌早期诊断和精准医疗时代奠定了坚实的基础。

此次区域医联体合作是健康（检测）中心的一大突破，双方在绿色就医通道、影像结果互认的基础上，进一步拓展了名医门诊、双向导流和科研等多方向合作，标志着合肥中心与公立医院已经初步实现医生和设备资源共享。

Argo AI：福特汽车的好伙伴

Argo AI 是一家位于美国宾夕法尼亚州匹兹堡的无人驾驶汽车创业公司，由卡内基梅隆大学（Carnegie Mellon University）的一个校友团队于2016 年创建。Argo AI 的两位创始人，即公司首席执行官 Bryan Salesky 和公司首席运营官 Peter Rander 都是毕业于卡内基梅隆大学美国国家机器人工程中心的校友，而且曾分别在谷歌和 Uber 自动驾驶汽车团队任职重要领导岗位。其中，Salesky 之前在谷歌的自动驾驶汽车团队工作过，Rander 之前在 Uber 的自动驾驶研究部门工作过。这两位创始人同时也领导着 Argo AI 机器人和人工智能技术专家团队。

一、与福特结缘

Argo AI 原本是一家名不见经传的创业公司，但因为 2017 年获得了福特的 10 亿美元投资，突然闯入人们的视野，成为无人驾驶汽车行业中的"独角兽"。由于 Argo AI 与福特签订了独特的协议，获得了足够的资源，它已经从成百上千家追逐无人驾驶梦想的公司中脱颖而出，与谷歌旗下的Waymo、Uber，通用旗下的 Cruise Automation、特斯拉和 Aurora 等公司展开竞争。

Argo AI 公司与福特一道在迈阿密、华盛顿、帕洛阿尔托以及底特律测试其汽车，并且推出了第三代测试车辆，即改进的福特 Fusion 混合动力车。Argo AI 公司首席运营官 Peter Rander 表示，Argo 工程团队"竭尽全力"确保 Fusion 保持可预测地运行。目前，Argo AI 的汽车配备了冗余制动和转向系统，且拥有机械、传感、计算和软件升级的属性，取代了迈阿密在路上的车队，成为无人驾驶汽车领域新的宠儿。Rander 解释说，这些汽车配备了与生产规格"更近一步"并且设计为在各种条件下安全驾驶的技术，配备了"显著"升级的传感器套件，它们拥有更高分辨率和更宽动态范围的新型雷达和摄像机，相比之下，可以比 Argo 以前的汽车提供更多处理能力的新计算系统，以及改进了热管理系统，最大限度地减少车内热量和噪声。

2019 年 6 月 25 日，由福特支持的自动驾驶初创企业 Argo AI 将在未来五年内投资 1500 万美元，在卡内基梅隆大学（Carnegie Mellon University）成立一个自动驾驶汽车研究中心——卡内基梅隆大学 Argo AI 自动驾驶汽车研究中心（The Carnegie Mellon University Argo AI Center for Autonomous Vehicle Research），这是该公司为加快自动驾驶汽车的发展而做出的努力之一。

2019 年 7 月 12 日，大众汽车宣布向福特支持的自动驾驶公司 Argo AI 投资 26 亿美元，包括 10 亿美元投资和价值 16 亿美元的自动驾驶技术子公司 AID，由此 Argo AI 的估值达到了 70 亿美元。AID 是大众子公司奥迪旗下的自动驾驶公司，目前拥有 200 名员工，主要为大众汽车集团研发自动驾驶技术。在双方交易完成后，位于德国慕尼黑的 AID 成为 Argo AI 新的欧洲总部，同时是该公司在欧洲的首个工程研发中心，也是继密歇根州迪尔伯恩、新泽西州克兰伯里、加利福尼亚帕罗奥图等地之后的第五个全球工程研发中心。随着 AID 员工的加入，Argo AI 的全球员工也从 500 名增加到了 700 多名。

二、掌握核心科技

福特在 2017 年宣布，将在五年内向总部位于匹兹堡的 Argo AI 投资 10 亿美元，作为到 2021 年开始生产自动驾驶四级汽车的雄心战略的一部分。

Argo AI 一直致力于开发"虚拟驾驶员系统"，包括摄像头、雷达、光线探测和 LIDAR 等全套传感器以及软件和计算平台在内全套产品的开发。最终单独为福特开发出一套全自动无人驾驶系统，这套系统可以知道自己所在的位置，还能探测和理解环境中的各种物体，然后做出决策。福特不仅在资金上给予 Argo 支持，还将高精地图交给了 Argo 。根据 Waymo 和 Argo 发布的自动驾驶数据集，可以发现 Argo 有了很大突破。福特自动驾驶开发合作伙伴 Argo AI 的 Argoverse 数据集与 Waymo 有些不同，它不仅包含激光雷达和摄像头数据，而且覆盖了在迈阿密和匹兹堡记录的 113 个场景，包括 Argo AI 使用的所有 9 个摄像头以及 2 个激光雷达传感器的图像，其中，标注的目标超过 10000 个。

此外，Argo AI 的 Argoverse 数据集的特别之处还在于，它是第一个包含高清地图数据的数据集。这些数据包含匹兹堡和迈阿密 290 千米的车道地图，例如，位置、连接、交通信号、海拔等信息。Argo AI 目前在其运营区域打造了自己的高清地图，Argo AI 在其地图解决方案中大力宣传的一个功能就是它优化处理的能力，即能够精确地知道在哪里寻找交通标志和信号，不必扫描整个场景来寻找。Argo AI 正在开发的自动驾驶技术未来会用在福特 L4 自动驾驶汽车上，这一级别的自动驾驶汽车已经可以轻松应对日常交通，它将成为未来打车服务的新生力量。所谓的 L4，是由国际自动机工程师学会（SAE International）确认的一个等级，意味着汽车可以在特定情况下负责所有驾驶任务。自主硬件和软件堆栈仍然是 Argo 的核心项目，最终将插入福特自动驾驶汽车的高清路线图和虚拟驾驶系统。福特此前表示，计划在 2021 年之前推出自驾车出租车和送货服务。以目前 Argo 的科技发展态势和研究进度来说，Argo 能够顺利完成任务，为福特打造一套全栈系统，帮助福特完成它的自动驾驶大梦，Argo AI 可谓是福特在自动驾驶投资上的皇冠之珠。

三、不畏困难，迎难而上

当前，无人驾驶汽车领域面临的技术挑战主要与感知有关，车辆需要看清并认出周边物体，然后做出正确选择。感知问题是自动驾驶技术中最为棘手的，因为车辆不但要探测到周边物体，还要学会预测其他车辆和行人下一步的动作。如果能掌握准确的信息，后续做决定就变得相对简单了。针对该问题自动驾驶行业有两种解决方案。以 Drive AI 和英伟达为代表的公司认为，深度神经网络最有效，它能帮助车辆完成识别物体到做出选择的一系列动作。这一派的支持者认为深度神经网络能模拟人类大脑的学习方式，但以 Argo 公司首席执行官 Bryan Salesky 认为，这种方法需要大量的研究和超强的计算能力，短期内实现较为困难。因此，Argo 走的是另一条路，它主要训练深度神经网络解决特定问题，随后用系统内的机器学习算法将其"围绕"在中间。通过自动驾驶汽车精密的芯片处理器来感知周围环境，就类似于人脑神经刺激大脑的运作，帮助其处理、学习和把物体分类。而一些包括高精 3D 地图等技术，对于自动驾驶的深层认知作用，就好像人脑的记忆那样。

机器学习也是 AI 的一种，它会利用算法来辨认并分析数据模式，随后从中学习并做出预测。举例来说，机器学习会通过分析摄像头或激光雷达采集到的信息并教会车辆如何识别停车标志或一辆正在移动的车。面对技术性挑战，Argo AI 公司不畏困难，迎难而上，另辟蹊径，且以独特的科技创新和不可复制的核心技术成功地引起了福特公司的注意，获得 10 亿美元的资金支持与战略合作方面的信任，随之，又成功地抓住了大众的眼球，Argo AI 再次获得资金支持，为公司发展大大助力。

四、顶尖科研团队助力

在旁观者看来，这场属于强者之间的自动驾驶之战大约两年前才正式打响，而过去一段时间内的几笔高调收购和强强合作则将这场大战推向了高潮。但事实上，十多年前大家就开始在这一领域较劲了。经过初期阶段的发展，大量机器人和机器学习专家离开学术界自行创业或被大公司纳入麾下，其中，许多人也从合作伙伴变成了死对头。当然，大量的早期自动驾驶项目也培养了技术大牛们的人际关系，如今许多公司的合纵连横就跟这些"人脉"有关，Argo 也是其中的受益者。

仔细观看各家公司的自动驾驶开发"功劳簿"，可以发现那些在 21 世纪初叱咤风云的人物，都是 DARPA 自动驾驶挑战赛的元老们。其中，2007 年 DARPA 挑战赛冠军队成员 Chris Urmson 是 Salesky 一直敬仰的大牛人。2013 年 Salesky 有幸成了自己偶像的同事，之后通过自己的努力，他坐上了谷歌自动驾驶团队硬件开发主管的位子。在谷歌的这几年里，Salesky 主导了与菲亚特—克莱斯勒的合作，且后者提供的 Pacifica 成了谷歌自动驾驶测试车的主力车型，这为之后 Argo 公司的发展奠定了坚实的技术基础。

当 Salesky 离开谷歌自动驾驶团队时，自动驾驶之战已经到了白热化程度，汽车制造商、科技巨头和新创公司都在争夺头把交椅，恢复自由身的 Salesky 也成了各家公司竞相追逐的技术大牛之一。Salesky 曾说道："我觉得实现无人驾驶技术这一目标的最好方式就是自己开公司，然后找个志同道合的汽车厂商进行深度合作。"于是，离开谷歌不久，Salesky 就和自己的校友 Rander 创业了，与福特取得联系后，福特对 Argo 产生了浓厚的兴趣，于是两家公司开始进行合作。两个月后，双方就进入蜜月期，为了无人驾驶技术这一共同目标展开深入交流和合作。

Salesky 身为该公司的 CEO，在追逐用人工智能控制汽车这个梦想的过程中，他绝非孤身一人。在获得福特公司 10 亿美元的投资之后，把 1500 万美元的资金返还其母校卡内基梅隆大学（Carnegie Mellon University），并且成立了一个自动驾驶车辆研究中心，该中心全名为"卡内基梅隆大学 Argo AI 自动驾驶研究中心"。Argo AI 使用这笔资金对高级项目进行研究，从而为自动驾驶车辆项目提供帮助，解决其在实际道路上行驶时所遇到的各种情景，例如，自动驾驶汽车如何"看到"其周围的环境并在大雨、降雪和大雾等恶劣天气下安全行驶；如何在不牺牲安全性和性能的前提下减少或消除对高清地图的依赖；自动驾驶汽车如何在一些国际大城市中普遍存在的高度非结构化的交通中断情况下进行推理等。

卡内基梅隆大学 Argo AI 自动驾驶研究中心表示，它将专注于自动驾驶汽车的高级感知和决策算法，而 Argo AI 将为自动驾驶汽车的高级感知和下一代决策算法的研究提供支持，也就是说，Argo AI 为自动驾驶汽车提供具备"看"和"想"能力的软件和硬件。该中心拥有顶级科研创新人才与尖端核心技术，为 Argo AI 的发展提供了人力和技术方面的保障。该研究中心不仅是单纯的技术组织，团队成员职能也不仅是从事研究开发，而是将该中心定位在 Argo AI 技术创新体系的核心和支撑企业长期健康发展的战略制高点上。

五、独特的合作模式

Argo AI 与福特有着密切的关系，福特在 2017 年向 Argo AI 公司投资 10 亿美元，以帮助其实现 2021 年生产自动驾驶车辆的目标。这使福特成为公司最大的股东，福特在董事会中占据 2 个席位（一共 5 席），同时 Argo 的两位创始人也占据 2 个席位。在合作消息公布后，福特的影响力开始逐渐渗透，Argo AI 公司新加入的 100 多位工程师有很多都来自福特虚拟驱动系统的研发部门。现在 Argo AI 的工程师与数据科学家团队大多由来自福特的"嫡系部队"组成，这支福特的"嫡系部队"由福特花重金从 Uber、苹果、微软和谷歌等公司挖来的十几位资深工程师组成。与 Cruise 不同，虽然 Argo AI 拿到了福特的投资，但并没有被底特律巨人收购，这一点 Salesky 经常在公开场合强调。

Argo AI 将联手福特的自动驾驶汽车软件开发项目，进一步推动自动驾驶汽车的商业落地。Argo AI 的灵活性，结合福特的规模化，双方的合作将同时体现技术型初创企业的独特优势，以及汽车制造业的自动驾驶汽车的领先研发经验和规范。未来 10 年无疑是自动驾驶主宰的 10 年，将由汽车的自动化来定义和主导，自动驾驶车辆将对社会产生重大影响。福特汽车致力于成为一家汽车与移动出行公司，对 Argo AI 的投资将强化福特在自动驾驶领域的领导地位，既可以让福特在短期内将自动驾驶车推向市场，又能同时研发可授权他人使用的技术，为福特的股东创造巨大的价值。

当前，我们正处于将人工智能广泛应用的转折点，自动驾驶汽车的成功应用将从根本上改变人们的出行方式和货物的运输方式。Argo AI 与福特在无人驾驶汽车领域的联袂行动也给 Argo AI 公司带来了巨大收益，福特汽车对未来移动出行的承诺和远见令 Argo AI 公司深受鼓舞，Argo AI 与福特的合作将实现自动驾驶汽车的商业化和规模化，从而为所有消费者提供价格实惠的移动出行方式。虽然 Argo AI 公司年轻，但其自动驾驶技术已经脱离基础阶段，并不断地进行科学的试验与技术的革新。与此同时，市场方面也开始逐步呈现出蓬勃发展的光明前景。

福特公司与 Argo AI 的合作是一项独特的合作，就目前情况来看，很多科技公司在寻求客户，而很多汽车制造商（OEM）在寻求科技合作伙伴。福特给 Argo AI 开了个好头，福特汽车通过合作获得了专业技术，Argo AI 则获得了福特的客户，由于两者的探索方向一致，Argo AI 可以借鉴福特的许多经验，最终达到两者相互促进，共同发展，合作共赢的目标。

六、战略联盟，共筑伟业

当今世界，新四化浪潮席卷全球，自动驾驶是近几年汽车行业的热点，各个科技巨头在这一领域都投入了大量的人力和物力，各大车企都应势发展，开始加速布局，但自动驾驶研发投入大、完全商用仍然需要较长时间，如何加快推进技术研发，缩短时间成本，抱团合作成为战略合作的关键。因此，部分汽车厂商选择在自动驾驶方面走上了联合研发的道路，也有部分汽车厂商选择通过投资自动驾驶方面的初创公司进入自动驾驶领域，Argo AI 与大众、福特的战略合作则在自动驾驶汽车领域树立了榜样。

2019 年大众汽车向 Argo AI 公司投资 26 亿美元，使大众成为继福特之后的第二家投资方。在大众投资之后，将与福特持有相同的股份，Argo

AI 公司剩余的股份将由该公司的员工持有，同时，Argo AI 的董事会将由原来的 5 人增加到 7 人，大众将获得增加的 2 个席位，福特保持在 Argo AI 董事会中原有的 2 个席位，另外 3 个席位将由 Argo AI 公司所有。大众的投资为 Argo AI 进一步提供了资金的保障，而对大众来说，福特投资所成立的 Argo AI 在自动驾驶领域上能提供不小助力。大众投资 Argo AI 将有利于福特与通用 Cruise、谷歌 Waymo 和 Uber 等展开竞争，后者在自动驾驶领域已经处于领先地位。大众与福特未来预计要在人工智能自动驾驶技术投资超过 70 亿美元，而且可以自由运用 Argo AI 打造的 Self Driving System 自动驾驶系统，用于生产属于各自品牌的新车。目前 Argo AI 已经有能力提供 SAE Level 4 自动驾驶等级的技术，预期可在未来开发出 Level 5 全自动驾驶系统，如此以便于 Argo AI、福特、大众更深入地完成战略部署，早日完成无人驾驶的梦想。

大众集团与福特共同宣布，双方全球战略联盟合作内容将扩展至电动汽车和自动驾驶领域。福特携手大众共同出资搭建自动驾驶研发部门，拟拓展自动驾驶技术，应用智联网云端系统，搭建生态互联。在自动驾驶领域，大众与福特将共同投资估值已达 70 亿美元的自动驾驶汽车技术平台公司 Argo AI，未来双方有权将 Argo AI 的自动驾驶系统分别搭载于各自产品上，在全球范围内实现批量交付。在电动汽车领域，利用大众集团模块化电动平台 MEB，于 2023 年福特将为欧洲市场推出一款纯电动量产汽车。双方同时表示，全球战略联盟将有效提升其市场竞争力、资金利用效率和各自运营效率，但是大众与福特不会因为结盟而相互持股，福特和大众将继续作为两个独立的实体各自运营。在激烈的汽车市场竞争中，大众与福特仍然是对手。

与此同时，Argo AI 将加快商业化进程，与福特在迈阿密和华盛顿进行技术测试，进行商业服务部署。面向欧洲和美国市场，利用大众集团与福特的全球布局能力，Argo AI 的自动驾驶技术也将成为覆盖范围最广的自动驾驶技术，支持双方公司各自人员和货物运输领域的规划。与大众和福特合作，Argo AI 的技术可以在未来覆盖北美和欧洲市场的多个品牌和多个车型。大众与福特双方携手 Argo AI 在自动驾驶这一重要技术领域的合作，将显著增强各自的市场规模、竞争力，并进一步拓宽市场。全球战略联盟未来将在自动驾驶汽车领域形成强大合力，助力"智能汽车服务智能世界"宏伟愿景的实现。

结语

自动驾驶作为全球最大的汽车巨头正在积极争夺改变人类未来 100 年的技术，自动驾驶对人类未来生活方式的改变将不亚于第一辆汽车的意义，未来 10 年汽车行业所经历的变化也将是过去 100 年都不曾遇见的。Argo AI 公司此次成功入选全球独角兽企业 500 强名单，可谓实至名归。相信 Argo AI 公司让自动驾驶汽车更快、更大规模上路，在未来将会真正实现自动驾驶汽车的"大规模全球部署"。

UiPath：RPA 把人从机械操作中解放

UiPath 的创始人 Daniel Dines 在 2019 年 5 月 23 日举办的 UiPath To-gether 大会上说过，"虽然计算机的出现让信息处理方式极大简化了，但并没有解决数据和信息最初的输入和最终输出的问题，这些仍然需要人手动来完成。而 RPA 通过对人工操作的模拟，可以以全新的方式跟计算机系统进行互动，按照人使用计算机系统的习惯去设计，在已有的人机操作界面上叠加了一层，从而大大提高了人机交互的效率"。Daniel Dines 简洁有力地总结了 RPA 的理论含义与实践意义。

RPA 的英文全称是 Robotic Process Automation，中文翻译为"机器人流程自动化"，简而言之，就是通过自动化软件机器人，解放工作人员复杂、机械的手工操作，UiPath 研发的 RPA 和互联网的结合更加显著地提高了社会工作效率。在互联网、人工智能、大数据爆发的时代下，无数人涌向了计算机、信息处理等领域，UiPath 却找到了市场蓝海，深耕 RPA 技术研究开发，形成企业独特的技术优势。

一、机器人流程自动化

UiPath 作为一家机器流程自动化研发商，企业最大的核心竞争力就是 RPA 技术。虽然 UiPath 官方宣传口号"我们制造机器人，让人类不必像机器一样工作"中提到企业的核心产品就是机器人，企业所做的产品命名也是机器人流程自动化（Robotic Process Automation，RPA），但是其实 UiPath 研发的 RPA 不一定是一个机器人。以我们今天的想法来看，RPA 它更像是一个高度复杂的宏观记录器或工作流自动化工具，让计算机在一个普通的工作流中处理一系列高度可重复的活动，从而解放更多的人力去操作拥有技术性的工作，进而提高公司的业务效率。

UiPath 开发的自动化软件工作流，目的就是为了方便处理业务操作中烦琐的日常任务。正因为 UiPath 独特的行业视角才寻找到这一片市场蓝海。我们通过集团利用 RPA 来收取和处理应付账款这一例子来更加深入了解 RPA 技术。一个集团日常收取和处理应收账款的正常过程一般是各分公司的财务人员根据业务部门传递的单据进行账务处理，每日编制记账凭证并登记明细账，月末的时候分公司财务人员需编制应收账款账龄分析表，将其与应收账款明细账表数据一并传递至集团财务，集团财务人员根据各分公司财务上报的应收账款数据及报表，进行集团应收账款的汇总统计和分析。整个流程下来需要大量的人力和花费员工的精力。

如果采用 RPA 技术来收取和处理应收账款的过程则会简单很多，利用 RPA 收取和处理应收账款的过程可以从扫描支票开始，然后使用光学字符识别 OCR 读取付款人和金额，将这些信息添加到 Excel 电子表格中，并向相关人员发送电子邮件以确认已经完成。当然，虽然 RPA 可以简化人工收取和处理应收账款的过程，但是在这个过程中有一个人工环节仍然至关重要，那就是在处理异常方面。尽管如此，RPA 提供了一种方法，使原本人工操作系统具有一定程度的自动化，更加方便对接飞快工作的计算机网络系统，否则这些人工操作系统可能无法从更现代的工具中获益。

二、显著的行业竞争优势

UiPath 凭借技术优势，成为 RPA 行业里最受欢迎的企业之一。UiPath 研发的 RPA 具有显著的行业竞争优势，主要体现以下四个方面：

一是 RPA 可以节省时间和精力，UiPath 简化流程，提高效率并提供见解，铺设快速且具有成本效益的数字化转型之路，UiPath 可最大程度地减少系统中断，显著节省时间和员工精力。

二是 RPA 可以明显提升员工体验，通过将任务实现自动化，让合作方团队可以自由分配工作时间，以获得更好的回报，如今 UiPath 的 GO 应用市场中已有 200 多个现成组件，可以迅速为合作方的员工赢得更多时间。

三是 RPA 可以帮助企业确保合规，UiPath 机器人通过执行符合合作方要求标准的精确流程来提高合规性，报告会跟踪合作方的机器人，文档始终很容易就可获得。

四是 RPA 改善了客户体验，借助机器人来处理任务，团队可以为合作方最重要的客户自由安排额外服务，通过标准化流程，合作方的付出将会更有效率。RPA 技术是 UiPath 成为行业佼佼者的最核心竞争力。

三、RPA 布道者

UiPath 公司自成立以来已经帮助很多企业解决了经营管理上碰到的难题，利用机器人使员工从部分机械化的工作流程中解放双手，还加速了人类创新进程。在众多企业和 UiPath 成功合作中，Tarsus Distribution 是一个很有趣的案例。

Tarsus Distribution 是一家位于南非的领先 IT 分销商，主要负责为惠普、联想等领先 IT 品牌提供运输、物流和分销服务。公司成立于 1985 年，虽然 Tarsus Distribution 有着悠久的历史，但是公司一直面临着运输团队人员短缺的难题，这进一步加重了其余员工需要执行的手工数据录入的工作量。UiPath 公司了解了 Tarsus Distribution 的问题需求后，给 Tarsus Distribution 设计了一套采集供应商发票数据和录入内部企业资源计划（Enterprise Resource Planning，ERP）系统数据的机器人自动化流程系统。

自顺利解决初期试点项目中遇到的几项难题之后，Tarsus Distribution 员工逐渐意识到机器人流程自动化不仅可以助力他们解决人员配置问题，其部署的机器人还将是推动公司成功实现数字化转型和变革管理的催化剂。作为一开始反对 RPA 的 Tarsus Distribution 在遇见了 UiPath 后，如今已经完全变成 RPA 布道者了。Tarsus Distribution 是怎样从 RPA 反对者转变为 RPA 布道者呢？这个故事还得从 Tarsus Distribution 的主管 Tim Proome 说起。

Tarsus Distribution 作为非洲南部地区最早成立的 IT 分销商，一直是业界佼佼者，然而随着公司内部运输团队在三年内失去 4 名员工，人员短缺的巨大压力让公司其余员工不堪重负。Tarsus Distribution 供应链主管 Tim Proome 回忆说："公司运输部门经理最终无奈地找到我，说'你必须再给我多分配一些人手，否则我们肯定撑不下去'。"

这位团队负责人提出要求的时机可谓恰到好处，因为前不久 Proome 刚好与 Tarsus 的实施合作伙伴 Xpertek 进行过接触。来自 Xpertek 的 Chris Cochrane 向 Proome 推荐了机器人流程自动化（RPA）。随后，由 Proome 牵头的 Tarsus 团队与 Xpertek 和 UiPath 合作部署了一个机器人，该机器人实现了 IT 供应商发票处理自动化，消除了手工数据录入工作，显著减轻了运输部门因人员短缺带来的巨大压力。

四、初期试点，挑战重重

初期试点项目涉及 Tarsus 的一家小型供应商伙伴，目标是为这家日本打印机和碳粉制造商的相关数据采集和数据录入工作实施自动化。与 Xpertek 合作选出适于实施自动化的流程之后，Proome 及其团队将这个机器人命名为"Betsy"，其任务是将发票数据录入 Tarsus 的企业资源规划（ERP）平台，以实现货物运输可视化与追踪。然而，在使用 Betsy 对数批货物执行操作的最初尝试中，团队的期望却落空了，Betsy 未能如预期一样顺利地捕获发票数据并将数据输入到 ERP 平台中。

"RPA 的优势在于它能够针对每一批货物提供反馈信息，"Proome 指出。"它会告诉你，是否成功录入货物信息，是否成功将数据录入 ERP，是否成功读取文件。也就是说，RPA 会始终向我们报告异常情况。"面对 Betsy 的失常发挥，团队积极寻找问题根源。他们确认，其流程映射准确无误，且包含了利用 UiPath 企业 RPA 平台实施自动化流程的主要步骤，以及可能出现的各种异常情况。随后，当 Proome 查看到实际发票，他发现问题并不在于软件机器人 Betsy，而是供应商发票使用的格式。

"供应商竟然改变了他们采购订单和发票的格式"，Proome 解释道。"无论软件机器人多么努力地去读取特定信息，都是徒然，但它也确实完成了自己的任务。事实上，它想说的是，'我尽力去处理，但是我真的无能为力，因为数据都不在相应的位置'。"

Proome 指出，尽管起初遇到了这些挫折，但他和他的团队仍然勇往直前，因为他们都坚信 RPA 将能为 Tarsus 及其员工带来巨大红利。"你必须保持冷静、实事求是，必须坚持数据至上的原则，这也是我们所做的，"Proome 说，"每一天，我们都会提取数据，并处理进行猜想分析，随后根据结果进行相应更改，日复一日。经过 3 个月的不断尝试，我们最终实现了稳定运行。"

五、逐渐认同与支持

在部署 UiPath 机器人的过程中，Proome 及其团队还遭遇了另一个挑战，就是争取内部员工的认同及他们对必要改革管理的支持。成功解决了初期试点项目遇到的问题后，Tarsus 便开始步入第二阶段和第三阶段部署，其中，包括针对惠普、慧与（HPE）、联想等重要 IT 供应商客户实施数据捕获和数据录入自动化。公司还部署了一批新的软件机器人，分别命名为 Betsy 2、Betsy 3 以及 Betsy 4。"在此之前，人们真正谈论的往往是机器人而并不是 RPA，而普通大众对机器人却怀有恐惧心理，" Proome 回忆道。

Proome 发现，为了让公司员工积极参与自动化，他必须向员工逐一证明软件机器人的价值。随后，Proome 便开始与公司核心员工及其所属部门团队成员展开一对一谈话，以展示 RPA 如何有效地为他们减负。

Proome 指出，"正是因为人们对此持怀疑态度，所以当试点项目部署过程中出现失误，甚至失败时，你甚至可能听到反对者嘲笑你、奚落你并耻笑你说，'你死心了吧？机器人根本干不了'。然而，他们不知道的是，机器人一旦正常运行，其表现令人震惊"。有一次，一位对机器人持怀疑态度的老员工向 Proome 高度赞赏了这个新型软件机器人。"当时，她对我说，'我必须告诉你，不管以前怎样，Betsy 现在是我的最佳闺蜜'。"

六、提升准确性和合规性

Tarsus 软件机器人在假日季之后迎来了一次真实考验。当时正值新年假期结束，公司运输部门员工重返工作岗位，他们本来需要对大量货物执行数据捕获和录入。具体来说，公司在这个假期共接收 1400 批货物，如果手工处理将耗费员工一周以上的时间。令团队成员惊喜的是，UiPath 机器人已经对这些数以千计的货物进行了相关处理。"所以，当我休假回到公司，猛然发现处处洋溢着笑脸，" Proome 回忆道，"大家亲自见证了软件机器人为公司创造的附加值以及他们强大的工作能力。"

除了减轻 Tarsus 内部员工的大量手工劳动之外，软件机器人还帮助提升了公司的合规性，有助于公司预防内部审计风险。此前，由于公司判断失误，处理了一张存在合规性问题的发票，导致必须进行营收服务审计。

"这种内部审计相当麻烦，可能会导致公司被处以数百万元的罚款，甚至可能会被威胁撤销进口商代码……这实际上相当于让公司关门歇业，"Proome 解释道。"实施第二阶段部署和 Betsy 2 后，员工发现 Betsy 竟然撤销了某批货物并拒绝执行其他处理工作。随后经查验，员工发现这批货物确实存在问题，且与几年前让公司陷入营收服务审计境况的问题相同。对此，我们无比感恩。"

七、机器人运营中心

在 RPA 给 Tarsus 带来了惊喜表现的同时，Tarsus 企业也表示将持续扩大对 RPA 的应用，并计划在 Xpertek 和 UiPath 的协助下为其 RPA 流程创建机器人运营中心（Regional Operating Center，ROC）。基于现有 RPA 部署带来的巨大红利，Proome 及其团队积极向业务流程涉及耗时的手工工作的所有组织机构推荐 RPA 技术。"我想将它推荐给所有人。无论你是从事于哪类烦琐工作或是基于 Excel、ERP 的工作，还是办公室职员，都适合使用 RPA，且一旦你开始使用便会依赖上它，因为你会从中受益无穷。"

UiPath 不仅帮助 Tarsus 解决了难题，完成了双赢的合作，还跟 EXPO、Royal Mail Group、Quess Corp 等企业成功达成了合作。这些企业的经典案例都值得我们深入研究。

八、资本的青睐

近两年来，UiPath 是机器人流程自动化（RPA）领域备受瞩目的企业软件公司，也是目前规模较大、市场估值较高的 RPA 企业。2017 年 4 月，UiPath 的估值为 1.1 亿美金，短短两年时间，到 2019 年 4 月，其估值已达 70 亿美金，增长了近 70 倍。这也让不少创业者和投资人关注到了 RPA 这一领域。

2019 年 5 月初，UiPath 宣布完成 5.68 亿美元的 D 轮融资，投资后估值为 70 亿美元，较 2018 年 9 月 C 轮融资的 30 亿元估值已经翻了不止一番。在过去两年中，UiPath 年度经常性收入（ARR）从 800 万美元增长至 2 亿美元以上，目前是全球增长最快的 AI 企业软件公司之一。

2019 年 12 月 18 日，2019 全球独角兽企业 500 强大会上公布的《2019 全球独角兽企业 500 强发展报告》显示，UiPath 在全球独角兽企业 500 强榜单中排第 40 名。UiPath 作为总估值高达 70 亿美元的独角兽，自然受到市场投资者的青睐和其他行业的高度关注。

九、进驻中国市场

随着 UiPath 向全世界展示了 RPA 的魅力，越来越多投资者也瞄准了 RPA 这一市场蓝海。随着 RPA 技术全球引爆，中国国内 RPA 市场也迅速升温。RPA 掀起了新一轮的人机交互革命，UiPath 也准备全面加速进入中国市场。

2019 年，UiPath 创始人 Daniel Dines 第三次来到中国，在同年 5 月 23 日的 UiPath Together 大会上，不到 400 个座席的会场挤进了五六百人，尚有 500 多人因为报名提前截止而被挡在了门外，Daniel Dines 说过，这次大会让他明显感受到了中国市场的升温。半年前，UiPath 正式进入中国市场时仅有 40 名员工，如今已经增加至 70 人，据企业负责人介绍，到年底企业将会超过 200 人，远超英国、德国的团队规模。

"RPA 通过对人工操作的模拟，可以以全新的方式跟计算机系统进行互动，按照人使用计算机系统的习惯去设计，在已有的人机操作界面上叠加了一层，从而大大提高了人机交互的效率。"Daniel Dines 说。在 Daniel Dines 看来，RPA 可以说是一场人机交互领域的小型革命。而在这场革命中，UiPath 要扮演的并非一切通吃的角色，而是利益共享、生态共建的开放平台。

自 2005 年开始研发 RPA 以来，UiPath 已经和 Oracle、SAP、Microsoft、IBM 沃森、Google AI 等达成了合作关系，既可以兼容所有主流办公软件，又不断增强在人工智能方面的能力。而 Oracle、IBM、埃森哲等都基于 UiPath 而开发了自己的 RPA 解决方案。在 RPA 产业的利益链条上，UiPath 仅仅收取软件授权（License）费用，企业在部署 RPA 前期的咨询（Consultant）环节，则交给埃森哲、德勤等咨询机构。利润同样丰厚的 RPA 部署环节，UiPath 也不会亲力亲为，而是交由本地系统集成商来实施。这样稳固的利益三角关系保证了 UiPath 可以快速在本地市场拓展，并尽可能满足本地市场需求。

与此同时，UiPath 负责人 Daniel Dines 还深知这场"人机交互革命"的同盟军是 AI 厂商，正是文字识别、图像识别、语音识别等 AI 技术的发展，才让模拟人处理问题方式的 RPA 从理想成为现实。Daniel Dines 认为，中国本地的 AI 公司几乎和美国一样多，这是一个潜力巨大的市场。"如果我们能够把中国，尤其是人工智能领域的工程师的人才和我们公司的人工智能技术相结合，我们就能够把非常好的 AI 解决方案提供给所有的客户。"Daniel Dines 在 UiPath Together 大会上说。

十、无惧竞争，强者风范

UiPath 在海外市场扩张的过程中也注意到阿里这样自成生态的本地竞争对手。其实，UiPath 在全球遭遇的都是 IBM、阿里这样的企业级巨头。对此，UiPath 并没有感到太大压力。因为 UiPath 的一大优势就是其开发者社区的规模和活跃度，亚太区销售副总裁 Thomas Chin 表示，UiPath 开发者社区的规模是业内第二名到第五名之和，如此强有力的自身硬件条件让 UiPath 得以在激烈的竞争中保持自信和勇气。

此外，Uipath 大中华区总裁吴威也说过，RPA 软件开发看似简单，但后续的支持，根据用户反馈的不断修补，后期的投入可能比前期开发的成本更大，而 Uipath 已经有十多年历史，在软件支持方面积累了足够多的服务经验，不是竞争对手一朝一夕就能学得去的。不仅如此，UiPath 还对开发者社区十分重视，主要体现在它对于人才培养的重视上。仅仅在进入中国半年之后，在拓展客户之余，Uipath 还把学术联盟引入了中国。在 UiPath Together 大会上，UiPath 学术联盟宣布在中国全面落地，并与中国 30 余家高等院校签订合作协议。这些院校将作为 UiPath 在中国的人才培养战略合作伙伴，正式加入 UiPath 学术联盟，借助 UiPath 专业的 RPA 软件平台，高质量的技术课程及其他支持，建立 RPA 教学体系、发力 RPA 专业人才的培养。所以，UiPath 除了拥有强大的技术优势之外，还有多年丰富的行业经验、充足的软硬件资源、口碑良好的品牌影响力和科学的人才发展战略，这些都是 UiPath 可以成为行业领头羊的关键因素。

当谈及 UiPath 在中国的发展战略时，Daniel Dines 代表 UiPath 对中国的 RPA 市场何时能够成熟这一问题做出了解答。Daniel Dines 表示，中国的情况可以借鉴日本市场的经验。以日本的三井生友银行合作案例为例，日本的三井住友银行在 2017 年 4 月就开始使用 RPA 机器流程自动化平台，直到 2019 年企业一共节省了 2.5 亿美元的成本，节省了 1500 个全职员工的时间。这样的案例让日本的金融机构纷纷效仿。Daniel Dines 认为，中国企业不仅会看到日本企业的成功，也会效仿开始使用 RPA 的系统。如今也已经有一些中国本土银行开始和 UiPath 合作，这些中国本土企业的成功合作案例还会起到一定的口碑传播效应，这样就会有更多的中国企业开始使用 UiPath 的 RPA。

在 UiPath Together 大会上，吴威也表示，"当前，中国数字经济正在经历高速增长、快速创新，RPA 技术顺应时代发展潮流，可助推企业数字化转型发展。RPA 自动化技术将促进企业流程自动化，从而使企业员工能从事具有更高价值的工作，进而让企业具备更强的竞争力和更高的效率。从制造业、金融业到医疗保健业和政府部门，RPA 技术能为与中国经济息息相关的各个行业都带来业务收益，助力中国充分发挥经济潜力"。正是因为 UiPath 拥有强大的技术优势、成功合作案例的口碑传播和企业科学的发展战略规划，它才能够成为投资者眼中极具潜力的独角兽，并成功进入 2019 全球独角兽企业 500 强榜单的前 50。

威马汽车：做智能汽车真正的实力派

对于宏图满志的创业者们来说，汽车产业着实是一个需要十足勇气的落点，不仅具有规模经济、配套环节多、产业链长、技术及资本密集等特点，传统巨头更是如云，留给人们的机会其实并不多。但随着 5G、AI 等新技术的飞速发展，汽车行业迎来了百年不遇的大变革及创新风口。在这场新风潮中，以电动化、智能化、网联化、共享化为主的新四化新兴汽车企业大量涌现，无疑为创业者们打开了一个机会窗口。

瞄准这条新赛道，曾带领团队完成中国汽车工业历史上最大海外并购——吉利收购沃尔沃的沈晖向汽车创业梦发起了冲击，看准智能电动汽车发展将成为中国汽车行业换道超车的绝佳机会，中国新能源汽车品牌有更大的机会实现超越和引领。在他看来，"行业处于群雄并起的变革期，这时，市场变化很大，谁都有风险，谁都有机会"。而这个机会，应属于威马汽车。2015 年，威马汽车科技集团（WM Motor）正式成立，公司名字取自德语世界冠军（Weltmeister），是国内新兴的新能源汽车产品及出行方案提供商。

正如沈晖所言，"汽车行业这两年的变化很快。在变化当中我们经过努力什么时候可以再上几个台阶，我们才认为是真正的方向，这个风口很好。但是你抓不住也不行，抓住以后光第一步也不行，你要每个节奏都要对"。为此，自创立之初，威马汽车制定了明确的集团发展"三步走"战略：第一步，做智能汽车头号实力派；第二步，成为数据驱动的智能硬件公司；第三步，成长为智慧出行新生态的服务商。

通过稳扎稳打的落实推进，威马产品矩阵不断扩大，实现了由 A 级到 B 级 SUV 细分市场的全面覆盖，陆续推出全车交互纯电 SUV 威马 EX5、运动型全车交互纯电 SUV 威马 EX5 Pro 以及全天候长续航智能大 5

座 SUV 威马 EX6 Plus。接下来，第三款产品"威马 7 系轿车"概念车将于 2020 年北京车展亮相，其量产车型将于 2021 年上半年正式上市交付。而由 Living Motion 三电动能系统、Living Pilot 智行辅助系统、Living Engine 全车交互智能系统构建的核心技术矩阵更是成为威马发展最重要的技术抓手。在"数据驱动"的支撑下，威马汽车不断完善和迭代智能科技在旗下产品上的应用，以创新技术创造用户价值。

一、"夜总会"与红眼航班成就"威马速度"

尽管创业路难，但多少也是手握数张"好牌"，就看怎么去打。相比之下，传统车企拥有较为完善的生产、研发、销售等产业体系，虽然大刀阔斧地改革难度较大；但新造车企组织结构更扁平化，快捷的互联网思维及创新的基因有着先天的优势，轻装上阵更易实现转型发展。

可轻装上阵并不意味着脚步会虚，威马之道，把稳扎稳打的第一步落在了温州、落在了自建工厂上。在威马看来，安全可靠和质量稳定始终是重中之重，而只有自建工厂，才能对此获得更高的掌控力。温州处于长三角的核心地带，而瓯江口南邻机场，北邻港口，非常利于整车仓储物流，拥有独特的区位优势。同时，浙江省在产业政策、供应商配套、基础设施建设等方面都有着非常好的基础，温州不仅有着中国"汽摩配"之都的美誉，也富有浓厚的创业氛围和创业精神。

在温州、瓯江等各级政府的支持下，威马新能源汽车智能产业园坐落于浙江省温州市瓯江口工业区，是威马汽车在国内建造的首座新能源汽车智能产业园。该产业园设计之初，即围绕"智能化、自动化、质量保证体系"三大核心，集合众多智慧交通领域的产业配套，整合全球的优势资源和产品，意在成为中国未来新能源智能化汽车工业 4.0 的标杆。

这是新造车企中首个自主建成投产的工业 4.0 智能制造整车工厂，也意味着威马率先拉开了产品真正量产化的序幕。从 2016 年 11 月奠基开工建设，到 2019 年 3 月第一辆量产车成功试装下线，仅用时 16 个月、492

天，生产线全面贯通，开启试生产，不仅创造了前所未有的威马速度，也缔造了举世瞩目的"中国速度"。

"从零到一"的跨越式突破背后，是专业且执行力强的威马团队。对此，沈晖曾戏称"每天都在'夜总会'——夜夜开项目会"。赶红眼航班，在办公室里支起行军床，凌晨四点在瓯江口看日出，威马人为的就是能让威马 EX5 在所有项目规划时间点上按时完成，并且精准到月。

二、使用数据是文化，开放数据是态度，挖掘数据是智慧

只有地基打得够扎实，才有底气跳起来去够风口。众所周知，5G 时代即大数据时代，随着高速率、低时延、广连接三大特点的日益凸显，"数据"价值将成为加速汽车产业变革的重要活性剂。一方面，从宏观角度供给侧来看，大数据时代能够更好调控链接汽车制造生产、销售流通、售后服务，通过大量数据采集可以更加精确地预测市场状况和用户需求，有效调整配置资源，从而生产出更加符合用户需求的车，在大数据下实现定制化的规模生产也不是遥不可及。另一方面，大数据也正在推动制造产业转型升级为服务产业。在智能化、大数据背景下的汽车产品本身将不再是车企未来唯一的盈利点，车上所搭载的定制化服务和用户在使用服务时所产生的行为信息，将成为未来汽车生态链中最大的盈利因素。

正是看到了"大数据"运营的重要性，威马向"数据驱动的智能硬件公司"不断迈进。在造车新势力中，威马是唯一创造数据中心的车企，旗下威马汽车数据研究院、中央数据平台 CDP 等通过数据采集、整理和分析持续驱动包含产品研发、生产制造、新零售渠道、售后服务在内的产品全生命周期的升级迭代。

为打通用户数据，威马将公司架构整体分为前端——用户中心、中端——能力中心、后端——资源中心三大部分，中端和后端为前端赋能，打通部门沟通壁垒，消除信息不对称，提高数据的利用效率。在产品全生命周期的迭代进化中，用户及粉丝不断提供着理性的数据支撑。目前，会

员与粉丝总数突破百万，在产品推进的每个节点，威马都会在威盟社区、威马智行 APP 等互动平台对用户公布，征询反馈意见，将用户的痛点视为创新的起点。由此，2019 年，威马陆续推出了基于用户选配大数据的 EX5 Mate 400 威盟版车型，对于用户对长续航的需求，EX5 520 车型以及满足城市多人口家庭多场景需求的威马 EX6 Plus，皆获得了良好的市场反响。

同时，威马汽车在生产制造上同样关注数据驱动，力求以信息化引领生产方式革新，全方位立体化的产品和解决方案，支撑智能制造在工厂落地生根。随着数据量的不断增大，系统集成的接口越来越多，威马积极探索工业互联网领域，应用互联网+先进制造技术，打造前台（面向用户的 C 端，全面获取用户需求）灵活、中台（贯穿全业务链的工业大数据平台）强大、后台（实现快速排产、供应链协同、柔性化生产、打造威马的智慧工厂）稳定的 C2M 大规模个性化定制平台 2.0 升级版，推动产业链上下游资源的优化配置与互补调剂，带动新旧发展动能和生产体系的转换，推进供给侧结构性改革。截至 2019 年 12 月，威马 C2M 大规模个性化定制模式能够为用户实现最快 6 周交付和定制车型最快 3 周交付，提供超 1496 种 "定制车型" 配置、选色等选装方案。

在数据驱动的新零售上，威马根据用户需求数据提供与之匹配的产品和消费场景服务，以最短的路径触达用户端，带来流通效率的提升。截至 2019 年 12 月，威马汽车新零售渠道网络布局已达 186 家，覆盖全国 111 个城市，触点深入三四线城市。仅 2019 年一年，威马新零售渠道数量实现了 365% 的增长，超额 86% 实现年初渠道破百的目标。这些网点在数据中心的支持下，提供更了解用户的全周期售后服务，试驾、交车环节用户满意率达到 99%，售后服务满意度达到 98%。

此外，在全新数字化营销上，威马更是以用户数据为基础，分析用户画像，为目标用户提供针对性营销模式。

三、技术创新是永恒的生命力　中国汽车制造业如何涅槃重生

"数据"不仅是企业高效运营的利器，也是先人一步抓住前沿技术研发机遇的法宝，助力威马将自主知识产权的硬创新实力牢牢抓在手中，持续深化正向研发体系。目前，威马汽车建立了全球多地的研发布局，构建了智能纯电动汽车正向研发体系。位于成都的威马汽车全球研发总部在产品规划、设计、研发等方面和位于德国萨尔州的整车技术研发中心以及位于上海的设计·采购中心高效协同，各方零时差运转，为用户打造"用得爽、用得起"的高品质智能电动汽车。

近年来，人工智能作为引领新一轮科技革命和产业变革的战略性技术，正全面赋能各行各业，释放历次科技革命和产业变革积蓄的巨大能量，推动社会生产力整体跃升。作为智能科技的开拓者，威马汽车已抢先占领了人工智能在车辆应用方面的科技高地，自动驾驶和智能座舱已成为威马汽车承载人工智能技术量产落地的载体。截至目前，威马申请、获批的专利达到 1242 项，其中，人工智能领域的专利已突破 100 项。

在自动驾驶方面，威马相信，只有不断增加数据交互能力，才能为自动驾驶系统提供更丰富的决策支持。要想打造一辆真正的自动驾驶汽车，就必须实时提供海量的数据收集、整理和应用能力，为驾驶能力的提升，和车内体验的优化提供更加全面的决策依据。

为了获取这些数据，威马两条路线同步并行。一方面，威马汽车已于 2019 年量产了 L2 级自动驾驶辅助系统，让过去仅在部分豪华车上配置的尖端科技普惠于民。通过加快技术的普及，从而快速实现用户驾驶数据的采集，威马以用户每日提供的鲜活场景"喂养"更高阶的智能驾驶算法。另一方面，威马汽车同步推进 L4 级自动驾驶技术的研发，希望通过探索自动驾驶车辆与智能化道路的协同，以提供共享、方便的"Robotaxi"服务为目标，加快新模式试水，将技术投放到商用中，以实际运营效果为指导，反向打磨技术，用 L4 级自动驾驶研发成果补充 L2/L3 级辅助驾驶系

统的算法和功能，从而形成一个快速迭代的研发闭环。由此，威马已在L3、L4 等高级别自动驾驶技术领域建立了深厚的技术储备，并通过密集的道路实测为量产落地打下坚实基础。此外，威马适用于中国交通场景的L3 级智能驾驶技术计划最早将于 2020 年开始投入量产。

在 2019 世界人工智能大会上，威马汽车现场展示了模拟九大常见行车场景的"V2X 车路协同"技术与特定场景下的自动驾驶商业化运营解决方案"Project W——按需出行计划"，"V2X 车路协同"技术赋能的威马 EX5 测试车不仅可以实现精准定位及导航，还能与区域内其他智能终端进行实时通信，全面掌握其动态信息，从而轻松应对道路突发状况，为体验者带来智能、安全、便捷的出行体验。

四、重新定义车内生活　"进化"才是智能汽车的"自我修养"

在智能座舱方面，威马认为，即使实现了高等级的自动驾驶，车辆的服务对象主要还是人。只有能将汽车硬件逐步软件化并实现一体化控制，才能带来组合式的场景化体验，让乘坐者拥有更好的体验。正是沿着这样的思路，威马提出了"全车交互智能化"的理念，让科技有温度，坚持数据驱动软件升级，软件驱动的智能化发展，使智能汽车成为四个轮子上的超级计算机，真正成为联结用户、提升黏性交互体验的关键。威马希望在新的自动驾驶时代，不仅重新定义汽车的运动模式，更重新定义人们在车内的生活。

基于完善的 Living ID 体系，威马与百度、腾讯、小米等生态合作伙伴，实现账号和服务体系的打通，跨平台整合了信息娱乐、车辆服务、衣食住行等主流应用的海量数据。融合百度、美团、即客行等衣食住行服务，威马能够围绕用户各种使用场景，进行多维度智能生活服务推荐和预订，为用户带来"常用常新"的智能互联汽车生活，打造更加专属的智慧出行服务。

尽管人人都说"买新不买旧"，但面对厂商们不断加入的新技术、新功能，普通燃油车的"换车追新"成本着实太大。相较而言，自带"生命力"的智能汽车"自我修养"提升得够快，消费者不用折腾换车，一键 OTA 升级便能与新功能、新体验接轨。仅 2019 年一年，威马汽车凭借强大的全生态 OTA 能力，1.1~1.4 版系统共完成包括"静默升级"在内的 7 次进化，相当于为用户节省约 11 万小时的到店时间。这些升级共为用户新增、升级超 300 项亮点功能，覆盖车控、地图导航、影音娱乐、车载社交和车家互联等维度，为用户带来了更全面、更高效、更便捷的体验。

其中，1.3.1 版本中威马新增"WeMeet"轻社交应用，迈出了构建智能汽车"原生"应用生态的第一步，这也是威马数据驱动战略的又一次落地与突破。而在最新的 Living Engine 1.4 版系统中，威马新增智能家电按用户设定的场景和半径自动触发的功能，在业内首次落地车家互联功能"场景化控制"。自此，威马汽车的可控 IoT 智能家居品类实现 100%增长，成为 AIoT 领域布局最深的车企。

从人车交互到"人—车—家"智能互联，在用户的使用过程中，Living Engine 按毫秒级频率，不间断采集覆盖全车 22 个控制器的 671 种信号的"活数据"，持续正向"喂养"威马的整车能力提升。随着下一代车载计算平台投入使用，威马汽车的系统算力将达到上一代的 10 倍，能更好地以数据驱动进化，把用户"想要的"统统装进智能座舱。2020 年，威马计划推出适配 5G 技术的 Living Engine 3.0 系统及智能座舱，更将满足用户对于智能电动汽车深层次的需求。

五、抢占大出行市场打造全场景出行生态链

大出行意味着大机遇。根据威马在行业首发的《智能车机交互数据报告》《长假充电数据报告》《驾控成就数据报告》显示，智能纯电动汽车已引领绿色出游新风潮，新出行生态商业模式潜力巨大。回顾 2019 年，智能电动汽车日均充电量攀升迅猛，"五一"小长假与清明小长假相比，

环比增长 47%，"十一"假期与"五一"小长假相比，环比增长 76%。在未来出行服务体系的多种可能性中，车企很有可能成为打通全产业链的"玩家"。因此，除了产品与技术的迭代，威马也长远布局新出行生态，通过创新的商业模式，带来有效的增长价值。作为智能汽车头号实力派，威马汽车将用户的痛点视为创新的起点，精准洞察到了消费者对出行的本质需求，基于互联网使用场景，发力自动驾驶等前沿科技，探索智慧出行新机会。

作为威马汽车旗下开放、独立运营的智慧出行品牌，威马汽车即客行于 2018 年成立，已经初步发展成为覆盖用户传统出行和互联网出行新模式的全场景聚能平台。秉承"智能、环保、高效、共享"的宗旨，即客行通过携手合作伙伴，围绕用户的驾、乘、充电需求，已布局公共充电、城市共享、旅游租车、网约车四大业务，打造全场景出行生态链，力求以产品普及获取出行"活数据"的同时，以数据驱动产品迭代扩大市场，打造发展闭环，为行业的发展方向提供探索的新范本。

公共充电生态是发展的最大基础，目前，威马汽车已经成为国内接入公共充电桩数量最多的新能源车企，携手 10 家主流运营商（国网、特来电、星星充电、依威、云快充、智充、云杉智慧、油电充、亿为快充、万马爱充），累计接入公共充电桩数量达到 20 万根，囊括全国 260+ 城市，覆盖全国约 43% 的公共充电桩。随着国家电网的合作深入，"即客行 APP"充电桩覆盖密度最大将提升 3 倍；以北京为例，中心城区平均每 0.7 平方千米就有充电桩，寻桩时间成本将降低近 65%，开车 3 分钟即可找到充电桩。此外，国家电网的携手，更助力威马加速 V2G 技术的应用落地，将电动汽车的动力电池成为储能源，帮助电网削峰填谷，提升电网运营能力，助力构建能源互联网生态，共创车企+能源服务商创新商业模式。

在旅游租车领域，威马携手海南交控打造海南旅游共享出行品牌"即客行·海南椰行"，以战略眼光率先布局社会运营车辆的新能源化。威马旅游租车业务在三亚、海口上线以来，平均租车率超 70%，"五一"、端午、"十一"等长假期间租车率更高达 100%。2019 年 6 月，1000 辆威马 EX5 已在海南投入运营，网点布局已达 27 个。至 2021 年，预计在海南省内布局 30～50 个网点，打通海南旅游目的地"飞机—高铁—游轮—自驾"的旅游生态体系。同时，威马汽车·即客行还将立足海南，放眼全国，在其他旅游省市及地区推广可复制的"旅游租车"业务模式。

在网约车领域，威马携手美团打车于 2019 年 1 月开启新零售+网约车新模式，在上海成功试水。同时，威马还携手 GoFun，相互赋能构建出行+新零售的价值增长点，增加用户触点，拉近与消费者之间的距离，提升出行渠道运营效率和转化。而在城市专享租车领域，威马汽车即客行则将在海南探索交通枢纽、房地产项目、酒店、景点、市中心商业区等特定出行场景下的城市共享租车模式。

六、试水新能源新商业模式吹响竞争燃油车号角

除了出行生态的发展探索之外，威马还在各个领域试水创新模式。为缓解用户购买新能源汽车后的电池衰减焦虑和保值焦虑，推出"威马 Care+"保值换购计划，包括"威马 Care"动力电池终身质保，以及三年 6.18 折保值扣抵换购新车车款权益。2020 年伊始，威马更重磅发布"威马直购"新零售模式。作为业内首个"硬件+服务"的新能源汽车新零售模式，"威马直购"以"半价提车、行驶月费套餐、保值回购"的创新形式，为用户在购车、使用、置换、保值等方面提供全方位的价值保障，享受裸车两年最高 6 折的官方保值回购权益，保值率媲美同级燃油车。该模式的正式上线，可以说吹响了威马汽车覆盖更广阔乘用车市场，与传统燃油车展开直面竞争的号角。

此外，立足全生态周期视角，威马还建立了新能源汽车行业第一家官方直营二手车品牌，成为国内第一家发布官方直营二手车品牌的新能源车企、第一家建立官方二手车检测体系的新能源车企、第一家开创二手车新零售模式的新能源车企。威马希望从源头上保证产品保值表现，提升品牌的保值率，在保障用户利益的同时，亦有力推动新能源汽车的普及。以用户为核心，威马通过"直购、直翻、直销、直租"业务模式，直接触达用户端，以最全面、最长周期的质保标准，真正解决用户买卖新能源二手车的核心痛点，在实现新能源二手车保值率提升的同时，加强初次购买用户及二手车购买意向用户对品牌的黏性。

中国新能源市场已是全球第一大市场，从长远来看，新能源汽车依然是大势所趋。工信部发布的《新能源汽车产业发展规划（2021~2035年）》（征求意见稿）指出，到 2025 年，新能源汽车新车销量占比要达到25%。就目前来看，还有 4~5 倍的上升空间，市场潜力巨大。

公司从 2015 年成立至今，威马一步步成为造车新势力中时间节点最准、资本效率最高、体系能力最强的企业之一，相信会成为造车新势力中最早实现盈利与可持续发展的企业。作为中国新能源汽车市场的头部企业，2019 年，威马 EX5 全年累计交付量达 16810 辆（上险数），成为造车新势力年度交付量第一的车型。2019 年前三季度，威马汽车销量份额占全球新能源汽车市场的 1.16%。未来，随着威马"三步走"战略的持续推进，威马汽车将不断以硬核创新实力驱动产业变革，推动中国新能源汽车产业智能化进程，让每个中国人、每个中国家庭都拥有属于自己的智能互联汽车生活，并为其带来美好的出行体验。

奇点汽车：一家非典型性车企

当下，汽车行业并不缺少一家新的汽车品牌，而是能够重新定义传统意义上对于交通工具的基础性理解，满足人们对于智能驾驶、车载互联的需求，并引领智慧出行未来十年发展的创新型科技企业。

奇点汽车是创新型的智慧出行科技公司，成立于 2014 年 10 月，由互联网、汽车工程、汽车设计、三电开发、汽车电子、智能硬件等不同行业精英所组成。公司业务涵盖新能源汽车、智能汽车系统、基于大数据和云计算的多元化服务和出行解决方案、创新技术产品投资等。

利用互联网优势基因和汽车行业的百年积淀，并通过积极的跨界创新，奇点汽车致力于为用户提供兼具智能科技、极致体验、开放个性的新价值智能新能源汽车产品及服务。以科技诠释"懂你"，让天空更蔚蓝、让交通更通畅、让出行更安全、让每次出行都成为美好的记忆。

一、科技驱动，铸就高质量产品

高质量的产品是企业赖以生存和发展的基石。奇点汽车通过科技创新和驱动打造了多款高规格、高品质的产品。奇点 iS6 是面向科技品质生活乐享者推出的中大型智能电动 SUV（见图 2-1），车身长度 4.9 米，采用前后对开式车门及全景调光天窗。80 kWh 电池容量使 NEDC 续航里程长达 400 千米。来自 Bosch 公司全新一代 iBooster 与 ESP hev 配合前双叉臂、后多连杆式四轮铝合金独立悬架以及铝合金前后副车架让 iS6 展现出完美的舒适性、灵活性和安全性。

图 2-1　奇点 iS6

此外 iS6 还提供 AI 智能语音副驾、三屏信息联动、15.1 声道高保真哈曼音响、Nappa 真皮座椅以及医疗级空滤系统。自主研发的以太网和 CAN 总线双架构的智驾系统可支持 OTA 升级。5 个毫米波雷达、12 个超声波雷达、8 颗摄像头以及激光雷达预留位可实现 L2.5 级智能驾驶水平，并可在未来升级至 L3.5 级。

奇点 iC3 不仅是基于丰田授权，以丰田 eQ 为基础开发的一款高品质微型智能电动汽车，也是奇点汽车的第二款乘用车型（见图 2-2）。一改"落伍""老土""劣质"的传统微型电动车刻板印象，奇点汽车希望基于原本丰田高品质的 eQ 车型，并利用全新的内外饰设计、增强优化后的三电系统以及奇点领先的智能化技术，将 iC3 打造为集品质感、科技感、潮流感于一身的全新价值高品质微型智能电动汽车，从而打开精品电动小车这一国内空白市场。奇点也是首家选择利用外资品牌的成熟电动车进行新车型开发的国内电动汽车厂商。

图 2-2　奇点 iC3

奇点 iC3 车身尺寸长宽高为 3166 mm×1680 mm×1480 mm、轴距为 2000 mm。和同级车型相比，iC3 继承了 eQ 车型原有的空间布局优势，拥有舒适的四座驾乘空间。性能方面，奇点 iC3 将在充满电后的续航里程超过 300 千米，全新的电池包可支持快充模式，更适合都市短途出行或共享出行场景。奇点 iC3 将于 2021 年上市。

二、汽车的智能化和网联化

自汽车发展百余年以来，此前其进步一直都专注在机械部件和动力系统上，汽车的确变得越来越强劲、越来越牢固，但这还不够。今天的汽车所有部件都是由供应商供给车厂的，每一个 ECU 是为某一单一功能服务的，例如，自动门窗的 ECU 就是为门窗服务的，雨刷的 ECU 就是为雨刷服务的，所以，今天的汽车可以看作功能汽车，它是靠卖功能区赚钱的。

如果我们能够打造一款汽车，它能够真正让硬件成为一个平台，而上面的软件可以通过迭代的方式来实现更新的话，我们认为这辆车才是真正意义上的智能汽车。所以只有拥有了 Sota 和 Fota、每个 ECU 都能够在线升级的情况下，才能够说这辆车具备了智能汽车的必要条件。

汽车智能化本质，也就是在把汽车这一硬件变成一个平台以后的深度挖掘。就像 2007 年史蒂夫·乔布斯，当苹果公司刚刚推出 iPhone 时，iPhone 的功能其实跟诺基亚的手机功能没有什么区别，但今天我们打开 AppStore 时，你会发现里面有多于 200 万的应用来提供给用户使用。等到你的汽车成为一个硬件平台时，其实它能够给我们带来的创新能力是非常巨大的。包括我们在销售和服务这个领域里面，因为跟用户关联起来了，所以用户还未感知到汽车出现什么问题时，车厂服务后端就已经知道你的车可能需要去维修了。

未来汽车将不再是一个孤立的个体，而是成为万物互联的下一个入口，包括智能家居、智能穿戴设备等，实现"物联网+智能化"的转变。以基于用户需求为品牌发展模式，在产品设计与生产以及销售与服务上进行了全方位的创新，通过软件来定义硬件，为用户提供更好的智能与网联为基础的自动驾驶体验（如图 2-3 所示）。

其从汽车演变成智能汽车，本质属性发生了变化。可以通过平台不断收集用户的数据和需求，上传到云端，这样云端可以掌握用户的大数据，了解用户的需求，从而能够更好地根据用户个体化的状态来推荐适合的功

图 2-3　汽车行业的变革

能。例如，雨刷器，电动车使用者还是会担心涉水安全性。雨刷器可以采集雨量，根据你所在地的雨量情况，推荐已经躲避了积水路段的行驶路线。但这并不是说你拿到这款车就拥有这样的功能，地图是在学习、积累了相关数据之后，通过大数据分析之后，才可以提供这样的服务。

三、"以人为本"的智能驾驶

在自动驾驶方面，奇点汽车从不盲目追求无人驾驶，而是"以人为本"，从用户最刚需的智能驾驶功能入手，后期通过提前铺设的云平台，以及强大的处理器、传感器等硬件设备，让汽车在丰富的硬件平台上实现功能升级和迭代，通过海量数据训练和算法优化逐渐向自主驾驶过渡，最终进化为可最大限度适应多种智能驾驶场景（如图 2-4 所示）。

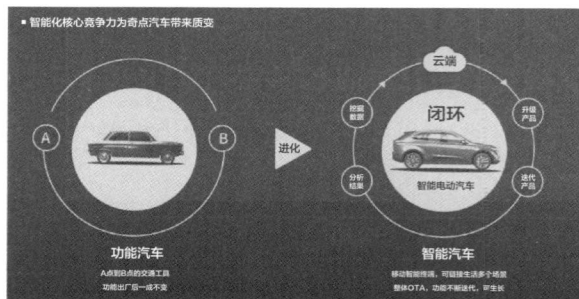

图 2-4　奇点汽车的智能化

奇点汽车认为，车载智能系统将成为智能化时代汽车行业新的核心竞争力。奇点汽车在智能座舱系统、智能驾驶、车载以太网智能车身三个领域都采用软硬件一体化自研，旨在从底层架构实现智能系统与包括传感器、控制器在内的和硬件平台打通，从而实现以软件定义硬件的能力，让汽车真正成为满足不同场景个性需求、具备成长属性的移动智能终端（如图 2-5 所示）。

图 2-5　奇点汽车智能系统研发方向

全新的电子电气架构是未来趋势，但不能一蹴而就。基于智能汽车需要处理大量信息数据的需求，奇点汽车在智能车身域、智能座舱域及智能驾驶域都采用了中央控制器的集成式设计。同时，在轻量化、简约化的基础上，奇点汽车还自主研发了以太网+CAN 双骨干车内网架构，并将智能系统硬件结构分为车身域、智能信息域、底盘域、智能驾驶域、动力域等，在车载以太网的助力下可实现每个域之间信息的高速互通。通过这一套架构的夯实自研努力，奇点汽车可以凭借第一款量产车型 iS6 就为中国汽车行业树立真正的智能汽车标杆。全生态开放的智能座舱系统是基于以太网和 CAN 总线双架构的全新设计理念，全开放 SDK、扩展坞以及 OTA 在线升级功能使得车机系统能够在使用过程中，通过深度学习使用习惯不断成长，从而最终不断满足车主的个性化需求（如图 2-6 所示）。

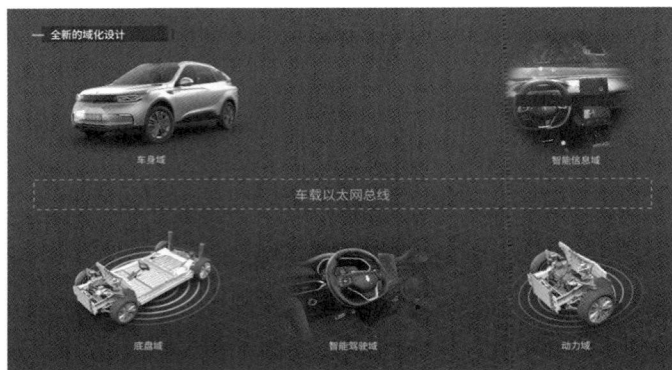

图 2-6　奇点汽车的车载以太网总线

　　智能座舱系统是与用户紧密相关、直接产生交互与服务的核心平台入口，软硬件一体化自主研发，让奇点汽车的量产车型可以满足 5～10 年的 OTA 升级能力。以奇点 iS6 所采用的智能座舱系统为例（如图 2-7 所示）：中控采用的是 15.6 英寸 1920×1080 车规级超薄可旋转中控屏，应用康宁大猩猩玻璃三层涂层，可以防眩光、防指纹，手感好，并且可以保证震动、粉尘及高低温路况下的稳定使用；仪表采用 12.3 英寸 1920×720 车规级超高清液晶仪表屏，使用 QNX 操作系统并采用双核 A15 处理器；环视系统是国内第一款基于车载以太网设计的高清环视系统；车载影音娱

图 2-7　奇点汽车智能座舱系统的场景化设计

乐系统中的功放系统在采用全独立研发 DTS neural，并采用哈曼旗下 Infinity ®扬声器。配合 16.4 英寸全尺寸航空级 HUD，智能座舱系统可实时进行信息无缝联动，确保安全娱乐两不误；另外，整个智能座舱系统还将联动科大讯飞定制 AI 语音交互系统和凯立德定制智能导航系统，配合车联网体系联合打造"奇点 AI 副驾"，不仅可以轻松解决旅途烦恼，更可为用户提供全生命周期的私人订制服务。

针对智能化时代汽车另一个核心竞争力——智能驾驶系统的研发，奇点汽车一改传统汽车分离式控制的设计思路，通过软硬件一体化集成式设计，率先打造智能驾驶中央域控制器的概念，中央域控制器整合所有传感器的数据，并在执行层面进行自由组合，从而实现不同场景下多种智能驾驶功能模块，从而真正解决出行痛点。在传感器布局上，第一代量产车型奇点 iS6 采用 5 颗毫米波雷达（其中 3 颗为 77GHz）、8 颗摄像头（其中 1 颗为双目摄像头）、12 颗超声波雷达。在这样的硬件平台，iS6 不仅可以实现全速自适应巡航（FSRA）、车道保持（LKA）、紧急制动（AEB）、自动泊车（APA）、疲劳预警（DFMS）、并线辅助（LCA）、盲点探测（BSD）、交通标志识别（TSR）、停车距离控制（PDC）、碰撞预警（FCW）、开门预警（DOW）、交叉交通辅助（CTA）等刚需智能驾驶功能，同时，还可以通过中央控制器及 AI 技术实现基于场景的智能驾驶功能扩展。未来 2019 年进入 L3 以前，奇点认为：智能驾驶需要利用软件定义硬件和集成化控制能力解决更多场景化的痛点，真正起到保障驾驶安全、提供驾驶便利的目的，让 ADAS 不再鸡肋（如图 2-8 所示）。

一体化设计的智能三电系统化繁为简地集成了平台化的整车控制器、电池管理、电机管理、电源管理和热管理等子系统，从而实现了奇点汽车便利、安全、高效的产品优势。以奇点 iS6 为例，奇点 iS6 配有先进的主动水冷电池系统，不仅可以基于功率和温升进行算法预判，从而大幅提升电池系统的使用寿命和效率，同时还独创了自学习电池系统在线寿命预测方法（Evolvable Online SOH Estimation）和多单体同步均衡方法，可以实

图 2-8　奇点汽车智能驾驶场景化设计

现不同寿命状态下的电优化管理，并提高极端工况下的均衡速度（如图 2-9 所示）。

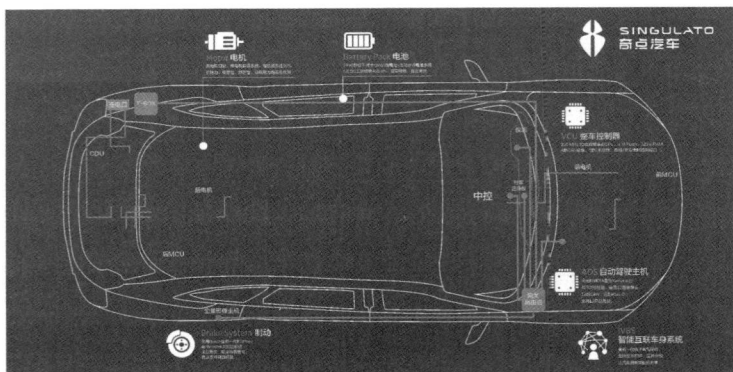

图 2-9　奇点汽车智能三电系统的一体化设计

四、全生命周期的服务模式

智能和网联技术同时也催生了商业模式的巨变。我们称为"全生命周期的服务"，从用户线上看车、咨询到线下买车，到用车阶段的维修保养等贯穿整个生命周期，无时无刻与相关配套的服务商、供应商发生着关系，完成了从 customer 到 user 的转变。用户开始通过 ID 跟奇点进行频繁的互动和往来，除了可以随时了解车的状态之外（在整个订单的过程中，提供清晰透明化的服务：车是什么样的状态，什么时候可以提车），同时在后续用车过程中，出现任何问题或故障时，还可以第一时间掌握，及时提供个性化服务。例如，在外地出差，这个用户可以租一个搭载奇点汽车系统的车辆。通过 ID 识别，当他进入车辆时，租的车辆可以同步他自己车的数据，然后车辆就可以进行调节，包括驾驶习惯和操控习惯，都会根据这个用户来进行个性化的服务。他不只是跟这辆车发生关系，而是说用户本身跟我们整个运营商、服务商来进行互动和关注，车只是为车主提供服务的一个载体，从原来的交通工具就变成了移动终端，这也是质变。

体验中心是集车辆、智能、技术、社交、娱乐于一体的城市年轻生活客厅，通过利用 AI、AR、VR 等智能化手段，打造"智趣空间"为用户带来前所未有的互动体验。同时，奇点还将体验厅打造为品牌和用户共同成长的基地，定期举办跨界兴趣活动、行业论坛、大咖见面会，旨在营造智能愉悦的生活氛围，从而告别冰冷的用户进店看车买车的传统模式（如图 2-10 所示）。

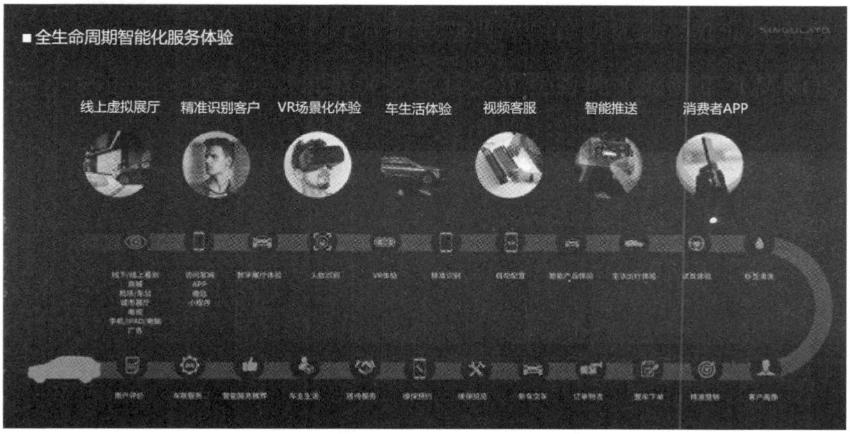

图 2-10 奇点汽车全生命周期智能化服务体验

在经销商渠道体系方面，奇点汽车以用户体验为中心、以渠道降本增效为目的，用技术创新、数字驱动等手段，打造"1+N"立体化渠道体系，将巩固奇点汽车、用户以及合作伙伴密切联系、共创多赢的新型渠道模式。"1+N"是指在核心商圈建立起"1"个以"体验中心"＋"交车中心"＋"服务中心"为主体的主干渠道体系，在次级商圈、社区打造 N 个辅店。通过灵活选择经营内容和网络拓展，形成奇点汽车多层次的立体网络体系，实现以用户体验为中心、经销商渠道降本增效的创新思路。

依托灵活的分离式"1+N"的立体化渠道体系，奇点汽车重新划分销售过程中的"人、车、场景"这三要素的比重，使消费者体验更爽，购买更轻松、服务更无忧。而对于合作伙伴来说，其可以根据市场状态、地区发展及业务规划灵活选择经营内容。此外，可分离式渠道体系，降低了汽车渠道门槛，为合作伙伴解决渠道建设中单店投入高、资金压力大等难点。真正意义上实现降本增效（如图 2-11 所示）。

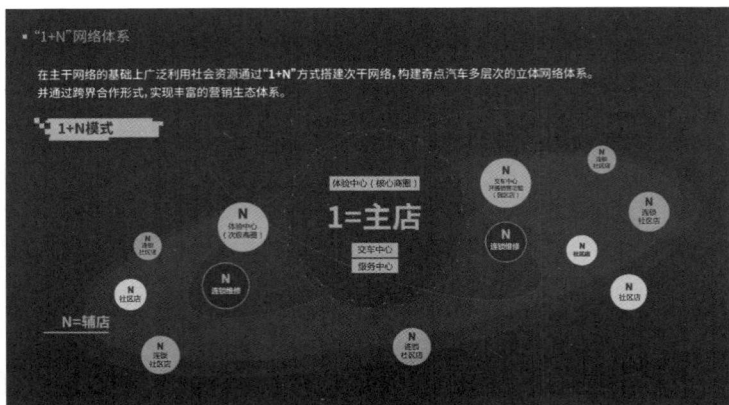

图 2-11　奇点汽车"1+N"网络体系

在新营销生态方面（如图 2-12 所示），奇点汽车以用户体验为中心，整合各领域优质资源，搭建开放协作平台并与销售、服务、金融、保险、出行及电桩各个板块的领跑者协同合作，构建独有的新零售营销生态系统。

图 2-12　奇点汽车新营销生态系统

例如，与京东汽车商城、乐车邦等线上电商、线下门店深度融合，搭建立体化多层次渠道及服务体系，满足泛 90 后个性化、场景化的消费需求；与途虎养车、大师钣喷等合作，为用户带来省心、省时、省力的轻松服务体验；与易鑫金融、灿谷金融等合作，为用户提供多种购买和拥车方式；与安心互联网保险合作，按需定制的专属保险服务。与一步用车、袋鼠出行等合作，为用户提供智能出行解决方案，让用户惬意出游。

同时，奇点汽车还和国内四大主流充电运营商进行合作，为用户提供七大优质充电服务，解决用户的行驶里程和充电焦虑，带来更好的充电体验。

从分离式的渠道模式到新营销生态圈，不难看出奇点汽车作为造车新势力不断将其互联网优势应用到汽车行业中，并创新性地提出新零售理念，从而改变传统营销线上线下竞争和分离的杂乱体系，为汽车行业的变革注入了"新"的理念。

五、战略合作，共推行业发展

2017 年 11 月，奇点汽车宣布与广州智能装备产业集团有限公司及广州广日股份有限公司签署战略合作框架协议，三方将在新能源汽车领域就技术、市场及资本合作、渠道整合、资源共享等方面进行合作。2017 年

12 月，奇点汽车与东风设计研究院有限公司（以下称东风院）签署战略合作框架协议，双方将在智能新能源汽车产品研发试验、资质申报、项目建设、生产制造、技术人才、资本服务等领域进行全方位合作，共同推动新能源汽车的产业升级和发展。

2018 年 4 月 25 日北京国际车展上，奇点汽车正式宣布与北汽新能源达成战略合作协议，双方成为重要的战略合作伙伴，基于"开放共享"战略在智能汽车技术开发、充换电设施建设、经销网络、制造资源共享等方面开展合作；奇点汽车加入北汽新能源牵头建设国家级新能源汽车技术创新中心。同年 7 月 11 日，与浪潮集团签约，将在人工智能、自动驾驶研发合作、系统平台技术服务合作、智慧城市建设和业务推广、构建质量链合作、人才交流合作等方面全面展开。

2019 年 3 月 12 日，奇点汽车与西门子（中国）在北京签署了战略合作协议，双方将基于工业 4.0 的理念和经验在智能制造和大数据等方面进行深度合作，奇点汽车将充分利用西门子在电气化和数字化领域的全球经验打造世界一流的数字化智能工厂。

六、科技引领发展　荣誉见证创新

截至 2019 年底，奇点汽车已经手握 360+项专利，其中，已授权 162 项，包括发明专利 15 件，新型专利 78 项，外观专利 69 件。同时，对于区块链——这一智能时代的新技术战场，奇点汽车率先布局享有 40 多项区块链技术专利。奇点汽车已经走到智能汽车科技的前沿，而众多荣誉便是其创新的最好见证（如表 2-2、表 2-3 所示）。

表 2-2　奇点汽车 2019 年获奖情况

序号	奖项内容	主办方	备注
1	2019 全球独角兽企业 500 强	中国人民大学中国民营企业研究中心和青岛市人民政府	奖杯

续表

序号	奖项内容	主办方	备注
2	年度智能网联汽车创新奖——车载 AI 虚拟智能助理	高工智能汽车	奖杯
3	2019 年度最受关注新能源车型	ADS	奖杯
4	年度人气网络关注度车型	汽车通讯社一点资讯	奖杯
5	2018 胡润大中华区独角兽指数	胡润研究院	位列 28
6	2018 中国独角兽企业	长城战略咨询	位列 24
7	2019 一季度胡润大中华区独角兽指数	胡润研究院	没有排名
8	毕马威中国 2018 汽车科技 50 强	毕马威	没有排名
9	2018 中国人工智能 100 强	《互联网周刊》和 eNet 研究院	排名 20 位

表 2-3　奇点汽车 2018 年获奖情况

序号	奖项内容	主办方	备注
1	最佳汽车出行创新公司 Top10	猎云网	奖杯
2	2018 硬科技行业领袖企业 100 强	镁客网	奖杯
3	2018 中国产投新势力春光大奖	春光里	奖杯
4	2018 第二季度胡润大中华区独角兽指数	胡润研究院发布	位列 32
5	2018 年中国硬独角兽 Top100（春榜）	创业黑马创业家	汽车交通行业独角兽
6	中国智能网联最具影响力品牌	文凤汽车和小马拉车	奖杯
7	中国车商 2018 高峰论坛优秀合作奖	中华全国工商联合会汽车经销商商会	奖杯
8	2018 中国独角兽名单	投资界	汽车交通类别，位列 8
9	2018 新互联网公司 Top300	互联网周刊	位列 5
10	2018 U. S. China Cross-Border Innovation Award 2018 中美跨界创新奖	硅谷高创会	奖杯
11	2018 年人工智能行业创新企业 Top100	IT 耳朵	位列 16

云从科技：刷新世界纪录到手软

云从科技孵化自中科院重庆研究院，公司受托参与了人工智能国标、行标制定，并成为第一个同时承担国家发改委人工智能基础平台、应用平台，工信部芯片平台等国家重大项目建设任务的人工智能科技企业。云从提供个性化、场景化、行业化的人机协同服务（如图 2-13 所示）。

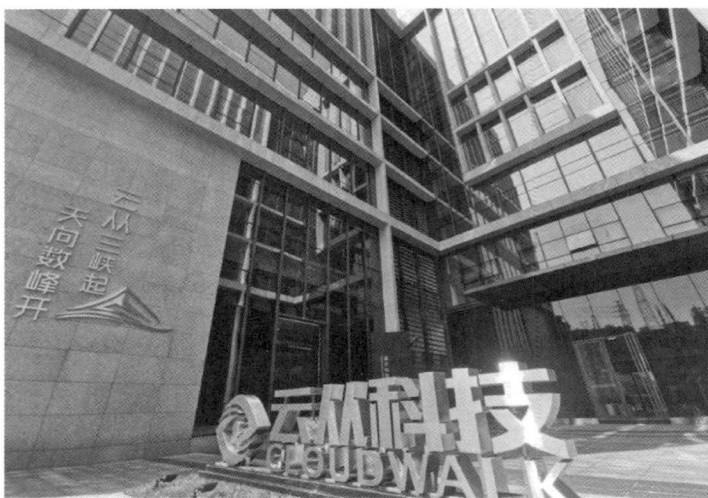

图 2-13　云从科技大厦

自云从科技成立以来，几乎每年都会给世人带来意想不到的惊喜：云从科技先后拿到 10 次国际人工智能感知识别领域冠军，打破四项世界纪录，获得 158 次 POC 冠军；在国内首发"3D 结构光脸识别技术"，打破苹果等外企技术垄断；在国际突破跨镜追踪（ReID）商业应用技术，一次性刷新三项世界纪录并保持至今；推出全新 Pyramidal-FSMN 语音识别模型，超过微软、IBM、阿里、百度、约翰霍普金斯大学等企业及高校，大幅刷新语音识别世界纪录……

这家独角兽企业是近年来中国快速成长的人工智能企业和研究机构之一，短短四年的时间便在自然语言处理和人脸识别领域成为业内领先者，成长速度让人瞠目结舌。

在人工智能被纳入国家战略规划的大背景下，剖析云从科技的发展历程也因此有了更多的典型意义，主要体现在以下三个方面：

一是云从科技成立短短四年，如何实现弯道超车？其在产品、资本等维度分别构筑了怎样的优势？

二是放眼全球，人工智能企业鱼龙混杂且竞争惨烈，云从科技又该如何守住现有护城河并实现更进一步发展？

三是企业的发展离不开落户区域的产业发展。那么，以上海人工智能生态圈为重点，上海人工智能如何布局？在上海经济转型升级和高质量发展过程中，人工智能又将如何实现与实体经济的深度融合？

一、起步：首个产品月用户超 50 万

"调试上线成功！"——2015 年 4 月的一天，云从科技内部 QQ 群内一条短短几个字的消息让大家欢呼不已。

发出这几个字的是当时云从科技研发总监李夏风。他后来回忆说，"太累了，我们只想大睡三天"。为此，他甚至拒绝了周曦（云从科技创始人）开办庆功宴的建议。

原来在不久前，尚在筹建过程中的云从科技拿到了第一张业务订单——帮助海通证券股份有限公司做远程开户的身份认证系统。为了做成这第一单业务，李夏风等 10 位核心技术人员在海通证券的机房里奋战了 10 天 10 夜没有离开，饿了吃外卖，困了就睡在机房里临时支起的折叠床上。

功夫不负有心人，云从科技的第一炮打得很响。当月海通证券远程开户身份认证量就超过了 50 万，平均每天有超 3 万的用户利用云从科技的

系统进行开户。有了这一成功案例，云从科技的产品得以开始在金融业特别是银行里全面发力。

"公司的产品正式上线，使我们得到了用户的认可，更给了我们团队巨大的鼓舞，这个意义更重大。以前在中国科学院重庆研究院我们做的都是项目型的，在金融市场环境下，能不能做出金融级的产品，大家都没有这个底，这次的成功应用证明了我们的产品在实际应用中的作用，这点很重要。"云从科技联合创始人姚志强说。

姚志强和周曦是大学同学，也是云从科技的联合创始人之一。

2010 年，中国科学院重庆研究院筹建。在规划中，智能多媒体中心急需一个学术造诣深厚、有着极强技术背景的学术带头人。院长袁家虎三次专程赴美，邀请当时在美国工作的周曦，周曦被袁家虎院长的诚意所打动，决定到中国科学院重庆研究院工作。

2011 年，周曦回国，并联合国际顶尖科研机构，在中国科学院重庆研究院成立智能多媒体中心，从事计算机视觉相关研究。

刚成立的多媒体中心严重缺乏专业人才，刚回国的周曦急得夜不能寐。为了充实研发力量，周曦向远在北京的李继伟和浙江的姚志强求助。

李继伟和姚志强收到周曦的求助后，立马提交辞呈，带着自己的行李奔赴重庆。周曦负责技术管理，李继伟负责基础算法研究，姚志强负责项目管理。此后中心发展迅速，先后开发出了国内首个刷脸支付原型系统、智能换发、智能换衣、智能摄像机、车辆属性识别、人脸属性分析、大规模人群分析、客流统计等一系列人工智能系统。

2014 年，周曦发现仅凭中心的几十号研发人员已经不能满足业务需要，并且在运营管理、业务方面也存在巨大的缺口。而此时在国家"大众创业"与中国科学院"科技成果产业化"的鼓励下，技术的发展也突破了商业应用的瓶颈。

几经思索、讨论，周曦团队决定成立人工智能公司。2015 年 4 月 15 日，云从科技正式成立。不久通过为海通证券股份有限公司成功做好远程开户的身份认证系统在银行业站住脚跟，也就有了文章开头的一幕。

云从科技头炮打响后，20 余名核心骨干迅速召开了公司第一次会议，议题为确定公司未来产品的方向。此次会议又称"云从一六"，此后"云从二大""云从三大"相继举行，并逐渐成为固定的高层战略会议。

但迷茫也在一定程度上笼罩着这个新生的企业。

在"云从一大"上，20 余个核心骨干分成两拨吵作一团。吵架的原因是销售团队在推广过程中，发现公司的研发速度跟不上市场的需求；而研发团队认为没有需求不知道做什么产品。

事实上，面对庞大的市场，那时的云从科技并不知道市场需求到底是什么。"我需要做人脸识别，但人脸识别 1 比 1 呢，还是 1 比 N 呢？室内环境呢，还是室外环境呢？这反映出人工智能企业创业时，大家普遍遇到的问题就是需求很多，有的是真需求，有的是伪需求，有些就是做个样子，大家不知道怎么去做。"姚志强解释。

事实证明，云从科技这一次的争吵很有意义。

正是在"云从一大"之后，云从科技团队得出结论，下一步发展要以工商银行、农业银行等大客户的需求为主，然后再以大客户的经验去覆盖小客户，尽可能提高成功率。

"这就是当时我们的想法，真需求和伪需求我们当时还无法分辨，可不管怎么说，就算是伪需求，至少大银行付得起这个钱，起步时我们最需要的是把名字闯出去。"姚志强说。

二、"攻占"银行：做标准化产品

云从科技在成立初期确立了公司发展的两条原则：一是研究内容要集中，先做好人脸；二是行业上要集中，只做金融和安防。

这样的战略定位与云从之前的技术积累有关，一方面，在中国科学院时期，云从科技承接过国家级别的人脸识别项目；另一方面，由于 2015年的"315 晚会"中曝光了诸多银行无法识别假身份证的系统漏洞，使银行遭受损失，一时间，"人证合一"成了金融机构的刚需，银行也成为云从切入行业的第一个对象。

很快，云从科技也启动了某国有大型银行的业务。这一单前前后后做了四五个月，系统通过了层层考验，却在招标环节碰了壁。

原来，此次招标要求的诸多资质，刚成立几个月的云从科技并不具备。"我们的标书做了 60 多页，以为很详细了，可是发现别人都做了 300 多页。"姚志强回忆道。

这一次碰壁让云从科技认识到大银行决策链复杂，要求的资质和各方面的条件都比较高，想做大银行的生意并不容易。怎样才能真正做好？

不久，西安银行找到云从科技，表达了合作的意向。云从科技的核心骨干们非常兴奋，也决定抓住这次机会，以西安银行为标杆，摸底银行的业务需求，形成可复制推广的标准化产品。

"以前都是基于项目的，可能每个银行有每个银行的需求，我们希望基于重庆银行本身的业务来看银行到底哪些可以用上我们的技术，每个部门到底需要什么样的解决方案。"姚志强说。

这时，"云从二大"如期举行。在这次会议上，一个在云从科技发展史上具有里程碑意义的战略被正式确定下来——以"我"为主，推出标准化产品，并进行复制推广。

以此为目标，经过前期一系列意向性合作，2015 年 9 月，云从科技正式与西安银行正式签订战略协议，从柜台、自助机具、网上银行到机房的运营等，云从科技都拿出了标准化的解决方案。

云从科技在西安银行业务的试水，不仅取得了成功，更为后来其进军银行业打下了坚实的基础。根据西安银行的需求，云从科技做了十几个解决方案。如今的云从科技已有 55 个银行解决方案，正是以此为基础开发出来的。

随之而来的，是银行的业务一发不可收拾，西安银行、中国建设银行广东分行等都与云从科技有了合作。

以云从拿下广东省建行的过程为例，为了满足广东省建行在广东 100 多个高校校区推广智能化银行服务的要求，云从几乎将整个研发团队从重庆搬到广州，并提炼出 46 套人脸支付在校园落地的解决方案。最终，融合了智能设备和人机交互的"校园 e 银行"方案被广东省建设银行选中。而该项目的成功，也成为国内其他银行来广东参观人脸识别系统的应用案例。

正是以此为基础，2015 年底，云从科技以势不可挡的姿态成为了国内银行业的第一大服务商。

其中，值得一提的是云从科技独特的商业模式。与其他对手的公有云做认证服务相区别，云从科技按照私有云的部署方式，服务器部署在银行的 IT 系统里，银行内部自主可控，数据管理和网络连接都由内部来做，降低数据传输风险。一旦出现问题，云从科技保证在 2 小时内响应，24 小时内解决问题。

无论是技术还是服务，云从科技都奠定了自己的优势，团队也壮大到了 120 余人。

"10 次 PK 我们基本八九次会赢，2016 年初，在银行业的业务中我们基本都是稳操胜券了。"据姚志强介绍，此时云从科技的业务已遍及全国 30 多家银行。2018 年底，云从科技服务银行达 400 家，其中，总行级别的超 100 余家。

三、进军安防业务

如果说云从科技在银行业的登顶，依靠的是自身的技术红利的话，那么安防领域则更像是云从科技磨炼其 AI 场景落地的"练兵场"。

2016 年下半年，云从的业务开始正式涉足公安板块——最初的业务是在广东公安厅试点，做人证静态的大部检索，即通过天网拍到重点人员照片，从人口库中检索具体信息。

当时广东省公安厅用的是德国和日本的系统，都是老牌做人脸识别的厂商。"核心的业务系统最好是用国产的系统，但是当时国内缺乏可用的系统，破案需求又大。"姚志强说。

云从科技的系统能打败国外的系统吗？带着疑问，广东省公安厅开始拿云从科技的系统和国外的作比对。结果让广东省公安厅大吃一惊：云从科技不仅赢了，而且优于国外的系统很多，领先了一个数量级，云从科技的命中率 50% 以上，国外的系统只有 5% 以上。

云从科技的技术获得公安系统的肯定，并带动公安系统的战法变革，公安系统开始采用先进的人工智能技术进行战法业务变革，包括抓逃、布控、人口管控等。

这给了云从团队极大的信心。与此同时，云从科技在秦皇岛试点的人脸动态布控系统，也取得了较好的实践效果。动态检索、静态布控两项的成功实践，使云从科技决定从 2016 年底开始将业务扩展至安防领域。

"和银行一样，安防这一块也是刚需，当时公安系统正需要这样的技术变革。"据姚志强介绍，借着公安系统战法变革的东风，云从科技决心要将自己的技术向全国推广，"燎原计划"应运而生。

所谓燎原计划，即在刚开始做安防时，集中一切力量在全国突击试点云从公安产品。该计划从 2016 年 9 月推出，云从科技陆续开始给一些公安厅做试点。然而没多久，云从科技就发现这一模式走不通，反而浪费了大量的人力、物力资源。

"不同于金融市场单纯需要人脸识别，安防板块，仅仅是人脸识别一项，在 2017 年市场需求就超过了 100 个亿，2018 年还在翻番。"安防市场大，且都更碎片，周期长，做起来的困难更大。

巨大但碎片的市场，加上安防板块面临的强大竞争对手……"燎原计划"宣告失败，但同时也让云从的决策团队意识到：业务系统做得够不够细致，才是当下更需要考虑的。他们总结出，云从科技的产品需要更加完善，应该把各个业务系统都集成进去，要从每一个地方政府的实际建设进度和情况出发进行完善，然后再去试点。

为了突破，云从科技开始寻找集成商进行合作，请代理帮忙推广业务。同时，云从科技开始参与公安部的顶层设计，参与制定标准，并与公安部一所、三所成立联合实验室，一起研究公安的业务和战法。

2017 年上半年起，云从科技相继推出鹰眼、火眼平台两大主打产品。其中，鹰眼人脸大库检索系统是基于云计算理念，采用云从人脸识别算法结合分布式技术设计的，面向公安业务的人脸大库检索系统。而火眼人脸大数据平台则集实时监控、挂图作战、人像检索、布控预警、权限管理于一体，实时掌握目标人物行踪，借助大数据分析与人工智能识别技术，预判目标人物时空范围，为图侦、治安、情报等警种提供线索与支持，可协助公安快速破案。

"目前，云从科技承建五个公安部部级平台。通过公安部平台的应用，对云从科技来说起到了示范作用，向各省市公安系统去推广的局面打开了。"姚志强说。

随着算法、算力等技术上的不断突破，人工智能在安防领域的应用正在变得越发广泛。2011 年以来，我国 AI 安防市场规模逐年攀升；至 2017 年，AI 安防市场规模达到 6480 亿元，同比增长 20.0%。

除了金融板块和安防板块之外，云从科技机场板块的业务还于 2016 年底开始慢慢发酵。2017 年下半年，云从科技正式进军机场领域。

据介绍，云从科技机场板块的业务推广得相对较顺，云从的法宝是，与机场的大型集成商进行交流。"大的集成商对机场业务非常熟悉，我们的主要目标就是满足他们的需求，和他们一起来合作、推广，拿下了一个集成商，就等于拿下了很多机场。"姚志强说。

2018 年云从科技在主推刷脸登机，计划打造机场"大脑"，即可以对接机场大数据的管控平台，同时延伸出一些新的机场业务。

"例如，智慧航显，在进入安检口之后，系统能自动识别人脸，乘客可在航班显示的屏幕上，看到航班登机口等重要信息。这一创新业务可以大大提升旅客的体验感受。"姚志强说。

数据则更加亮眼。在安防领域，云从科技产品已在 31 个省级行政区上线实战，截至 2018 年 12 月已协助各地警方取得超过 3 万个案例战果，获得公安部高度认可；在民航领域，已有 60 家机场选择云从产品，覆盖 75% 的枢纽机场。

四、独角兽诞生：估值超 230 亿元

任何人都清楚资本对于一家企业的重要性。

2018 年 10 月 8 日，云从科技宣布正式完成新一轮融资，据悉，至此云从科技共完成四轮融资，累计获得发展资金超过 35 亿元，估值 230 亿元，正式跻身人工智能产业独角兽序列。

除元禾原点、越秀金控、刘益谦等原有股东继续跟投外，本轮新增了多家中国国家战略投资者，其中，不乏知名地方政府基金，包括中国国新、广州产业投资基金、广东粤科金融集团、上海联升资本、渤海产业投资基金等国内顶尖资本。

云从科技透露，新一轮融资除了将加速中国国家人工智能平台的扩建及大数据技术的相关研发，还将用于人工智能技术及硬件上下游产业布局、研发中心建设与人才队伍建设，助力行业智能化转型。

值得关注的是，从 2018 年开始，云从科技正在不断强化自己作为人工智能平台的角色，并与诸多企业和机构建立了学术和商业方面的合作伙伴关系。

当年 9 月 26 日，云从科技与浪潮集团宣布建立全面战略合作伙伴关系。双方将结合自身优质技术与资源，在人工智能、云计算、大数据等领域展开深度合作和应用创新。

而在此前，云从科技已经与中国科学院、上海交通大学、四大银行、公安部、中国民航总局等建立了联合实验室和研究中心。云从科技与浪潮集团的战略合作实现了人工智能平台架构三要素的优势互补。

此外，云从科技于 2017 年 3 月、2018 年 1 月、2018 年 9 月分别承担了国家发改委"人工智能基础资源公共服务平台""高准确度人脸识别系统产业化及应用"和国家工信部"基于自研 SoC 芯片的高准确度人脸识别产业化应用"项目建设任务。

据姚志强介绍，为了更好地进行技术研发，云从科技搭建了三级研发架构：美国硅谷前沿实验室，中国科学院、上海交通大学两个联合实验室以及重庆、上海、北京、苏州、成都五个研发中心。

三级研发机构各司其职，各有使命：美国实验室负责前沿科技研究，保持云从科技对于最新知识的敏感度；国内高校联合实验室，负责将新技术快速地预演；研究中心结合市场的实际需求，在预演基础上将技术产品化。

得益于此，云从科技技术领域的革新脚步正在不断加快。2018 年云从科技更是先后在 3D 结构光、跨镜追踪、语音识别、文字识别等多个领域打破多项世界纪录，跻身世界领先水平，发挥着创新发展的引领者。

云从科技进入了快速发展的轨道，同时也意识到自身的不足，例如，在巨大的安防市场上，从整个市场份额来看，云从科技并不算多，竞争也很激烈。2018 年，云从科技瞅准时机开始转型：保持领先的核心技术，做标准化的产品。

"项目性的公司是做不大的，靠的是定制化需求，要做大很困难，因为不可复制，从 2018 年起我们转型做产品型公司，一定要把东西标准化、模块化，我们认为产品型公司才能做大做强。"姚志强说，以安防市场为例，云从科技要面向更广阔的安防市场，除了公安之外，还有园区、学校，很多领域都可以用的产品。

此外，云从科技将继续参与顶层设计。2018 年，云从科技推动了中国科学院总院和公安部签订战略协议，以进行实际的产业合作。"这也就是我们要充分依托中国科学院的出身，夯实国家队的身份。现在国家要求核心自主可控，在此背景下我们一定要代表国家在关键行业拿下核心技术，并进行产业化。"姚志强说。

事实上，云从科技在创新方面的成绩也是中国极端重视科技创新的一个缩影。

云从科技下一步将打造人机协同平台，并将核心技术开放出来，给相关的初创企业和合作单位。例如，软件开发包、引擎（云服务模式）或模组等，企业可以基于云从科技的核心技术开发产品，用到零售、社区等其他行业。

同时，云从科技还计划打造光环境实验室。"因为我们做视觉研发时发现，由于光环境复杂，很多效果会打折扣，因此，想做实验室模拟自然光、太阳光、各种灯光的效果，在这种情况下测试出系统的性能和一些参数，也会开放给大家，我们合作伙伴来测试也方便。"姚志强说。

此外，随着 2018 年由云从科技承担的国家人工智能基础资源公共服务平台正式投入运营，云从科技将在开放面向全行业人工智能基础资源公共服务应用，将大数据、云计算等产业深度融合，推出真正能改善人生活和生产方式的人工智能产品。

据介绍，国家发改委公共资源基础服务平台已于 2019 年验收并交付使用，同时开放给更多的初创企业，和相关希望用人工智能技术的企业进行试用，以云服务的方式提供给他们。

"将云计算、大数据整合，人工智能是技术集成号召者，最后主菜推出就是人工智能。通过这个平台，云从科技要让这些技术的作用都发挥出来，做成真正能改善人生活和生产方式的产品。"据姚志强介绍，云从科技未来规划建设的人工智能产业园，以云从科技的核心技术和合作伙伴的产品为依托来进行大规模生产、实验，不仅加速生产制造，也进行应用示范。

"2019 年，云从科技将会更关注产品与客户价值，很多行业都将会看到云从的身影。"云从科技的团队对此很是坚定。

五、创造的世界纪录

第一，2018 年 3 月，云从科技打破三项世界纪录，让跨镜追踪

（ReID）在准确率上首次达到商用水平。

日前，人工智能"国家队"云从科技在跨镜追踪技术（ReID）上取得重大突破。同时在 Market-1501、CUHK03、DukeMTMC-reID 三个数据集上从悉尼科技大学、南洋理工、中国科学院自动化所、清华大学等多家知名高校、企业与研究机构脱颖而出，刷新了世界纪录。

其中，最高在 Market-1501 上的首位命中率（Rank-1 Accuracy）达到 96.6%，打破了之前阿里 iDST 在 2018 年 1 月创造的世界纪录，让跨镜追踪技术（ReID）在准确率上首次达到商用水平，人工智能即将从"刷脸"跨到"识人"的新纪元。

第二，10 月，云从科技语音识别刷新 Librispeech 世界纪录。

在语音识别领域，全球科技企业的目标很一致，那就是想"超过人类"。之前科研界设定人类错词率为 5.9% 的这个界线，受过严格训练的专业速记员错词率在 3% 左右，错词率（Worderrorrate，WER）是衡量语音识别技术水平的核心指标。

人类的界线已在 2017 年被微软超过，而受过严格训练的专业速记员则一直坚守着自己的底线。

然而这个纪录也在这个 10 月被打破，2018 年 10 月 29 日，中国人工智能"国家队"云从科技在语音识别技术上取得重大突破，他们融合图像识别与语音识别的优势，推出全新 Pyramidal-FSMN 语音识别模型。

第三，11 月，云从科技自然场景 OCR 在 ICDAR 刷新多项全球最佳成绩。

光学字符识别（Optical Character Recognition，OCR）是指分析图像从而获取文字信息的过程，不少智能手机中的名片扫描软件就有这一功能。2018 年 11 月 20 日，OCR 领域的重要指标——国际文档分析与识别大会（International Conference on Document Analysis and Recognition，ICDAR）测试集被再次刷新，中国高校及企业包揽 ICDAR2015 排行榜前五，依次为云从科技（Pixel-Anchor）、南京大学与南京理工大学（PSENet）、旷视科技（Mask Text）、商汤科技（FOTS）、阿里巴巴（IncepText）。

第四，2019 年 3 月，云从科技再创跨镜追踪（ReID）三项世界纪录。

2019 年 3 月 1 日，中国人工智能"国家队"云从科技宣布在跨镜追踪技术（ReID，Person Re-Identification）上再次取得重大进展，本次云从科技研究团队在 Market-1501、DukeMTMC-reID、CUHK03 三大主流 ReID 数据集的两大核心指标 mAP 与 Rank-1 准确率上均取得第一，其中，在 Market-1501 数据集上的 mAP 远超目前业内顶尖水平，达到了惊人的 91.14%。

这是继 2018 年云从科技刷新跨镜追踪技术世界纪录后，再一次在该领域领跑全球，超过阿里巴巴、腾讯、微软、中国科学院自动化所等企业与科研机构，创造了新的世界纪录。

第五，云从科技与上海交大联合实现在自然语言处理—机器阅读领域首次超过人类。

2019 年 3 月 8 日，中国人工智能"国家队"云从科技和上海交通大学联合宣布，在自然语言处理（Neuro-Linguistic Programming，NLP）上取得重大突破，在大型深层阅读理解任务 RACE 数据集（ReAding Comprehension Dataset Collected From English Examinations）登顶第一，并成为世界首个超过人类排名的模型。

第六，3 月，云从科技 3D 人体重建技术取得突破，精度误差下降 30%，算法速度提升数十倍，达到 5 毫秒。

2019 年 3 月 19 日，记者从云从科技获悉，这家中国科学院旗下人工智能（Artificial Intelligence，AI）创企的 3D 人体重建技术同时在该领域三大权威数据集上取得新突破：将原有最低"误差"大幅降低 30%，刷新了最新的世界纪录。

3D 重建领域通常以"误差"作为衡量算法能力的主要指标，这里的误差特指生成模型与实际图像的差别。显然，误差越低，精度越高，意味着技术的性能越好。

据介绍，在三大权威数据集 Human3.6M、Surreal 和 UP-3D 上，云从科技 3D 人体重建技术"全身精度误差"在 Surreal 上从 75.4 毫米降低到 52.7 毫米，"关节精度误差"从 55.8 毫米降低到 40.1 毫米，在 Human3.6M 上的关节精度误差从 59.9 毫米降低到 46.7 毫米，此外，技术的执行速度从之前的上百毫秒降低到只需 5 毫秒。

Oscar Health：贴心大白横空出世

Oscar Health 作为一家海外医疗保险科技公司，无疑是近年来在医疗保险领域最受关注的创业公司，以互联网为卖点的健康险公司，Oscar Health 的营收增长较快和会员规模成长迅速，从 2015 年初的 1.7 万人增加到 2016 年初的 14.5 万人，公司预计到 2021 年，会员数将超过百万。这既符合互联网高增长的特征，又满足资本对增长的预期，成为热门的投资对象。谷歌是这家公司的长期支持者，其母公司 Alphabet 曾通过投资部门 Capital G 和旗下健康与生命科学研究机构 Verily Life 投资 Oscar。

目前 Oscar 的业务范围覆盖了美国 9 个州——纽约、新泽西、加利福尼亚、得克萨斯、俄亥俄、田纳西、亚利桑那、密歇根和佛罗里达，为个人提供健康保险；为小型企业提供团体健康保险计划。

Oscar 利用精美的网站和 APP 设计等友好界面提供健康奖励计划、提供免费可穿戴设备等各种方法，不仅吸引了大量的年轻用户，而且极大地改善了用户体验，重塑保险和用户之间的情感关系，提升用户满意度。此外，Oscar 直接与医生进行合作，帮助他们更好地了解自己的病人。Oscar Health 应用互联网模式简化了商业保险的购买程序，用户能够在移动端上用简洁的语言描述自己的病情，软件后台会自动匹配附近医生。除了保险之外，其还将自己定位为健康管理公司，提供包括线上免费问诊、免费比价、一键式补充药品等一系列线上医疗服务，打造个人医疗解决方案的完整闭环。凭借着其"智能、简单的保险产品"和奥巴马医改下广阔的个险市场，自 Oscar Health 成立之初就一直受到资本的青睐，2018 年 8 月 Alphabet 对 Oscar 投资 3.75 亿美元，使其融资总额达到 13 亿美元，估值超过 30 亿美元。

一、互联网化业务模式

Oscar 业务模式的核心是互联网，其试图通过简化账单支付并允许用户通过手机免费与医生沟通等方式，超越传统的健康保险公司。

综合起来，其模式核心有三点：一是快速核保，个人仅需要提供年龄、收入等简单信息就可以获取价格，产品覆盖主要针对基础医疗和小毛病，月保费根据年龄和家庭成员数量在 150～1000 美元。二是使用移动互联网工具促进会员互动并提供服务，例如，24 小时电话医生和远程就诊，减少用户去医院的次数。传统的保险公司仅作为赔付方，并不会将医疗保险作为医疗护理中的核心环节。三是引入移动工具帮助会员管理健康，例如，为会员免费提供可穿戴设备，进行锻炼辅助和健康跟踪，能够在规定时间内完成锻炼计划的会员将获得最高每月亚马逊账户 20 美元的奖励。

二、个险市场的逆向选择

一直以来个险市场具有高道德风险，这导致许多保险公司在保险交易所个险市场出现了高的亏损。主要原因有两个：一是整体的会员数量发展达不到预期。2015 年，政府对保险交易所在 2016 年可能带来的会员数量预期是 2000 万人，但最近的预测调低到 1000 万人。即使有罚款等强制措施，个人购买保险的发展速度仍然达不到政府和保险公司的预期。由于奥巴马的医改规定保险公司不能因为既往症拒保，因比，个险在没有巨大会员体量的情况下，风险会非常高。二是由于个险的购买属于个人行为，个人用户在消费时的心态是将购买商品的利益最大化。因此，最有可能和最有动力购买个险的是对医疗服务需求较高的人群。保险交易所在每年的前一年末到后一年初有单年规定的保险购买开放期（Open Enrollment Period），理论上来说，除非是特殊情况，在这个时段没有购买的话，该年度就没有办法购买保险了。这种设置是为了防范个人在需要医疗服务时才购买保险，而固定购买时期将引入更多风险相对较低的用户。

　　然而问题也同样出在保险开放期上，由于政府还规定了特别开放期（Specialty Enrollment Period），在传统情况下，特殊时段购买的用户指的是失业、结婚或生育（保障和被保险人可能发生变化）、退伍等特殊情况，但目前来看，保险公司发现保险交易所有超过预期数量的个人用户想办法让自己符合特别开放期的规定，从而在需要就医之前（而不是年度开始的时候）购买保险，让自己的利益最大化。UnitedHealth 就此表示，在特别开放期购买个险产品的用户造成了很高的理赔率，是导致大量亏损的主要原因。因此，如果没有政策和规定对特别开放期的申请和符合标准进行限制，逆选择风险还会持续。

　　一些保险公司迫于亏损压力开始调高保费，但这样做的影响是双面性的。一方面，可能有助于缩小一部分亏损；另一方面，高保费让最健康的用户更不愿意购买个险，有的人可能甚至情愿交罚款而不愿意购买保险，因为这些人年轻、健康，很少就医，他们认为比起自己难得看病的费用来说，购买保险是浪费。失去了这批低风险人群，调高保费会让整个会员池进一步朝高风险的人群倾斜，造成恶性循环。

　　同时，尽管个险市场看似需要的人群数量巨大，但真的要促使购买行为的发生，其成本会非常高，包括营销成本、客户服务成本等。个人购买保险的动机在很大程度上建立在是否对自己有利的基础上，即使在美国这样保险较为成熟的市场，最健康、看病最少的个人购买保险的意愿也不强，因此，实施强硬措施也很难让他们改变习惯。

　　最后，在从个人过去没有保障到有保障的转变过程中，前期会进入保障的是最需要使用医疗服务的患病者，因此，对于像保险交易所这样的新事物来说，前期几年更有可能大量吸引高风险用户，因此，在从无到有的过程中，需要很长的时间来填充低风险人群，让整个用户池达到风险平衡。这中间需要的时间也就意味着投入，而迫于亏损的压力，保险公司调高保费可能对达到这一平衡更加不利，但也是非常无奈的选择。

三、把握契机，创新发展

自从 2013 年实施医改法案以来，政府出台了个人必须拥有保险的强硬措施，在此之前美国有 4000 多万人没有保险。奥巴马针对个人购买保险还规定，保险公司不得以既往症拒保。在此政策引导下美国各州形成了保险交易所（Exchange），主要为包括小企业主、小公司、自由职业者等群体提供保险。过去不买保险的小业主、经济较困难但还没有达到美国医疗保健业（Medicaid）补助的人群开始进入健康险购买群体。这推动了个险市场的发展，为各类医疗保险公司扩大自身业务提供了契机，也为类似 Oscar Health 这样的创业公司提供了市场机会。目前全美已经有 1000 万用户在保险交易所购买健康险，与大型巨头获得的用户数相比，虽然 Oscar Health 的用户仍是冰山一角，但对创业公司来说已是爆发式增长了。

Oscar Health 主要在线上面向个人销售医疗保险，由于手续简便，且更多采取互联网医疗的服务，例如，提供健身和线上问诊等，受到年轻个人用户的追捧。与所有的优质互联网公司相同，Oscar Health 的互联网营销是非常成功的，这基于其创始团队在互联网上的商业经验，在这一点上 Oscar Health 更像一家互联网公司而不是传统的保险公司。

Oscar Health 在医疗服务网络的拓展上采取了不同的策略。在纽约和新泽西这两个最早的市场，其主要是通过租用其他小型医疗服务网络的方式来快速扩张，摆脱了耗时耗力的自建医疗服务网络。2015 年，Oscar Health 开始进入西部的加州和南部的德州并采取窄服务网络（Narrow Network）策略。所谓的窄网络是与大型保险公司的庞大医疗服务网络相对应的，对于大型商保公司来说，由于以企业团体客户为主，用户需求多样且分散在全国，必须提供庞大覆盖面的医疗服务网络。而对于小型保险公司来说，建立庞大的医疗服务网络是不现实的，也很难取得预期效果，不如只和小部分医疗服务方合作，提供更低的价格和更好的服务。Oscar Health 在加州还参与到了医疗服务的投入中，与医疗服务机构共同分担成本和分享利润，而不是像传统的保险公司只是提供赔付。通过租赁和窄网络，Oscar Health 快速扩张了服务网络，为其有效吸引用户提供了基础。

四、勇于变革，顺应时代潮流

Oscar Heath 是顺应奥巴马医改所带来的个险市场的趋势而生的。尽管个险市场依旧是 Oscar Health 的主要阵地，但是面对川普医改的影响，Oscar Health 不得不寻找方法摆脱对于奥巴马医改个险市场的过度依赖。目前 Oscar Health 采取的方式是加速雇员保险的布局和创新与医疗机构、医生的合作方式。

在布局中小企业的雇员保险业务方面，针对川普医改鼓励中小企业为员工提供医疗保险，并且以联合体的形式购买保险的政策，Oscar Health 在 2018 年的工作计划中明确提出，要在扩展个险现有业务规模的同时兼顾布局企业雇员保险业务，做行业内第一家技术赋能的雇员保险提供者。

2018 年之前 Oscar Health 的雇员保险产品 Oscar for Business 只覆盖了纽约州的部分地区。其产品形式和个险产品相类似，主打用户体验和用户参与度。所有产品都为用户提供免费的全天候远程医疗咨询、个人医疗管理服务和优质的医疗网络资源等。Oscar Health 希望通过良好的用户参与度和高效的医疗服务预约为雇主提供一个便捷、性价比高的员工保险计划，让更多的中小型企业能够负担得起。

在获得新一轮融资后，Oscar Health 宣布将其雇员保险业务扩展到洛杉矶地区。该地区员工规模在 100 人以下的中小型公司在 2018 年 6 月 1 日后将可以购买 Oscar Health 的雇员保险产品。

五、不断探索新合作模式

在创新与医疗机构的合作模式上，则采取加强控费的方式。在个险领域，Oscar Health 一直在寻找稳健的盈利模式。在俄亥俄州，Oscar Health 与当地知名医疗机构克利夫兰诊所（Cleveland Clinic）合作推出了联名个险产品"Cleveland Clinic Oscar"保险计划。在这一计划中，Oscar Health 和克利夫兰诊所各承担 50% 的风险，同时也各自得到一半的保费收入。这是克利夫兰诊所第一次以主导的身份参与到一个保险计划中。这一联名保险计划在 2018 年取得了巨大的成功，投保人数超过 1.1 万，达到了当地市场规模的 15%。

Oscar Health 和克利夫兰诊所各摊一半风险的合作方式是业界首创，也是一个富有开创意味的实验。为了使购买该联名保险计划的会员能够享受便捷流程的就医服务，Oscar 和克利夫兰诊所前期进行了大量的前后端系统整合以及数据传输渠道的打通。整合之后，用户的信息和数据可以在 Oscar Health 的 App 和克利夫兰诊所的平台间无碍传输。Oscar Health 的统计数据显示，在这些购买联名保险产品的会员中，1/3 的会员会通过 Oscar Health 的 App 来预约克利夫兰诊所医生的医疗服务；超过 70% 的会员在 Oscar Health 的 App 上建立了个人档案，这些信息有利于克利夫兰诊所了解这些会员的潜在健康风险，并采取预防性措施对会员进行健康管理。

Oscar Health 此番与克利夫兰诊所的联名合作有利于弥补因联邦保险交易所影响力降低，购买个险人数减少的不足。克利夫兰诊所已经退出了与联邦保险交易所的合作，不再为联邦保险交易所内的保险产品提供医疗服务。因此，克利夫兰诊所与 Oscar Health 的合作，一方面，可以为克利夫兰诊所带来稳定的、健康状况可追踪的优质客源；另一方面，通过 50% 的风险分担，克利夫兰诊所可以以主导者的身份参与到患者健康管理中，调动医疗服务提供者的能动性，进一步控费并且提高医疗服务质量，有助于双方共同创造更大的收益。

医疗服务提供者承担更大的风险这一创新的合作模式受到了大型保险公司的关注。CVS 健康、安泰等大型保险公司和蓝盾蓝十字旗下的非营利保险公司也都在酝酿和当地医疗机构推出类似的联名保险产品。Oscar Health 和克利夫兰诊所的此番合作的成功无疑会给市场打入一针强心剂，同时也将促进保险产品和医疗服务的结合。

为了节约运营成本和为用户带来更好的使用体验，从 2016 年底 Oscar Health 开始为会员提供"窄网络"的医疗服务选择。"窄网络"的一个弊端在于一些用户会因为自己的家庭医生不在网络中而不再购买保险产品。而在 Oscar Health 看来，医疗服务者的质量永远高于数量，盲目扩大数量只会徒增运营维护的费用。为此，Oscar Health 运用大数据，筛选出服务范围内接诊数较多且治疗效果良好的医疗机构，逐渐建立自己的精选医院"窄网络"。在纽约州，Oscar Health 的合作医疗机构和私人诊所从 710 所下降至 340 所，而合作的医生也从 4 万名减少到 2 万名左右，减少了近一半。但是在 2017 年纽约州几乎所有的会员都继续投保了 Oscar Health，并没有因为自己的家庭医生不在服务范围内而停止投保。显然，优良而精简的医疗服务提供商为 Oscar Health 成功赢得了用户信任。

除了采取"窄网络"战略之外，Oscar Health 还调高了保费，但结果不尽如人意。2017 年上半年，Oscar Health 公布了 3600 万美元的承保亏损，较 2016 年同期的 5200 万美元有所减少，但公司收入同比下降了 40%，意味着它实际上的亏损占收入比例高于 2016 年。

"窄网络"战略和提高保费同时带来了新的问题——客户留存率低、客户增长停滞。个险用户对于医疗服务网络的需求是灵活多变的，收窄服务网络意味着客户的流失，同时加大了新单开发的难度。而提升保费也导致部分对于价格敏感的客户转而追求更为低廉的保险产品，进一步降低了客户留存率。

2018~2019 年，Oscar Health 的会员数仅增加了 18000 人，同比增长 8% 至 257000 名会员，与 2018 年 170% 的同比增长相差甚远。会员增长低迷的原因还来自于新市场的激烈竞争以及 Oscar 在 2019 年面临的监管阻力。

六、放眼未来，深耕细作

"在健康领域，一切的政治、法律和法规都是商业上的较量，但是 Oscar Health 只关注于建立一个简单、便利和可负担的医疗体系。对于用户体验的追求使我们不畏任何的变化。通过深挖个险市场，我们可以迅速适应任何环境的变化。" Oscar Health 的 CEO 马里奥·施罗塞尔（Mario Schlosser）在接受采访时这样描述 Oscar Health 如何应对政策的变化。

当面对政策的不确定性时，Oscar Health 选择了放眼长期，在 Oscar Health 看来，无论政策时局如何变化，人们对于快捷、智能的医疗保险计划的需求总是与日俱增的。2018 年过半，Oscar Health 在上半年表现亮眼，在获得新一轮融资后，其姿态显得更为强势。其"窄网络"的服务模式、深耕个险市场、创新与医疗服务提供者的合作方式以及布局中小企业雇员保险的策略或许可以为还在动荡环境中寻觅方向的保险公司提供一点参考。

七、注重用户体验

Oscar Health 相信自己已经为健康保险行业找到了另一条出路。他们的方法并不是选择健康人作为自己的客户，而是让自己的客户变得更健康。Oscar Health 为自己的会员免费提供可穿戴设备，如果他们每天步行的数字超过目标就会得到现金或购物卡作为奖励。

这样的做法吸引了更多愿意主动管理自身健康状况的用户，也表现出 Oscar Health 和传统保险行业最大的不同。公司的创始人之一，风险投资人约书亚·库什纳（Joshua Kushner）表示，Oscar Health 将不再甘心只成为医疗行业的支付方，而是通过主动的干预措施降低会员的医疗费用，改变行业的规则。

自 Oscar Health 诞生以来就吸引了很多业内人士的关注，有人将它称为美国健康保险领域近 20 年内的第一家创新企业。从直观上来说，这家公司最大的创新在于通过技术手段，将患者和医生直接联系到一起。

Oscar Health 通过手机客户端和网站，使会员只需要在搜索框里输入描述疾病的日常用语就可以找到附近的医生。这种类似于地图搜索的功能对于 Oscar Health 的目标人群——在移动互联网环境下成长起来的年轻人有着天然的亲和力。

在下拉菜单中，用户可以选择搜索某一类型的医生、某种药品或医疗服务以及医疗机构的地点。在 Oscar Health 的保险方案中，包括免费通过电话向医生咨询、预防性护理以及通用名药物。从首页的搜索选项中可以看出，被搜索次数较多的包括妊娠、抑郁、哮喘、流感疫苗、背痛和痤疮。

在运用医疗数据方面，Oscar Health 利用自己的搜索引擎收集会员的医疗数据，并通过综合分析给出用户相关的建议。

用户体验算颠覆性的竞争力吗？虽然目前 Oscar 的状况并没有想象中那么好，但是其互联网化的方式仍旧可以给我们带来诸多参考与借鉴。

Oscar 的网站和 App 也设计得非常精美，导航清晰，容易理解，用户可以非常轻松地阅读 Oscar 网站和 App 上的内容，了解各类保险计划的报销范围，也可以在任何时间和客服团队通话。而传统医疗保险供应商在这一点上做的则极为糟糕，所以从前端购买体验来说，已经远远超越了传统医疗保险提供商。

这种注重用户体验还体现在信息的传递上，Oscar 同时会做一些辅助营销的福利，例如，健身房折扣。其实这些福利很多保险公司都包含，只是传统的保险公司在向用户传递这些信息方面做得不尽如人意。

也就说，Oscar 的强项实际上在于建立与用户的亲密关系。众所周知，传统的保险巨头在用户满意度方面实在很糟糕，他们甚至无法找到一种有效与用户沟通的方式，所以 Oscar 的大部分竞争力实际上来自于用户体验。

注重消费者教育，通过个险宣传，唤起民众的保险意识。为应对川普医改在 2018 年个人保险购买窗口开启前夕大幅削减个人保险宣传费用所带来的影响，Oscar Health 斥资 200 万美元在其经营个险业务的六个州进行了一场声势浩大的个险推广活动。这场广告营销活动的主要目的并不在宣传 Oscar Health 这一品牌上，而是通过醒目的医疗图片、简单的标语"I'm Covered（我有保险）"和个险购买时间窗，提醒人们购买保险的重要性。

尽管 Oscar Health 的宣传效果和力度始终无法和政府相抗衡，但通过这样的一场广告营销活动，Oscar Health 真正想向民众表达的是，无论政策如何变化，真正需要保险的人是你，保险所能保护的人也是你。

八、医保行业发展困境

医疗保险毕竟是一个非常传统的线下行业，如果说市场推广能力和用户体验是互联网公司的利器，那么医疗服务网络、风控和医疗保险自身的规模则是互联网公司必须面对的挑战。

首先，个人医疗保险是一个风险非常高的市场，全美最大的医疗保险公司 UnitedHealth 在上年底宣布考虑退出个险市场。在个险市场打开之后，最先进来的往往是逆选择最高的群体，而自认为比较健康的人往往不急于投保。因此，当市场从无到有时，不得不经历一个先期逆选择很高的高风险阶段。一些保险公司迫于亏损压力，一方面把医院网络越收越窄，另一方面推高保费，如 UnitedHealth 新一年的保费还可能增加 10%。

2015 财年 Oscar Health 亏损了 2750 万美元，2016 财年第一季度则亏损了 1140 万美元，由于风险高企，迫使其 2016 年在纽约提高了保费。Oscar Health 与其他保险公司一样，通过采取高免赔额加上较高的自付比例来降低保费价格和控制成本。但这对于很少看病的用户来说，其实并不十分划算。

其次，医疗服务网络收窄降低服务能力，将会使用户流入放慢。虽然窄网络承诺在网络内提供优质低价的服务，但用户的转变毕竟需要时间，而且，很多用户根本就不会改变自己的全科医生和长期就诊的医院。例如，Oscar Health 将纽约长老会医院及其附属医疗机构从服务网络中勾去后，就有部分用户弃之而去。而且，窄服务网络已经引起了全美保险专业委员会（National Association of Insurance Commissioners）的注意。根据最新的一项研究显示，全美有 14% 的在保险交易所销售的医疗保险至少在一个常见的专科领域缺乏医师服务，这严重制约了服务的可及性。该委员会正在考虑制定相应的法规来规范这类服务可能产生的对合理的服务可及性（Access to Care）的影响。

再次，小保险公司在和大保险公司竞争中处于非常不利的地位。大公司握有大量用户，可以在同医疗机构谈判的过程中拿到更低的折扣，能帮助用户降低付费，反过来还吸引更多用户。小保险公司的价格则较高，例如，Oscar Health 在加州的产品的免赔额是 2250 美元，全科医生的自费部分是 45 美元，专科是 70 美元，这样的价格在大保险公司那里是完全没有竞争力的。因此，2015 年 Oscar Health 在加州保险交易所的市场份额不到 1%。

除了对用户的吸引力小之外，小保险公司对医生的吸引力还很低。大保险公司可能给医生一次带来几十个病人，医生处理保单也相对容易。但每个小保险公司可能只带来两三个病人，如果与多家小保险公司合作，医生处理保单的行政费用将急剧升高。

另外，医疗保险是一个非常讲究规模的行业，这也就是为什么过去几十年，保险市场发展是一个不断兼并的过程。由于医疗保险的当期赔付较多（65%~70%），行政成本高，这导致行业的净利润率非常低。如果不能做大规模，吸纳一定比例的健康人群进入，长期亏损是无可避免的。对 Oscar Health 来说，由于目前的用户群主要集中在 45 岁以下（65% 的用户），整体赔付并不会太高，但随着进入德州和加州，大量低收入和不良生活习惯的用户加入，慢病人群将成为其赔付主要的流向，这加重了其亏损的幅度。

最后，医疗保险赔付比率最高的用户是慢病人群，如何管控好这一人群就能避免大额亏损。对于 Oscar Health 来说，他们也采用了互联网医疗的常用做法，让护士组成的医疗管理团队来监测病人数据，提醒用药和预约复诊以及和 Teladoc 合作进行远程问诊。但真正的慢病管理并没有那么容易，需要高额的投入以及线下服务的配合，显然 Oscar Health 并没有这个资金实力。而且慢病管理的效果也确实存疑，在短期内还无法体现出来，但高昂的医疗支出对 Oscar Health 这样的小公司却是很大的压力。

九、地域复制难题

用互联网思维去做医疗保险这种很重的行业，其预期会很不相同。医疗保险是一个低利润率的行业，大保险公司的净利率一直在 3%～5%，居高不下的医疗费用和行政维护费用使这个行业的利润率不会太高。同时，保险不可能像互联网一样，地毯式进行地域复制。

在美国，各个州对保险公司的法规要求不一样，地域扩张意味着在每一个州攻关，且需要在每个州缴纳预期保费 1/8 的保证金。这一金额对于没有历史数据的新保险公司可能更高，例如，2014 年 Oscar Health 在纽约的保证金为 2900 万美元。地域复制对保险行业来说是一件重活。

同时，地区性差异也存在极大的风险。继 Oscar Health 创立初期的主要市场纽约州和新泽西州之后，Oscar Health 又进入了加州和德州，这两个地区和纽约州及新泽西州的特性完全不一样。在加州，Oscar Health 的市场集中在洛杉矶和 Orange County，但发展并不理想，目前只有 5000 名会员。加州有强大的凯撒医疗包含保险和医疗服务，又有 Anthem 提供低保费的产品，Oscar Health 在加州没有医院网络的优势，也没有价格的优势。目前 Oscar Health 推出的产品比 Anthem 贵 20 多美元，而医院网络的完整性远不如 Anthem。因此，Oscar Health 在加州的竞争力很弱。

在德州的市场表现又不一样。德州的人均收入较低，低端用户很多，这些人过去不购买任何保险，他们对价格非常敏感。而且德州的医疗体系较为分散，没有凯撒这样强大的医院网络，因此，Oscar Health 通过以个险产品最低价格的方式进入德州，很快会员数量就增加到了 43000 人，而纽约州的会员数量不过 69000 人。

但是，会员数量的快速增长背后则是极高的风险。Oscar Health 吸引的大多是德州的低收入人群，这些人受教育程度较低，健康习惯不佳，尤其在美国，低收入人群因为饮食和生活习惯问题，是慢性病高发人群。但恰恰是这样的人群最有动力购买价格低廉的保险产品，未来将会是推高理赔率的首要风险人群。Oscar Health 在进入德州之后可能很快将面临巨大的亏损，对其长远发展不利。

因此，通过分析 Oscar Health 可以看到，虽然互联网公司在医疗保险市场获得了高速的增长，但这样的增长是否可持续，投资者和互联网公司能否忍受长期高额的亏损，能否控制病人医疗费用的快速增长都是巨大的挑战。然而，最关键的问题是市场推广和用户体验并不是医疗保险市场的必备，而互联网公司最为缺乏的是医疗服务网络、规模和风控能力。

汇通达：扎根农村，服务"三农"

汇通达网络股份有限公司，是中国领先的农村商业数字化服务平台。其成立于 2012 年，总部位于南京，由原五星电器（中国家电连锁行业前三强）创始人汪建国、徐秀贤创立。

汇通达深度践行国家"乡村振兴"战略，扎根农村、覆盖全国，融合互联网、大数据、云计算、智能零售等科技手段，推动农村商业形态升级和产业价值重构，为农村乡镇零售店及产业链上下游客户提供商业数字化服务，提升客户经营效率和服务能力，帮助农民家庭创收创利，让农民生活过得更美好。

一、专注农村市场，荣获多项荣誉

汇通达是国内唯一专注于农村市场的科技型独角兽企业。自创立以来，公司创新实践 S2B2C 商业模式，从供给端和需求端两侧出发，构建"产业互联网""数智零售"双轮驱动引擎。以"产业数字化""零售智能化""营销社群化"赋能全行业、全链路，推动供给侧降本增效、推动需求侧深耕单客。

公司先后被评为"中国民营企业 500 强""中国互联网企业百强""国家高新技术企业""国家电子商务示范企业""中国电商扶贫联盟副主席单位""2017 年、2018 年中国独角兽企业""江苏省独角兽企业""南京市首批独角兽企业"等。

2015 年以来，公司接连获得资本市场青睐。累计融资 63 亿元。2018 年 4 月，阿里巴巴集团战略投资汇通达 45 亿元，双方携手共建农村商业新生态。截至目前，汇通达企业估值已超 300 亿元。

到 2019 年底，汇通达产业覆盖九大领域，与上百家行业龙头企业战略联合；业务已覆盖全国 21 个省、超 18000 个镇，会员店总数超 130000 家，服务超 3 亿农民消费者，全年开展会员店培训超 40000 场、培训新农商累计超 130000 人、举办线上线下活动超 70000 场、建设数字化门店累计超 60000 家，会员店零售总额超 4000 亿元。

二、自我迭代，实现快速飞跃

2012 年以来，汇通达奋战八年、成绩斐然。在此征程中，汇通达确立了农村市场的发展方向、构建了平台运营的商业模式，坚守了利他主义的经营思想。从供应链服务商到农村生态电商，从农村生态电商到农村商业数字化服务平台的三次跨越。

2012 年，汇通达从家电行业切入，以"让农民消费者享受与城市一样的商品与服务"为初衷，以乡镇夫妻店为会员店，重点帮助乡镇夫妻店解决"买难"的问题，让更多优质的商品以合理的价格达到农村市场，再通过乡镇夫妻店到达农民消费者家庭。

2015 年，随着连锁和电商进入下沉市场，作为农村流通经济的中枢——乡镇夫妻店最大的问题从"买难"变成"卖难"。彼时，在农村市场耕耘已久的汇通达，基于乡镇夫妻店经营痛点出发，提出了"5+赋能"的解决方案——+商品、+工具、+金融、+活动、+社群，全面提升乡镇夫妻店的商品经营能力、社群服务能力。汇通达也以乡镇夫妻店为中心，创造性地开启了"平台+电商"的全新模式，并发展成广受资本市场青睐与行业研究、讨论的"汇通达农村生态电商模式"。

在农村生态电商的跑道上高速发展至 2019 年，汇通达当年销售已突破 350 亿元，服务乡镇夫妻店为会员店总数突破 10 万家。

随着全国城乡消费市场开启"存量时代"，产业经济迎来"高质量发展"新挑战，汇通达敏锐洞察内外部机遇，再次自我迭代、自我跨越，开启"产业互联网+数智零售"双轮驱动的发展新篇章。

一方面，从需求侧角度，围绕三个核心点来做数智零售：首先是下切到 C 端农村消费者，其次是将门店经营全面数字化、将顾客需求全面数字化，最后是基于数字化的精准赋能，包括营销赋能、商品赋能、金融服务赋能等，从而实现对农村家庭消费者的深度经营和服务。另一方面，从供给侧角度，为产业全链路进行降本提效。在经济新常态下，发挥汇通达团队、数字化能力、合作共生思想的全链路能力，将产业链进行数字化的重组、重构。

目前，汇通达产业互联网已经覆盖到家电、消费电子、农资农机、交通出行、建材、酒水、洗化、数字技术、金融科技九大领域，与格力、美的、海尔、夏普、三星、中农、超威、科大讯飞等上百家行业龙头企业达成战略合作协议。

三、重视研发投入，形成领先优势

汇通达高度重视科技研发投入，形成了在农村消费领域大数据探索与应用的领先优势。

公司拥有技术研发人员超过 200 人，已申请 10 多项发明专利、20 多项软件著作权，获得 100 多项科研成果，开发了 20 余项智能零售终端与设备，打造一整套 100% 自主知识产权的行业领先数字化软件与产业服务平台。

同时，以面向海量数据处理为驱动，构建成熟完善的农村大数据资产体系。汇通达获得中国产业互联网百强榜第六名；公司的数据罗盘、智慧门店系统等产品获得 CCFA 大奖及首席技术官领袖联盟颁发的技术领导力奖。

在核心技术领域，汇通达建立了三项具体优势：

首先，全产业链的线上线下相融合的双向交易服务平台公司，交易服务平台主要包括以下三大平台：

第一，汇通达商城（B2B）。通过平台自营供应链商品和 POP 商品，为乡镇夫妻店提供便捷的商品订单管理和交易服务。

第二，超级老板（智能零售）。为会员店量身定制的信息化系统，包括 B2B 商品采购、线下门店进销存管理、线上网店管理、粉丝营销、供应链金融、培训课程等为一体的系统。

第三，汇掌柜（B2C）。会员店在汇掌柜上开设网店，通过线上门店引流 C 端顾客，支持在线上或线下完成交易。

其次，全方位的赋能体系与增值服务基于乡镇会员店的交易和服务场景，公司针对产业链上下游客户创新性地提供了柔性供应链、智能数字化技术、精准营销、数据服务、信息服务、培训服务等一系列赋能和增值服务业务。

第一，在乡镇零售店层面，公司提供了包括商品、工具、社群、活动等多种多样的创新赋能服务，通过会员制形式对乡镇零售店进行商业数字化改造，帮助传统乡镇夫妻店升级换代。公司通过赋能乡镇零售店，成为具备"互联网化、数据化、服务化、生态化"的四化本地服务平台，让会员店做大生意，更好地服务农民消费者。

公司在产业升级的过程中，重新定义传统的经销商与夫妻店，帮助其由经营商品向经营顾客转型，优化了由商品差价收益模型转为"商品差价+客户服务"的多维度收益模型，帮助其实现多点盈利。

第二，在上游品牌商及工厂层面，公司依托自身大数据体系，为其提供技术服务、数据服务、渠道运营、营销推广等增值服务。一方面，公司帮助其提高渠道及市场的经营效率，降低营销成本；另一方面，公司根据农村市场消费数据与顾客喜好的分析模型，帮助其提升甄选和定制个性化商品的精准度，实现倒置供应链生产，提高产业效能。

第三，在农村家庭层面，围绕农村家庭的需求和资源，为其提供更好的商品和服务以及帮找工作、帮卖特产等特色服务，帮助农村家庭购买到更好的商品和服务以及帮其把闲置的资源盘活，实现增收致富。

最后，丰富多维的大数据经营分析公司结合自身的数据收集、加工、挖掘、分析能力，依托其分布在全国超 10 万家乡镇会员店，积累并沉淀了基于农村市场的用户、商品、交易、服务、财务、行为、工具等多领域全方位的数据资产，构建了具有行业领先性的农村大数据体系，为产业链提供数据决策服务。

为更加有效赋能产业链，公司深度利用互联网大数据技术，结合精准营销技术，深入分析和研究农村家庭在"人、田、种、养"等方面的数据，积累了 8 大领域、16 大主题、200 多个标签、超千亿行的大数据，逐步形成了服务农村市场的全链路数据地图，为产业链上下游提供统一、高频的全流程数据服务，实现全链路数据秒级采集计算。

四、履行社会责任，践行扶智扶技

汇通达履行企业社会责任，积极践行国家"乡村振兴"战略，扶智扶技。

面向乡镇夫妻店实体，汇通达一如既往地开展形式多样的互联网技术、工具、经营培训和活动。2019 年数据显示，全面开展培训活动超过 4 万场，举办线上线下活动超过 7 万场。

汇通达与国家有关机构合作，在商洛商州区建立汇通达电商扶贫产业园。在物流、电商、就业培训、农产品上行、农村大数据五大板块开展深度扶贫的工作。

在智慧零售下沉的工作上，目前汇通达在商州区已经建设了 18 家智慧门店；在开展农村就业培训的工作上，汇通达旗下的"我可网"，以商州区为中心、辐射周边 50 多个乡镇、带动当地 5000 人就业，培训人次 10000 以上。

与此同时，汇通达还整合当地优质企业资源，与陕西果业集团、西凤酒等进行合作，推动当地农产品和特色商品的销售，进而帮助农民粮食和经济作物的增产增收。

汇通达持续开展对乡镇夫妻店子女的公益培训活动——薪火计划。2019 年是薪火计划的第五年，报名的家庭更加踊跃，活动成员扩展至全国 14 个省份。

经过汇通达对乡镇夫妻店 90 后、95 后子女的公益培训，80% 的"薪火计划"学员回乡接班，越来越多的年轻人对农村事业表现出了浓厚兴趣，是其对国家提出"促进返乡就业、让农民成为有尊严的职业"的最好实践。

汇通达针对贫困县、镇开展农产品的上行销售，2019 年经营 522 个镇、共计 1400 款农产品，单户销售收入增加 80000 元左右。让种植、养殖户能够"卖得好"，增加收入。

在浙江嵊州，2019 年 7 月开始，汇通达将桃形李的采收、加工、包装等方面实现标准化生产加工和品牌化塑造。根据果实大小进行产品标准化采收，将原来的散装改为统一的标准化包装；通过一系列手段展现和传播出来，建立特色农产品的品牌识别系统。

此外，2019 年的典型农产品上行案例还有黄山毛峰、陕西午子仙毫销售 2.87 万元、陕西阎良甜瓜销售 19.97 万元、广西北海海鸭蛋销售 7.17 万元等。

附：主要媒体报道

新华日报

汇通达发布 2019 年"成绩单"：
销售突破 500 亿，服务 21 省超 3 亿农村消费者

创新经济是宏观经济发展最具活力的因素，数字经济是开启宏观经济未来的钥匙，社会属性是市场主体行稳致远的根基。在浙江省南京市，同时"囊括"以上三个特征的汇通达网络股份有限公司（以下称"汇通达"），用发展实绩和革命性商业模式诠释着新经济、数字化的生命力和竞争力。

目前，汇通达发布 2019 年"成绩单"：2019 年汇通达全年销售规模突破 500 亿元，近 5 年企业销售年复合增长 50%+；服务范围覆盖全国 21 个省、超 18000 个乡镇；乡镇会员店总数超 130000 家，服务超 3 亿农村消费者。

尽管数字无法充分衡量汇通达的成绩和价值，但能折射出汇通达的重要优势及独特气质：在追求社会效益的同时，经济效益也能得到稳步提升，展现出模式的先进性以及一种蓬勃向上的生命力。

2019 年是汇通达企业战略再升级之年，发展定位由"中国领先的农村生态电商服务平台"升级为"中国领先的农村商业数字化服务平台"。一年来，汇通达态势良好，社会认可度不断提升，在"国家高新技术企业""国家电子商务示范企业"的荣誉基础上，2019 年又分别跻身"中

国民营企业 500 强""中国互联网企业 100 强""全球独角兽企业 500 强"
"江苏省战略性新兴产业项目"等重量级榜单。

一、深耕资源，步伐更快——签约政府园区 20 家，覆盖 10 个省、19 个市

始终紧跟国家政策导向，一心服务农村农民，致力盘活农村资源，立志"让农民生活更美好"，汇通达模式具备天然的社会属性。

从专耕供应链上，让更多优质、价格合理的商品能到农村，通过乡镇夫妻店到达农民消费者家庭；到提出"5+赋能"解决方案，开启"平台+电商"模式帮助乡镇夫妻店提升经营服务能力；再到发力"产业互联网"和"数智零售"，数字化、精准化、高效化服务农村市场。汇通达一直为农民美好生活赋能加油。

深耕地方资源，共襄共建数字产业园区。截至 2019 年底，汇通达联合各分部签约落地政府园区 20 家，覆盖了全国 10 个省、19 个城市。区域产业园是汇通达创新产业落地发展模式、整合各地政府资源的关键举措。通过与政府的资源叠加、优势互补，汇通达加快了以数字赋能乡镇零售店的节奏以及"让农民生活得更美好"的步伐。

深化政企合作，携手乡村振兴。推动当地传统乡镇店数字化转型，助力当地农产品上行，推动区域产业链发展，帮助农村劳动力进城，开展优质人才培训，赋能农村商业新生态……成熟而专业的汇通达模式，能够成为地方农村商业变革、经济振兴的全方位引擎。据了解，新的一年，汇通达将加大力度推动区域产业园合作，让企业发展红利融入更多地域。

二、提升销售、实绩更优——乡镇会员店销售额平均提升超 40% 开展培训超 40000 场

乡镇夫妻店对汇通达拓展事业以及乡村振兴战略实施都具有十分重要的意义。有别于城市，农村市场是双向的，而乡镇夫妻店在这个市场上有着关键作用。农村流通体系里的支点，是激活镇级经济为本地经济"造血"的主体。

成立伊始，汇通达就把乡镇夫妻店作为自身发展的战略关键点，潜心对其进行数字化改造和赋能，使其成为产业链上最具有价值的节点。依靠"5+赋能"，汇通达将传统夫妻店转型升级为新型"互联网+农村流通实体"，使其成为互联网化、数据化、服务化、生态化的"四化"本地服务平台，从而承载起打通商品服务上下游、创新本地商业模式、带动就业、带动税收、带动 GDP 的功能和价值。

做大乡镇夫妻会员店生意，就是为乡村发展"造血"。2019 年，汇通达在这一方面创新实为，依靠新思维、新技术、新手段，帮助会员店实现发展、增收：共帮助会员店开展线上线下活动超 70000 场，引流了百万人次的农村顾客；会员店零售总额超 4000 亿元，销售额增长超过 40%（如图 2-14 所示）。

图 2-14　汇通达乡镇会员店

人才是"第一资源"，通过人才培训为乡村发展造血，这是汇通达长期坚守的方向。通过技能提升、本地创业、转移就业、返乡创业 4 个抓手，汇通达致力拉动农村农民整体技能、素质提升，助力乡村振兴。2019 年，汇通达全年开展会员店培训超 40000 场，培育新农商累计超 130000 人；目前已累计举办逾 20000 场乡村零售店培训，培训 10 万+人次，"薪火计划"培训乡镇会员店子女，80% 以上培训后返乡；帮助 10000 名农民进城就业。

运用数字化、信息化平台工具，为人才全方位培训、推动转移就业提速增效。在人才培训方面，汇通达得到了各地政府的支持，近两年在山东茌平、湖南长沙、浙江嵊州、常州天宁区等地，与政企研（高校）合作，联合成立立足农村实际的商业数字化人才培训项目，最终实现助力新蓝领人才成长、助推服务商发展、帮助企业提高人效和降低用工成本等多赢平台服务模式（如图 2-15 所示）。

图 2-15 汇通达"双 11"全国少儿才艺大赛

三、应势而动、战略更新——"产业互联网+数智零售"双轮双擎剑指千亿级规模

在复杂变化的大势下，企业发展必须"察势"并"驭势"。2019 年，

汇通达由农村电商向农村商业数字化服务平台进军，开启产业互联、数智零售"双轮"新篇章。在这一战略构架里，产业互联网的"左轮"重在重构产业链，实现供给侧提效降本；数智零售的"右轮"推进零售数智化，实现需求侧深耕"单客"。

汇通达总裁徐秀贤深度解析了新战略的新逻辑及着重点。在他看来，产业互联网的本质就是数字化的智慧供应链+平台化的生态服务。从下沉市场的角度来看，有三个关键点：一是重构，以需求为导向重构供应链，即由 F2B2b2C 重构为 C2b2F；二是数字化，通过端到端的全链路互联，让产业链的每一个企业实现数字化升级，实现全链路的数字化运营；三是整合和赋能，即整合相关企业如物流服务商、技术服务商、金融服务商、售后服务商等，为这些生态企业通过平台化服务和数字信息的共享服务，促进各产业链企业相互赋能，相互创造价值。

徐秀贤进一步指出，在需求侧深耕"单客"，最有效的解决方案就是数智零售，也就是数字化的智能零售。汇通达发展数智零售也有四个关键点：一是必须扎根 C 端，帮助会员店吸聚用户，让用户粉丝化；二是要让会员店全面数字化，顾客数字化、商品数字化、员工数字化；三是让会员店经营智能化，智能促销、智能补货、智能服务；四是精准赋能，基于数字化，对会员店的差异化需求、对不同行业的会员店实现精准赋能。未来，汇通达将重点打造"用户粉丝化、门店数字化、经营智能化、赋能精准化"的四化能力。

产业互联网和数智零售是相互促进、相辅相成、互补共生。通过数智零售，汇通达能够掌握更多的顾客，在依托消费需求数字化为品牌端进行导航；同时，通过产业互联网整合更多上游的优质资源，帮助各生态企业找准定位，以更低成本、更高效率服务好会员店，满足 C 端顾客需求。

据了解，目前汇通达产业已覆盖家电、消费电子、农资农机、后市场、数字科技、金融服务等九大领域，并与格力、美的、海尔、夏普、三星、中农、科大讯飞等上百家行业龙头开启了战略联合，在开展产业互联和数智零售上拥有了厚实基础。借力时代"东风"，深耕万亿市场，汇通达剑指千亿级规模，将在服务农村、惠及农民的道路上走出更快、更坚实的步伐（如图 2-16 所示）。

图 2-16   汇通达总裁徐秀贤

21 世纪商业评论

汇通达的乡村振兴范本

——抓准规律、痛点和落地，汇通达的成功逻辑

随着国家"乡村振兴"战略的深化落实，农村、乡镇成为各大品牌与平台掘金的新领域，近年来电商下乡、市场下沉成为高频关键词，也是各大商业争先进入的重要场景。可尚未成熟的农村市场的商业生态与经济链路，使淘金者众，却多数铩羽而归。起步于南京的汇通达，反而在电商巨头下乡遇阻的几年里，悄悄耕耘出了自己的服务路径。

2012 年成立的汇通达，定位是中国领先的农村商业数字化服务平台，多年来凭借对农村市场的了解，在乡镇探索出了一条有效的服务路径，并构建起了一套独有的、服务于农村经济及社会土壤的商业模式——以乡镇夫妻店为阵地，以互联网技术服务为手段，通过全面提升会员店数字化经营能力与经营模式，进而推动从工厂端到农户端的全产业链数字化升级，成为中国领先的农村商业数字化服务平台。过去 8 年，汇通达完成了团队、资本与模式的积累，也为新农村经济建设提供了一个商业范本。

一、扎根农村

成立 8 年多来，汇通达经历了模式打磨与原始积累，从供应链到生态电商，再到现在将产业互联网与数智零售的两大齿轮深度融合，扎根农村，步步为营。

2012~2019 年，汇通达在摸索中前进，在创新中发展，在变革中成长，确立了农村市场领先地位。在该阶段，公司实现了三次跨越，从代理商到供应链服务商、从供应链服务商到农村电商、从农村电商到商业数字化服务平台，确定了农村市场的发展方向、构建了平台运营的商业模式以及坚守了利他主义的经营思想。接下来将在第一阶段基础上，进一步实现模式迭代，启动全新的增长引擎，将农村产业互联网和数智零售升级为全新战略模型。

在农村新经济建设中，汇通达意识到，农村网络中的乡镇夫妻店不仅是服务点，也是社区的连接点。于是，在过去几年，通过为农村本地的、传统的门店赋能，汇通达把它们升级为一个具有现代能力的服务平台，促进农村消费水平的提高，促进农村教育水平的提升，更重要的是有利于培养农村本地企业的成长发展，让这些门店成为促进农村经济发展的造血机、助推器。

从汇通达的业务逻辑来看，最开始，汇通达就从乡镇夫妻店切入，核心价值就是把供应链和夫妻店从原先割裂的状态中解放出来，让夫妻店在供应链的直接支持下，获得更多的优质商品，更好地服务农村消费者。

2012 年汇通达开始升级做供应链，重点解决的是乡镇夫妻店"买难"的问题，让更多优质、价格合理的商品到农村，通过乡镇夫妻店采购的商品到达农民消费者家庭。2015 年，随着连锁和电商进入下沉市场，乡镇夫妻店的问题从"买难"变成"卖难"，汇通达又随之提出"5+赋能"的解决方案，提升乡镇夫妻店的经营服务能力，以乡镇夫妻店为中心，开启了

"平台+电商"的模式，也成就了汇通达 S2B2C 的经营模式。

杭州师范大学经济与管理学院讲师曾亿武在分析汇通达的发展逻辑、评价其优势时说，汇通达成功的基石是抓准了规律。办好农村事业，必然要建立在正确认识和充分利用农村社会运行规律的基础上。虽然土生土长的乡镇夫妻店在整个供应链中处于弱势地位，但却天然适应当地市场。农村是熟人社会，乡镇夫妻店在解决消费者信任问题上具有显著优势；农民消费喜欢即买即用、讨价还价，先拿货后付款，对咨询和售后服务缺乏等待的耐心，乡镇夫妻店能够满足农民的消费习惯和服务需求；此外，乡镇夫妻店的经营成本较低，送货上门具有灵活机动性，形成了其顽强的竞争力。汇通达的商业模式抓准了农村社会的运行规则以及乡镇夫妻店和农民消费者的特点。

二、建立铁军

随着企业规模的不断壮大，市场从增量时代进入存量时代，汇通达的企业使命在随之升级，从过去的"让农民家庭同步享受与城市一样的商品和服务"，转为"让农民生活得更美好"。这意味着汇通达从之前的"为乡镇夫妻老婆店升级改造提供工具赋能"向"全面经营农村资源与需求的农村商业数字化服务平台"转变。

转变后的汇通达，将以数智零售（数字化智能零售）与产业互联网为双引擎，深度经营服务消费者，同时给产业全链路进行降本提效。具体来看，汇通达计划通过搭建产业互联网，从渠道、组织、技术和产品四个方面赋能，将汇通达现有的 13 万家乡镇店开放给所有品牌，同时将汇通达实时在线化的运营组织有效赋能给品牌方，并且为品牌方提供汇通达全套数字化管理工具，帮助品牌商实现进一步全面数字化、可视化、实时化；最后通过汇通达的交易数据和实时运营可以帮助品牌商优化产业，帮助品牌商甄选产品、结构优化、周转提升、包销定制、反向定制，让生产更加精准，更加高效。

不过，战略要落地，需要一支精干专业的队伍来帮助农村全链路的搭建。在各大区域分部，汇通达培养了一批懂企业、懂农村、懂客户、懂商品，同时还会工具、会活动、会零售、会服务，"四懂四会"的达人铁军队伍，尝试从帮买帮卖到提升会员店自身的商业运营能力。

以浙江省宁海汇佳胡陈乡镇的小谢家电为例，其老板想通过粉丝回馈活动刺激销售，只是一直无从下手。于是，汇通达浙南"达人铁军"陈生钩在了解门店需求后，决定从 2 场品牌活动切入，维护新老客户，提高品牌形象和知名度。

首先，在炎热暑期，门店携手汇通达组织了一场吃西瓜大赛，给乡亲邻里送去清凉。现场，引来了路人围观，不仅使门店在朋友圈刷屏，更促进消费者参与其中，极大地提高了知名度。小谢家电还联合胡陈乡镇政府，给在高温酷暑下工作的环卫工人，送去大米和医疗爱心包。

除此之外，小谢家电主动下村下乡，为消费者提供免费家电维修及磨刀服务，帮助他们解决生活中家电使用遇到的问题，受到了乡亲们的热烈追捧。充分的前期准备，加上当天的创意吸睛的活动，为门店引流 200 人次，店铺曝光超 350 次，共创下销售额 15 万元，比平时提高了 28%。

同样，在安徽分部，一支 26 人的达人铁军，也在一对一服务所辖区域内的乡镇会员店。以安徽临泉谭棚镇张彬家电为例，这家门店是阜阳第一家转化为智能零售服务终端的门店，在达人铁军冯杰的日常帮扶下，实现了粉丝群营销做活做细，且群内保持每日都有活跃度，群有效粉丝已达到 499 人。

老板张彬还充分发挥了智能终端的优越性，利用小程序营销功能，举办了不少线上活动，每周小活动、每月大活动的频率，盘活了用户资源。老板娘艳萍则积极报名参加了汇通达组织的"金牌老板娘培训"，不仅在总部全方位地学习了新零售的理论知识和实操体验，且参观游学了位于南京的全国标杆会员店，与来自全国各地的老板娘一起探讨生意经、学习新思路新方法，回去后将南京所学融会贯通，帮助老板张彬一同打理自家店铺，已成为安徽分部的标杆门店。

汇通达深入农村，打造符合农村市场发展的运营组织体系的做法，也受到曾亿武的高度认可。

"汇通达抓准了乡镇夫妻店的规律，不做减法；抓准了乡镇夫妻店的痛点，坚决做加法，但是加法功能的实现，除了平台建设、工具开发、营销设计等研发性工作以外，需要切实有效的落地措施。精锐部'达人铁军'，负责对接乡镇夫妻店，推动商业模式的落地。由于这个环节关乎整个商业模式的实际运行效果，因此，汇通达一方面通过加强对'达人铁军'的培训，提升他们的业务能力，另一方面通过加强组织建设和打造企业文化，塑造他们的精神面貌。"

曾亿武认为，在家电、农资等下沉市场中，乡镇夫妻店虽然具有难以被替代的优势，但其自身也存在一些不足，例如，经营规模不大，商品种类有限；供货渠道不稳定，进货价格不实惠；管理粗放，思想固化，经营手段单一等。汇通达的商业模式坚持做加法，通过工具、商品、金融、社群和活动的赋能，帮助乡镇夫妻店从传统的流通实体升级为具有互联网经营能力的智能零售门店，增强其经营和服务能力，提升客户满意度，实现增收。正是抓准了传统模式下乡镇夫妻店的痛点，汇通达的商业模式开辟了持续创造价值的一个深厚空间。

三、地域特色

乡村振兴需要因地制宜，在广袤的农村乡镇市场里，汇通达会结合不同地域特点，通过整合上游农资资源以及利用线上线下一体化的现代农业综合服务网络，实现农业产业兴旺。

例如，结合当地特色的农产品上行。近年，汇通达浙江分部联合了当地政府，进行了大量农产品上行的尝试，从嵊州桃形李到奉化水蜜桃、奉化油焖笋，将原本上行困难的农特产，变成了畅销的产品。因为打通了供应链，借助汇通达平台，嵊州桃形李甚至实现了 2 周 10 万斤的销量，为农户创造了经济效益。安徽分部则利用平台优势，帮助当地特色农产品利用汇通达平台解决分销，例如，2017 年，安徽分部曾帮助砀山梨在短短一天内销售 2000 余斤，也通过汇通达的平台，帮助黄山毛峰在几小时内实现了原来农户一个月的销量。

除了农产品帮卖之外，汇通达还在发展各区位业务特色。作为农业大省、农资大省的安徽，正在着重发力农资板块。在安徽分部，汇通达根据前期服务农户所收集到的数据及信息，了解种植户对于质量好、性价比高的农资产品具有迫切需求，顺势推出了自营农资产品——"汇种油"。通过"互联网+农资服务"，协助传统农资企业的渠道改造，加速农资产业升级。为了更好地支持下属农资子公司开拓市场、升级渠道，汇通达及其下属农资子公司共同推出新品牌"汇种油"复合肥系列产品，后期会根据市场需求推出控释肥、菌肥、有机肥、水溶肥、叶面肥等系列产品。该品牌产品目前已在安徽、江苏等地上市，市场反应热烈。为了更好地服务农户，汇通达还携手行业优秀企业，为农户提供农业技术指导、飞防服务、粮食收储等，构建完整的农资服务生态。

未来，汇通达还将进一步加大与化肥企业的合作，通过大数据、云计算等技术，整合上游强势品牌和高质产品，与化肥企业共同打造农资产业互联网平台。基于产业互联网高效的资源匹配能力，提高农资行业的流通效率，强化农资产品的供给侧改革，为全行业的互联网化转型升级起到了示范效应，助力农业的高质量发展。

连接乡镇夫妻店的"点"，串联产业链的"线"，打通农村生态的"面"，汇通达在成立 9 年后也收获了"全球独角兽企业 500 强""中国互联网 100 强""中国民营企业 500 强"等荣誉，其 2019 年销售规模预期将超过 500 亿元、估值超过 200 亿元。"汇通达为数字化赋能乡村发展提供了一个具有典型性和巨大示范意义的企业样板。当然，乡村数字经济尚处于初步发展阶段，以汇通达为代表的乡村数字化服务平台，在赋能乡村经济主体的广度和深度上仍有很大的发展空间。"曾亿武说。

作业帮：教育科技的新形态

作业帮是中国最大的 K12 在线教育平台，以"让优质教育触手可及"为使命，用技术力量解决教育领域"痛点"，自主研发作业帮、作业帮直播课、作业帮家长版等多款 APP。

截至目前，作业帮累计激活用户超过 4 亿，是唯一进入中国 Top50 的教育类 APP，在 APP STORE K12 教育类常年排名第一。旗下作业帮 APP、作业帮一课 APP、作业帮家长版 APP 月活跃用户超过 1.2 亿，而作业帮 APP 是中国 54 款月活跃用户过亿的 APP 中唯一一款教育类产品，也是中国 K12 在线教育的流量入口。

一、教育资源分配不均衡

"如果你问我最好的学校是哪一所？我会告诉你，是离家最近的那个。"

中国家长大概难以想象，世界上真的有教育资源相对均衡的国家。芬兰是仅有 500 万人口的北欧小国，在 2018～2019 年连续两年被联合国评为世界上最幸福的国家，同时，教育水平领跑全球。

得益于资源均等的教育机制，无论在首都还是边陲，这里的小孩都能接触到高素质的教师、平衡的课程大纲，使用高质量的教材。如果一所学校发现了好的教学方法，就会普及到其他学校，提高整体教育水平。没有贵族学校和非重点学校，也没有"学区房"的概念。

作为世界公认的教育强国，芬兰的老师可以根据教学大纲指导，自由选择授课方法；学生们直到四年级都不必参加任何考试，不仅可以打游戏、玩桌游，还可以自由地翻跟头和跳舞。芬兰的家长不怕孩子输在起跑线上，更不用担心孩子输在终点线上，国家会确保每个孩子在终点都达标。

与之相对，在教育资源分配相对不均衡的一些国家，孩子的教育是一个永恒的话题。而中国父母可能是天下最焦虑的家长。在这里，教育资源不均衡是个老生常谈的话题。

由于教育经费投入不足、分配不均、地区和城乡发展差异、历史文化等因素，中国教育发展存在不平衡，突出表现在地区不平衡和城乡不平衡。从偏远地区到一二线城市，资源的差距甚至形成了一条鸿沟。自党的十八大以来，国家将推进义务教育均衡发展作为教育改革的重大战略。但在这一目标实现之前，中国家庭依然面临资源的争夺和对教育分化的焦虑。

根据新浪教育《中国家长教育焦虑指数调查报告》（以下简称《报告》），68%的家长对孩子的教育感到"比较焦虑""非常焦虑"，仅有6%为不焦虑，而家长最焦虑的年龄段集中在幼儿和小学阶段。《报告》还指出，近半家长可接受的教育花销占家庭收入的40%。

为了获得数量有限的"门票"，寻求出路的学生和家长催生了规模达2.68万亿的教育培训市场，但仍无法满足三四线城市对优质资源的饥渴，直到在线教育出现。这种依托于互联网的新模式似乎为弥合城乡资源差距提供了转机。

二、教育资源下沉

2019年11月1日，湖北襄阳一位女士在辅导孩子数学作业时被气得心梗入院，再次引发社交媒体上关于家长辅导作业难的讨论。现状是，比起孩子听不懂，绝大多数中国家长无力对孩子进行指导，没有资源和工具。"辅导作业"这样的最基本需求，只能寄希望于老师和学校。

早在2014年前后，移动互联网的大发展让K12人群看到了"自救"的希望。这一年，以拍照搜题为主打卖点的K12教育类APP相继出现。这些APP摆脱了传统互联网时代以教学为出发点的预设性思维，第一次以"互联网思维"关注学生具体学习行为中的题目解析需求，巧妙地满足了中国1.8亿K12用户的真实需求。

与此同时，国家基础设施建设让移动互联网的下沉和普及成为可能。

截至目前，中国行政村通宽带比率已经超过 96%，为乡村和偏远地区提供优质教育资源的环境和硬件基础。

在线教育 APP 的用户增长也印证了这一趋势。截至 2019 年 6 月，中国最大的 K12 在线教育平台作业帮累计激活用户超过 4 亿，月活用户达 1.2 亿，其中，73%用户来自三线以外城市和地区。在人均使用时长上，云南、宁夏、青海、江西、山东、甘肃、安徽、新疆、海南、山西欠发达省市用户占据前十名。在国家深度扶贫的"三区三州"地区，学生月活增长速度均超过 120%，其中，西藏地区增长 124.3%。

既然教育资源的传输不再是问题，传输更多、更优质的内容成为重中之重。近两年，众多资本涌入在线教育行业，"疯狂的下沉"成了教育市场的新风口，新东方、好未来、作业帮等不少教育机构分别布局下沉市场，以在线直播班课将优质的师资和课程搬到线上，受到用户的欢迎。

2019 年暑期，K12 在线市场用户总规模人次超过 1000 万，以全国 1.8 亿中小学生参培率 40%~50%计算，这意味着有 10%的目标用户选择了在线教育。学而思网校（好未来旗下）、作业帮在最具说服力的秋季班招生上达到百万量级，成为领跑者。

用户的涌入仅仅是第一步。在线教育平台构建了强大的后端服务能力，保障其享受高质量的教育课程，留住他们。

而从这一切表面上来看是教育形式的改变，核心却是技术对教育的改造。

三、在线教育的"门道"

据业内人士介绍，2016 年，在线直播班课刚刚兴起，各家机构对于这一业务的理解不同，当时一对一、小班课、大班课多种模式并行，甚至对于在线课程的理解也不同。以"学而思"网校为代表的教育机构的惯常做法是，把线下的课程直接搬到线上，面向全国学生开授。

在"作业帮"联合创始人陈恭明的记忆中，"作业帮"一开始的思路也不例外，在线直播班课程一经上线，学生学习后普遍反映太难。教研团队了解情况后及时降了几次难度，但还是有学生跟不上。教研团队这才明白，线上学生跟线下学生的需求完全不同。

陈恭明分析说："中国一二线城市的辅导班基本上都是培优，数学的竞争是奥数。在线教育机构大多在一线城市，以为线上也是做拓展班。但在线教育平台的用户群体大都在三线城市以下，对于这些地方的学生来说，90% 以上的需求是同步课。"

那么，有没有一种在线课程是全国大部分地区的学生都可以使用的？"作业帮"开始研发拳头产品小学数学同步课。所谓同步课，就是完全按照人教版大纲的节奏进行的在线课程，再在此基础上进行适当的思维拓展。由于我国多数地区使用同一版教材，可以保证课程的通用。

不同于线下辅导，一节在线直播班课可以容纳两三千人，对课程质量的要求更高。在这个场景下，从教研、备课、授课都要尽量做到标准化，每节课都产生于一个完整的流程体系。

"在线课程和线下培训很不一样。线下老师讲不完可以拖堂，但是线上时间固定，要在有限的时间里保证内容完整，老师要掌握节奏，把握重点"。"作业帮"小学数学教研老师董伟介绍，"我们需要尽量降低人为的不确定因素。从课程时长、互动次数，到例题数量都有限制"。

以小学数学同步课为例：教研老师确定课程的内容编排和展现形式，形成课程方案给到主讲老师团队，主讲老师在学科带头人的组织下集体备课，并进行 3~5 轮彩排，保证所有人在同一基准线之上。到了授课环节，主讲老师按照备课节奏授课，平台用人工+技术手段进行质检，授课后，所有老师立即进行复盘，对于课程的各种建议反馈到相应部门。

小学数学同步课让作业帮渐渐摸到了在线教育的"门道"，在中国现阶段最需要满足的依然是最基本的需求。"作业帮"以此为支点，找到了不同于其他教育机构的差异化定位，小初高各个学部形成以同步课为主打、培优课为延伸的课程体系。

课程体系有所不同，老师也要经历从线下到线上的转变，在线下受欢迎的老师在线上不一定还会受欢迎，有幽默感、亲和力强的老师更容易脱颖而出。"作业帮"初中物理老师李海涛入行较早，亲历过线下班、录播课、直播课的风口流转，在他看来，考验一个直播课老师功力的指标就是没有废话："老师如何出镜能让学生感到舒服亲切，说什么不说什么，从而将学生吸引在屏幕前，这背后有一系列注意事项，包括妆发、着装要求、上课背景等。直播课老师是需要化妆的，着装颜色比较鲜艳一些，直播时不能恐惧镜头，上课的语言、体态都要注意。"

四、技术如何助力教育标准化

教育能不能标准化，如果可以，怎么做？陈恭明认为，技术可以助力在线教育。教育行为的数据化，也让"因材施教"成为可能。一开始，为了方便老师们教研备课，"作业帮"的技术团队将内容和知识点打碎，对习题进行智能标签化处理，以便随时调取，但随着学生搜题量的加大，后台逐渐可以掌握每个知识点的出题形式、规律，并反映出考频、考试难度等更细的维度。这个发现让程序员们兴奋不已，与每道题相对应的是每个学生对各个知识点和题目的掌握情况。当一个学生在作业帮平台学习时，他的所有行为逐渐描绘出自己的学情画像，包括知识结构、薄弱环节、易错点。

大数据的加持，仿佛为在线教育开启了"上帝之眼"。在教师端，教师团队在教学内容与习题编排上都有数据支撑，误程内容和比重的安排趋于合理化，更加适应学生需求。

课程品质有了，外化到学生端，如何让学生觉得不枯燥、对学习感兴趣，更是从产品层面就需要设计的。

"作业帮"的产品团队提出了一个新理念，他们认为，学生尤其是小学生在学习过程中，应该有一种"被陪伴"感。2019 年，"作业帮"针对小学阶段上线了学习伙伴"雪球"，这是一个虚拟的北极熊动漫形象，类似宠物，当学生完成了平台上的各种学习任务时，就可以获得奖励来喂养它，然后解锁各种场景。雪球外表是学习伙伴，但实际上，它是一个跟踪记录所有学习数据的 AI 伴学系统（如图 2-17 所示）。

图 2-17　雪球产品照片

在"作业帮"内部，这款产品是否可以上线经历了一番争论。从是否值得投入、功能如何实现、出现场景与时间，产品团队都经过了详细论证。

"我们首先要确认的是需求，是不是要做成特别好玩儿，特别吸引人，让孩子一天到晚拿着手机的程度。显然，我们追求的不是这个，雪球只有在跟学习相关的场景才会出现。""作业帮"直播课产品负责人吴雪竹说。

在产品实现上，团队保持了克制，雪球不干扰学生正常的课堂环节，孩子注意力还是放在老师的场景里。只在课前以及课下，此外不做更多呈现。

这个学习伙伴意外地受到了学生的欢迎。随后，产品团队迅速跟进，依托雪球打造在线班课的激励机制，推出线下实体玩偶，只有全勤、按时按量完成每一次作业，才能够领取。产品团队本以为这个要求"很苛刻"，没想到玩偶推出之后，立刻供不应求，完课率、到课率等学习指标显著提升。

"在没有尝试雪球之前，我们本来觉得学习是一件很枯燥的事情，这一点是很难改变的。尝试雪球之后发现，对学生的学习热情还是有促进作用的。"吴雪竹说。

经过多次升级迭代，现有的雪球还能针对学生答题情况进行互动，持续输出"专心""不要放弃"等价值观，引导孩子养成更好的学习习惯。

五、技术如何为教育提效

在 K12 在线教育领域，一个主讲老师可以面对数千名学生，但在课后，还需要有人实时跟踪学生的后续答疑、家访等个性化需求，这些工作统一由辅导老师承接。

玉兰是"作业帮"的语文辅导老师，2016 年毕业，已经有三年教育辅导经验。2018 年秋天，"作业帮"学员暴涨，她带的学生从两个班增加到四个班。

"都要疯掉了，一天最多打了 42 个电话。"每天时间排得满满的，清晨地铁刚开就来公司，一直坐在工位上给学生答疑、打家访电话，凌晨才能到家吃晚饭，最忙碌时，连厕所都来不及上。

辅导老师是非常考验细致和耐心的工作，全国各地的学生理解力和视野不同，越是偏远地区的孩子，越需要手把手地教。"一点一点磨，一个人能跟一星期，每天都去联系、讲题。有的小朋友一段几行的文字可能 20 多个词都不认识，要一个一个帮他解决，才能把阅读题做完。"

一些家长的理念也需要重新塑造。有一次，一位辅导老师提醒一位家长，学生没有来上课，一个小时后，家长把孩子暴揍一顿，并发来了打孩子的照片让老师放心。遇到这种家长，辅导老师一边哭笑不得，一边劝导，普及科学的教育理念。

为了帮助辅导老师减压，"作业帮"在逐渐摸索成熟的规范流程，技术团队开发数据化工具和专用产品供老师进行学生端管理等。学生的简单需求，平台优先处理，个性化问题再交给辅导老师，目前一个辅导老师最多可以服务 200~300 名学生。

"日常还是比较紧张的，像现在我一天要通过电话、微信保证联系几十个学员，才能在一个周期内实现全覆盖。学生上课这几天，你就得同步做家访、回访。"玉兰说。

工作以来，玉兰对三线城市以外的孩子感触最深。"我接触很多小朋友，他们原本没机会获得优质资源，从来不知道可以这样学，成绩都有很大进步，从孩子到家长都特别喜欢这个课程，对老师、对平台都很认可。"

2019 年 3 月，"作业帮"在郑州、合肥等地开设分公司，招聘数千名辅导老师应对暑秋百万级生源，目前这支队伍突破 5000 人。

在线教育公司依托于技术，不断在寻求用科技手段提升效率，这几乎是一种本能。

产品团队每个学期进行一次大的改进，每个月进行一次小的迭代，围绕老师的授课工具、课堂互动功能等进行演进。今年，"作业帮"初中部首次上线 iLab 实验室，这是一套虚拟实验系统，可以在线模拟电路、化学仪器等实验室设备，学生通过操作指令来操作，对实验条件匮乏的学生来说，尤其方便（如图 2-18 所示）。

图 2-18　"作业帮"直播课

技术部门永远在追求"更好的直播体验",加强网络稳定,降低延迟,提升容量,支持 5 万人同时在线交互;上课期间,系统预测流量变化情况,实时反馈直播课数据。

目前,"作业帮"还在壮大技术团队,率先在行业内搭建技术中台;业务部门不仅鼓励产品经理考取教师资格证,也鼓励老师转型产品经理,一半以上产品经理已取得教师资格。

谈到未来,陈恭明说:"在线教育扩展到全国,靠的就是整个行业不断推陈出新,在教育和科技中寻找结合点。我们会坚定不移地走教育科技企业的路线。"

"作业帮"CEO 侯建彬在一封内部邮件中透露,"作业帮"直播课秋季学期的在读人次规模超过 97 万(正价,已去除退费),实现 400%+同比增长;其中,60% 以上的用户来自二线城市以外的地区。这个数据说明,不仅拍照搜题,在线直播班课也已走入寻常百姓家。

截至 2019 年 6 月,我国在线教育用户规模高达 2.32 亿人,预计到 2022 年,中国在线教育市场规模将超过 5400 亿元。

结语

教育不仅是孩子的事,它是关于"人"的定义,是生活的一切。最好的教育,是成年人不要停止成长。

停止焦虑,寻找破局之道,是成年人必须学会的第一课。

中国的在线教育行业在做的正是这件事——通过科技探索缓解教育资源不均的可能,让那些不在一线城市的普通人家,不再为下一代的未来焦虑。

嘉楠科技："芯芯"向荣

杭州嘉楠耘智信息科技有限公司（以下简称嘉楠），成立于 2013 年，是芯片设计自主研发全球服务供应商，数字经济新一代基础设施服务商，世界超级运算领军企业，2016~2018 年连续被财政部和国家税务总局认定为高新技术企业。

2019 年 11 月 21 日在美国纳斯达克上市（股票代码"CAN"），被业内誉为全球区块链第一股，全球 AI 芯片第一股。

一、管理团队：研发实力强

团队负责人——张楠赓，董事会主席兼首席执行官，入选浙江省高层次人才特殊支持计划（万人计划），被业界公认为"ASIC 芯片之父"，"江干区百人计划"创业奖励获得者，中国区块链应用研究中心理事。2010~2013 年，区块链技术迅猛发展，嘉楠科技创始人张楠赓发现区块链超级计算芯片领域存在巨大商机，于 2012 年底开始研发，2013 年初开发并量产世界第一款区块链超级计算 ASIC 芯片，投放市场后获得市场广泛认可。

团队核心成员——孔剑平，浙江省万人计划青年拔尖人才、浙江省领军型创业团队第一核心成员、清华大学五道口金融学院工商管理硕士、香港大学经济及工商管理学院管理学博士在读，同时担任"浙江省半导体行业协会"副理事长、江干区海内外高层次人才联盟"百人汇"会长。公司执行董事和董事会联席主席，入选浙江省高层次人才特殊支持计划（万人计划）。孔剑平曾获 2017 年度十大创新经济人物奖、2017 年度新经济人物（金球奖）、金凤凰杭商、2018 年十大风云杭商，2019 年荣获杭州市江干区劳动模范、互联网年度风云人物、区块链年度人物等几十项荣誉。

张丽，嘉楠科技副总裁，北京大学硕士，清华大学五道口金融学院全球金融 GFD 博士在读。曾经担任普华永道高级审计师、国泰君安证券高级经理、顺网科技董事会秘书兼副总裁。组建了嘉楠科技专业投资团队、国际化法务团队，强化公司的人才队伍建设，丰富公司的战略规划，为嘉楠科技全球化发展铺设了坚实的人才基石。

嘉楠管理层优秀，研发实力强，团队稳定。研发人员占员工总数 46%，研发人员约 130 人，其中，有 80 位高能效计算专家和 50 位人工智能产品专家，平均拥有 7 年的行业经验，大多数核心研发团队成员从创立早期便已加入嘉楠。

二、市场应用：产品远销全球

1. 区块链芯片

嘉楠科技是全球第一家研发出区块链专用计算芯片的公司，在 28nm、16nm、7nm 先进制程上，总共进行过 7 次设计和流片，流片成功率 100%，积累了丰富的经验。2016~2018 年累计流片 1.66 亿颗，累计销售 44.4 亿元。2018 年 8 月 8 日，嘉楠推出全球首款试制成功的 7nm 芯片，应用在 A9、A10、A11 区块链计算设备上，设备销往全球超过 60 个国家和地区，占全球比特币挖矿算力的 35%。

公司自主研发了支持异构多链部署的区块链混合平台，并以此为核心深度切入金融、政务、产业供应链及智慧城市四大领域，用区块链技术打破数据孤岛、重塑路径依赖、拓宽商业边界。立足新一代数字经济，以多算法、多算力、自适应的区块链混合计算平台为核心，构建互链互通互信的垂直产业分布式智能价值网络。打造以区块链咨询服务为核心的"嘉楠智库"，打造以区块链场景化应用技术解决方案为核心的"嘉楠引擎"，打造以区块链超级计算一站式解决方案的"嘉楠云"。

2. 边缘计算芯片

2018 年 9 月，嘉楠科技发布全球第一款基于 RISC-V 的边缘计算 AI 芯片：勘智 K210。

2019 年 3 月，嘉楠科技正式启动 AI 芯片的商业化，已向 AI 产品开发人员交付 53000 多块芯片和开发套件，应用于智能楼宇、智能家居、智慧能耗和农林业等领域，实现芯片和解决方案在边缘侧场景的落地。

在智能楼宇领域，嘉楠研发的无感门禁系统支持数据离线存储与处理，可在边缘侧存储 10000 张人脸信息和 20000 条开门记录，以本地计算方式直接上传人脸特征值等文本结果，无须搭建后端服务器集群与私有云。在与软通智慧的合作中，该系统已经部署至软通动力总部大楼，可对大楼近 5 万人进行日均每监控点 2000 次的识别与身份校验。

在智能家居领域，用户隐私是当前 AI 设备面临的挑战。嘉楠提供的智能门锁模组能直接在端侧完成人脸图像特征值的提取，不需要上传云端。由于功耗低，电池更换频率一年左右，具备在酒店等场景中大规模落地的能力。

在智慧能耗领域，智能抄表已部署至亚洲最大的社区——贵阳南明花果园。该抄表可对能耗数据进行实时采集与处理，可对疑似漏电/水/气进行预警。同时，该智能表计采用外挂式设计，无须对原有电表系统进行改造，充分利旧。

在智慧农林业领域，嘉楠与百度、北京林业大学合作，通过机器视觉、听觉对林业病虫害进行识别与防治。在极低能耗下也能提供较高算力，能够适应林场较差的网络环境。

三、科技创新：抓住价值链的核心

嘉楠科技紧紧围绕着两条产品线开展公司业务，而这两条产品线是指区块链芯片系列产品和边缘计算芯片系列产品。

1. 区块链芯片

在当前科技产业中，区块链是当之无愧的热点之一。2019 年 10 月 24 日，国家领导人集体学习区块链技术发展趋势，宣告其正式成为与人工智能、大数据比肩的国家级战略产业。消息一出便引起不少业内人士的欢腾，然而也有人指出，国家此举意在鼓励区块链技术创新，而非虚拟货币炒作。

这是区块链步入合规化、专业化的一个开始。无论产业上游的技术创新还是中下游的应用落地，都面临着新的机遇。目前，比特币网络仍是区块链产业主流的应用场景。比特币挖矿是为区块链持续贡献算力的过程，对于维持区块链网络节点的稳定运营至关重要。

在区块链全网算力不断攀升的情况下，矿工要持续获得更多奖励只能不断更新算力，倒逼上游厂商持续进行算力升级。2020 年出币量减半已成定势，出币难度增加将进一步加剧整个产业的军备竞赛。

其实出币量减半是整个行业的新机遇，这对专注底层技术研发的嘉楠来说是件好事。当算力竞争进入白热化阶段时，用户对设备算力和服务的要求都在变高，技术创新对于行业的引领作用将进一步强化。

2019 年嘉楠推出最新的机型 A11 系列，最高算力达到 73TH/s，是目前主流机器中算力最高的一款机型。

嘉楠的新产品迭代能力非常强。在 PoW 算力竞争机制下，矿机厂商必须加速研发更优异的算力芯片，以获得最优的性能。嘉楠的 ASIC 矿机芯片的设计、制造一直走在芯片行业的前沿。目前市场上主流的 ASIC 矿机芯片从 110nm、55nm、28nm 一直升级到 16nm 和 7nm 制程的 ASIC 矿机芯片。

嘉楠产品更新迭代始终保持领先。嘉楠矿机价格相比其他矿机比较适中，总体来说性价比较高。

2. 边缘计算芯片

所谓边缘计算，通常是指在靠近物或数据源头的一侧，就近提供服务，从而在保证隐私的情况下产生更快的响应速度。

嘉楠之所以选择边缘侧市场作为切入口，主要源于两点：一是云端芯片赛道过热，Novidia、谷歌、亚马逊等巨头均推出了自己的云端 AI 开发平台及加速解决方案，同时也开始向端侧延伸；二是相比云端，边缘侧市场尚处蓝海，尤其在国内，很多所谓的端侧智能设备尚未做到依据 AI 算法来执行任务。

2018 年 9 月，嘉楠发布第一代 AI 芯片勘智 K210，成为业界第一家提供基于 RISC-V 架构的商用边缘计算 AI 芯片并量产的公司。

勘智 K210 是 ASIC 领域为数不多拥有一定通用性的边缘 AI 芯片。单芯片集成机器视觉与机器听觉两种功能，视觉方面可实现人脸检测、人脸识别、图像识别与分类等，听觉方面则可实现声源定位、波束成形、语音唤醒与识别等功能。

四、创新之处：AI 芯片的三个创新点

创新点一

建立了小体积、低功耗、低成本的 AI 芯片架构技术。

国内外大部分 AI 芯片都是在基于 ARM 架构设计的，既有知识产权问题，又有成本高昂问题，嘉楠在国内 AI 边缘计算芯片领域首创基于 RISC-V 开源架构的设计，既无知识产权之忧，又降低 50% 的成本。传统的 SOC 总线工作频率较低，数据吞吐率不高，成为整个系统的瓶颈，嘉楠采用 NOC 网络结构，集成 IP 数目不受限制，使用全局异步、局部同步的机制，很好地解决了总线结构的单一时钟同步问题，同时彻底解决了因庞大的时钟树所带来的芯片大功耗和大面积问题。这种跟踪创新指明了研发方向。

创新点二

突破了高算力、高性能的 AI 芯片关键技术，自主研制了系列运算加速器。

基于 RISC-V 和 NOC 架构，使用 28nm 或以下先进制程，设计了适于 AI 边缘计算的 KPU、APU、GACC、GEMM 系列加速器，具备特殊运算结构 KPU，对上听从 CPU 的指挥，对下分配加速运算任务，突破了并行计算和硬件带宽的瓶颈，实现了前端的高算力和帧频的高性能。这种改进型创新提高了技术水平。

创新点三

攻克了可转化、轻量化、集成化的芯片工具链技术，研发了成套软件生态体系。

设计了灵巧的模型转换工具、轻量的网络计算架构，低损的模型压缩算法、先进制程芯片设计验证自动化软件，实现将用户训练的模型进行压缩、量化、蒸馏、迁移的复杂的处理流程可以快速完成；实现 CPU 扩展指令、KPU、GEMM 交叉验证，该工具链为系统集成的自动化提供了有力保证。这种集成型创新为 CPU 和 KPU 赋予了灵魂和智慧。

五、战略联盟：促进供应链的协同

完成芯片的设计，并不意味着可以完成量产。由于芯片行业的快节奏，并没有给芯片公司更多的迭代时间，每一代产品投放市场的周期通常不足一年，因此，嘉楠此前在每一次产品的生产研发过程中，几乎没有投入测试的时间，而是直接投入量产，一旦失败，公司则面临崩盘的风险，如果没有足够的技术、质量的持续积累以及对行业市场的精准预判，那么就会带来不可估量的损失。

嘉楠具有出色的供应链管理，目前与台积电、ChipPac、ASE 及 SPIL 等世界领先的制造、封测厂商达成深度合作，进行协同作战，形成战略联盟。嘉楠是台积电 7nm 首批战略合作伙伴，自 2015 年以来，共完成 7 颗矿机 ASIC 芯片，涵盖台积电的 28nm、16nm、7nm 等历代最先进的工艺技术。

出色的供应链管理能力也确保了嘉楠芯片的高产能和成功率，成功率为 100%。

嘉楠在芯片方面具备一定的量产优势，包括产品的良率、供应链的整体把控以及产品价格和芯片从测试到封装的完整流程，都经过了长时间的"洗礼"，在同类芯片企业中流程相对成熟。

六、商业模式：占据产业链的上端

在商业模式上，嘉楠联合产业链上下游伙伴达成合作共建生态，形成产业链。嘉楠将以芯片硬件为核心，占据产业链的上端，建设生态平台，为终端客户提供整合硬件、算法和软件的一站式服务，满足不同的场景需求。

在区块链方面，嘉楠积极推进新的服务模式——机器即服务（Machine as a Service，MaaS），这是一种创新型的算力交付模式。嘉楠将逐渐转型为服务公司。之前的算力交付方式是以机器为单位，未来的算力交付方式类似于云计算，帮助用户实现算力的细粒度调用，将算力的交付真正回归到 TOPS 级别，即把机器转化为一种可以购买或租赁的服务。之前嘉楠在矿机销售过程完成后，便结束了一单一业务流程；在未来，嘉楠会将矿机销售加入更多服务属性，使整体收益做到量化，从而使出货趋于平稳，对于中小型客户而言，这种服务是他们更加需要的。

在 AI 芯片方面，嘉楠将以 AI 芯片为核心硬件，创建软件即服务（Software-as-a-Service，SaaS）平台，为终端客户提供整合硬件、算法和软件的整体人工智能服务，创建一个完整、开放的生态系统。嘉楠的 AI SaaS 平台能够为 AI 终端客户提供 AI 芯片模型、算法、定制软件和用户界面的优化组合，确保为最终客户带来更好的体验，并为公司未来提供的 SaaS 服务创造稳定的收入流。嘉楠为客户提供包括产品模组以及 SaaS 服务在内的全流程解决方案。

七、品牌故事：爆发式增长原因

在区块链领域，嘉楠设备销往全球超过 60 个国家和地区，占全球比特币挖矿算力的 35%。

在 AI 芯片领域，嘉楠为边缘计算提供另一种市场策略，与开发者一同开创出新的人工智能时代，与 30 多家 AI 算法公司合作，为终端消费者开发整体的 AI 解决方案，不断推进在 AI 市场的拓展。

2019 年 11 月在美国纳斯达克上市，成为全球区块链第一股，全球 AI 芯片第一股。这种爆炸式的成长，得益于在价值链上具有研发优势、在供应链上具有生产优势、在产业链上具有营销优势。三链连环相扣，在平台上与上下游企业形成命运共同体，这是爆发式增长的根本原因。

八、品牌推广：对本行业的意义

嘉楠品牌，无论是其 AI 芯片产品还是区块链芯片产品，都受到了市场的认可。嘉楠上市之举给整个行业带来了巨大信心，也可以说这是整个行业努力奋斗的结果之一。作为整个行业的上游龙头，被主流资本市场认可，将会使嘉楠具备先发优势，并继续在市场上提升自身的影响力。

嘉楠上市代表着"传统"金融市场与"Old Money"对新兴技术产业的认可，不管是对嘉楠自身，还是对区块链产业，都有积极作用。它至少给外界传递出一个信号：那就是在美国的证券审查机构看来，嘉楠目前所从事的与区块链矿业相关的业务既是有意义的，又是能够创造一定社会增加值的。对目前彼此关注度逐渐增加的各国区块链管理层来说，他们很有可能也会对区块链矿业重新进行审视，最终放下"挖矿只会浪费能源"的成见，了解区块链运营业务的真正意义，促使社会各界将更多的资源投入到这项还不太起眼，但却至关重要的业务当中。

九、近期目标：四"5"规划

嘉楠将在未来的一年达到四个目标，即四"5"规划：

第一，5nm 区块链芯片研发。矿机行业一直在芯片工艺制程方面领先于其他行业，而在追寻芯片工艺制程的突破方面，嘉楠一直处于领导者的地位。在 5nm 工艺之前，2018 年嘉楠就是台积电首批 7nm 战略合作伙伴，嘉楠在全球首发了 7nm 芯片。嘉楠在 ASIC 设计和流片方面积累了多代工艺参数，截至目前，全部 7 次流片达到 100% 的成功率。基于这些经验，嘉楠有信心在 5nm 芯片的研发和流片上引领行业，持续推动芯片工艺制程的突破与成熟应用。

第二，第二代 AI 芯片 K510 将于 2020 年第一季度正式发布 K510 芯片在架构设计上做了较大的优化，自主研发了一种全新的计算模块 GNNE，并且针对具体场景需求生成不同规模的核，未来的产品线中会大量采用类似的策略。第二代 AI 芯片将面向 5G 场景研发，算力将提升 5~10 倍。

第三，嘉楠将持续推进芯片对 5G 通信环境的优化，增强对 5G 应用场景的适配性。

第四，嘉楠将在 2019 年完成五个以上场景的开发。第二代 AI 芯片 K510 将用在智能零售、ADAS 辅助驾驶和智能金融等领域开辟五个以上的应用场景。

十、长期目标：ABCD 方向

嘉楠将在以下四个方向长期发展：A：AI—人工智能芯片方向；B：Block chain—区块链芯片方向；C：Cloud computing—云计算方向；D：Data—大数据方向。嘉楠将继续开拓全球市场，以 ABCD+ 为发展方向，以芯片为核心产品，以科技人才为核心资源，打造人工智能、区块链协同生态，赋能区块链+实体产业，为下一代计算网络发展奠定坚实基础。

日日顺物流：传统物流服务的颠覆者

青岛日日顺物流有限公司，成立于山东青岛，是国家 5A 级物流企业和 3A 信用企业，企业发展先后历经了企业物流→物流企业→生态企业三个阶段，依托先进的管理理念和物流技术、整合全球一流网络资源，搭建开放的科技化、数字化、场景化物联网场景物流生态平台。目前建立辐射全国的分布式三级云仓网络，在全国建立了 10 个前置仓，136 个智慧仓，6000 余家大件送装网点，总仓储面积达 600 万平方米，全国干线班车线路 3300 条，区域配送线路 10000 余条，15 万辆车，30 万服务兵，为客户和用户提供到村、入户送装服务，并在全国 2915 个区县实现"按约送达，送装同步"。

企业先后被授予"国家级服务业标准化示范单位""国家智能化仓储物流示范基地""山东省服务业创新中心"，2018 年日日顺物流入选长城战略发布的"2018 中国独角兽企业"榜单，同年入选《2018 胡润大中华区独角兽指数》，并成功登上《2019 胡润全球独角兽榜》，成为首个物联网场景物流独角兽。2019 年世界品牌实验室（World Brand Lab）权威发布日日顺成功入选"中国 500 最具价值品牌"。

一、发力智慧物流，掌握核心竞争力

日日顺定位于颠覆传统物流服务模式，成为行业引领的物联网场景物流生态品牌。目前已成为居家大件物流领域的引领者，日日顺智慧物流差异化竞争力主要体现在三个方面：

1. "科技化"基础物流能力

日日顺物流作为物流行业唯一入选企业，牵头承担首个智慧物流领域国家级重点专项——智慧物流管理与智能服务关键技术项目，以此为基础，打造了行业首创的智能供应链全流程体验方案，通过"智能仓网""智运配网""最后 100 米送装""车小微触点""深度供应链""数字科技"六大科技化基础服务能力，为用户及品牌资源方提供供应链一体化解决方案，满足用户需求的个性化定制服务。

2. "数字化"SCM 定制方案

日日顺物流以居家大件物流网络及供应链全链路数字化管理为核心，

夯实全流程、全渠道、全网定制 SCM 方案能力及 C 端送、装、修、服一站式定制物流方案能力，成为国内行业领先、客户体验最优的一站式智慧物流解决方案的服务商。

3. "场景化" 社群服务平台

日日顺物流以遍布城乡的 30 万触点为核心竞争力，打造国内独有、国际领先的送装一体化服务→专属居家服务→美好生活场景方案的场景生态服务平台，将传统的 "送达" 由服务的终点转变为服务的起点，后续服务将通过触点网络感知用户个性化需求并提供定制化的场景解决方案，成为社区客户首选。

二、积极部署，勇争行业创新先锋

1. 在标准化方面

日日顺物流联合中国标准化协会发布《家用电器最后一公里物流服务规范》《居家大件智慧物流全流程服务规范》标准，建立了 "天龙八步" 的物流服务标准，从用户最佳体验出发，针对行业内存在问题点及痛点，从物流全流程仓、干、配、装、揽、鉴、修、访，创新性地定制全品类、全渠道、全流程、一体化的居家大件物流解决方案，打造用户与客户的最佳服务体验。物流业界，小件物流配送发展相对成熟，通过标准化箱和规范化流程即可仓储配送。大件物流受重量、尺寸、体积等限制，往往人工搬运难且容易损坏。据统计，家电中货损率最高的大屏电视机行业碎屏率达 0.7%，跑步机等健身器材包装破损率达 5%。日日顺物流根据《居家大件智慧物流全流程服务规范》《家用电器最后一公里物流服务规范》的标准指导，将大屏电视碎屏率从 0.7% 降到 0.3%，健身器材包装破损率从 5% 降到 2%。

2. 在仓储智能化方面

日日顺通过资本运作补充提升智能装备研发能力，战略投资科捷机器人公司，成功研发了大件定制化自动导引运输车、有轨巷道式堆垛机、龙门机械手和六轴机械手。目前在全国 136 个城市智慧仓中，所有的商品从入库、存取、出库全过程都是通过自主研发的自动导引运输车、大件无人搬运车、大件盘点无人机，实现货物仓内自动运输，实现产品全程不落地，质量零损失。日日顺还启用了全国首个大件智能无人仓（黄岛仓——"国家智能化仓储物流示范基地"之一），并将智慧物流贯穿到物流作业的每一个环节。2018 年"双十一"启动的杭州智能仓在作业效率上提升 66%，拣货准确率几乎可达 100%，空间使用效率提升 3 倍，为企业节省了大量人工、生产成本，增强了市场竞争力。

3. 物流在信息化方面

日日顺采用云计算、大数据、移动互联、RFID、传感器、GPS/北斗等信息工具实现供应链的数字化，打造全流程可视、可控、可追踪的共创共赢物流生态圈平台，建立集仓储管理系统（Warehouse Management System，WMS）、配送管理系统（Transportation Management System，TMS）、订单管理系统（Order Management System，OMS）、结算管理系统（Billing and Management System，BMS）、车店库系统（CDK Global，CDK）等系统模块的智慧物流信息化平台，为用户、运输车辆、服务网点设计包括 APP、PC、微信等多端的信息交互入口，并实现各入口数据同步。搭建平台数据仓库，实现数据统一存储、对数据进行分类整理，通过开发多种业务报表实现对日常业务智能管理和监控，并通过对海量大数据分析，实现用户配送服务升级和用户体验优化，并被评为"2018 年山东省优秀大数据产品和应用解决方案"。

三、推进模式创新，实现全面转型

自 2013 年以来日日顺物流由海尔集团内部的物流部门开放转型为社会化的生态平台，凭借差异化的商业模式及引领的用户口碑分别吸引阿里巴巴、高盛、中投等十余家机构的战略投资，投后估值达到 110 多亿元，已成为独角兽企业。转型后，日日顺物流以居家大件物流的全流程解决方案为核心，向前端做深供应链一体化解决方案，向后端延伸做大生态圈增值。2018 年实现营业收入过百亿元，且近三年非海尔的社会化业务收入占比持续提升，分别是 40%、58%、69%，预计未来三年将达到 80% 以上。在仓储方面，2017 年日日顺物流启用了全国首个大件智能化无人仓，成为国家智能化仓储物流示范基地之一，从传统物流公司转型成为智能化仓配装平台。

1. 智能产业模式创新

创建能够引领物流与产业融合发展的物流生态链智慧组织与管理模式。建立供应链全流程智能仓解决方案（无人仓、无人车、无人机）。从点线面切入，从智能升级到管理、流程升级、模式升级。对目前的三级分布网络升级，实现从产业到用户的全流程、全场景的智能化管理，满足对内降本增效、对外用户增值服务的需求。通过三级分布式云仓管理，可以实现全国的库存共享。

2. 智能设备应用创新

研制具有中国自主产权和国际核心竞争力的智慧物流服务共性关键技术体系和智能装备，包括大件定制化 AGV、大件无人搬运车、大件盘点无人机等。

3. 产业链流程创新

构建日日顺智慧物流生态圈，输出技术标准，实现用户体验和社会价值；整合内外部生态资源，形成了日日顺智能产业核心竞争力。在可视化干线区配网络方面，实现智能化管车、可视化管货、集配提效、与客户共赢增值，通过订单管理系统（OMS）、预约管理系统、配送管理系统（TMS）、移动应用平台、仓储管理系统、资源协同平台、车辆轨迹平台、服务质量平台八大系统平台实现配送全流程可视化管理；在领先 100 米的送装、交互触点网络方面，通过 30 万余个有温度的车小微触点、城市驿站触点、农村水站触点，实时感知用户的需求，通过共创共享的生态圈来快速满足用户的需求，实现用户体验的迭代。

此外，日日顺物流还实现了由仓配到居家大件物流供应链方案的转型。转型前，日日顺物流主要为海尔家电提供仓配服务；转型后，日日顺物流为家电、家居、健身器材、出行工具、3C、快消品、跨境、农特生鲜八大行业提供供应链一体化解决方案，包括云仓储、库存共享方案，送装修一体化服务方案。日日顺物流建立一套全网络共享的三级分布式云仓体系，形成服务商仓、区域仓、城市仓的云仓布局，配合 6000 个大件送装网点，商家通过提前备货，可实现次日达服务，同时各级仓库之间库存共享，系统根据订单就近仓库发货，提高配送时效的同时减少了货物因多次中转换装造成的破损。

日日顺物流还提供配送、安装一体化服务，优化退货、售后环节，为商家提供公共售后服务，降低商家售后成本，消除消费者对售后服务的顾虑。日日顺物流通过出色的网络能力和服务效果，吸引了包括淘宝、海尔商城等国内大型电商平台以及小米、亿健等新兴互联网品牌企业在内的大量客户资源，是国内引领的最后 1 千米居家大件电商物流服务商。

四、注重品牌的社会价值塑造

作为行业首个物联网场景物流生态品牌，日日顺物流始终引领行业不断创新发展，同时注重品牌的社会价值塑造，一方面，联合中国物流学会创建"日日顺物流创客训练营"，日日顺物流创客训练营是国内高校联合组织的物流领域大学生创业活动。在组织流程上，日日顺物流创客训练营主要分为企业侦查、院校练兵、创客亮剑、学会集训和重点孵化五个阶段。作为首个大学生社群交互的创业创新共创平台，自 2016 年启动以来，日日顺物流创客训练营已经连续举办了四届，目前覆盖全国高校 500 多家，深度校企合作超 30 所，累计输出 175 个创业课题，沉淀了 22 项国家专利，9 个已实践的创业项目。日日顺物流创客训练营为物流行业输出智慧型人才和行业解决方案，推动物流行业创新发展，受到社会各界的高度认可。另一方面，由中国物流与采购联合会主办、日日顺物流承办的"中国智慧物流品牌日"是行业首个物流人的节日，该峰会以"面向行业、着眼长远、注重实效"为宗旨，致力于成为国内最专业、参与方最广泛的物流行业盛会，举办时间为每年 5 月 6 日（取"56"谐音"物流"）。

五、建立开放众创服务平台

日日顺物流的成功，得益于坚持用平台思维做乘法取代线性思维做加法，结"平台"之网整合核心要素和资源，形成长期有效的价值输出和持续创新的能力。公司从海尔集团的内部物流部门起步，历经企业物流、物流企业、平台企业等阶段，在全国率先建立全渠道、全流程、一体化智慧物流服务网络体系，依托自营网络体系加快向众创生态平台转型，建立开放的众创服务平台。

开放的"车小微"快线平台和订单资源，一端连接货，一端连接车，"车小微"司机可以在平台抢到订单，获取稳定收入，吸引了广大中小企业和司机来平台创业，每一辆车都是自负盈亏的小微公司和经营用户的触点生态圈。为强化专业化、规范化管理，对"车小微"司机根据服务能力分为五级，建立创客赋能和分类升级机制，从送货到家的配送师傅、送装技师、成套服务师，可与用户交互交易的微店主到承包社区服务的社区服务管家，推动"车小微"司机向知识型创客转型，月收入也从三四千元到一万多元不等。

截至 2019 年底，吸引 20 多家创业合伙企业资源、15 万辆社会车辆资源，创造一线服务就业岗位 20 万个。车店库系统（CDK）赋能支持用户评价到车、平台结算到车；日日顺快线（RRSKX）系统平台助力司机转型成为微店主，获得用户交互定制分享；12 万司机已经有 8 万成功转型成微店主创业。

六、创新场景化物流服务模式

在新消费时代，消费群体和消费行为发生新的变化，尤其是 90 后、

00 后，买时尚、买设计成为趋势，不仅是单纯消费，而是为了创造自己的生活方式而消费，这些年轻人正在从消费者变成创费者。日日顺物流抓住这一消费趋势的新变化，创新场景化物流服务模式，推动传统物流从"送到""装好"即完成消费，向实现用户价值增值转变，传统物流服务终点成为创造用户新消费的起点。这一模式的核心是通过商品配送后的现场访谈、交流互动获得新的服务需求，为用户提供后续定制化解决方案、高端定制、居家健身、深度清洁等一系列延伸性、溢出性服务成为新的消费需求。醛净界、智能水龙头、运动耳机、魔力球等爆款产品相继出现，并逐步获得广大年轻人的追捧，目前物流生态服务收入占比近 20%。例如，针对已购买家具用户担心新家具甲醛含量高的痛点，携手台湾健康家品牌，共同孵化出全新的空气净护产品——醛净界（分渠道销售产品、工程服务类产品），有效解决家庭生活空间中甲醛、苯、氨、TVOC 等有害气体。

针对已购买健身器材用户居家健身的需求，联动健身器材厂商、运动饮料品牌商、营养师、健身房等组成以用户需求为核心的健康运动生态圈，为用户定制包括器材、饮食、线下活动等在内的一体化解决方案，定制潮牌运动耳机，建立 Sport+社群，在线上进行健康运动知识科普讲座，围绕减肥健身、健康饮食等提出专业建议。

Pony. ai：品牌光芒辉映下的无人驾驶企业

在《2019 全球独角兽企业 500 强发展报告》中，无人驾驶企业共有十家，且 500 强第一名即是无人驾驶公司 Waymo，足可见无人驾驶的行业地位与发展前景，万亿美元级别市场的到来只是时间问题。根据研究公司 Forrester 的预测，到 2050 年，无人驾驶智能汽车和移动共享出行的市场规模将达到 7 万亿美元。

　　众所周知，无人驾驶正处于探索领域的前沿，需要攻克的技术难关很多，这在一定程度上给了行业巨头、初创公司的人在同一起跑线竞争的机会。作为初创公司的优秀代表，独角兽企业一直拥有明星光环，其一举一动牵涉市场、行业等诸多方面。

　　Pony. ai，中文名小马智行，是一家 2016 年底成立的、以 L4 级别的全自动无人驾驶为目标、期盼用人工智能技术改变人类出行的无人驾驶科技企业，其尚处在 PPT 阶段时就获得多方看好和投资，估值超过 1 亿美元，目前更是以 17 亿美元的估值荣列独角兽 500 强榜单，在无人驾驶领域的估值排名第七。

　　回到个人品牌层面，一般来说，根据主体的不同，品牌可以分为地区品牌、企业品牌和个人品牌。具体到无人驾驶行业，百度、Google、福特等巨头打造的都是企业品牌，其背后有母公司强大的实力进行支撑，而小马智行、Aurora 等初创企业则主打个人品牌，这也符合初创企业发展的需要，因为初创企业往往没有较强的企业品牌，这时抓住个人品牌发展的契机，无疑将有利于自身的发展。

　　初创企业的个人品牌主要是指企业家个人品牌，即企业家在对内、外所表现的一种比较稳定的心理因素或态度，其包含了企业家的经营、管理能力的有形品牌价值与企业家的知名度、美誉度等无形品牌传播力。企业家本来就是企业形象不可分割的一部分、是企业和品牌的重要识别元素，企业家个人品牌一旦被成功塑造，将会成为企业鲜明的标志、独特的标签。作为企业形象的隐形代言人，企业家个人品牌正显得越来越重要。

一、明星级光环环绕的个人品牌

　　自成立至今，Pony. ai 以无人驾驶明星企业的姿态在市场上立足，并取得了企业品牌与个人品牌的相互成就与映衬，这主要得益于其创始人兼 CEO 彭军、联合创始人兼首席技术官楼天成和公司首席顾问兼研究院名誉院长姚期智的个人品牌。

彭军，创始人兼 CEO，清华大学学士、斯坦福大学硕博毕业，是一位沉稳低调的企业家，对于公司发展走向有着清晰的判断。在联合创建 Pony.ai 之前，彭军曾在谷歌工作七年，专门从事后端开发和前端广告系统，并获得谷歌创始人奖；在百度工作的十一年期间，彭军不仅是美国研究院的一名员工、主任架构师，还是百度无人车团队的首席架构师，负责确定广告、基础设施、大数据和云计算等多个领域的技术方向，领导了百度无人车的总体战略和开发，是百度工程领导团队不可或缺的一部分，也是百度屈指可数的 T11 最高级别技术员工。

楼天成，联合创始人兼首席技术官，清华本硕博毕业，是程序员圈子内年轻又有朝气的青春偶像。楼天成在编程界可谓年少成名、折桂无数，有着"楼教主""编程第一人"等称号，曾是 TopCcder 竞赛的 10 年奖牌获得者，中国区排名始终第一，在 TopCoder 圈内被誉为能够"以一己之力挑战对手一个队，然后把对手打得抬不起头的人"。此外，楼天成是国际信息学奥林匹克金牌得主，获得过两次 ACM 国际大学生程序设计竞赛全球总决赛的亚军、两次谷歌 Code Jam 全球编程挑战赛冠军、两次百度之星大赛冠军。楼天成曾在谷歌无人车团队（Waymo 公司前身）中从事无人驾驶车辆技术开发的工作，后来又成为百度无人车技术委员会主席，不仅是百度无人车的主力工程师、主任架构师、核心技术骨干，也是百度历史上最年轻的 T10 级别技术员工。

姚期智，公司首席顾问兼研究院荣誉院长，拥有伊利诺伊大学香槟分校计算机科学博士学位、哈佛大学物理学博士学位，是世界知名的计算机科学家，因其对计算机科学的贡献而广受赞誉，也是计算机领域最高奖项——图灵奖目前唯一的华人得主，身兼中国科学院院士、美国国家科学院院士、清华大学交叉信息研究院院长、清华大学跨学科信息科学研究所院长、香港中文大学教授，曾在美国麻省理工学院、斯坦福大学、伯克利分校、普林斯顿大学等多所顶级高校任职教授。值得一提的是，姚期智是联合创始人楼天成在清华大学时的导师。

当前，从环境方面来看，网络媒体的发展，尤其是自媒体的发展，使企业家可以通过不同的传播渠道将自身的行为大量地曝光在消费者面前。从企业家个人方面来看，Pony.ai 的个人品牌和企业的需求本身也十分契合，取得了 1+1>2 的好效果。从企业文化建设需要来看，一般来说，由于企业文化经常反映的是企业创始人或企业领导人的个性、哲学，企业文化的塑造是由企业家自上而下发动的，因此，企业文化本质上是企业家的文化，是企业家的人格化。

Pony.ai 的三位核心人物各具特色，并且乐于以企业形象代言人或发言人的身份出现在各大公共场所，他们擅长传播自己的思想，对个人品牌的打造不热衷也不回避，较好地实现了个人品牌自我定位与企业品牌传播的完美契合。一如万科的王石、格力的董明珠，他们作为其品牌的代言人出现在公众视野，甚至在广告中，有效地提高了公众对于其企业的关注度。

可以说，Pony.ai 的个人品牌从品牌定位到视觉印象的建立，再到品牌传播与传达，做得非常成功。在三大个人品牌的光芒辉映下，Pony.ai 打造企业品牌的核心点也一一浮现。

二、创始人使命感极强

企业家言行赋予企业人格化的特征，有利于增加消费者对企业的信任度，一如乔布斯赋予苹果产品的简约、时尚、创新等个性。Pony.ai 的个人品牌——彭军和楼天成，也在多个公开场合上对企业使命进行了阐述，希望植根于自身广阔而坚实的技术背景，通过构建最先进、最安全、最可靠的自动驾驶汽车技术，彻底改变和重新定义交通运输的未来，使人们的生活变得更便捷，并将个人使命升华为企业使命。可以说，无人驾驶正处于技术突破的艰难时期，而越是艰难的时刻，才越能体现使命感的珍贵。因此，Pony.ai 核心成员关于使命感的个人魅力和公众影响力，更容易被媒体关注和报道，客观上获得了免费的广告资源，与此同时，通过企业家个人品牌的传播也增加了企业品牌的曝光度。例如，彭军就公开说过，

"无人车对人们的生活改变巨大，技术挑战也非常大，我希望这辈子能在这件事情上投入下去"。"我们可以看到巨大的人工智能浪潮即将到来，我一直想利用这一点来创造一种能够真正为各地人民的生活带来价值的东西"。而姚期智则把无人驾驶在道路上遇到的许多不同的新挑战，视为可能导致人工智能算法和计算理论上的突破。

在楼天成的眼中，他认为外界对无人车的认知存在偏差，这个行业目前面临的问题还很多，而真正难处理的问题，是史无前例的，自己可能是世界上第一个遭遇该问题的人，因此，他所能做的就是见招拆招，跟编程竞赛中遇到的情况一样。实际上，因为缺乏足够成熟的技术，无人车行业目前还没有统一的行业标准，所有企业都得从头开始，摸着石头过河。

三、对企业定位十分精准

Pony. ai 自成立之初，就以中国和美国作为起点，致力于在全球范围内广泛提供无人驾驶技术，定位极其精准。虽然其注册地在美国，但一直立足于挖掘中美两国巨大的市场潜力，并将主要研发中心设在硅谷、北京和广州，是一家把硅谷顶尖技术和中国顶尖人才结合在一起的公司，其团队核心成员均是华人背景。

在彭军的设想中，随着无人驾驶的普及，私家车的经营渠道很可能由购买变为租用服务，并因此可能导致"客运经济"玩家分化为三层，即处于底层的车厂等汽车制造商、处于中间层的无人驾驶公司、处于上层的运营商。Pony. ai 则是属于提供机器人、地图服务和人工智能解决方案的中间层，并据此定位企业的两种业务开发方式：一是与上下层合作，提供OEM 服务；二是经营自己的驾驶系统。

鉴于林肯 MKZ 的电子化程度高，便于通过电脑去控制车辆，且 Autonomous Stuff 公司会基于林肯 MKZ 把无人驾驶车辆控制的接口做好并提供给百度美研、景驰、英伟达、AutoX 等无人驾驶公司。这样一来，Pony. ai 的团队无须涉足车辆制造和硬件开发部分，只需专注于自动驾驶最重要的感知、决策等软件层面，这样的定位判断极其重要。

四、尊重人才，一起成长

"目前无人驾驶技术还处于极其早期的阶段，谈市场竞争还为时尚早。"彭军的这句话从反面道出了 Pony.ai 疯狂争抢人才的原因。在市场竞争环境下，人才是关键，资本是催化剂，科技是表现形式，对于无人驾驶领域更是如此，只有拥有顶级人才的顶级团队，才能匹配顶级融资、顶级技术、顶级商业模式！例如，榜单中另一家独角兽公司滴滴打车，在加州设立了一个 AI 办公室，却迟迟挖不到好的无人驾驶工程师，以致进程受阻，可见一个优秀人才的含金量有多高。

互联网公司解决的多是大数据问题，无人驾驶单位时间内产生的数据量巨大，又追求绝对的实时性，两者本质上是矛盾的，但需要同时兼顾并处理好。这时，做大规模分布式计算、存储或类似大系统的经验会十分有帮助，这就是 Pony.ai 团队个人品牌的优势之一。

事实上，Pony.ai 除了三位团队核心成员的高技术背景之外，还有近七成的技术核心成员来自谷歌、百度、Uber、Waymo、特斯拉以及福特等顶尖无人驾驶技术领域，且大部分拥有斯坦福、MIT、卡内基梅隆、普林斯顿及清华等国内外名校的博士学位，在 IOI、ACM、TopCoder 等国际大赛中获过奖，技术背景极强，目前该研发团队主要研究包括系统工程、感知、决策规划、控制、深度增强学习和大数据等各个方向。可见，人才雄厚、科研能力强成为 Pony.ai 个人品牌的最大特征，这也有利于为企业吸纳和管理人才。

事实上，一个成功的公司意味着成长一个成功的团队，而这么多高层次、高技术人才的聚集，其背后必然是尊重人才、团结合作的企业文化。据 Pony.ai 的员工透露，在三位核心成员的带领下，团队合作、强有力的指导与协作、一起成长已经成为 Pony.ai 企业文化的几个关键支柱，企业内部能够确保团队在应对当今存在的一些最大的技术挑战时，每一位成员都能得到他们所需要的支持，并拥有各种机会借助人工智能突破未来的交通，以此获得成长和发展。

例如，姚期智就强调，只有学术界与工业界密切合作，这些无人驾驶领域的积极成果才能转化为现实。在此背景下，团队聘请前 Waymo 技术主管与主任工程师张一萌担任 Pony.ai 的感知技术主管，招纳 Uber 无人车团队的技术核心、哥伦比亚大学兼职教授、美国计算机协会（Association for Computing Machinery，ACM）和美国电子电气工程师协会（Institute of Electrical and Electronics Engineers，IEEE）资深会员李利（Erran）作为 Pony.ai 的首席科学家，邀请上海交通大学电子信息与电气工程学院副院长杨小康，香港科技大学助理教授、斯坦福大学博士、国际信息奥林匹克竞赛金牌得主陈启峰以及上海交通大学助理教授、斯坦福大学博士后卢策吾等作为人工智能研究院的访问教授和企业顾问。

或许在未来，Pony.ai 最好的福利就是跟姚期智院士、CEO 彭军、CTO 楼天成等一群顶尖的技术人才一起，挑战极为复杂但极具影响力的无人驾驶技术解决方案。

五、安全先行，缺陷零容忍

美国作家杰克·凯鲁亚克曾说过，"路就是生命"。对于无人驾驶技术来说更是如此，在路上行走的无人驾驶技术，最关键的就是要安全先行，这需要高科技、严谨的个人品牌来背书。正如彭军在接受采访时所解释的那样，现实是制造无人驾驶汽车确实非常困难，且在宏伟的计划中，最大的挑战仍然是开放驾驶环境中的不确定性，包括不同类型的天气、行人在车前行走以及可能不遵守交通规则的驾驶员等。所以在无人驾驶发展过程中，必须始终把安全放在第一位。而彭军、楼天成、姚期智自身个人品牌中的严谨、客观气质，恰好为企业品牌增添了几分可信度。

例如，彭军在网易未来技术峰会上指出，妨碍自动驾驶车辆使用的主要障碍之一是公众对安全的关注。并描述了 Pony.ai 的传感器融合系统是如何通过开发一个可靠的、可伸缩的平台来支持大规模的数据收集、存储和回放以方便周期的开发，从而解释和证实哪种类型的传感器在不同的范围和天气条件下使用才是最佳的，以提高车辆在各种道路条件下的冗余度和可靠性，并最终确保无人驾驶过程中人们的安全。

为了限制安全要求带来的挑战，三位核心成员要求 Pony.ai 专注于开发四级自动驾驶汽车，该汽车仅限于可预测性更高的环境，例如，大学校园、郊区城镇、工业环境以及其他驾驶复杂性大大降低的环境。如此一来，Pony.ai 汽车平台的可量产模型预计将在 2~3 年研发成功。

即便是确定开发四级无人驾驶汽车，三位核心人物对安全先行还是十分重视的。楼天成就在 2017 年的一次公开演讲中指出，对于 L4 自动驱动技术，系统必须确保其准确性和可靠性能在生产中达到 99.9% 以上，因为一旦系统延迟 50 毫秒，都可能导致致命事故，这样的高标准、严要求无疑为行业树立了一个好榜样。为此，Pony.ai 设计了一个快速迭代开发的基础设施，由模拟、道路测试和测试重放阶段组成，这使 Pony.ai 能够快速捕捉无人驾驶平台中的任何缺陷和故障，并最终实现对它们的零容忍。

六、不走捷径，追求精益求精

Pony.ai 将卓越视为企业核心，重视每一个细节，且致力于向公众提供一个安全、可靠和成本效益高的自主驾驶平台。与此同时，三位核心成员在谈到技术、工艺时，都认为质量和可靠性是产品的标志属性，他们不相信也不愿意走捷径，而正是对技术、工艺精益求精的强调，才使 Pony.ai 能够提供一种高度复杂和一流的无人驾驶解决方案。

在同行、巨头们走捷径的同时，市场还真的会留给一家初创公司那么大的发展空间吗？对于这个问题，他们似乎并不担心。例如，楼天成曾在清华的一次内部分享中表示，无人驾驶行业足够大，能容纳下的参与者绝不会是一两家。当时彭军也表示，尽管大公司在资本、人才、集团作战方面有优势，但无人驾驶这种创新项目，可能更适合创业公司来完成，

Pony.ai 不会为了眼前的短期利益而放弃长远利益走捷径。

正是企业家们不走捷径、精益求精的追求，才可以为企业品牌"背书"，进而增强投资者的信心，并帮助 Pony.ai 获得了国际顶级基金红杉资本、IDG 资本、君联资本、晨兴资本等近 3 亿美元的投融资。如今 Pony.ai 的融资额和估值继续领跑中国无人驾驶市场，是中国吸金能力最强、估值最高的无人驾驶初创企业。这些融资体现了新老股东对小马智行的信任，尤其是对其团队、技术以及商业化路径的认可。值得一提的是，在最近的一轮融资中，红杉资本和晨兴资本两位老股东把握机会，对其持股进行了加码。

因为联合创始人和首席顾问的业内声望，Pony.ai 从创办伊始就吸引了科技行业的关注。例如，锴明投资就在声明中谈及非常看好 Pony.ai 行业顶级的团队和先进安全的自动驾驶技术，并将继续利用锴明在消费领域的行业资源帮助小马智行巩固和加强其领先的技术优势与行业地位；斯道资本则非常看好 Pony.ai 管理层在自动驾驶的技术解决方案和市场化路径上的考量，并期待接下来和该团队进行合作。

七、谷歌、百度等背景深厚

美国《财富》曾列出世界四大人工智能公司巨头，分别是微软、谷歌、Facebook 和百度，其中，在无人驾驶领域发展最为出色的就是谷歌和百度。而彭军、楼天成都曾先后在这两家公司担任技术骨干，可见其已站在金字塔尖，这样的个人品牌是别人难以企及的。

谷歌的自动驾驶项目源自于美国 DARPA 部门发起的无人车挑战赛上的技术呈现，并热衷于钻研这些新奇的技术。而百度对自动驾驶的选择，更多的是出自业务的战略布局和前瞻。一波又一波人才从谷歌、百度离职创业，不代表它们不好，而是初创企业确实有自己独到的优势，吸引着很多人去尝试。

从谷歌、百度走出来的这些人，由于已受到最前沿科技的洗礼，不仅成了资本市场的香饽饽，也间接成就了国内的无人驾驶的创业热潮，推进了自动驾驶发展进程，在一定程度上成为行业精英的解读和写照。

八、未来 Pony. ai 个人品牌何去何从

2019 年 2 月，全球知名创投研究机构 CB Insights 发布 AI 100 报告，小马智行 Pony. ai 荣登其全球百大最有前景 AI 公司名单，未来 Pony. ai 会继续推动人工智能与无人驾驶的深度融合。

中国有着世界上最好的创业环境，吸引了大量拥有个人抱负、个人追求的优秀企业家到中国投资设厂，也诞生了无数的个人品牌。那么在中国一切皆有可能的土地上，Pony. ai 发展个人品牌将何去何从呢？事实上，很多企业都有过于依赖个人品牌传播的风险，包括企业家个人品牌形象传播风险、企业家定式思维风险、企业家决策失误风险、企业过于依赖企业家个人品牌形象光环的风险等，Pony. ai 也是如此。考虑到阿里巴巴提出的"102 年企业愿景"，人的精力与寿命是有限的，过于依赖企业家个人品牌，必然会带来不可估量的风险与损失。例如，在乔布斯去世时，苹果股票直接停盘，以防民众恐慌抛售苹果股票，这就是过于依赖个人品牌传播的风险。具体来看：

首先，当媒体集中关注企业家个人品牌时，受众会将企业家个人与企业等同来看，这会导致企业领导人替代企业的现象出现。例如，在柯达的初创期，CEO 乔治·伊士曼充分展现了自己的领导风范，柯达的总体定位与战略架构都完全是其个人魅力的产物，甚至凭一己之力打造出大众相机市场，而其继任者凯伊·惠特莫尔则急于摆脱伊士曼的阴影，导致企业文化出现扭曲，进入基因制药等不熟悉行业，浪费了企业的品牌竞争力，忽视数码产品错失产品更新换代的历史进程则直接导致了柯达的覆灭。可见，在成熟期企业领袖塑造的强势个人品牌和刚愎自用的个性都加大了企业经营的风险，降低了企业的安全度。

其次，有研究表明，当企业家的负面消息被曝光、形象受到损害时，

会严重波及整个企业的品牌形象。企业家个人品牌与企业品牌是相关联的，具有"一荣俱荣，一损俱损"的一致性关系。

最后，当企业家受到更多关注时，可能会产生荣誉综合征。企业家获得了更多的关注，接受众多的荣誉，随着自己越来越成功，会产生一种认为自己战无不胜的错觉。

据此，为了使个人品牌更有效地促进企业发展，可以参考以下三点建议：

第一，作为企业品牌建设的核心要素之一，企业家个人品牌是对企业品牌的诠释与补充，与品牌价值紧密联系，个人品牌应服从并服务于企业品牌。一方面，深挖企业家个人内在资源，个人品牌形象与企业品牌形象保持一致，要善于利用社会环境以助力企业品牌建设，提升品牌资产；另一方面，不可盲目过度依赖于企业家个人品牌资源，需时刻注意外界个人负面影响及社会连带影响对企业品牌的辐射作用，努力减小企业家定式思维的影响，处理好与政府和其他社会关系网络的合作关系，可以塑造新的企业家个人品牌。

第二，在新媒体经济时代，利用各式的媒体资源进行品牌价值的传播是企业品牌建设的重要方向。进一步合理有效地扩大企业家的媒体可见度，不仅能影响消费者对企业品牌的评价，在潜移默化中也会改变消费者的品牌消费行为。

第三，个人品牌能给企业创造附加价值，为企业带来实质的利润与成长。企业应关注对个人品牌的建设，更大发挥品牌功效，以提升品牌竞争力。

曹操出行：低碳出行的引领者

在新一轮技术革命的驱动下，全球出行产业正在经历一场前所未有的深刻变革，中国已成为这场变革的核心。中国是全球主要经济体中第一个由中央层面将网约车合法化的国家，深入研讨国内未来出行典型案例对整个全球具有深刻意义。

曹操出行作为国内首家主打新能源汽车共享出行服务的网约车平台，运营车辆均为统一购置管理的新能源汽车，除了引领新能源汽车出行行业新趋势，还进一步开拓绿色出行的泛社会价值，同时曹操出行还是国内第一家由整车制造企业转型做出行服务的网约车平台。如今，各大传统车企、造车新势力、互联网公司等纷纷涌入出行市场，而作为这场变革的亲历者与参与者，曹操出行更加具有典型意义，尤其是曹操出行已然成为仅次于滴滴的第二大头部网约车平台（如图 2-19 所示）。

图 2-19　曹操出行商标

一、探索：国内首家新能源汽车共享出行服务平台成立

早在 2015 年，吉利开始转型，在出行领域进行了前瞻布局，曹操出行应运而生，成为中国第一家由主机厂打造的出行平台。

自 2015 年成立以来，曹操出行一直在洞悉市场风向与消费者习惯变化，深入探索未来出行，从一开始就选择了新能源战略定位便是曹操出行对未来出行最精准的探索。

目前我国已经成为世界第一汽车产销大国，随着汽车保有量的急剧增加，汽车尾气排放总量持续攀升，严重影响大气环境质量和公众健康。与主流传统燃油车相比，新能源汽车在尾气排放方面拥有明显优势，纯电动汽车在行驶过程中几乎零排放，有助于减轻大气污染、缓解能源紧缺。

吉利在成立之初发布了新能源战略——"蓝色吉利行动"，提出吉利汽车向新能源汽车转型的目标和实现路径。作为国内较早进入新能源汽车领域的自主品牌，吉利汽车在新能源汽车方面拥有丰富的技术储备。而主打新能源出行的曹操出行，就是吉利参与出行解决方案制定与探索的重要一环。

近年来，国家在新能源汽车推广上采取了系列的工作举措，但一开始消费者对新能源汽车的接纳程度并不高。如何让消费者从意识上接纳新能源汽车，曹操出行走出了一条独特的道路。曹操出行通过大量使用吉利自主生产的新能源汽车作为主力运营车辆，让每一位用户都能亲身体验纯电动汽车，在体验的过程中也有越来越多的用户逐渐认可了新能源汽车的优势。截至 2019 年 9 月底，曹操出行累计碳减排量超过 73 万吨，累计节约燃油 3.6 亿升，累计充电电量 8.129 亿度（如图 2-20 所示）。

图 2-20　曹操出行网约服务

截至 2020 年 1 月 19 日，曹操出行已经走进全国 54 座城市。随着曹操出行在每个城市大规模应用纯电动汽车，各个城市的充电桩布局也在逐渐完善。目前已经有国家电网、特来电等超过 200 家充电桩运营商和曹操出行的 API 对接，达成企业互联互通。

在曹操出行平台上有海量的充电桩数据，曹操出行 APP 司机端可以清晰显示距离最近的充电桩地点及数量等信息，而这些信息正是主机厂、地图公司需要的数据，以前导航到达目的地会推荐停车位地点，在未来也会推荐充电桩地点。例如，沃尔沃的纯电动车进入中国，一旦在车机端接入曹操出行的充电 APP，车主能清楚了解动态的充电桩布局，哪里有慢充桩、快充桩，哪些充电桩空闲，都能清晰可见。

二、努力：更安全、更智能、更具情感，成为一站式出行服务引领者

在曹操出行最新发布的企业文化中，将愿景定义为"更安全、更智能、更具情感，成为'一站式'出行服务的引领者"，从这一品牌愿景中，可窥见这个出行平台的发展理念，从曹操出行的发展脉络中，也可窥见这个独角兽企业为实现愿景进行的持续探索。

1. 更安全

众所周知，在出行行业安全是生命线，曹操出行更是将安全放在首要位置。坚持将服务做到以人为本，在网约车新政的规范下，坚守原则，始终把乘客的安全放在第一位（如图 2-21 所示）。

图 2-21　曹操出行的车外型

坚持 B2C 运营模式是曹操出行保障安全的第一道关。曹操出行的司机均为统一招募和管理，此外曹操出行还全面导入百年伦敦出租车司机管培体系，并且成立了曹操学院，培养优质服务专业司机。此外，曹操出行行业首创"驾驶员岗位素质测评模型"，在接受正式培训前，对每一位司机都需进行心理测评，测验显示，只有具备良好的情绪管控能力和健康的心理状态，才能完成报名。在正式上岗前，还需在曹操学院接受专业培训，培训内容涉及仪容仪表、服务标准、商务礼仪、医疗常识等，从而确保更好地为每一位乘客提供专业、优质、安全的出行服务体验。

除了对司机与服务进行严格把关之外，曹操出行还采取了多项举措保障出行安全。一是为保障司机与乘客出行安全，曹操出行为全车 5 座提供承运人责任险。二是在保护乘客隐私方面，曹操出行具有虚拟号码功能，乘客叫车后，司机端显示的是乘客的虚拟号码，这能在很大程度上保护乘客的个人信息。三是曹操出行 APP 具有"紧急求助""一键报警"功能，并可支持用户设置最多 3 个紧急联系人。

2. 更智能

2019 年 9 月中共中央、国务院印发的《交通强国建设纲要》中提到要大力发展智慧交通，推动大数据、互联网、人工智能、区块链、超级计算等新技术与交通行业深度融合。而曹操出行作为由主机厂打造的出行平台，在打造智慧出行方式上极具优势，曹操出行采用的是车联网技术，平台既能与司机端 APP 通信，又能和车辆进行互联。在派单前会抓取车辆剩余的续航里程，如果一个乘客需要去 50 千米以外的地方，系统就只会为续航里程大于 50 千米的车辆派单。除了随时抓取车辆的电量数据之外，曹操出行还在技术上有一套自己的精准数据算法，抓取车辆电子指南针数据以获得车头的朝向。

值得一提的是，曹操出行还能通过运营过程中对出行数据的积累研究用户需求，从而实现为出行市场制造定制车辆。据了解，曹操出行已经向吉利研究院提报了网约车专用车的需求。曹操出行正在定制的网约车专用车辆预计将于 2020 年上市，该车辆将充分运用伦敦电动出租车的经验，将实现充换电一体，并设置多元化空间布局，如副驾行李区等。

3. 更具情感

在曹操出行内部流传着"企业服务好司机，司机服务好乘客"的倒三角文化。如同曹操出行带给乘客的标准化服务，曹操出行平台在服务司机上也投入了极大的心血。为了提升司机群体的归属感、荣誉感和成就感，曹操出行特别成立了"曹操家园"司机俱乐部。据介绍，司机俱乐部会定期给司机举办生日会、外出团建等丰富多彩的活动，努力营造"家"的氛围。此外，曹操家园还会不定期地举办相关司机比赛，评选出服务典型，给全国司机树立榜样，并提供国外游福利，让优秀司机拥有荣誉感与成就感（如图 2-22 所示）。

图 2-22　曹操出行的驾驶员及车内饰

为了充分给司机群体带来便利，曹操出行司机端 APP 有许多人性化的功能设计。曹操出行的运营车辆主要为新能源汽车，充电成为司机的一个首要问题，而曹操出行司机只需要打开司机端 APP 的"充电桩"应用就可以查看到附近的充电桩位置以及对应的可用充电桩数量和充电价格，这一创新操作大大便利了司机充电。此外司机端 APP 的"生活服务"应用里还有卫生间、车辆维修点以及违章办事处的导航。以卫生间导航为例，司机可以随时查看分布在周边的卫生间情况，并一键导航前往。此外，曹操出行还会定期组织司机体检，关注司机群体身体健康。

4．"一站式"

即让用户享受到一步到位的便捷，提供全面、高效率的服务。曹操出行的产品服务类型十分丰富，除了具备基本的专车服务功能之外，还具备同城取送服务"曹操帮忙"，旅行与车辆短租功能"包车游"，移动电商平台"曹操商城"等。

为了让用户有更好的服务体验，曹操出行持续对产品进行优化更新，上线全新功能，针对性解决用户出行痛点。

如修改目的地功能，乘客行程中经常会遇到临时要更换目的地的情况，需要沟通司机重新确定目的地，而且对于行程费用没有明确预知，修改目的地功能上线后，乘客在行程中可以便捷地修改行程的目的地，而且修改后的费用公开透明，很好地满足了临时修改目的地的需求，也不需要和司机再三确认和沟通，极大地提高了出行的便捷性。

如多目的地功能，单个行程多名乘客且目的地不同时，以往都需要乘客指路至多个目的地，沟通成本高且对司机乘客极为不便利。多目的地功能上线后有效解决了这个问题。

例如，司机场站引导功能，以往对于地理位置复杂的地方如机场容易出现司乘互找难的问题。在场站引导功能上线后，当司机从机场接乘客时，场站引导会告知司机接乘客要具体前往何地，如何行驶，如何与乘客沟通。此功能上线后，该场景订单接客时长缩短 2 分钟左右，效率提升20% 左右，提高了司乘双方体验。

三、优势：平台先发优势明显

首先，作为中国第一个由汽车主机厂战略投资的网约车平台，曹操出行已经拥有包括车辆和庞大的出行数据资产、品牌溢价能力以及资源连接能力的先发优势。因为在新能源补贴滑坡前，曹操出行已经拥有 40000 多台自采车辆，并且储备了将近 100 个城市的网约车运营牌照，这是任何后来者都不具备的优势。在品牌溢价方面，曹操出行的口碑已经位居 B2C模式第一，良好的用户口碑，反过来又推动了曹操出行用户规模呈直线增长，并且获客成本很低。

其次，吉利产业链优势构筑竞争壁垒。曹操出行的所有运营车辆采购是直接从工厂到司机手上，没有中间商赚差价，而其他非主机厂的网约车平台不具备这样的采购优势。另外，曹操出行的专业网约车和自动驾驶网约车产品的开发和落地，可以得到吉利和沃尔沃不计成本的支持。

再次，巡游+网约"两车融合"是传统出租车行业转型升级的必然趋势，其盈利空间巨大，而重资产 B2C 模式的曹操出行在车辆和管理以及服务上具备两车融合的天然优势。目前曹操出行已经在汕头成功落地两车融合商业模式，杭州、厦门等城市已经在审批中。

最后，得益于创始股东吉利科技集团在出行领域的前瞻布局，目前曹操出行已经与掌上高铁、耀出行、易图通、空中出租车以及自动驾驶等平台牵手搭建完成了大出行产业的生态布局，一场出行行业的颠覆和变化已经在来的路上了。

曹操出行的绿色出行发展理念得到了多地政府等相关部门的大力支持，未来曹操出行不仅将继续让城市天空更蓝，让用户出行生活更美好，也将利用流动数据服务政府决策。

四、成就：后来居上，成 B2C 网约车平台第一

如今，曹操出行已经在出行市场摸爬滚打了整整五个年头，实现了从一个人到几千人的团队，从一座城市到 54 座城市上线运营，从投放 300 台车到 48000 辆电动汽车，从一个用户到累积超过 3330 万用户规模，从一个订单到日活跃用户 110 万以上，从国内到法国巴黎等众多国际市场……

四年多来，发展迅猛的曹操出行已经从单一的专车业务产品线构建起了大出行闭环生态群，其中，包车游、绿色公务、曹操商城、曹操帮忙等产品先后上线，丰富用户出行场景，夯实自身在出行市场的服务力和竞争力。

自上线运营以来，公车公营的曹操出行成为众多 B 端用户的首选，阿里、万科、京东、百度、中国银行等上万家攻企客户都在使用曹操出行。预计 2019 年 B 端收入将占到曹操出行整个营业收入的 15%，并成为盈利的最重要组成部分。

目前，曹操出行已发展成为中国第二大网约车平台，用户规模和口碑以及服务品质位居 B2C 网约车行业第一，更重要的是，曹操出行更是资本市场的香饽饽，A 轮融资时估值就已超百亿，并成为独角兽企业。

五、坚持绿色低碳发展，成为行业发展排头兵

曹操出行自成立之初起，始终坚持新能源专车运营，主力运营车型为帝豪 EV 系列。目前，曹操出行已成为浙江省省直机关、青岛市市直机关、国网电动、阿里巴巴集团等诸多政企客户的合作商，也成为了金砖国家税务局长会议等诸多重大会议的会务用车，这意味着曹操出行绿色低碳的出行理念与公车公营的运营模式得到了越来越多的认可，坚持新能源的差异化定位为其形成了鲜明的品牌形象，经过专业培训的司机服务也为其形成了良好的口碑。曹操出行取得以上成绩的同时，也经历了许多具有里程碑意义的大事件。2016 年 11 月 24 日，曹操出行成为浙江省省级单位公务出行定点租赁用车。2017 年 2 月 28 日，曹操出行获得首张新能源汽车网约车牌照，由浙江省交通运输厅下发，服务区域为全国。2018 年 2 月，曹操出行获评浙江省近零碳排放低碳试点企业。2019 年曹操出行联合中信建投、北银丰业发布行业首单绿色认证的资产支持专项计划。

另外，曹操出行为其他整车制造企业提供了一个绝佳案例，如今越来越多的整车制造企业进军网约车市场，更多的新能源汽车网约车出行平台出现，大大助力中国新能源网约车市场的规模与份额，而作为先行者的曹操出行可以说是功不可没。

曹操出行坚持走新能源道路，为减少碳排放提出独具特色的解决方案，同时鼓励用户积累个人碳资产，致力于推动我国绿色出行事业发展。在获评浙江省近零碳排放低碳试点企业后，曹操出行将继续坚持采用新能源车，并进一步探索出行减排方案，共建绿色低碳生活圈。对整个社会与行业而言，随着曹操出行未来的市场规模拓展，秉承用新能源汽车服务生活的理念，依托平台运营采集用户大数据，能够衍生出多领域的低碳产业。曹操出行通过构建低碳生态圈，小平台带动大资源，形成了一个绿色、低碳、可持续发展的循环模式。未来也将带动能源消费方式、企业发展方式和人们生活方式的整体变革，实现从高投入、高消耗的"经济增长方式"向低污染、低排放的"经济发展方式"的转变。

六、合法合规发展，成为行业典范

交通运输部发布的评论文章称，网约车企业是运输服务的提供者，必须承担承运人责任和相应的社会责任。检验网约车发展的标准不是"流量"或"估值"，而是人民群众的获得感。乘客和司机是网约车企业的"衣食父母"，是其走远做强的"资本"，正是他们的选择撑起了企业的"流量""估值"和持续发展。如果没有乘客和司机的选择，再大的网约车平台终将轰然倒塌。

各项网约车新政的出炉，也意味着网约车平台公司要接受来自国家层面更为严格的监管，之前网约车中存在的不规范、不透明、不合法等弊端将彻底消除。对于曹操出行而言，曹操出行一直在合法合规道路上发展着，公车运营，合法合规；司机是平台统一招募和管理，这样的模式，正是目前交通部给予支持和鼓励的。这一选择正是曹操出行对于网约车一直被诟病的车辆性能及安全问题的回应。统一车型既能快速匹配网约车新政对于车辆的要求，又能让用户的体验感保持一致，而认证司机则在一定程度上加深了用户的信任度。

曹操出行公车公营的运营模式也带动了整个行业的效仿，统一车型、统一招募培训司机，以点带面，推动整个行业向合法合规的方向发展。率先拿下国内新能源共享出行平台首张网约车牌照，更是对曹操出行发展模式的认可与肯定，未来曹操出行也将积极地与监管机构合作，努力配合政府，在法律框架下提高城市交通效率，在行业内做出表率。

七、未来：曹操出行大出行布局

站在国家的层面来看，发展网约车是未来的主要出行方式之一，也是科学发展的必然趋势。知名咨询公司罗兰贝格发布的报告称，至 2020 年中国网约车市场规模将达到 5000 亿元，其潜在市场需求达到 1.1 万亿元，约车/专车市场的潜在出行需求约为 1.1 亿次/天。网约车获得合法身份，等于将万亿级的出行市场打开。

网约车打开了一扇新经济的大门，并将构筑起一个新的生态圈。曹操出行作为国内首家获得线上服务能力认定的新能源汽车共享出行平台，将积极参与到出行行业中，利用自身优势资源，在这个万亿级市场中创造社会价值。

经过几年的沉淀，曹操出行不仅具备了强大的品牌张力，同时，还积累了丰富和扎实的出行运营管理经验等出行基本功，全新一轮扩张发展顺理成章。

为了让流量和运力以及市场规模得到快速发展，曹操出行将采取自营+加盟合规运力相结合的商业模式，从需求端和供给端双向出发，让线上流量和线下运力同步协调发展。

在线上流量方面，将进行多元组合。以曹操出行自有流量为主，以百度、美团以及高德等聚合平台流量为辅。在运力方面，充分利用好曹操出行和第三方高端出行品牌耀出行的自营运力，同时，大力发展加盟合规运力，提升市场占有率，加盟合规运力包括吉利经销商、对公加盟、出租车以及 C 端等合规运力。

在产品方面，曹操出行将继续以出行为核心，拓展增值业务和产品线，不断提高盈利能力。目前，曹操出行正在开发的产品有代驾、出租车、充电、金融服务等，未来的产品还将增加自动驾驶、快运、巴士、空中出租车等。

在前沿汽车科技领域方面，除了有自动驾驶车产品即将落地开花之外，基于以乘客为尊的理念，曹操出行还打造一款网约车专用车型。曹操出行将继续依托吉利控股集团平台的全方位资源（包括吉利、沃尔沃、汽车金融公司、融资租赁公司等），更好地推动曹操出行在车联网（人车智联）科技、新能源动力科技、自动驾驶/无人驾驶科技、飞行汽车科技四大领域的发展。

在专车未来愿景方面，曹操出行不仅是提供出行单一服务，而是成为更安全、更智能、更具情感的一站式出行平台引领者。运用云计算、无人驾驶、车联网、物联网、大数据等新技术及商业模式创新，并以客户为中心理念，进入可持续发展商业生态。

李克强总理曾指出：当今世界信息化浪潮席卷全球，大数据、云计算、物联网等蓬勃发展，使互联网时代迈上了新台阶，以大数据为代表的创新意识和传统产业长期孕育的工匠精神相结合，使新旧动能融合发展，并带动改造和提升传统产业，有力推动虚拟世界和现实世界融合发展，打造中国经济发展的"双引擎"。

网络约车也将成为共享经济和互联网经济的新引擎之一，推动中国经济"抢占先机、赢得未来"。作为车企转型出行的典型代表，曹操出行将不断先行先试，打造优秀样本，促进网约车行业快速、稳健发展！

爱驰汽车：一次穿越亚欧大陆的万里长征

爱驰汽车是一家创立于 2017 年 2 月的国际化智能新能源汽车公司，也是一家用户深度参与的智能出行服务公司。自创立之初，就以海内外双线并行发展，短短三年间，已在核心技术、产品研发、制造基地建设、市场渠道建设等方面取得显著成绩，并实现横跨欧亚的全球化布局。在发展上，爱驰汽车始终围绕用户第一性原理，持续深耕电动化、智能化两大核心技术领域，致力于以创新科技解决用户和行业的痛点。

2018 年 11 月 29 日，爱驰汽车旗下首款量产智能纯电 SUV 爱驰 U5 全球首秀，正式进入中国造车新势力阵营。2019 年 12 月 19 日，爱驰 U5 在海南万宁正式上市，凭借"以德服人"的产品品质获得行业与用户高度信赖。

一、勇于挑战，超越认可自我

对智能电动车新创企业来说，2014 年势如破竹的"造车运动"成功开启了中国智能电动汽车市场的新篇章。而这股势力在 2018 年达到巅峰后，大众对新能源车的新鲜感逐渐退却，传统汽车品牌大举进军新能源领域，造车新势力面临着空前的压力。此时的爱驰汽车，正处在第一台量产车发布和交付的时期。如果第一款车型不能按预期进入市场，那一定会在消费者心中留下"不靠谱"的形象，到那时市场开始上演优胜劣汰的自然规律，爱驰将面临前所未有的挑战。

对于爱驰汽车来说，2019 年是成败之年。为保证第一台量产车能顺利交付，爱驰汽车做了既近乎疯狂又极富挑战的一项壮举：由两辆 U5 原型车和爱驰工程师组成的测试车队从西安永宁门驶出一路向西，展开为期 53 天、横跨欧亚大陆 12 国、行驶总里程达 15022 千米的超长距离极限测试。

事实上，这一举动也是有风险的。从爱驰汽车联合创始人兼总裁付强的讲述中了解到，"在西安永宁门前亚欧挑战车队的发车仪式上，我亲手把这面队旗交给郭威的那个时刻，我的内心还是比较忐忑的。必须强调一下，这场横跨亚欧的挑战，从本质上来说就是用 U5 原型车、测试状态车辆进行的一次超长距离路试。我们自己也并不是手拿把攥，十拿九稳。说实话，谁也不敢打包票。能不能跑下来，途中会出什么问题？都是未知数。挑战很大！但是，挑战再大，我们也要做"。

　　这不是一场简单的整车测试，爱驰的研发、智造能力水平究竟如何？爱驰 U5 的产品实力究竟如何？爱驰的三电系统能否经受得住长途驾驶的考验？沿途的充电桩是否适配？这些问题不是一场简单的实验测试就能得出的结论，尽管有风险，但他们依旧决定要跑一次，跑一次别人没跑过的，跑一次别人不敢跑的，跑一次能打消人们对电动车顾虑的挑战之旅。

　　在这场距离最长、条件最为复杂的自然测试中，爱驰的工程师团队对 U5 车型从车身底盘、电池续航到充电进行的全面测试和评估；通过一般公路、高速公路、乡村公路、山区道路及沙石戈壁等各类典型工况，模拟用户使用情况，对整车可靠性进行了全面验证；爱驰汽车还沿路收集和积累了大量实际的欧洲充电数据，充分验证了爱驰 U5 与当地各个型号充电系统的匹配情况，不断对爱驰 U5 的充电系统进行升级优化，为更好地服务欧洲用户做了充分的准备工作。

　　幸运的是，在这趟旅途中，U5 不仅顺利完成了亚欧穿越的壮举，创下电动汽车驾驶距离（原型样车）吉尼斯世界纪录，向世界证明了中国智造的硬核实力；同时还获得德国莱茵 TUV 集团颁布的欧盟整车型式认证，成为第一个拥有欧洲市场销售资格的智能电动车初创企业。

　　跨越亚欧大陆的长途之旅，不仅印证了爱驰汽车具备扎实的造车基础以及向德系品质靠齐的智造水准，也让途中的消费者认识到爱驰汽车的品质和魄力，为爱驰赢得国际市场创造了机遇。

　　爱驰的成功，离不开高标准的要求，离不开专业的团队，更离不开扎实的技术功底……

二、以欧洲标准来开发产品

　　当前，中国新能源汽车的发展如火如荼，中国企业要走向全球就要打造符合国际规范的产品。因此，从最初的工厂建设、产品开发以及研发制造爱驰汽车都是按照欧盟标准来打造的。而旗下的首款车型爱驰 U5 更是一款在研发、生产标准上全部对标德系质量标准研发的产品。

此外，作为新势力造车企业，爱驰汽车始终遵循造车规律，传承德国制造的匠心工艺及质量管理体系，更是对品质的把控不遗余力。

三、具有德系背景的专业团队

爱驰汽车自诞生之初就秉承德系基因，拥有德系研发、制造的豪华阵容，在近千余人的技术团队中，多数管理层具有深厚的汽车行业和人工智能背景。其中，包括由奥迪"quattro 之父"Roland Gumpert 担任爱驰汽车首席产品官，将德国人对品质的极致追求带到中国；德国大众在华研发体系华裔工程师王东晨先生，作为爱驰汽车首席技术官，凭借 30 多年的汽车开发经验带领研发团队不断突破电动车整车平台技术；爱驰汽车动力总成副总裁吴畏先生，有着 28 年汽车从业经验，是德国大众在华新能源整车及三电系统研发第一人；拥有 31 年从业经历，曾负责上汽大众多项产品规划及项目规划的爱驰汽车制造工程副总裁林刚以及负责生产的爱驰汽车执行副总裁吴静女士等来自德系合资（大众体系）的研发、制造一线原班人马，他们传承了德系精工顶尖制造业的精髓，为爱驰的高品质产品打下坚实的制造基础。

四、德国工业 4.0 智慧工厂

爱驰汽车基于德国工业 4.0 标准打造的"物理+数字"超级智慧工厂，具备高度智能化、数字化、柔性化的优势，不仅拥有一整套德国大众的制造标准体系，在整个生产工艺流程方面，更是将其贯穿了产品开发、生产以及整个产品生命周期质量控制体系。

通过对标德系车的检测标准，对尺寸和制造工艺的严苛把控以及在全球一流合作伙伴的协同下，让爱驰汽车整车质量标准进一步向着德系品质靠齐。U5 基于爱驰正向开发的纯电整车 MAS 平台打造，在整个生产工艺流程方面，爱驰在一些领域的创新甚至可以达到世界领先水平，例如，人工智能视觉引导装配系统业内首创、世界领先，可以消除人工对车身调整的影响。国内首创双轨双驱激光雷达测量系统，测量效率已经达到了国际领先水平，实现多种车型快速高效的测量效率。

爱驰汽车具备扎实的造车基础，在传承工艺和品质的同时，还自研情感化、个性化的人工智能车联网，并实现具备自生长性的 L2+级自动驾驶技术。

五、扎实的技术功底

在消费者所关注的电动车核心痛点上，爱驰提出了多项独创、领先的技术。其中，MAS 平台是爱驰汽车专为纯电智能汽车打造的整车平台，可覆盖 5 种车系、15 款车型。

基于 MAS 平台打造的车身，最大的特点就是"上钢下铝、笼式结构"，巧妙地兼顾了平台拓展性、安全性、轻量化、刚度与维修成本之间的完美平衡，不仅为电动化平台的轻量化树立了新标杆，更为电动车的续航里程和被动安全性做出了重要贡献。

目前爱驰的电池包技术在行业内处于领先地位，电池能量密度达到 181Wh/kg，在已量产的产品中最高。独创的干湿分离"三明治结构"电池包解决了因电池冷却液泄漏导致的安全问题。

在电驱动技术上，爱驰自主开发智能高功率密度三合一电驱电控动力总成业界领先，具有轻量化、平台化和集成化、低成本、低噪声、高性能等竞争优势。

在充电解决方案方面，爱驰汽车以独有的技术理念，通过为整车配备绿色增程包，为用户即时补电，实现超长续航。此外，爱驰还自研了全自动智能移动充电机器人，把"车找桩"变为"桩找车"，是业内唯一的移动充电机器人解决方案。

在人工智能方面，爱驰汽车也投入了大量资源，围绕用户出行场景，爱驰把人机互联的精细化和连贯性做到极致，并真正意义上实现了 L2+级别的智能辅助驾驶能力。

华云数据：为企业量身定制云服务

华云数据集团成立于 2010 年，以推动中国行业数字化转型为己任，专注于为企业级用户提供应用创新的云计算服务，以帮助用户采用云计算提升 IT 能力，实现业务变革。华云数据主要向用户提供定制化私有云、混合云解决方案，同时还可以提供大数据服务、超融合产品、公有云和 IDC 转云等服务。2019 年 8 月，依托华云数据雄厚资源的国产通用型云操作系统安超 OS™ 正式发布，将为用户提供一款以安全可信为基础，以业务优化为核心的轻量级云创新平台，敏捷推动客户完成数字化转型。2019 年 11 月，华云数据推出了以安超 OS™ 为核心的全国产云基础架构平台"安超云一体机"。目前，华云数据凭借定制化私有云、混合云服务，在能源电力、国防军工、教育医疗、交通运输、政府金融等十几个行业打造了行业标杆案例，目前客户总量超过 30 万（如图 2-23 所示）。

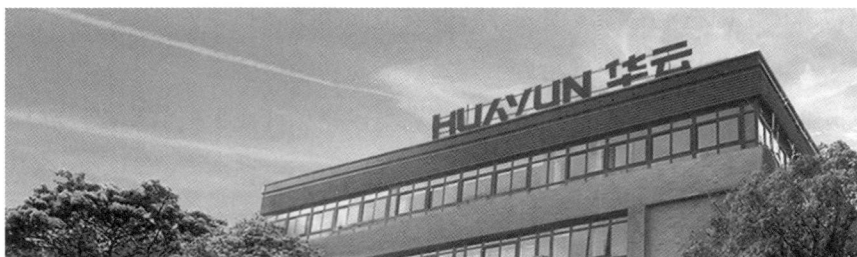

图 2-23   华云数据大厦

一、坚持自主研发，共建行业生态

华云数据坚持自主研发，获得了 500 多项知识产权，在私有云、混合云、公有云和超融合领域均通过了可信云评估，获得了软件能力成熟度模型集成 CMMI5 证书，拥有国家保密局甲级资质，是国家课题承接单位、中国互联网百强（2018，2019）、中国私有云前三甲企业。

2016~2019 年，华云数据集团连续四年被评为中国云计算、大数据独角兽，并于 2019 年晋升为中国云服务企业领域独角兽 Top3。2019 年 6 月，华云数据被 APAC CIO Outlook 杂志正式列为亚太区十大云计算服务提供商。2019 年 11 月，中国私有云权威报告发布，华云数据在领导者象限持续攀升。2019 年 12 月，国际权威分析机构 Gartner 发布 2019 年超融合魔力象限，华云数据作为中国独立云服务商上榜，并在多个子项目评分中位列中国第一。

华云数据积极推动云计算领域技术创新和行业标准的制定，推进云计算与社会各领域的融合。2019 年 1 月，华云数据联合中国信息通信研究院等共同发起成立"混合云产业推进联盟"。2010 年 1 月，华云数据担任了安徽信息技术应用创新产业联盟副理事长单位，由华云数据和中国声谷共同成立的安徽信息技术应用创新适配中心云计算实验室正式揭牌。目前，华云数据已经在几十家 IT 行业协会中担任相关职务，参与多本云计算白皮书撰写及相关标准制定，推动产业发展。

华云数据一直在完善产业链生态，与合作伙伴共建云计算生态圈。华云数据与国际领先 IT 厂商如 Intel、VMware、Dell/EMC、Citrix、Veeam、SevOne 等达成了战略合作，同时，华云数据也在打造自主创新的国产化生态，与鲲鹏、飞腾、海光、银河麒麟、中标麒麟、普华基础软件、金蝶天燕、武汉达梦、人大金仓、华宇、国泰新点、永中、荷月区块链、灵雀云、DaoCloud、臻合科技、XSKY 等厂商完成了产品兼容互认证测试，实现了从芯片、操作系统、中间件、数据库、应用、安全、PaaS 到行业应用全方位国产化适配工作，与合作伙伴携手为客户提供基于云计算的通用行业解决方案或垂直行业解决方案，推动中国企业全面上云。

二、开创国内敏捷上云之技术先河

华云数据集团旗下拥有多款核心产品，其中，国产通用型云操作系统安超 OS™ 以满足中国客户需求为己任，开创国内敏捷上云之技术先河。安超 OS™ 2020 为客户提供完整的一站式政企上云的云操作系统平台和生态解决方案，加速政府和企业上云的进程，推动企业数字化转型。依托国内雄厚的资源和国际领先技术，不断地进行云计算软件产品的创新、研发以及生态体系的拓展，推动全产业链健康发展，打造民族科技品牌。

安超 OS™ 2020 产品依托众多业界领先专利技术，提供包含操作系统、计算虚拟化、存储虚拟化、云管平台、云工作负载的迁移与自动化部署、应用商店等全栈功能，并拥有强大的全球生态整合能力。安超 OS™ 2020 具有无厂商锁定的特性，支持国内外主流品牌服务器，同时适配大多数芯片、操作系统和中间件。安超 OS™ 2020 能够帮助用户快速部署云计算或超融合方案，加速上云过程。

安超 OS™ 2020 可以帮助行业用户实现软件定义数据中心，完成转型实践，获得用户及合作伙伴广泛好评，并完成多项国家级权威机构评测及安全认证，成为应用创新的通用型云操作系统。

三、云基础架构平台的全国产化

"安超云一体机"是一款全国产化云基础架构平台，是拥有自主知识产权的产品，以华云数据 2019 年 8 月最新发布的国产通用型云操作系统安超 OS 2020 为核心，支持国产服务器操作系统，为政府和企业提供了完整的一站式安全上云解决方案和国产软件生态应用平台。

作为"安超云一体机"核心云操作系统软件的安超 OS 2020，是一套国产通用型云操作系统，从最底层的芯片，到硬件、软件、解决方案等各个层面都可以全面提供支撑，为不同的应用进行设计和优化，是一种横向扩展的软件集成基础架构。安超 OS 2020 支持混合负载，可为每类应用定制不同的存储数据块大小，也可为业务定义不同的数据副本与数据重构优先级；按需灵活扩容，支持异构硬件服务器构建资源池和新服务器进行横向扩展；所有管理策略以虚拟机和业务为核心，从根本上简化了存储管理，安装和配置过程只需分钟级别时间。

安超 OS 2020 与国产服务器、CPU 以及服务器操作系统的适配整合，打造了一款纯国产、高性能、操作简便的云一体机，让企业上云更安全、更便捷、更高效。

目前安超云一体机可以支持各类应用包括办公、核算、财务系统等。同时正在与区块链知名厂商荷月共同打造云链服务，构建面向全国辐射全球的国产化开放区块链生态体系。

四、领先的企业级云管理平台

华云数据 CloudUltra Ⓡ 4 为客户提供一站式全方位混合云 IT 管理解决方案，是集公有云、私有云、灾备、大规模集群、秒级扩容、容器编排、面向应用优化、高性能虚拟化、多云管理、运维支持、统计分析、大屏展示、自服务于一体的新一代企业级云平台。旨在为企业复杂的 IT 环境提供统一视角的私有云管理、混合云管理、智能运维、第三方资源纳管，并发挥混合云优势，提高 IT 运营效率、优化 IT 成本。企业级云平台 Cloud-Ultra Ⓡ 4 获得 2018 年最佳私有云解决方案奖、2018 年度最佳混合云平台奖、2018 年中国香港 IT PRO Corporate Choice 大奖。

五、最佳企业级超融合产品

华云数据企业级超融合产品是一套基于超融合架构的开箱即云 IT 基础设施平台，支持三种不同的技术路线，帮助客户快速搭建不同场景的云计算平台。一是基于 Citrix 平台，帮助企业快速构建桌面云平台；二是基于 VMware 平台，帮企业快速构建虚拟化平台；三是基于 OpenStack 架构自主研发的新一代企业级云平台 CloudUltra Ⓡ 4，帮助企业快速构架企业私有云平台。产品包括企业级超融合产品 H2CI™、VCF、vSANReady-Nodes，适用于企业 IT 基础架构、服务器虚拟化、小型私有云、桌面云等场景。企业级超融合产品 H2CI™ 获得了 2018 年度最佳超融合产品奖、

2018 年"腾云驾数"优秀软件产品。

六、高品质的公有云服务

华云数据高品质公有云服务涵盖"数据密集型"和"计算密集型"两大范畴，涵盖弹性计算、SDN 网络、云存储、云数据库、云通信、云安全、云迁移七大类云服务，帮助企业快速构建弹性、稳定、易用的公有云平台，降低开发运维难度和提升运营效率。同时还可以根据具体的客户需求量身定制传统 IDC 企业转云方案。

华云数据集团服务网络与技术团队遍布全球超过 15 个城市，为企业提供全方位的售前咨询、专业的解决方案推荐、强大的交付保障及 7×24+360°的技术支持，保障企业信息化体验和不间断地进行业务运营。

案例故事

创新赋能智慧医药

随着人工智能与大数据时代的到来，工业互联网、大数据科技等前沿技术都在医药产业的发展中发挥越来越重要的作用。华云数据助力上药控股有限公司（以下简称上药控股）打造了云平台，推动企业数字化转型，提升企业运营效率，推动医药产业向智慧化、数字化转型。通过云平台，上药控股实现了研发、生产、销售、服务与运营为一体的全面信息化业务协同与管控体系，消除了信息孤岛，资源利用率提高了 80%，运营效率提升 70%，成本降低 30%。加速企业数字化转型进程，为企业跨越式发展、各业态一体化运营及业态协同提供核心动能。

1. 问题与挑战

上药控股直属上海医药集团股份有限公司，是一家以药品分销为核心的全国性现代医药供应链服务企业。目前公司已在全国建立了覆盖 27000 多家的医疗机构终端网络，覆盖华东地区所有三甲医院，经营药品近两万种，与世界前 20 位制药跨国公司建立了重要合作伙伴关系，基本已实现工信部前 100 强制药企业品种全覆盖。

然而，伴随着业务的不断增长，上药控股亟须有效整合资源，为企业建立高效便捷的信息化系统，实现快速简便的流程管理和计算资源的高效利用、动态分配、灵活扩展，提高团队协作效率，增强企业运营水平。而华云数据则是其实现数字化转型的良好帮手。

华云数据的混合云融合了公有云和私有云，是近年来云计算的发展方向。私有云能够达到建设安全、自主、可控的云平台的目标，对企业用户来说数据存放在私有云中会更安全。但同时适量的公有云计算资源，可满足业务系统灵活性要求。华云云平台支持将公有云和私有云进行混合和匹配，以获得最佳的效果，提供管理的混合型 IT 战略，可以为企业 IT 提供灵活性和敏捷性，转移 IT 工作量，提升工作人员的工作效率。

2. 解决方案

华云数据为上药控股部署了云平台，在建设私有云基础上，扩展了公有云纳管能力，建设了混合云平台，提供统一视角的私有云和混合云管理、智能化运维、第三方资源纳管等，充分发挥了混合云管理优势，实现了集研发、生产、销售、服务与运营为一体的全面信息化业务协同与管控体系。

通过华云数据 CloudUltra Ⓡ，上药控股云平台形成计算、存储、网络资源统一建设、统一调配；数据资源集中管理，减少控股公司的运营压力，降低系统性风险。云平台提升了关键业务系统硬件处理能力，在业务应用遇到性能瓶颈时能动态调整，核心业务系统建设在使用传统设备的同时，可被纳管入云计算平台，得到充分利用，满足迅速增长的业务需求。

上药私有云平台打破了 IT 资源孤立现状，实现了数据统一集中管理，各控股公司的信息系统统一部署在上药私有云中，提高了资源利用率。资源统一调度，使业务系统和设备工作相匹配，不会产生闲时资源浪费、业务潮涌时超负荷工作的情况。随着系统数量的不断增长，运维管理的难度反而比传统模式更为简单，成本更低，新平台可以更加有效地管理和监控各种资源和系统，减轻了维护人员的负担，提高了工作效率。

未来，华云数据将助力更多行业及企业，在安全、服务、效率等方面不断升级，提升行业创新能力，推动医药及更多行业向智慧化、数字化方向转型。

景域驴妈妈：将旅游扶贫落到实处

景域驴妈妈集团是中国领先的旅游产业链一站式服务生态圈企业，旗下拥有奇创旅游集团、景域景区智慧运营集团、驴妈妈旅游网、景域旅游投资集团、景域旅游营销集团、景域智能科技公司等以及国内外几十个分支机构，已连续八年进入"中国旅游集团 20 强"，入选"2018 中国服务业企业 500 强"，被评为国家高新技术企业、贸易型总部企业。在决胜小康社会的重要历史关头，驴妈妈更是用自己的力量，为国内旅游扶贫做出了巨大的贡献，将旅游扶贫真正落实到实处。

一、旅游助力脱贫攻坚和乡村振兴

中共中央办公厅与国务院办公厅印发《关于支持深度贫困地区脱贫攻坚的实施意见》的通知指出，西藏、四省藏区、南疆四地州和四川凉山州、云南怒江州、甘肃临夏州（以下简称"三区三州"）以及贫困发生率超过 18% 的贫困县和贫困发生率超过 20% 的贫困村，自然条件差、经济基础弱、贫困程度深，是脱贫攻坚中的硬骨头，补齐这些短板是脱贫攻坚决战决胜的关键之策。

2018 年是打好脱贫攻坚战的关键一年，在中共中央、国务院发布《关于打赢脱贫攻坚战三年行动的指导意见》中，其中五处提到"三区三州"。2019 年，文化和旅游部、国务院扶贫办共同主办"三区三州"旅游大环线推介活动，并成立"三区三州"旅游大环线宣传推广联盟。两会期间，"乡村旅游""旅游扶贫""三区三州""大环线"等成为频繁出现的热词。

旅游业就业带动力强，产业整合性高，资源消耗量小，可以快速有效地促进当地居民就业、带动当地农民增收、推动当地基础设施完善，同时侧面实现自然环境的保护。通过产品建设引客流、设计招商丰业态、公服提升优设施、文创农品促二消、营销宣传彰品牌五大路径，全方位助力三区三州旅游业品牌营销、热点打造、设施完善、产业升级，实现旅游助力脱贫攻坚和乡村振兴。

二、聚合发力，赋能三区三州

景域驴妈妈集团囊括文旅融合时代旅游业发展所需的三个核心驱动力：旅游目的地运营能力、互联网渠道能力和智慧智能服务能力，旗下多个板块彼此联动，聚合发力，系统地提升中国旅游市场的创新发展（如图 2-24 所示）。

图 2-24　三区三州旅游宣传广告

景域驴妈妈集结旗下三大集团旅游规划策划专业实力、互联网渠道营销能力、目的地运营及产品研发创新力,通过旅游策划规划、投资建设、运营管理、品牌营销、互联网渠道以及 IP 产品输送,从扶贫扶智、统筹规划、产品研发、互联网渠道营销等多个方面赋能旅游目的地及景区运营发展。

景域驴妈妈集团几大板块彼此联动、聚合发力,实现生态闭环,以旅游扶贫全生命周期的运营服务能力,赋能三区三州。主要包括:

1. 奇创规划

旅游规划设计甲级资质及城乡规划、建筑工程等相关资质,并且有超1700 个景区、目的地政府、旅企服务案例。参与《西藏易贡藏布旅游区资源普查及(国家公园)总体规划》项目、《西藏阿里地区旅游文化资源普查及旅游文化产业发展提升规划》,助力世界第三极国家公园建设战略的实施。

2. 驴妈妈营销

为"三区三州"地方政府策划和执行定制的特色旅游节庆活动,整合驴妈妈及各种媒体渠道资源,共同宣传推广节庆活动,同时也为"三区三州"地方政府到长三角地区(上海、杭州、苏州、南京等)做线下营销推广活动(如推介会、发布会、招商会)提供专业服务(如图 2-25 所示)。

图 2-25　驴妈妈旅游扶贫项目展示

3. 驴妈妈旅游网

线上渠道上线"三区三州"相关旅游线路产品，同时发挥驴妈妈旅游网自驾游板块在行业内的优势地位，率先于全网推出深入"三区三州"旅游大环线秘境内自驾游产品，为区域景区和目的地输送游客。目前已成功举办覆盖川藏线、甘南房车自驾、川西天全县等深度贫困区域的多场自驾活动。

4. 鲸鱼文创/星擎文化

协助"三区三州"区域内目的地 IP 打造，以文创的力量推动三区三州范围内优秀文化活化保护，并推动文化的传承与推广。

5. 目的地运营集团

为"三区三州"及沿线旅游目的地输出品牌并合作开发驴妈妈集团自有 IP 产品（如野奢度假酒店 IP 等），提升旅游目的地的旅游产品和服务质量，提升旅游供给侧水平和能力。同时，提供专业的旅游景区运营管理服务，以营销外包、特许运营、委托管理、合资公司等多种形式，挖掘旅游景区及目的地的发展潜力，提升市场营销与运营管理水平，创造更大的经济与社会价值。

6. 景域产业基金

联合合作伙伴，提供资金支持，助力"三区三州"旅游产业升级，打造区域内旅游 IP 品牌标杆。例如，与国开行合作，战略支持西藏深度贫困地区精准脱贫。

该项目由国务院扶贫办开发指导司、人民日报社扶贫办、中国银保监会扶贫办、中国证监会扶贫办和河南省扶贫办作为指导单位，人民日报社《国际金融报》与商丘市人民政府共同主办的"中国第三届资本市场扶贫高峰论坛"上，驴妈妈荣获 2019 年度最佳创新扶贫奖（如图 2-26 所示）。

三、扶贫扶志扶智相结合，文旅经验专业赋能

1. 2018 年西藏易贡藏布旅游资源普查暨总体规划

2018 年开始，景域驴妈妈旗下奇创旅游集团国家公园与产旅融合中

图 2-26　驴妈妈旅游扶贫奖

心先后参与《西藏易贡藏布旅游区资源普查及（国家公园）总体规划》
项目，采用国家公园理念，助力地球第三极建设（如图 2-27 所示）。

图 2-27　西藏易贡藏布旅游资源普查暨总体规划

2. 阿里地区旅游文化资源普查暨旅游发展产业提升规划

同时，奇创也参与《西藏阿里地区旅游文化资源普查及旅游文化产业发展提升规划》项目，以"原生态、轻资产、科技化"的国家公园发展理念进行旅游发展提升规划和项目创意，对阿里地区旅游发展和社区发展、旅游扶贫、乡村振兴、产旅融合之间关系进行研究，探索旅游产业扶贫立体路径，力图以品质旅游撬动打造生态优先、富民兴边的阿里样板。

3. 当雄全域旅游发展总体规划

奇创旅游集团对接拉萨创建国际文化旅游城市发展要求，主动承担拉萨北部旅游门户窗口、拉萨国际文化旅游城市的生态第一县的旅游角色，重点打造神山、圣湖、温泉、冰川、湿地、草原"六脉神剑"系列主题产品。

4. 奇创开启与国开行的全面合作，支持西藏深度贫困地区精准脱贫

2018 年 4 月，奇创专家授课由国家开发银行举办的为期三天的"开发性金融支持西藏深度贫困地区精准脱贫地方干部研讨班"，为智慧赋能西藏扶贫献言献策。同时，景域驴妈妈与国家开发银行签署战略金融协议，共同致力于东西部旅游扶贫。

5. 助力林芝全域旅游高峰论坛成功举办

2018 年 9 月奇创旅游集团助力林芝举办"藏博会林芝分会场暨 2018年西藏林芝雅鲁藏布生态文化旅游节林芝全域旅游高峰论坛"，并与林芝市人民政府签订战略合作框架协议，助力林芝在推动全域旅游中实现转型升级与跨越发展。

6. 协办山南旅游文化发展论坛

山南市旅游发展局与景域驴妈妈集团联合主办"2019 中国西藏雅砻文化节——山南旅游文化发展论坛"。聚集多位行业内知名专家学者为山南文旅产业发展出谋献策。会上，山南市旅游发展局与景域驴妈妈集团签订了战略合作协议。

7. 授课"黄埔·普洱文化旅游人才专题培训班"

奇创旅游集团在全力支持黄浦区全域旅游规划发展的同时，参与上海黄浦区旅游局对口帮扶云南省普洱市旅发委所举办的文化与旅游经营管理人才专题培训班，奇创实战培训课题吸引了 140 余家各级旅游管理部门和旅游企业报名参加培训。

8. 临夏州中国旅游大讲堂，探讨"智力扶贫+产业扶贫+互联网扶贫"新模式

中国旅游协会和临夏州委、州政府举办"中国旅游大讲堂"培训会，景域驴妈妈集团受邀参加授课，探索出的智力扶贫+产业扶贫+互联网扶贫模式，作了题为《旅游目的地创新的必要性与可行性》的专题培训。

四、产品研发与产业驱动，激发内部生产力

四川九龙：农旅电商扶贫奇创与九龙县携手探索"农旅+电商"创新模式，打通信息化在农村的最后一公里，深度助力乡村振兴。目前已合力完成县、乡、村三级全覆盖的电商服务体系搭建及县级农村电商服务中心和镇级农村电商服务点建设、整合资源并规范化建设物流系统、品控系统、溯源系统及线上销售系统。同时依旗下鲸鱼文创设计优势，打造了"四川秘境·九龙五朵金花特色农产品"，全力助推九龙县政府创建省级内贸流通服务业示范县。

2019 年，奇创旗下鲸鱼文创启动"让非遗活起来——基于互联网思维的非遗文化传承与推广"项目，在方案中已将"三区三州"优秀非遗文化纳入项目开发名录，将以文创的力量推动三区三州范围内优秀非遗文化活化保护，并推动非遗文化的传承与推广。

五、互联网基因优势，为旅游发展牵线搭桥

2019 年 4 月 27 日，文化和旅游部主办的"心灵四季·美丽中国"盛夏旅游推广季启动仪式在浙江义乌隆重举办，重点推出了多项旅游产品。

其中，"三区三州"旅游大环线推广作为此次活动的重头戏，彰显了文化和旅游部对脱贫攻坚事业的积极作为（如图 2-28 所示）。

图 2-28　"心灵四季·美丽中国"盛夏旅游推广季启动仪式

1. 推出驴妈妈"老乡，你好"自驾扶贫主题活动

驴妈妈扶贫自驾游活动结合落地城市的自驾旅游资源，根据贫困地区实际情况设计出贴切详尽的扶贫自驾线路，招募自驾发烧友和社会人士共同出发前往贫困地区（如图 4-29 所示）。

图 2-29　驴妈妈"老乡，你好"自驾扶贫主题活动

2. 驴妈妈旅游网线上渠道上线相关产品

2019 年 5 月 20 日，驴妈妈旅游网手机 App 端隆重推出"旅游扶贫"板块，以"三区三州"旅游大环线为基础的众多旅游线路正式上线。同时发挥驴妈妈旅游网自驾游板块在行业内的优势地位，率先于全网推出深入"三区三州"旅游大环线秘境内自驾游产品。截至 2019 年 10 月，驴妈妈相关各类产品影响游客近 200 万人次，订单近 3 万笔，充分发挥了平台渠道作用，助力三区三州脱贫致富（如图 2-30 所示）。

图 2-30　驴妈妈旅游网线上渠道上线相关产品

3. 景域驴妈妈集团发布"三区三州"旅游大环线自驾路书

2019 年 10 月 15 日，由文化和旅游部、西藏自治区政府主办的"三区三州"旅游大环线暨西藏旅游推介活动在拉萨举办。文化和旅游部党组成员、故宫博物院院长王旭东、西藏自治区副主席多吉次珠出席活动并讲话。景域驴妈妈集团受邀出席并现场发布"三区三州"旅游大环线自驾路书。未来景域驴妈妈将深化、做精"三区三州"旅游大环线自驾路书正式版，并计划于 2020 年 3 月发布。

附：驴妈妈创始人对先游后付阐述

先游后付

——我的梦想和使命

企业家生命的驱动力有两种，刚开始是梦想，发展到一定阶段是使命。每一个企业家都有梦想和使命，每一家企业都有责任和担当。

我一直在思考该不该改变行业惯例做"先游后付"？能不能顶住各方压力？经过多番思量最后还是坚定决心投入 100% 力量去做。终于，这个产品在 2018 年 11 月 30 日在第三届中国旅游 IP 高峰论坛上与大家见面了。

为什么做"先游后付"？做任何事情都要想到谁会从中受益，如果这件事情借助了时代动力又具有明天属性，对消费者有益、利民同时还对产业对国家有贡献，那就一定要去做。我认为"先游后付"就是这样的事情。作为一家企业，首先要活下来，然后还要多考虑企业的社会价值，社会价值会增加市场价值的乘数效应，这是所谓的"家国情怀"。什么是企业？德鲁克说：企业是为解决社会问题而生产的（如图 2-31 所示）。

图 2-31　驴妈妈创始人、景域集团董事长洪清华

一、使命：破解行业信任危机

2018 年全国旅游业对 GDP 的综合贡献为 9.94 万亿元，占 GDP 总量

的 11.04%。旅游业直接就业 2826 万人，间接就业 5165 万人，占全国就业总人口的 10.29%。中国庞大的人口基数、广阔市场、消费升级、产业政策所带来的融合效应给行业发展带来前所未有的动力。但同时，游客时有抱怨，旅游企业也活得并不轻松：3 万多家景区 80% 亏损；1 万多家商务酒店集体性亏损；超 2 万家旅行社在困境边缘；天价虾、天价鱼事件让游客在景区不敢吃；强制购物让游客在景区不敢买，没得买；低价团、零负团费导致偶有导游甩团事件。这些都是旅游行业产业升级、新旧动能转换中出现的问题，它呈现了一种旅游业经营者和游客"双输"的局面。与其说是整个行业信任体系出现问题，还不如说要重构整个行业生态，改变行业商业模式，形成产业共同体。

旅游是服务经济、实体经济更是体验经济。体验经济的特点是 10-1 不等于 9，而等于 0。全程开心的旅行，最后一个环节没做好，就会前功尽弃。例如，回程落地突然丢了行李，整个旅行肯定就会感觉糟糕透了，哪怕前面的旅行体验甚佳。旅游行业的产业链很长，涉及吃、住、行、游、购、娱等各环节，能让游客在整个旅程中都感觉愉悦，需要跨公司协同、跨领域合作、跨行业服务，绝不是一件简单的事情。这就需要整个行业携起手来，整合企业、政府等各方力量，构建新的商业模式，业务共生、生态共建、利益共享，形成利益共同体、责任共同体、认知共同体，最终成为命运共同体。建立命运共同体，是促进文化旅游行业转型、创新发展、消费升级的必由之路。

命运共同体，其精髓在于诚实和信任，其实质是在尊重市场机制的基础上，各方都遵守所订立的基本底线和契约，是一种旅游业内部的"生态契约论"。

二、情怀：让游客自由而有尊严行走

驴妈妈旅游网作为一家企业，能做什么呢？我们的初心是"让游客自由而有尊严地行走"，"愉悦你心"是驴妈妈的使命。驴妈妈要在企业和游客之间，先迈出一步，推行"先游后付"。"先游后付"（Easy Go，Easy Pay）是驴妈妈针对符合条件的用户提供的一种"先游玩后付款"的创新型旅游体验。"先游后付"创建了一个旅游生态命运共同体，在共同体成员之间彼此信任、相互监督、协同发展的基础上参照游客意愿去提升供应链及导游服务质量。当然，打破以前商业模式也会带来很多问题，例如，会改变公司的现金流、游客会变得挑剔、投诉量增加、没付钱甚至不付钱带来的高成本等。这些问题使起初我们内部反对"先游后付"的声音更多，但当我每次跟国家文化和旅游部、跟上海市的相关领导、跟有关省（市）长谈我们的理念与做法、跟我们热心的用户讨论未来的产品和服务、跟旅游业的同行和朋友在聚会上谈实行"先游后付"的可行性时，得到的却都是诚挚的鼓励和支持、专业性的建议指导以及对重构旅游行业信任体系的期待和憧憬——这些力量足够让我们坚定前行（如图 2-32 所示）。

图 2-32　先游后付宣传广告

三、创新：为解决信任问题而研发

"先游后付"不仅是一种支付方式，而且也是产品革新、服务革新、流程再造的过程。

驴妈妈通过"精选合作伙伴、严选整体爆款、优选旅游导服标准"

三个"选"来做产品。游客只要预订"先游后付"产品，即可享受"三大权益、六大保障"。三大专属权益：专属 VIP 一对一服务、赠送旅游意外险以及价值 666 元专享礼包券，为游客打造极致服务与度假体验。六大保障：针对跟团游出行各环节中担心存在的行业违规现象，提供安心住宿、放心餐食、精心游玩、闲心购物、贴心导服、省心交通六大服务保障，设立"先游后付"保障与相应的赔付标准，承诺不满意就赔付，让游客轻松无忧出行。

四、共赢：多省市成立"先游后付诚信联盟"

"先游后付"创建了一个旅游生态命运共同体，在共同体成员之间彼此信任、相互监督、协同发展的基础上，参照游客意愿去提升供应链及导游服务质量。

目前，已在陕西、广西、河南、山东、西藏等省市构建"先游后付诚信联盟"。该联盟是由当地政府机构发起，当地重要旅行社、景区、酒店等参与，一起形成风险共担、利益共享的命运共同体。加入联盟的旅游机构，将具有竞争力的产品加入驴妈妈先游后付产品专区，供游客购买，有效推动当地旅游产品转型升级，给游客创造更好的旅游体验（如图 2-33 所示）。

图 2-33　驴妈妈"先游后付诚信联盟"

自"先游后付"产品上线以来，产品、服务不断持续优化升级。产品覆盖境内外数十个重要旅游目的地，总成交金额已达千万元。游客评价普遍较高，没有产生恶意赖账的情况，之前行业普遍担心的问题并未出现。而在多地政府部门的推动下，各地旅游企业也纷纷加入，越来越理解、支持"先游后付"这种创新型的旅游方式。

对目的地，"先游后付"意味着驴妈妈先游后付赋能当地旅游，助力当地品质旅游信任体系升级，联合举办先游后付发布会，形成新闻效应和引爆点，以此提振当地品质游的传播声量、市场信心和游客期待。

对供应商，"先游后付"意味着旅游产品会在流量分配、营销推广方面获得平台特别对待，刺激更多供应商为争夺平台更多资源分配而不断优化产品，加入"先游后付"。

对游客"先游后付"意味着在行程中无须担心存在行业违规现象，全程无忧保障，行程公开透明，解决了传统旅游维权投诉周期较长的问题。培养逐步形成良好消费习惯，不再一味追求低价，而是更为在乎品质。

"先游后付"还是驴妈妈大力推进"信易游"的重要举措。"信用越好，旅游越容易"——以信用为担保的先游后付必将成为旅游出行的新常态。信用让消费更放心，信用也该让旅游更顺心。

五、因为相信所以看见

我相信：只要"先游后付"设计合理、执行到位、各方支持，就一定会让游客的旅行更愉悦、更有保障，旅游产业链上的各企业的生意一定会越来越好，政府也一定会更省心更放心，这是惠民、利企、报国的好事。它不仅是一种流程再造，更是饱含服务之心的承诺。在新的商业模式探索的过程中，艰难险阻肯定很多，失败的结果也大有可能，但相信才能看见，创新才可发展，尝试才有收获，执着方成大事，也请大家多一分支持和宽容，少一分嘲笑和苛责，共同呵护"先游后付"在风雨中茁壮成长。

我一无所有，却又万事俱备。我向现实猛进，我向梦境追寻。驴妈妈人总是把自己比喻为旅游业的珊瑚虫，用自己的身体堆出岛礁，冲出海面，哪怕为旅游业的一点点进步，献出自己的身体，也在所不辞。先游后付，是我们践行使命的行动，希望国家、社会、企业、游客能理解驴妈妈人的信念、梦想和初心，共同积极参与到这场深刻的行业变革中来。

"先游后付"，愉悦你心！为未来，一起来！

伟东云教育：为客户创造价值

"一路上，同学们讨论着这节课会做什么实验呢。走进实验室，只见桌子上摆着一副眼镜。这让大家更疑惑了，用眼镜干啥？这节课的黑板都变了样儿，大家都在小声议论着。"

"戴上眼镜，真神奇！超大的电脑屏幕上放出了宇宙中的小行星，太空中有双子座、巨蟹座、金牛座、天狼座、白羊座等。下课铃响了，同学们走出教室，有的说太突然了，有的说太好玩儿了。我感叹着，太神奇了，这是一副多么有趣的眼镜，太空真大呀！"

"这堂课是我三年级中最有趣儿的一节课，如果世界上有一部时光传送机的话，我会用这部时光机把我送回 VR 的课堂，我觉得 VR 最有趣了。"

……

上面摘录的是湖南省邵东市杏园小学率先使用伟东 V 视界教室上课的场景。根据杏园小学科学老师张倩的介绍，这是 2019 年 11 月 6 日在该校 V 视界教室为三年级学生开展了一堂有趣的 VR 体验课后，十几位同学回忆自己上课的独特感受。

通过这些小学生的描述，我们可以知道同学们对这节不同寻常体验课的实际感受与深刻印象，而提供相关技术支持的便是介绍的这家企业——伟东云教育集团。

一、经营理念，贯穿始终

伟东云教育集团创立于 2012 年，总部位于山东青岛。2019 年 12 月，在由中国人民大学中国民营企业研究中心联合青岛市人民政府共同举办的"全球独角兽企业 500 强大会"上，伟东云教育作为互联网教育领域中的一匹黑马从青岛众多国际知名品牌中冲杀出来，荣膺"全球独角兽企业 500 强"称号。而荣誉的背后所折射出来的则是伟东云教育"以客户为中心"的企业经营理念。

"业绩第一、产品为王、用户至上、服务为本"，这是伟东云教育集团董事长王端瑞在 2018 年提出的企业经营管理四大理念。伟东云教育顺应创新与转型的时代风向，在企业发展中总是把为客户服务摆在第一位。"用户至上"强调的是企业对待服务对象的态度，满足用户需求也是公司经营中首先要考虑的问题。

企业生产产品的终极目的是为了满足用户需求，要为用户解决核心痛点，就需要打造过硬的产品与服务，然后才能拥有足够的市场竞争力和企业影响力，从而实现业绩突破，创造企业独特的价值。"业绩第一"自然是企业赖以生存和发展的基础，也是"活下去"的根本保障。而"产品为王、用户至上、服务为本"则无不体现着"以客户为中心"的思想理念。

"以客户为中心，以奋斗者为本，长期保持艰苦奋斗，持续坚持批判与自我批评"，正是在学习华为的过程中，伟东云确定了这样的核心价值观。伟东云教育始终以用户为导向，不断强化"产品为王、用户至上、服务为本"意识，并把这种意识转化到为客户的全程服务中，转化为研发出优质的企业产品。

伟东云教育首先从产品设计与研发的角度来努力满足用户需求。

二、满足客户需求，打造产品设计三步曲

"以客户为中心"一直是服务行业，特别是大众型服务行业的服务理

念。教育科技类企业通常只是强调功能强大、技术先进，而对产品的人性化设计往往重视度不够。产品设计的实质是设计人自身的生存与发展方式，这不仅是设计产品本身，也是通过正确的设计思想来体现人的价值。换言之，产品设计既要实现"产品的物化"，同时又要实现"产品的人化"。但是在很长一段时间里，"产品的物化"获得了过多的关注，而"产品的人化"则被忽略了。

当下，"以产品为中心"的设计理念已不再满足市场和用户的需求，而"以用户为中心"的设计理念则以其对用户的尊重越发赢得越来越多企业的认同。自成立伊始，伟东云教育就确定"缩小教育差距，促进教育公平"的企业使命。通过教育信息化来努力贯彻并落实习近平同志关于"建设'人人皆学、处处能学、时时可学'的学习型社会"，实现"让亿万孩子同在蓝天下共享优质教育、通过知识改变命运"的目标。伟东云教育积极探索、勇于创新，不断打造能够满足客户需求的产品，紧紧围绕"客户"一词开展企业服务。

"以客户为中心，为客户创造价值"不仅是产品设计的核心，也是伟东云教育一切工作的起点。怎样以客户为中心进行设计，这里总结了以下三步：

第一步：客户需求排序

客户需求是产品设计的起点。如果没有客户需求，产品开发就像盲人摸象。所以在产品开发前必须明确客户需求，同时做好需求排序工作。

第二步：设计创意风暴

明确客户需求是设计有竞争力的产品的必要条件，而非充分条件。在明确需求后，就要开始对产品进行设计分析与创意。此时切不可忽略对产品本身最基本的特征进行分析评估。

第三步：开发策略规划

有了对客户需求的正确理解及好的设计创意，接下来就可以提炼有竞争力的产品设计方案了。有竞争力的产品设计方案是基于特定时间、地点及特定竞争对手、环境而言的。好的产品设计方案并非一蹴而就的，这需要一个分析和逐步收敛的过程，最终才能得到可行的产品开发策略规划。

三、用户至上，服务为本

以客户为中心，根据客户需求提供让客户满意的服务，在伟东云教育人看来，这也是在努力创造自己独特的企业价值。也正是因此，"满意的服务"被视为每一个伟东云教育人所追求的永恒目标。

让我们来看这样一个服务案例——

一次，青岛市电教馆要在青岛 28 中举办公开课评选，负责主讲的彭老师则是一位产后刚刚回归工作岗位的年轻母亲。"为什么会是我！我中午还要回家喂奶，而且从来都没参与过这种活动，俗话说'一孕傻三年'，我该怎么办，我什么都不会啊！"彭老师无助道。望着眼前这位焦躁不安而又初为人母的小老师，负责与其对接的伟东云教育山东大区的工作人员刘老师则是感同身受，因为她也是产后刚刚回归岗位不久。刘老师很自信地安慰对方道："老师，您先不要着急，教课的事您来做，其余所有的事情都交给我就好！"

在接下来的一周里，刘老师早出晚归，天天泡在对方办公室，手把手地教对方使用平台，备课试讲、学生培训、设备调试、安排场地……时间长了，两人也渐渐熟悉起来。最终，在伟东云教育工作人员刘老师的帮助下，彭老师的公开课获得了青岛市融合优质课二等奖。知道获奖消息后的彭老师也是立刻就给刘老师打来了电话。"谢谢你，刘老师，要不是你天天手把手地耐心教我，我是不可能学会使用平台上课的！你不知道，我对计算机一窍不通，当初接到让我讲课的通知时，我觉得自己肯定不行，不过多亏有你，真是要好好感谢你！以前只觉得利用平台讲课是给自己增添了负担，现在熟练后却又发现离不开它了，咱们平台上的资源非常好用，我学到了很多东西，真的很感谢你！"电话那头的感谢也正是对伟东云教育人最大的肯定与鼓励。

四、以客户体验作为唯一衡量标准

谈到创新，人们可能首先会想到怎样去创造一个还没有的东西。而作为一家教育科技企业，伟东云教育考虑更多的则是如何把现有的产品做得更好，如何提升客户的体验感。

可以说，所有技术创新的唯一衡量标准就是客户体验。考虑用户在什么环节使用何种设备最方便，设备的屏幕大小是否合适、信息是否丰富、用户点击是否便捷，相关功能与服务是否能满足用户所有的需求等，这些便是伟东云教育"从客户开始的创新"。

教育资源公共服务平台、智慧教与学平台及人人通平台，无论是产品定位还是功能设计，都是伟东云教育为满足客户需求而悉心研发的。在此基础上，产品功能又沿纵深化方向发展，从为"购买者"服务向为"使用者"服务转变，陆续开发出教研平台、教学平台、学科工作室、教学质量评价系统等一系列产品，能够满足日常教学中各环节的多种需求，实现为使用者服务的目标。

作为互联网教育平台运营商，伟东云教育的许多产品还可为开发者（第三方卖家）服务，通过向第三方开发者提供 PaaS 层的技术服务支持，提供其他平台所不能提供或缺乏教育属性的教育技术服务，从而为中小互联网教育企业有效节约开发时间与开发成本，构建起一个良性的互联网教育行业竞争生态。

正是凭借着"以客户为中心"的企业经营理念，伟东云教育树立起了良好的用户口碑。而无论项目利润多少，伟东云教育总是习惯性地将客户需求放在第一位，以满足并创造客户需求为己任，而这也正是伟东云教育与传统科技企业最大的不同。

五、实际行动，促教育公平创新发展

以"成都市武侯区'云+端'教育信息化项目"为例，该项目不仅是中国教育部 2019 年度"智慧教育示范区"入选项目，同时也是西南地区教育领域首次以政府购买企业服务的方式，进行区域整体教育信息化建设工作。武侯区教育局希望以此为契机，在西南地区打造国内领先的区域教育信息化示范基地，促进西南地区教育公平与创新发展。

伟东云教育依托规模庞大的教育专属云计算数据中心，并结合区域教育特点进行教育信息化建设整体部署，为武侯区打造了能够满足教研、教学和学习需求的教育资源公共服务平台——武侯三顾教育云平台。该平台能够为全区师生提供与课程建设、学校特色相适应的教学应用，实现一体化、全方位的运营服务。在项目建成后，武侯区域校园信息化网络和终端得到全面升级，实现了师生移动端、教室云、校园云、区域云的互联互通以及教育数据的标准化和系统化建设。

"青岛市教育资源公共服务平台项目"同样是中国教育部 2019 年度"智慧教育示范区"入选培育项目。根据《青岛市"互联网+"教育三年行动计划》，青岛市拟在全面实现"网络宽带校校通"和"优质资源班班通"的基础上，完善青岛教育资源公共服务平台建设，让全市中小学师生拥有满足学习需要的网络数字资源，有效实现信息技术与教育教学的深度融合。

由伟东云教育打造的青岛教育资源公共服务平台，除建有基础教育信息数据库、素质教育资源数据库之外，还拥有丰富的数字化网络教学资源。通过统筹规划和顶层设计，引入丰富的第三方教学资源与应用，并与电子书包、智慧教室、同步课堂、名师/名校课堂等紧密结合。目前，青岛全市范围内已基本实现"网络学习空间人人通"。该项目对青岛市扩大优质教育资源，促进教育均衡发展起到了重要推动作用。

六、服务无止境，永远在路上

伟东云教育以"共享教育资源·传承人类文明"为愿景，现已形成包括基础教育、职业教育、高等教育与海外教育业务在内的国际化知名教育集团。其中，国内业务已覆盖 24 个省的 6000 余所中小学校；在海外，先后并购欧洲第二大职业教育培训集团法国德莫斯和布雷斯特高等商学院，为 330 多家世界 500 强企业服务，业务已拓展至非洲、中亚、东南亚等众多"一带一路"沿线国家。

松鼠 AI：智适应教学系统更高效

松鼠 AI 1 对 1 成立于 2014 年，隶属于上海乂学教育科技有限公司，是中国第一家将人工智能自适应学习技术应用在 K12 中小学教育领域的人工智能独角兽科技公司。

松鼠 AI 成功开发了国内第一个拥有完整自主知识产权、以高级算法为核心的人工智能自适应学习引擎。该引擎不仅能实现以学生为中心的智能化、个性化教育，还能在测试、学习、练习、测试、答疑等教学过程中应用人工智能技术，达到超越真人教学的目的，做到因材施教，有效提高学习效率。

另外，松鼠 AI 还自主研发了 MCM 系统，真正实现素质教育的培养。通过将每一种学习思维进行拆分理解，可以检测学生的思维模式（Model of Thinking）、学习能力（Capacity）和学习方法（Methodology）。在评估检测完成后，对于相同分数的学习者，MCM 系统都可以分析其不同的学习能力、学习速度和知识点盲点、薄弱点，从而可以精准刻画出学习者的用户画像。有了松鼠 AI 的 MCM 系统，学生从学习一直到后来人生的思想、能力、方法，都可以通过人工智能来帮他塑造和补足，发扬优势，补足短板，真正培养面对未来的人才。

一、"三合一"战略模式

松鼠 AI 1 对 1 采用引擎、内容、服务三合一的战略模式。"三合一"

的战略模式，在全球的执行难度都非常高，单看其中的两两结合，在全球都不多见。

1. 引擎和内容的结合

以美国的智适应教育机构为例，无论是 Knewton 还是 ALEKS，它们都是只做引擎，不做内容。主要原因有两点：第一，本身引擎的投入成本比较高，内容的投入成本也非常高，所以对于一个公司来说，如果两个同时做，成本难以控制。第二，做引擎的是科学家，做内容的是教育家，这两部分人群的文化、气质、性格完全不同，而且很多教育家往往都比科学家更有资历，他们的观念也会相对更传统，所以中间难免会存在冲突。但是，如果把两个方面合在一起，教育家会将传统的教育思路和模式与 AI 技术相结合，科学家也会更了解学生的认知、学习过程以及教学中的关键点。

2. 内容和服务的结合

在全球范围内同时做内容和服务的教育企业也非常少。例如，中国有40 多万家培训学校，他们不生产自己的内容；又如，少儿英语培训教育机构，他们采用的是朗文或剑桥牛津英语的教材，做辅导的教育机构可能采用的是课本或人教社、外研社等教材。很多做内容的公司，他们并不做服务，可以说 90% 的内容公司也没有服务，就像中国的人民教育出版社、外语教学与研究出版社和一些教材辅导的出版商，美国的 Pearson Education Group（培生教育出版集团）等，他们都没有服务的板块。

从全球来看，把引擎、内容、服务三个板块结合起来的公司几乎是没有的。松鼠 AI 1 对 1 采用 "三合一" 战略，虽然管理难度增大，成本非常高，但是同时它带来的价值也非常高，不仅产生的收入更高，更重要的是它对产品的优化，是单个板块不能够比拟的。

二、线上线下打通的 "教育新零售" 模式

教育新零售是指基于大数据和人工智能技术对线下教育进行升级，通过形成线上知识教育+线下监督指导的新双师教学模型，以达到提高教学效率、优化教学效果的目的，这个教学模式就叫教育新零售。

松鼠 AI 1 对 1 采用线上线下打通的"教育新零售"商业模式，将 AI 核心技术打造出 K12 中小学全科课外辅导智能系统对学生授课，采用 70%AI 系统授课+30%辅导老师辅助的混合双师模式，学生可以在家在线学习，也可以到线下学习中心接受 AI 教学系统和老师混合双师授课。

松鼠 AI 1 对 1 的业务体系为线上松鼠 AI 智适应教学系统+线下直营校+授权线下合作校的模式，具体说来就是通过开设松鼠 AI 线下学校并提供线上 AI 老师教学系统和智适应系统课程辅导同步教学内容，降低教师成本，提高学习效率。商业模式方面，To C 端主要是通过在线智适应课程辅导收取费用，To B 端则是收取线下学校授权费用并提供教学系统来创造营收。

三、首创多项教学系统成果

作为 K12 中小学教育领域的人工智能独角兽科技公司，松鼠 AI 1 对 1 成功开发了国内首个拥有完整自主知识产权、以高级算法为核心的人工智能自适应学习系统"松鼠 AI 智适应教学系统"。松鼠 AI 智适应教学系统，除了能实现以学生为中心的智能化、个性化教育之外，还能在测试、学习、练习、测试、答疑等教学过程中应用人工智能技术，达到超越真人教学的目的，做到因材施教，有效提高学习效率。该系统已有六大全球首创成果：

1. 超纳米级知识点拆分

将学科中的知识点进行超纳米级知识点拆分，从而对学生知识点掌握情况有更清晰的认识。精准地检测到孩子的知识薄弱点，精准地给出最适合每一个孩子的学习路径，从而提高学习效率。

2. 非关联性知识点的关联概率

基于知识地图理论中不仅对知识点建立关联性，现在还对非关联性的知识点，建立了关联概率，从而更加精准地检测到孩子的知识薄弱点，让测试效率和学习效率可以分别比同类产品的知识地图理论模型提高 3 ～ 10 倍。

3. 用错因重构知识地图

将每一道题标注不同种的错因，进一步重构知识地图。更加精准定位学生错因、知识薄弱点，精准地给出最适合每一个孩子的学习路径，从而提高学习效率。

4. MCM 系统（思维模式、学习能力、学习方法的拆分）

松鼠 AI 1 对 1 的 MCM 系统可以检测出人的思维模式（Model of thinking）、学习能力（Capacity）和学习方法（Method）。在评估检测完成后，对于相同分数的学习者，MCM 系统都可以分析出其不同的学习能力、学习速度和知识点盲点、薄弱点，从而可以精准刻画出学习者的用户画像。

5. 对抗模型

在未来松鼠 AI 智适应系统的对抗模型中，学生与老师在系统里是模拟的，像 AlphaGo 二代一样，通过自我对抗来超越、迭代。

6. 多模态综合行为分析 AI 系统（Multi-modal Integrated Behavioral A-nalysis，MIBA）

通过检测学生们登录的时间、学习的时间、速度和结果，以及通过监测的模式抓取孩子的实时数据，如眼球动态、脑电波等综合数值，来判断学生学习的集中度和专注度，从而判断出下个环节的学习内容。

四、多种领先技术集于一身

松鼠 AI 1 对 1 采用的技术包括遗传算法、逻辑斯蒂回归和神经网络，机器学习技术，贝叶斯网络，贝叶斯理论，图论等。

1. 遗传算法、逻辑斯蒂回归和神经网络

规划最佳的学习路径，最大化学生的学习效率。该算法模型会考虑到学生所要完成的学习目标和学生当前的知识状态，推荐最佳的学习知识点，并依据学生不断变化的知识状态实时动态调整路径规划。在不断推送学习内容并获得学生的学习反馈后，系统将逐渐绘制学生的学习习惯、兴趣、方式等多方位的学生画像，并不断自动优化推送逻辑。相比较于深度学习神经网络算法，遗传算法能在全局范围内搜索，能快速找到全局最优解，避免陷入局部最优。

2. 机器学习技术

依据不同学生的个性偏好、学习习惯和学习风格，推荐最匹配的学习内容。有些学生喜欢轻松活泼的内容形式，有些学生喜欢严谨的风格，AI系统会记住不同学生的偏好推荐最合适的。根据学生的知识掌握状态和目标，自适应学习系统会自动规划最适合该学生的学习难度和顺序，不会让学生因为目标过高而丧失信心，也不会因为目标过低而失去挑战的欲望。通过这样的方式，让 40 分水平的同学可以逐渐提高到 60 分、70 分，让70 分水平的同学逐渐提高到 80 分、90 分，最终使所有不同水平的学生都能够循序渐进地提高到较高的水平。

3. 贝叶斯网络

对于何时开展下一阶段学习时间节点的确定，松鼠 AI 使用贝叶斯网络，是对学习者学习能力的一种预测。例如，系统需要通过对测试结果进行分析，判断学习者对于一元一次方程到何种程度才可以学习一元二次方程。这就需要系统确立适当的数据处理机制，同时明确两个板块知识的联系以及学生的学习程度。

4. 贝叶斯理论，依据经验和信息动态地看问题

例如，一个学生以前背过 2 万个单词，同时考虑到他是一个学霸，词汇量不太可能遗忘到 8000 个单词以下。那么，系统会评估他对每一个不同难度的单词掌握的概率，和普通学生的概率是不同的。如果学生知道"tiger"（老虎）这个词，那么知道"Thank""Hello"的概率就很高。松鼠 AI 把几万个知识点都做了类似的渲染和概率分布。好比 AlphaGo，它也会走错棋，但它会不断逼近相对最优解。通过这种概率渲染，尽管松鼠

AI 只取了 1% 的题，但准确度仍旧可以达到 90% 以上。

5. 图论

实现自适应学习的第一步是需要像优秀教师一样，清楚了解学生在每一个知识点的掌握程度。由于综合知识点题目在作答后很难界定学生的真正错因，只有将知识拆解到最小单位，才能够精准地了解到学生在每一个最细小的知识点上的掌握情况。松鼠 AI 把知识根据难易程度、重要性、认知层次进行区分，对知识体系建模，构建"知识图谱"，梳理知识点间的逻辑和认知相关关系。

6. 知识空间理论和信息熵论

从测量学来看，信息是可以量化的。松鼠 AI 利用信息熵理论，可以通过检测部分重要知识点快速逼近学生的知识状态水平，再围绕这个基本层级做反复的精细化测算，高效精准地诊断出学生的知识漏洞和状态。

7. 知识追踪理论

为了动态适应学生的学习过程，自适应学习系统需要实时对学生的能力水平进行评估，对每一个学生的测试过程以及实体所反映的信息都进行细致的测量，不仅可以了解学生对当下知识点的掌握程度，更能反映学生的潜力，是一种预测。总的来说，由于同样分数的两个学生的实际学习水平可能完全不同，因此，分数不是能够判断学生能力水平的唯一标准。在智适应学习系统的能力水平评估模块中，系统会评估学生在每一个知识点上的能力水平，并且进行先行后行知识点及相关知识点的能力水平分析，最终精确到每一个纳米级知识点的掌握情况，并且在学生进行学习后实时更新学生的能力值变化，进而准确地推送最适合于学生当前情况的学习路径和学习内容。

8. 教育数据挖掘和学习分析技术

大数据在教育中的应用主要有两大领域：教育数据挖掘（Educational Data Mining，EDM）和学习分析技术（Learning Analytics，LA），其中，教育数据挖掘（EDM）是指对学习过程和学习行为进行量化分析，在学生学习过程中采集学生的学习数据，包括学习时间、停留时间、测试准确率等，通过对数据的处理分析，建立不同学生的学习模型。教育数据挖掘领域专家 Ryan Baker 教授在一篇综述学术文章中总结了教育数据挖掘的四大方法，分别是预测模型（Prediction Models）、结构发现（Structure Discovery）、关系挖掘（Relationship Mining）和模型挖掘（Discovery with Models）。学习分析技术（LA）主要是对学生的测验成绩进行预测和监控并提出相应的干预措施。这样的学习模式不仅可以实现个性化学习的目标，也对每一个学生提供不同的激励机制。所有学生的进步是在自己学习的基础上进行的，减少了横向对比的弊端，提高了学生的自我效能感。学习分析（LA）能够为教师提供详细的学生数据，它不仅可以告诉你学生投入多少、了解多少，甚至还能提供信息，让系统、教师改善教学方法。在松鼠 AI 智适应学习系统教师端，教师可以随时查看学生的总体学习进度、成就和能力水平，并且这些都是根据教师、学生的需要提供的。系统可以识别特定学生的薄弱知识点，并且可以相应调整教学方案。同时，系统还会将学生的错题按照知识点、错误率、掌握程度、知识图谱顺序排列，便于学生复习或课后辅导。

五、顶尖的 AI 技术研发能力

松鼠 AI 1 对 1 的核心竞争力不仅是全球领先的 AI 技术，也是整个产品的核心与优势，并且松鼠 AI 1 对 1 将品牌定位与全球领先的 AI 技术定位统一。

AI 技术的领先地位离不开松鼠 AI 1 对 1 专业的研发团队。松鼠 AI 1 对 1 的科学家来自 RealizeIt、ALEKS 等全球独角兽 AI 教育公司。首席科学家崔炜，拥有爱尔兰国立大学人工智能博士后学位，之前是 RealizeIt 的核心科学家；首席架构师 Richard Tong，是美国最早的自适应教育公司 Knewton 在亚太地区的技术负责人；首席数据科学家 Dan Bindman，是美国自适应巨头公司 ALEKS 的联合创始人，负责核心产品算法的首席架构师。

2018 年，全球机器学习教父，著名学府美国卡内基梅隆大学（CMU）前计算机学院院长、美国工程院与艺术与科学院院士，美国科学促进会（American Association for the Advancement of Science，AAAS）、国际人工智能协会（The Association for the Advance of Artificial Zntelligence，AAAI）Fellow，Tom Mitchell 教授，正式宣布接受松鼠 AI 1 对 1 的邀约，出任首席 AI 科学家一职。作为松鼠 AI 人工智能领域第一负责人，Mitchell 教授将带领团队十多位 AI 科学家和几百位 AI 应用工程师以及技术团队，进行人工智能在智适应教育领域的基础研究和相关产品的研发应用等。

Tom Mitchell 长期从事机器学习、认知神经学科等研究，全世界最经典应用最广的机器学习教材，就出自他之手。在全球机器学习领域，Mitchell 教授是公认的行业"教父"，Machine Learning 第一人。

Mitchell 还担任全球高校 AI 领域排名第一的卡内基梅隆大学计算机科学学院院长（而他的前任院长 Andrew Moore，正是刚刚到谷歌代替李飞飞任职 AI 负责人）。1997 年，他在 CMU 联合创立了自动化学习和探索中心，该中心是全球高校中首个机器学习系，也是首个开设机器学习博士课程的机构。1997～2016 年，Mitchell 一直是该系的负责人。

Mitchell 为机器学习、人工智能和认知神经科学的进步做出的贡献蜚声海内外，拥有学术论文专著超过 130 篇，并广泛发表于 *Science*、*Nature* 等世界顶级学术期刊。他最经典代表作是《机器学习：一种人工智能方法》，已经被广泛用作通用教科书，被誉为行业圣经。

得益于在行业内做出的杰出贡献，Mitchell 还曾任美国人工智能促进协会（AAAI）主席，AAAI 及美国科学促进协会的成员。2007 年获得了 AAAI 杰出服务奖，2010 年当选为美国国家工程院院士，并于 2016 年当选美国艺术与科学学院院士。

2019 年，卡内基梅隆大学计算机及心理学系教授、LearnLab 研究室主任、美国智适应教育科学的三巨头之一的 Kenneth Koedinger 正式出任松鼠 AI 1 对 1 首席学习科学家。

Kenneth Koedinger 领导开发的 Cognitive Tutor 软件已应用在数以千计的学校，帮助大量学生提高成绩。Koedinger 博士撰写了 250 多篇同行评审的出版物，并且是超过 45 项拨款的项目调查员。

松鼠 AI 1 对 1 也有一支强大的教研团队，核心团队主要由特级教师、高考阅卷组的成员、各省命题组的成员、国内前十名教育集团的教研总监构成。松鼠 AI 的内容教师，也多是国家和省的优质课竞赛一等奖获得者。

松鼠 AI 1 对 1 一直重力打造和推动技术的研发，松鼠 AI 和世界顶尖的科技学府和专家都有合作。合作实验室情况如下：

2017 年 6 月，松鼠 AI 1 对 1 成立实验室，与斯坦福研究中心进行联合技术开发。

2018 年 6 月，与中科院自动化研究所成立平行 AI 智适应教育联合实验室。

2019 年 5 月，与卡内基梅隆大学成立联合实验室，开发人工智能、机器学习、认知科学和人机界面技术的新方法，以改善全球 K–12 学生的适应性学习体验。

六、针对性教学　提分效果明显

1. 白沙坪小学学习案例

清太坪镇白沙坪小学坐落在湖北省西南部国家级贫困县巴东县山区，这间小小的教学楼不仅是附近几千米内所有的孩子们求学的唯一场所，也是他们改变自身命运、摆脱代际贫困的希望。长期以来，曾经因为师资匮乏，让这所学校的所有"渴望读书的大眼睛"离升学的梦很远，近年来更是由于支教老师的不足，孩子们成绩逐年下降。

松鼠 AI 1 对 1 今年接受了央视 1 套《机智过人》第三季节目组的一个挑战——支援白沙坪小学，用松鼠 AI 智适应教学系统给这个小学提供一个月的智适应精准教学，提高他们的学习效率。最初白沙坪小学六年级的孩子们知识评测的结果表明，他们知识点掌握得非常差，六年级基本上相当于三年级下学期的水平。但在经过一个多月全日制的松鼠 AI 系统教学之后，通过最终的检测发现：白沙坪的孩子们学习效果非常好，超出了所有人的预期。

白沙坪六年级的孩子们知识掌握水平最初只能达到三年级的水平，要在短时间内提升就必须找到这些薄弱知识点的根源。图中体现的就是松鼠 AI 智适应教学系统从六年级下、六年级上、五年级、四年级开始追溯出来的知识薄弱项。孩子们在松鼠 AI 智适应的引导下，按照图中的路径去进行精准学习。通过这样追根溯源的学习方法后，孩子们最终实现了从原来测试的 56% 掌握率到在央视舞台上现场测试的 89% 掌握率的转变（如图 2-34 所示）。

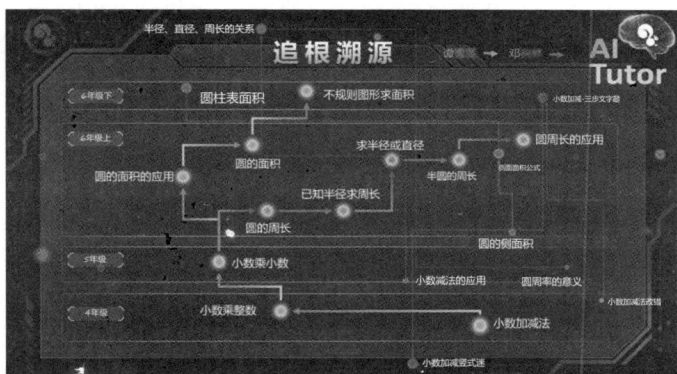

图 2-34　松鼠 AI 智适应的追根溯源

值得一提的是，在这个学校里，还有一个特别的学生——田××。她是清太坪镇青果山村人，患有成骨不全症，俗称"玻璃娃娃"，稍不注意就会骨折。其母亲右手被烧伤，父亲患病，一家人生活困难。由于身体原因，上了一段时间学后，她只能回到家中。

松鼠 AI 1 对 1 在这里的落地，终于为她带来了教育的希望。当松鼠 AI 了解到了这个特殊的孩子，她不仅获得了在家学习的条件，还安排了专门的老师对她进行帮助。

　　由于身体原因，无法前往校园参加学习的"玻璃娃娃"田××，测试前英语学习能力如图 2-35 所示。松鼠 AI 智适应教学系统将田××的各项能力值与天津、郑州、长沙、武汉、合肥等省会城市同年级的学生平均能力值做对比。可以看出，田××在各项能力的指标皆不如省会城市学生的平均水平。

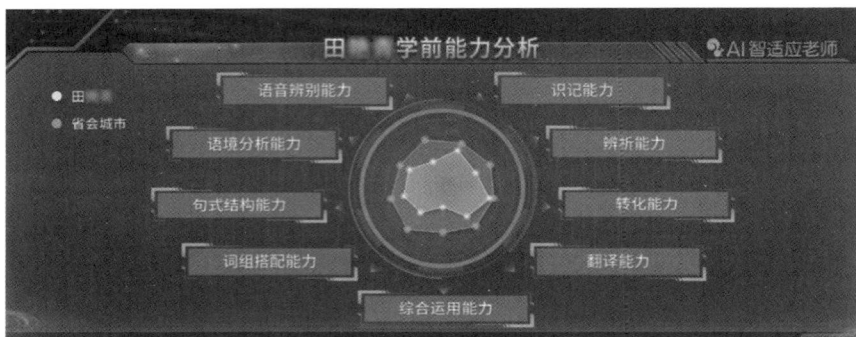

图 2-35　田××学前能力分析

　　经过近两个月的学习后，田××的能力值从学前 47% 超过了省会城市 66%，达到了 84% 的水平（见图 2-36）。

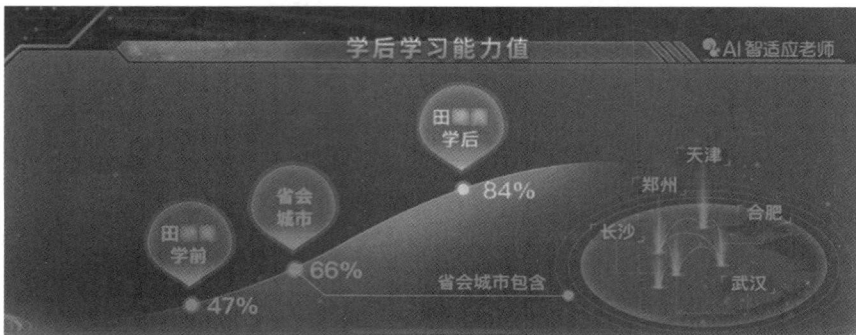

图 2-36　田××学后学习能力值

图2-37呈现田××在"可数名词复数的规则变化"等知识点超越了自己的学前水平，达到测试时学习能力值84%的水平。

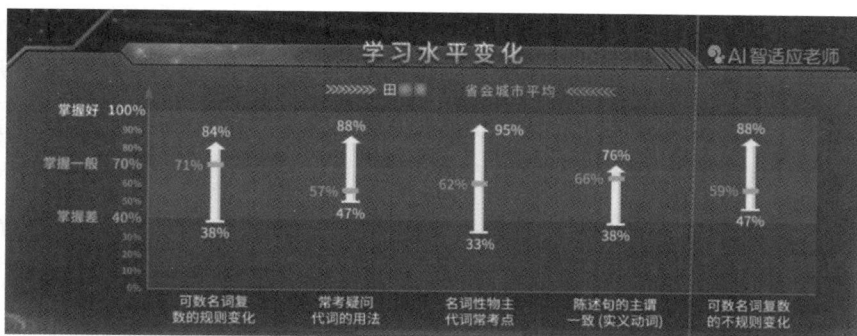

图2-37　田××学习水平变化

图2-38则是反映出田××学习后知识点掌握情况与省会城市的孩子平均掌握情况对比。由图可知，田××不仅掌握了大量省会城市学生已掌握的知识点，还掌握了如"集体名词常考点"等省会城市孩子未掌握的知识点。

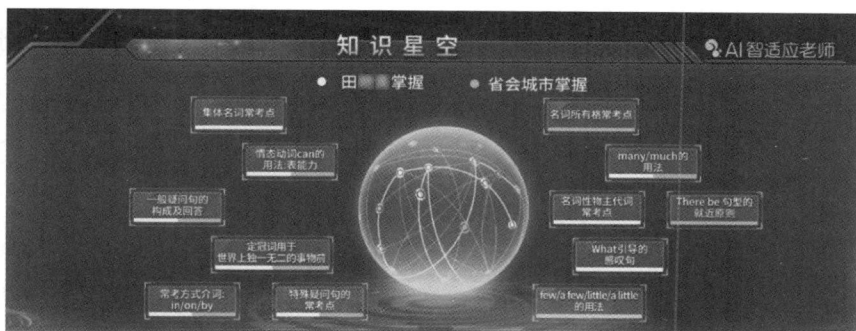

图2-38　田××知识星空

2. 刘××学习案例

刘××是一个传统意义上的差生，她父亲刘涛初中就没毕业。刘××一二年级时的成绩还是80多分，到了初中一二年级就一路下滑到三四十分，上了两三年的知名培训补习机构，又请了一对一的家教，也没有任何进步。眼看还有一年就要初中毕业了，但以她当时的成绩，毕业十分困难。因为对女儿的未来和前途的担忧，夫妻两人关系紧张，争执不断。

初中二年级结束后的暑假，刘××用松鼠 AI 的实验账号学习了两个月，就在开学考试中成绩从 30 多分提升到了 50 多分。虽然不是特别大的进步，但是对刘××来说，这也是特别令人欣喜的小成绩，让她看到了希望。为什么之前两年的补习课都没有进步，这次通过两个月的学习就可以有明显提升呢？传统的学习方式要把 100 个知识点全部学习一遍，而智适应系统的"战略优先"功能会根据学生的学习情况给他们挑选合适的一小部分知识点，作为优先的学习对象。换句话说，系统检测到刘××只有 30 分的水平，就会选择 30~50 分难度水平的知识点给她优先学习，而暂时放弃 100 个知识点一股脑学习的方式，尤其是放弃 70 分、80 分、90 分级别难度太高的知识点，因为这些内容以刘××当时的知识结构和认知水平是不可能学会的。这样，其他学生在标准化体系里一个暑假内补了 100 个知识点，刘××则专注学习并且掌握 20 多个知识点，从而非常稳定地将成绩从 30 分提升到了 50 分的水平。

在初三年级上学期的期末，刘××在 150 分的考试中达到了 92 分的水平；在初三期末的全市初中毕业会考中，刘××的语数外三科都超过了 110 分。用爸爸刘涛的话说，5 个科目在最后一个学期内总计提升了 100 分。她考入了上海最好的职业高中，也就是开设有波音飞机检修专业的职高。入学之后，给刘涛让刘××继续学习初中课程的账号，刘涛也不拒绝了。女儿上职高后，相当于有了铁饭碗，平时上课也能跟得上，便觉得不需要再继续补习了。但是系统的报告指出来，刘××初中的知识还有 20% 的知识点支柱不牢固，会影响高中的学习。认真努力的刘××听取了意见后又在系统里补了初中的内容，结果高一期末考试成为班级前 5 名，还被学校作为优秀生选送到美国西雅图完成后面两年的职高学业。不仅可以受到最好的全英文教学，而且毕业后还可以留在美国的波音公司总部工作。

找钢网："四万亿"催生的钢铁电商

2008 年 9 月，新一轮国际金融危机全面爆发，中国经济增速快速回落，出口出现负增长，大批企业破产倒闭，经济面临硬着陆的风险。为了应对这种危局，国家随后出台一系列扩大内需、促进经济平稳较快增长的十项措施，经初步匡算，2 年间实施这十大措施总投资金额为 4 万亿元。

2010 年，社会各界都在热议"四万亿投下去会有什么效果"。酷爱读书，尤其喜欢看经济学书籍的王东，偶然在一个论坛上听到几位经济学家就这个话题的辩论，突然就想明白了一件事。

那时的王东，在一家以钢铁现货搜索为主的互联网公司做职业经理人。他敏锐地察觉到，2010 年以前中国的钢铁行业一直处于供不应求的状态，行业流通的模式和体系十分传统，采用层层批发制，每个环节都有钱赚，在那时谈电商、谈"互联网+"，一点意义也没有。然而，"四万亿"的到来将改变这一切。

果然，2011 年下半年，以钢铁为代表的大宗商品行业发生了翻天覆地的变化。在"四万亿"的刺激下，大部分大宗商品企业盲目扩大生产规模，加快商品供应，这使原供不应求的钢铁行业瞬时进入了产能过剩时期，卖方市场变成了买方市场环境。钢铁行业需要发展，就必须做出改变和创新。

正是看到这样一个行业大变革的趋势，王东果断决定创业，创立一家以互联网为主导的钢铁企业，改变钢铁行业的困局。2012 年 1 月，作为创始人，他带领王常辉、饶慧刚两位联合创始人，共 11 人的初创团队在上海创立找钢网。彼时，他们拿到的第一笔投资是来自险峰长青、真格基金的 1000 万元。

2012 年 5 月 3 日，找钢网正式上线，开始提供信息搜索和撮合服务。

自此，一个由"四万亿"催生出的钢铁电商的创业 idea，不仅给钢铁行业带来了升级换挡的新动能，重塑了整个钢铁行业的流通体系，也席卷了整个 B2B 行业，引发了产业互联网创业、发展的浪潮。

一、一步一步、探索前行

创新之所以值得赞颂，是因为没有成功的先行者和可以借鉴的经验。王东和创始团队刚刚拿到 1000 万元做天使投资时，心里也没有底，因为创业面临的未知和选择题太多太多了。

"找钢网"从上线就开始做撮合交易，并且撮合交易是能挣钱和盈利的。细心的人可以看到，"找钢网"公布的历史里有这样的记录，在上线没几天，就开出过信息服务费的发票。在创业了大概 8 个月后，当公司只有几十个人时，创始人面临了一个很大的选择：要么撮合交易全部收费，停止扩张减少投入，年底就可以盈利，静观其变；要么撮合交易免费，这样能大规模快速集中市场，在上海这个区域形成平台效应。并且钢贸危机的到来，使上海地区很多的钢厂代理商经营出现困局，也许将来还可以直接做自营。

前一种是一个非常稳妥的选择，也是绝大多数人会做的选择。选择后一种就要冒很大的风险，因为那样意味着必须要进行不断的融资，而那个阶段资本对于 B2B 的认知没有那么强烈，融资环境并不好。但王东坚定地选择了后者。这一选择，也让找钢网成为第一个采用纯互联网创投模式的钢铁电商平台，第一个提出全产业链概念的钢铁电商平台，第一个实现真正的钢贸买卖双方在线化交易的电商平台，成为产业互联网的创业鼻祖和名副其实的标杆企业。

之所以做出第二个选择，源自两点：一是基于对互联网创业打法的笃定。得入口者得天下，找钢网的目标始终是成为一个入口级的公司。二是对钢铁行业将要出现的底层性变化十分笃定。整个市场将由卖方市场转为买方市场，渠道将会扁平化，靠信息不对称赚钱的中间商将会消失，电商平台将大行其道。

成为入口是所有互联网公司追逐的目标。例如，微软是操作系统的入口，腾讯是社交的入口。只有成为入口，才有一步一步整合产业链的可能性，才能找到丰富的盈利模式和利润空间。而如何成为入口呢？

中国的钢铁是一个"巨无霸"产业，上下游体量约占 GDP 的 10% 以上。但是，这个巨无霸的"脊椎"却十分粗大和不灵活。以流通环节为例，在"找钢网"出现之前，传统钢贸行业是典型的集贸式较混乱的行业，从钢厂、代理商、中间商、小贸易商到终端用户，最少要经历五个以上的中间环节，贸易链条冗长而低效。同时，与上游钢铁生产制造处于国际先进水平不匹配的是，钢材流通产业链后端的加工、物流等环节处于高度分散、企业发展及服务水平参差不齐的状态。整个钢铁产业链条各环节各自为战，整体效率低、信息极其不透明。在这个链条中有一个极大的痛点，那就是这个行业里有大量的中小买家，他们直接给终端比如建筑工地或工厂等供货，但每批采购量又不大，一车货几十吨。在传统的钢贸模式中，他们是弱势群体，找货对于他们来说非常麻烦，要来回打十几个电话，询价、比价、议价等。但同时，他们作为次终端，是钢材市场真正的消费者、真正的零售用户。抓住他们，就能抓住钢材这一大宗商品零售的入口。

"找钢网"利用先进的互联网和信息化技术，从代理商、中间商那里免费帮助这样的次终端用户找货。用户只需打个电话委托或者在线提交订单，就能找到想要的钢材，并且比自己找的更快、更精准、价格更合适。到 2012 年前后，钢铁行业已面临严重的产能过剩、供给失衡的结构性矛盾，"资源为王"的时代逐渐转变至"渠道为王"，整个产业链都不得不追求更高的效率和更低的成本，产业链的生态亟待调整。

当"找钢网"刚正式宣布撮合交易免费的那段时间，市场上的反响各异，有钢贸商觉得他们是"傻子"，也有人觉得他们是"疯子"，更有人觉得他们是"骗子"。但是随着踏踏实实地进行免费撮合服务，认可找钢网的用户也越来越多。王东曾经回忆说："几乎每天都有各种各样的客户，最远的从太原跑到上海来，给我们的交易员送东西、请吃饭。为什么呢？因为怕我们免费后不再认真提供相应的服务。做到这种程度，意味着公司在初期就很扎实，会为下一步打下良好的基础。"

撮合交易使得找钢网迅速成为钢贸订单流的入口，为找钢网带来了很好的口碑传播，同时也从一开始，就帮助找钢网形成了交易型电商平台的基因。

二、稳扎稳打、步步为营

2013 年，基于撮合服务获得的大量订单流，一些钢铁生产企业开始主动找找钢网分销钢材。"找钢网"也抓住了钢铁行业面对新一轮转型升级、企业急需寻求新的流通渠道这一历史机遇，借此将业务模式成功扩至自营。通过自营模式，找钢网取代了 N 级中间商，使钢材的流通环节变为"钢厂—找钢网—零售商/终端用户"，并帮助钢厂解决了一个革命性的问题，使钢厂能够直接面对终端或者次终端用户，钢材销售从批发转向零售，流通效率提高，供应链得到明显优化。同时，零售化还增加了钢厂利润，同时能够帮助钢厂根据终端数据及时调整生产结构和产品价格。同一年，"找钢网"也推出了"联营"模式，帮助第三方钢铁供应商直接向用户零售，并根据销售量向平台支付佣金费用，通过在线化销售大幅提升供应链效率及信息透明度。自此，"找钢网"从用户端入手，实现了钢材供应链的逆向重构。作为一家电商平台，"找钢网"的初心是要帮助用户提高效率，用先进的信息化技术，解决用户的痛点。在重构供应链的过程中，"找钢网"不断发现更多的用户、行业痛点，并从中找到了稳扎稳打、步步为营的发展路径，实现了供应链的资源整合和围绕平台的生态圈建设。

在仓储加工和物流环节，"找钢网"通过产品服务标准化，不断提升效率。传统钢贸行业的仓储管理水平相对落后，当用户提货时，需要耗费大量的时间和精力。加工领域也是如此，传统的加工中心服务水平参差不齐、效率低，难以满足用户需求。在 2013 年推出自营业务后，为了解决仓储和用户加工产品的问题，"找钢网"开始布局仓储加工系统，通过订单引流与仓储，加工企业在平台上实现无缝对接，既解决了钢铁企业、小买家的痛点，又诞生了在仓储加工领域的盈利模式。

凭借大量仓储及加工服务订单，"找钢网"汇集了仓储、加工行业的优质资源。截至 2019 年，"找钢网"已和超过 200 家仓储及加工服务商合作，向客户提供标准化的仓储及加工增值服务。这些仓储加工中心采用找钢网研发的仓库管理系统和订单管理系统，支持和优化仓储及分配中心管理，并确保"找钢网"能够实时监测库存水平。"找钢网"还在持续改善仓储及加工服务系统，并建立平台供客户对供应商的服务、能力进行评价及评分，从而使潜在客户可直观了解多个供应商提供的服务质量，促进仓储加工行业服务水平提升。

在物流环节，"找钢网"通过物流专业化、标准化，优化运输线路，提升运输效率。在服务用户的过程中，"找钢网"经过平台数据统计发现，钢贸行业只有约 7% 的买家有自有车辆，大量的买家买货之后需要在社会上找车。由于钢材具有货值高、变现能力强的属性，对买家而言，其对承运方存在信任问题。对于承运商而言，也面临着市场竞争激烈、坏账风险等，这些问题增加了客户与承运商之间自由匹配的难度。

2014 年 6 月，找钢网打造物流平台——"胖猫物流"，采用"无车承运人"的运营模式，帮助用户解决"找车"的难题。为确保供应商能够提供优质的运输服务，"胖猫物流"除了对运输供应商的准入和服务制定了严格的标准和评估系统之外，还提供系统性培训，不断提升合作伙伴的服务能力。而受益于"找钢网"庞大的客流量及销售量，与"胖猫物流"合作的运输公司获得了充足的货源。同时，为了进一步提升业务环节衔接、服务用户的效率，"找钢网"逐步将仓储加工和物流这些相关联的环节，全部整合至"胖猫物流"。

2016 年、2017 年"胖猫物流"连续两年成为交通部"无车承运人"试点企业。截至 2019 年，"胖猫物流"整合了 1300 多家优质承运商、200 多家认证仓库及 150 多家加工服务商为用户提供高标准的服务。

在钢铁流通环节，"找钢网"通过供应链金融服务来破解信息不对称，化解中小企业融资难问题，重塑行业信用通道。通常情况下，小买家需要为下游终端用户提供垫资的服务。"找钢网"在运营过程中发现，受 2012 年前后"钢贸危机"以及行业信用违约债的影响，银行"谈钢色变"，中小型企业难以从传统金融渠道获得融资，经常受困于营运资金短缺、融资难等问题。并且在传统金融机构中同行拆借或银行借贷，起借期限不灵活，至少为一个月以上，成本较高。因此，对于小微买家而言，最大的经营困扰还是资金问题。为解决中小企客户的痛点，2014 年"找钢网"成立金融事业部，对内负责"找钢网"的战略融资、对接银行和其他金融机构，对外依托找钢网电商平台积累的交易数据和搭建的信用体系，推出"胖猫白条"、胖猫票据等一系列供应链金融服务，为产业链上下游提供全方位的钢铁智慧产业链金融服务。

以"胖猫白条"为例，作为"找钢网"提供给优质采购商一定期限的"先提货，后付款"的信用赊购服务，类似于企业级的信用卡，用于客户在找钢网上买货。"找钢网"利用专有的数据分析及网上信用评估模型评定每名客户的赊购额度，并严格进行供应链风险管理。截至 2019 年，"胖猫白条"已累计为全国 120 多个城市的近 5000 家客户提供服务，累计金额超过 300 亿元。

通过"胖猫白条"服务，"找钢网"不仅解决了中小买家的融资难题，帮助客户降低了资金使用成本，真正做到了金融为小微企业服务。同时，"胖猫白条"的出现也为行业信用数据生态体系的搭建、重构行业信用通道，提供了重要的数据支持。

"找钢网"还率先进行了国际电商业务的探索。因为在运营过程中，"找钢网"团队发现，与层层分销的国内流通体系相似，传统模式下我国钢材出口贸易也要经过层层分销代理：钢材制造商通常以批发形式、按批发价格将钢铁产品销售给出口商，出口商再将产品卖给海外市场的进口商，进口商再转卖给零售商。这就造成钢铁出口效率低下，利润被中间商盘剥。2014 年，找钢网成立国际电商事业部，颠覆传统出口模式，基于海外用户 CRM 系统，拓宽下游终端、次终端客户渠道，通过设库前移操作，将合作钢铁生产企业产品通过找钢网国际业务平台直销给海外用户，大幅简化了钢材出口的环节，提升了交易效率，使海外的客户及国内的钢材制造企业同时受惠。

通过对钢铁供应链的纵向优化整合，"找钢网"以平台自身为核心，初步建立起了一个庞大且不断发展的平台型生态系统，让钢铁贸易价值链上的所有参与者都联系了起来。到 2019 年底，这一生态系统包括 110 多家钢厂、4000 多家大型供应商、遍布 30 多个省 290 多座城市的 10 万多家注册用户。平台提供的钢材产品品类超过 40 多万种。

三、从不止步、商业逻辑日益成熟

在打法上，"找钢网"坚持每个阶段聚焦一两个产品或者集中性地服务，实现了产业链上各业务链条的纵深发展，同时，伴随发展、融资进程，"找钢网"的业务区域扩张也一直在稳步进行。

当初王东选择在上海创业是因为华东市场的需求变化、钢材价格调整在全国范围发挥着导向性作用，而上海又是华东以及中国钢材贸易流通最大的集散地之一，更在钢铁流通行业具有风向标的地位。在 2012 年刚成立时，"找钢网"将业务聚焦于上海。2013 年初，在获得第二笔投资后，"找钢网"将业务逐渐覆盖华东大部分地区，在南京、杭州、宁波、无锡等地先后建立分支机构，并为开展自营交易模式打好了铺垫。2013 年底，在获得第三笔投资时，"找钢网"开始沿着长江、沿海进行布局，并开始铺设物流业务。2015~2017 年，在获得更多的投资后，"找钢网"的全国化布局和国际化试点版图基本成型，并在供应链金融、国际业务、大数据及云技术领域进行了扩张。区域和产业链业务模式的扩张从未止步。

对于用户而言，随着"找钢网"全产业链服务模式以及全国化布局的建立完善，除交易之外，他们还能够享受到平台提供的全国范围内的物流、仓储、加工、供应链金融等一系列便利的供应链服务。"找钢网"平台注册用户数一路增长，从 2015 年的 6.4 万逐步增长到 10 多万人。随之而来的是"找钢网"交易量的显著增长，企业规模、市场份额和影响力持续攀升。此时，王东以及他的团队发现，"找钢网"经过多年沉淀积累的数据和技术，将成为平台实现下一步增长的新引擎。

2017 年，"找钢网"开始着力构建钢铁工业大数据平台，以平台交易产生的大量、真实、全面、精准的市场数据为基础，结合合作钢铁生产企业数据、仓储数据以及下游需求数据等，推出了找钢指数等一系列钢铁工业大数据服务产品。并运用大数据、人工智能等先进的互联网技术，不断进行产品的升级迭代。2018 年，"找钢网"研发的钢铁行业首款人工智能语音工具——"胖猫"正式上线，填充了"钢铁产业 AI+知识/数据服务"的空白。"找钢网"开发的大数据产品及服务，使钢铁行业信息获取方式由传统的人工获取改变为即时数据自动获取及智能分析，帮助钢贸链条中的参与者们包括钢铁生产企业、贸易商、用户等实时了解钢铁产品价格、交易量、库存状况等，不断完善钢铁及黑色行业的全数据场景，并使行业、企业获取用户和市场数据的成本大幅降低。从产业发展的角度来看，产业互联网的订单数据是生产制造业最佳的市场数据来源，为生产制造业供给侧结构性改革的落地实施提供了重要的抓手。

此外，基于创业七年多积累的先进、成熟销售管理经验及技术创新能力，历经"找钢网"平台千亿级交易量的不断打磨，"找钢网"的技术研发团队，开发出一系列"最懂钢贸"的云产品即 SaaS 产品，能够输出给行业用户，帮助用户更高效、更轻松地打理钢贸生意。"找钢网"的一系列财务机器人以及业务进销存系统和产品，已经在发挥越来越显著的赋能效应，提升整个行业的效能。

从交易到产业链一体化服务，再到工业云服务，"找钢网"的商业布局日臻完善：利用互联网、大数据、Saas、AI 等技术手段，将钢铁产业链的生产、制造、交易、仓储、物流、金融等环节串联在一起，使信息流、交易流能够无缝地在各模块进行流动。同时交易、服务，工业云也形成了三个板块双向促进、双向驱动发展的商业逻辑，支撑平台持续发展的战略路径、盈利模式清晰可见。

王东作为创始人，在带领找钢网团队创业的过程中，不断地问自己和团队，到底"找钢网"的定位是什么，找钢网的竞争优势是什么，怎么扩大市场份额和利润。而在致力于不断解决用户和行业痛点的过程中，这些问题的答案日渐清晰。

对于任何一个行业和企业来说，变化是永恒的旋律。对"找钢网"来说也是如此。钢铁行业、政策、宏观形势、市场行情等，变化无处不在，唯一不变的是行业上下游用户对于效率的追逐。王东认为，只要坚持提供有效率的服务和产品，就能够得到用户的信任与支持，"用户第一、拥抱变化"始终是找钢网核心价值观的重中之重，"找钢网"上上下下都将满足用户的需求放在第一位，以不变应万变。

王东和找钢网团队十分笃定，要成为一家用互联网、大数据、人工智能来无限提高钢铁行业运营效率的电商平台，用科技和精密化运营提高钢铁每个环节的效率，这是找钢网所具备的独特的竞争优势。通过领先于他人的运营服务和产品开发能力，找钢网能够持续地扩大市场份额，而对于钢铁电商乃至产业互联网这个行业来说，市场份额及用户的复购率、服务渗透率、SaaS 等软件的覆盖率，意味着未来的利润和持续增长的空间。

"链接钢铁产业链的一切，提高每个环节的运营效率"这样的使命感，"只要这个星球还在使用钢铁，就需要找钢网"的企业愿景，随着企业的发展，在找钢网内部已经深入人心。

中加特：电机工业革命的领跑者

青岛中加特电气股份有限公司（以下简称"中加特"）坐落在青岛西海岸新区。东临黄海，西依藏马山，南靠大珠山，北连森林野生动物公园。四周风景如画，环境秀丽清幽。

"中加特"是一家起步于煤矿装备制造的高新技术企业。公司把握机遇，实现弯道超车，自主研发的变频调速一体机等高新技术产品广泛应用在煤炭、石油、港口等工业领域，公司销售收入连续三年成倍的增长，被业界称为神话，"中加特"的目标是打造成中国民营企业发展的标杆。

2019 年，"中加特"变频调速一体机荣获中国机械工业协会科技发明一等奖和中国煤炭工业协会科技一等奖两项大奖，这是对其多年来技术不断创新的认可。

一、深耕煤矿领域，破解技术难题

公司的创始人邓克飞出身于煤矿行业，非常了解煤矿井下作业的艰辛。煤矿井下环境恶劣、空间狭小，巷道里充满粉尘、气体随时爆炸。设备在重载下作业，容易损坏又不易维修，煤矿生产优先选用可靠而且技术先进的设备解决生产中的难题，大型的煤矿往往采用国外先进的设备。邓克飞从兖矿集团的重要岗位下海创业，技术团队从一开始就关注用户的技术难题的。公司的技术就是从那时起步的，为煤矿用户研发产品并得到快速发展。

煤炭工业要高速发展，就要建设现代化矿井，传统的大型设备的传动控制系统严重制约着大型矿井产能的释放，如果能研发出和井下大功率采掘机械相配套的电传控制系统，将是煤炭装备发展历程上的革命。

刮板输送机和胶带输送机是煤矿井下传输用量大又必不可少的设备。当时，电机通过液力耦合器驱动设备运转，液力耦合器起到软启动的作用，这样的设计在井下设备还是很先进的，然而液力耦合器都是进口的，价格昂贵。地面电机驱动和控制已经使用了更为先进的变频器，变频器是通过控制电机频率实现电机缓慢启动的。变频器相比于液力耦合器，技术更加先进，不仅满足软启动需求，而且具有控制精度高，可以实现智能控制，节省能源，减少设备磨损等优点。如果能用在煤矿井下的运输设备上，一定是技术上巨大的进步。但地面传统变频器体积大，防护等级低，而井下应用空间受限、粉尘和气体随时爆炸，要求产品具有高防护和防爆要求。

"中加特"技术团队首先确定产品研发的方向，借鉴国外变频产品的先进技术，针对煤矿井下特殊需求，开发在井下使用的防爆变频器产品。

二、以研发促品质、以品质赢市场

在逆境中求发展，走别人没走过的路。为了突破思想桎梏，解决技术难题，"中加特"团队另辟蹊径，开始了艰难又漫长的研发过程，从设计思路到各种安全防爆参数的论证，直至提出相应的解决方案。

通过几年的不懈努力，科研技术人员反复试验，终于生产出了经国家机构认证的、通过防爆检测的矿用产品。在国家大力提倡节能减排政策的支持下，"中加特"研发的防爆变频器，不仅减轻了矿工维护的劳动强度，还极大地降低了成本，实现了安全生产，得到了煤矿用户的好评。该产品改变了传统的电机传动的启动模式，替代了国外生产的液力耦合器等软启动产品。经过几年的发展，变频驱动现已成为煤机行业的通用模式，引领了煤机传动控制技术的变革。

方向正确加努力付出，结果不会出人意料。公司技术团队研发出可以在煤矿井下使用的变频器，产品体积小，又满足防爆和高防护的要求。这是公司在煤矿推出的第一款防爆变频器。由此，煤矿行业第一次用上了变频器，公司有了自己的主打产品，经营业绩也顺其自然上了新台阶。

公司的第一台变频器高 2.32 米，长 5 米，宽 11.45 米，重 13 吨。经过煤矿工业协会验收，完全符合国家与行业标准，并取得了防爆产品生产许可证和煤矿安全生产许可证。这台变频机在兖州煤矿三号井投入使用，至今仍然运行良好。

三、勇于突破，不断进行自我超越

技术永无止境。"中加特"研发人员根据第一代变频器的现场使用情况继续改进，不断突破，在不到半年的时间里，即研发出第二代变频器。第二代变频器高 1.89 米，重量缩小到 11 吨。第三代变频器高 1.56 米，重量减少到 8 吨。产品被国内大多数煤矿认可，并且被国内最大的煤炭企业神东集团使用。第四代变频机高 1.2 米，重量不到 5 吨。这时的变频器不论是质量还是技术都有了突飞猛进的变化和质的飞跃。变频器的体积越来越小、功率越来越大。在第四代变频器生产不到半年时间，中加特又制造出高度在半米以内的变频器，为以后中加特变频调速一体机的研发打下了坚实的技术基础。

中加特的变频器产品带动了煤矿装备的技术进步，获得了客户广泛信赖。以前的液力耦合器在煤矿行业逐渐销声匿迹。"中加特"公司成长了，有了自己的技术积累。但作为一个以技术创新为己任的公司，他们的目标远远不止这些，还在路上，还在远方。

变频器加电机的方式，与液力耦合器相比是技术巨大的进步，但还有没有更好的产品呢？变频器和电机是分体的，变频器还占有很大的空间，安装和维护不便。能不能把变频器和电机集成为一体呢？可不可以让电动机智能化呢？"中加特"技术团队给出了答案。经过变频器四个阶段的发展，中加特已经可以把变频器的高度缩小到半米以内，而且可靠性更高，技术更加先进，功率大幅提升。"中加特"在此基础上，研发了变频调速一体机，把电机拖动、变频控制、远程数据传送集成为一体，实现了电机与变频的完美结合。说来简单，做起来难。把电机和变频集成在一起，不仅要解决变频器的体积问题，还要解决震动、散热、谐波干扰等一系列棘手的难题，每一个关键点都要有可靠的解决方案。"中加特"技术人员知难而上，通过创新的设计、无数的试验、持续的改进，终于把产品研发出来并通过了产品的中试。

2013 年，"中加特"团队研发出国内第一台 1140V 变频调速一体机。截至目前，国内还没有一家企业能做到把同类产品研发并推广到生产现场。可以毫不夸张地说，变频一体机填补了国内的空白，达到了国际一流水平。

目前"中加特"的产品是智能化的集成，有控制单元、通信单元、传感器等部件，可以检测机器的状态，实现远程监控和对设备的自我保护。电气控制部分都是模块化的，分为主控器、供电单元等多个模块，维护起来十分方便。

四、六大技术突破，引领行业发展

"中加特"快速发展的技术核心是将人们一直在研究的高压电源与变频实现有效结合；为电机加载变频，放大电机功率；在复杂环境下，用水解决电机散热的问题；攻破了用原材料绝缘散热的问题；将传统电机变成变频控制后能够起到智能保护，保证设备的安全高效运转；研发制造了变频一体机的综合检验平台，使同类产品有了统一的检测试验标准。六大技术突破将中加特推向电机及控制的高端制造领域，成为电机工业革命的领跑者，为民族工业的振兴贡献中加特人的智慧和力量。

2015 年，中加特团队设计出 3300V/1600kW 当时世界最大功率变频一体机，并成功应用于神东煤炭集团上湾煤矿 8.8 米世界最大采高工作面。"上湾煤矿"是神东煤炭集团的一座大型现代化煤矿，装备世界最先进的高阻力液压支架和大功率采煤机，综合机械化开采，实现了主要运输系统皮带化、辅助运输胶轮化、生产系统远程自动化控制和安全监控系统自动化，煤矿安全、生产、运输及"六大"系统全部实现了信息化。被神华、神东两级公司树为安全质量标准化样板矿井，创造了多项全国第一。"中加特"变频一体机在上湾煤矿 8.8 米最大采高工作面得到成功应用，又一次验证了中加特的科技攻关能力。这一成果的展示，不仅是中加特科研人员的骄傲，也是整个煤炭行业的骄傲。

2016 年，"中加特"团队设计出与双速电机同等高度变频调速一体机，应用于兖矿集团鲍店矿薄层综采工作面和放顶煤工作面，变频器的高度仅仅 200 毫米，完全颠覆的人们对变频器的想象。

自 2013 年"中加特"第一套试验样机投入市场以来，已累计推广系列高压变频一体机千余台，应用于国家能源集团、兖矿集团、山东能源集团、山西晋煤集团等各大煤炭企业，装备了 100 多个主力生产工作面，产生巨大的经济和社会效益。同时，变频调速一体机为矿山实现安全、智能生产提供了技术和产品支持。

年产 3300 万吨世界第一矿神华神东公司大柳塔煤矿在 8700 米长的皮带输送机上采用中加特的变频调速一体机。这一井下超长输送皮带设计 7 台电机变频驱动系统，总功率达到 7×1200 千瓦，设备的调试技术要求非常精密，"中加特"以雄厚综合实力承揽此项工程，现场技术人员仅用了一周时间的调试，实现了多台电机同步传动，运行一次成功。目前这条井下超长皮带服役接近 6 个年头，变频传输系统没有出现任何问题。在参与特大工业生产中，检验了中加特的综合实力，赢得了国产品牌的地位。随后神华神东煤炭集团公司井下生产大扭矩动力系统以中加特的产品全部替代了外国进口，为神华集团煤炭的安全高效开采，建设智慧矿山做出了卓越贡献。

五、科技创新成果转化的时代先锋

大柳塔煤矿总工程师非常感慨地说，中加特根据煤矿井下环境的特殊性，研发生产的将高压、变频、调速、防爆有效结合的变频调速一体机，缩小了体积，减少了中间环节，提高了运行工作效率，本身就是一大创举，而且长久的安全高效运行无故障，这不仅是技术创新，更重要的是理论创新。人们直观看到的是合成技术，而核心是科技创新成果转化带动的理论研究突破。

2018 年，"中加特"开始为石油行业提供机体小、高可靠性的大功率变频调速一体机及中压变频器组等产品。"中加特"经过近 10 年的发展，走出矿山，以先进的技术和产品昂首挺进石油行业等新的领域。同年公司被评为"青岛市高成长高技术 20 强"企业和"山东省瞪羚标杆企业"。

公司董事长邓克飞说，"我这大半辈子就是现实大于理想，耐得住寂寞、扛得住煎熬、经得起诱惑、守得住底线。这是一个有责任、有担当、有情怀的企业家必须具备的容人之量、识人之志、用人之术。我们倡导百家争鸣，只要是为公司所想，只要是为创新而争，都应该被允许，都应当得到鼓励。我只是'中加特'的一个引路人，我遇到一群志同道合的'战友'，他们才是'中加特'发展强有力的坚实后盾"。

2019 年 12 月 18 日，由中国人民大学中国民营企业研究中心联合青岛市人民政府举办的"2019 全球独角兽企业 500 强大会暨《2019 全球独角兽企业 500 强发展报告》发布会"召开，山东青岛共诞生了 6 家独角兽企业，其中，青岛中加特电气有限公司以创新能力、综合实力、快速成长等诸多优势榜上有名。

闪送：同城即时配送典范

对于用户来说，在同城速递需求大爆发的档口，其痛点不仅限于递送速度的提升，服务品质也是用户所重点考量的指标。在这一背景下，"闪送""一对一急送拒绝拼单"的服务价值不断凸显。

自 2014 年上线以来，"闪送"秉承品质服务这一核心，聚焦 C 端市场，坚持一对一递送服务模式毫不动摇。所谓"一对一急送"，即从取件到送达，服务全程均由同一名闪送员完成，避免了传统快递物流的中转、分拣环节，点对点直达，时效更有保障。同时，在上一笔订单结束前，闪送员不会再去接其他订单，充分给予用户专属服务体验，服务品质更安全。

一、贯彻精益创业理论

精益创业是美国企业家埃里克·莱斯在《精益创业》一书提出的理

论，在推出后很快风靡全球，被很多创业者奉为创业圣经。其核心是用最小的成本和最有效的方式（Most Valuable Player，MVP），把产品快速推向市场，然后基于市场的反馈快速迭代。

系统性消除一切浪费，是精益创业的核心。也就是说除了能够给用户提供价值和利益的点之外，其他所有的一切工作全部都是浪费。"闪送"一直坚持用精益创业的理念指导自己。这样科学创业的方法，最终使"闪送"这家公司迅速成长。作为一家提供同城一对一急送的速递公司，"闪送"年增长率超过了 300%，已经成为了快速送达的代名词。

二、找寻用户痛点：快和安全

定义用户痛点假设，是精益创业的第一步。因为每一个痛点都是一个机会，痛点越大，机会越大。中国的同城快递行业，目前是一个平均次日达的时效。随着业务规模的持续扩大，大部分企业一直在朝着成本控制的方向去努力。但是闪送认为消费者真正的痛点并不是成本，而是快和安全。所以就反其道而行之，提供的解决方案是：做一家给消费者提供一对一直送、限时送达的服务，保证物品安全和时效。由于一对一直送，点对点直接配送。那么它的时间效率一定是可控的，同时一对一直送避免了多个人的交接，责任界定是唯一且清晰的，所以它的安全性明显提升。再加上避免了暴力分拣的过程，物品在递送过程中的安全性也明显提升。

三、价值验证：用 MVP 的方式，快速获得认知

成功的解决方案需要与用户痛点高度吻合。然而，我们永远也无法实现百分之百的吻合，所以在用户验证的过程中，只能通过不断迭代，实现对真实的用户痛点、不断逼近有效解决方案。

最小可行化产品是用户验证过程中的最关键的工具。也就是说你一开始提供给用户的，并不需要是一个庞大的、复杂的功能组合，而是一个最核心、与痛点最相关、最小的功能组合。采用 MVP 的方法，"闪送"从

2014 年 3 月第一次开立项会到服务上线，只花了一周的时间。

1. 简单产品搭建

"闪送"的创始团队做了多年的行业信息化，做一套完整的线上服务流程是没有任何问题的。但闪送还是从最简单的版本开始。"闪送"第一周上线的时候，只做了一个面向用户的简单的下单页面（PC 端），没有 APP 和微信公众号。在用户下单之后，"闪送"平台再把订单信息通过短信的形式，分发给早期的闪送员，然后闪送员打电话到闪送平台，先到先得。虽然这样一种方式粗糙、简易，但是可行，能够有效地完成产品的目的。

闪送第一天上线之后就开始有订单，完成订单之后进行用户回访得知，闪送的第一单是一位先生，他从外地出差回家时发现忘记带钥匙，而这位先生的妻子正在加班赶不回去。于是这位先生尝试了闪送，40 分钟就收到了钥匙，这让他得到了很好的用户体验。在对用户回访的过程中，用户的感激之情溢于言表。

这时，薛鹏真正意识到原来闪送的服务是能够帮助用户解决他们的燃眉之急。他从内心深处感觉到闪送开始真正落地了。

2. 构建服务模型

在产品搭建完成之后，就需要有大量的闪送员进行服务实体的支撑。在服务搭建的过程中，"闪送"也采用 MVP 的方式。在早期搭建的 MVP 模型里，"闪送"把北京五环内分成了 9 个 25 千米×26 千米的矩形格子。每一个格子长宽都低于 9 千米，这就意味着在闪送刚刚开始创业时，只要保证在每一个格子里面有一名闪送员可以进行服务，闪送的服务模型就搭建起来了。但实际上在真正开始运行时，对团队提出的要求是一周之内招募 100 人。因为闪送员是众包的服务模型，时间不是特别确定，所以需要有一定供应的冗余去保证每个订单都能及时响应和服务（如图 2-39 所示）。

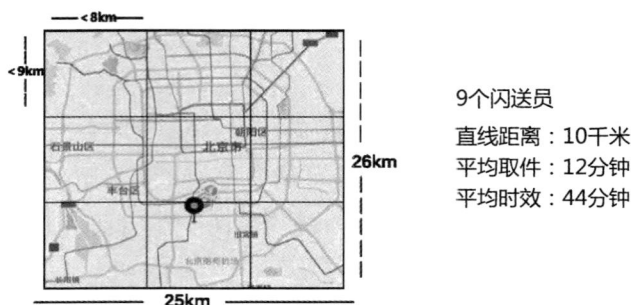

9个闪送员
直线距离：10千米
平均取件：12分钟
平均时效：44分钟

图 2-39　闪送 MVP 模型

四、增长引擎验证：病毒式增长

在精益创业中，有三种不同的增长引擎。第一，黏着式增长引擎。只要获客大于流失，产品就可以一直保持增长的态势。第二，付费式增长引擎。保证获客的数量以及每个客户在生命周期创造的价值超出获客成本，就可以形成付费式增长引擎。第三，病毒式增长引擎。

"闪送"是一种非常典型的病毒式增长引擎，有非常好的病毒因子。首先每一个闪送订单在下单时都会不经意间影响至少两个人，寄件人和收件人。在很多情况下，甚至会影响第三个人——下单人。所以每一个订单的按时履行，每一次给用户带来惊喜的过程，都会至少影响 2~3 个人。

"闪送"在早期经营过程中，前 18 个月一直保持着周环比 20% 以上的增长。美国的风险投资家 Paul Graham 曾说过，周环比增长在 5% 以上的项目是非常优秀的项目，10% 以上的项目是非常卓越的项目。这时，闪送的价值主张和增长引擎都已经得到了充分的验证。闪送全情投入去做更好的开发。

五、以用户为中心，不断迭代

以用户为中心是精益创业的核心原则。"闪送"在业务发展过程中，一直持续以用户为中心，找到所有跟用户之间的接触点，然后收集用户的反馈，逐步建立起服务的门槛和壁垒。

1. 收集用户反馈，从根本上解决问题

"闪送"会通过客服、微信、微博、APP 等多种渠道收集用户的反馈，同时用看板工具对用户的问题进行分级，找出问题的根源，从根本上解决用户的问题。

在"闪送"早期上线时，由于没有品牌，用户内心深处对物品的安全是有顾虑的。为了解决用户心中的顾虑，闪送把它拆解到闪送员的招募、运营、培训、管理规则，以及系统的交付、客户的跟进等很多个方面，尽可能消除这个问题。

在业务快速发展的过程中，按理说随着规模的持续扩大，用户出现问题的数量应该是成倍增加的。作为直接面对用户的客服部门，也应该是要线性成倍数增加的，但是闪送的客服人数一直维持在 60 人的规模。

2. 算法和产品的迭代

在用户服务过程中，"闪送"在算法和产品层面进行了大量迭代和改进。闪送在算法层面做了一定的全局优化。例如，同时有两个订单 A 和 B。如果甲闪送员上门取 A 物品需要 5 分钟，乙闪送员取 B 物品需要 20 分钟。这样的话，用户体验一个会非常好，一个会非常不好，影响闪送整体的用户评价。而经过平台的优化后，可以让甲取 B 订单，让乙取 A 订单，都只需要 10 分钟。这样两个用户都会得到比较好的服务体验。

3. 六大安全措施，确保递送安全

"闪送"通过双实名制、开箱验视、人脸识别、闪送员信用筛查、轨迹追踪五大安全保障措施来确保递送安全。

闪送员的"选拔"及培训格外严格，通过设置六道入行门槛，确保入行的闪送员无不良记录：从线上报名开始，第三方信用评估机构会对报名人员的个人信誉情况进行排查；接下来，闪送工作人员会进行两次人工审核，对报名人员的身份信息进行人工核对，最大限度确保"人证合一"；当信息核对完成后，闪送对尚未入职的闪送员进行专项培训，只有考试通过后领取到上岗证，才能成为正式的闪送员。

提供安全的快递服务，也离不开"高科技"的辅助。闪送的"人脸识别"功能可确保闪送员本人完成全程服务。在接单前，人脸识别系统会自动调用手机摄像头，进行人像采集，系统会将采集到的面部信息、此前闪送员上传的证件信息一起与公安部门的信息进行比对，只有信息完全一致，闪送员才能开始服务。

"闪送"为保证递送的物品合法化，要求闪送员在取件时进行开箱验视。在验视过程中一旦发现违禁物品，将拒绝递送。同时"闪送"后台也会对验视结果进行严格检查，进一步保证递送物品的合法性。

除了在闪送员端严格把关之外，"闪送"还通过用户端支付实名认证、手机实名认证两个维度实名确认用户的信息。"闪送"在用户端与闪送员端"双端"构筑了多重"安全网"，保障物品递送安全。

六、明确一对一急送战略

目前，同城即时配送领域存在两种模式，分别为一对一送单模式和拼单模式。拼单的缺点在于：配送员经常要一次性配送多个不同地址的订单，而往往后面的订单要等待很久，配送安全性也无法得到有效保障。"闪送"是行业里唯一一家采用一对一送单模式的平台，而其他平台均是采用拼单的模式运营的（如图 2-40 所示）。

自 2014 年"闪送"成立之初便提出了"专人直送"的口号，在 2019 年 7 月正式宣布签约周杰伦，并确立"一对一急送、拒绝拼单"的战略定位，这也意味着闪送发展新阶段正式启程。在战略调整后，"闪送"的定位更加明确——着急送东西用闪送，闪送一对一急送，一次只送一单，拒绝拼单，速度更快，服务更好。

闪送的定位更加明确。闪送员从发件人手中取件后，便立刻奔赴收件

图 2-40　闪送广告标语

地址，服务全程均由同一名闪送员来负责，在上一笔订单结束前，闪送员不会再接其他订单。与传统快递和其他同城速递平台相比，"闪送"新战略的最大特色便是突出了一对一急送这一服务，确保客户的服务体验和安全保障。

相比拼单模式而言，虽然闪送员并不能像拼单模式那样，可以一次性送好几件包裹，但这种模式下的速递服务，可以将客户的利益最大化，无论是速度上还是安全性上。

所谓一对一急送拒绝拼单，从字面意思便能理解，在客户线上下单后，便有专门的闪送员针对客户进行一对一的服务，从接单、取件、送货上门全都由同一闪送员负责，并且在闪送员接单后，不会再接其他单，这与其他拼单模式的速递服务大有不同，客户无须因闪送员的其他订单而等待多余的时间，大大地提升了送单效率与安全性。

当用户有加急件或需要专人直送的服务需求时，可通过 Web 在线下单或者手机 APP 客户端随时随地下单，发出加急送件需求，由系统根据客户需求基于位置信息就近分配闪送员上门为其服务，用户可以通过手机客户端全程监控闪送员端位置，闪送员承诺在规定时间内完成包裹的送达。

几年来，"闪送"之所以发展迅猛，得益于其准确的市场定位。尽管传统快递基本是标准化作业，但"闪送"非常个性化。目前，"闪送"的订单数量不断扩大，为实现最优送达方案，"闪送"会通过后台大数据与算法，通过建模把客户需求和闪送员的供给端进行匹配。在实际操作过程中，"闪送"会通过客户的发单习惯、偏好和闪送员的驾驶习惯、送件时效等进行最优匹配（如图 2-41 所示）。

图 2-41　闪送配送员

七、构筑高壁垒赛道

"闪送"自创立五年来，已形成自己的三大壁垒：规模壁垒、技术壁垒和品牌壁垒，这也是为什么大量的巨头进入却无法撼动闪送在 C 端市场领先地位的主要原因（如图 2-42 所示）。

放眼同城即时配送市场，大多数玩家以 B 端切入，因为 B 端订单量大、客户群体多、影响力大，但闪送一直坚守 C 端。B 端的客户都是单点高频，在一个单点上同一个时间会发很多订单。刚开始做闪送时，平台订

图 2-42　闪送配送员

单量很小，如果做 B 单，瞬间就会把 B 单周围的闪送员全部吸走，相同位置的个人用户下单，就有可能没人服务。因此，"闪送"为保证 C 端客户体验，在初始的两年内没有做 B 端。因为服务体验做好了，用户会自动要求商家发闪送，这时就自然而然地切入 B 端市场。

先发优势和服务品质的领先，为"闪送"建立了一条高壁垒的护城河。"闪送"是第一家明确专人直送的即时物流平台，天然的互联网基因，让"闪送"更懂互联网及用户行为，以极低的成本快速积累了丰富的资源和产品布局。这对于新进入者，几乎是一道难以逾越的鸿沟。正因为如此，如果有新玩家想要在这个行业短时间内重新跑出个巨头来，几乎是不可能的（如图 2-43 所示）。

当前，同城速递的市场空间正在迅猛增长，即使是在闪送诸多新开通的三四线城市，业务量仍以月环比近 30% 的增速迅猛发展。在闪送进军三四线城市获得大量订单的背后，效率、安全、信赖已成为其快速发展的坚实基础，这也是闪送受用户青睐的原因。

与 B 端相比，面对 C 端在流量、规模都不占优势的情况下，闪送意识到，同城配送平台应在技术上进一步拓展，通过科技赋能让服务更完

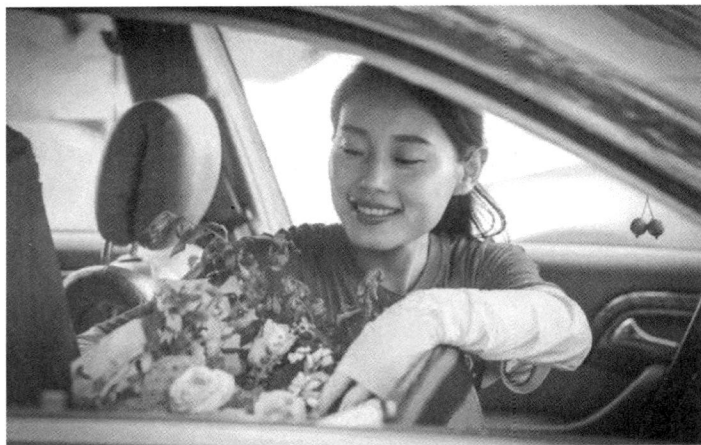

图 2-43　闪送配送员

善、更人性化。借助大数据，"闪送"可以有力地解决智能调度和供需预测等难题，并通过模型的不断优化缩短运算时间，同时提升预测效果，让用户的体验更好。

目前由于"闪送"的订单规模与日俱增，已吸引了 90 多万的闪送员加入，进而做到平均 10 分钟就可以上门取件。侧重于 B 端配送的平台，他们的运力多围绕商户网状布局，更容易通过预测商户的订单量与商户商量提前匹配运力。而 C 端用户由于其具有的离散型、及时性与个性化的特点，想达到闪送平均 10 分钟的上门时效，必须在全城内布局高密度的网状、流动的庞大运力团队。短期内只能通过高补贴的形式吸引运力，但订单侧却无法通过价格刺激出来，就会造成长时间的亏损投入。

而一旦"闪送"订单增加，就会吸引更多的闪送员进入，从而进一步缩短取件时间，给用户更好的服务体验。"闪送"规模壁垒将呈几何状放大，从而形成一道无法逾越的鸿沟，占尽先发优势，进一步压缩后来者生存空间，最终只能转向门槛较低的商户拼单方式。

在行业格局已经形成的情况下，"闪送"已经凭借庞大的闪送员基数，在这个领域中占据了领先地位，规模壁垒优势在持续扩大。经过五年的发展，"闪送"已在全国铺设了高密度的服务网络，确保 7×24 小时都有人在线，可以随时随地配合用户需求。充足的运力是高品质服务的保障，一旦闪送获得了用户的认可，便会形成群居效应产生更多的 C 端订单。

"闪送"在技术和大数据积累方面也占据了较强的领先优势。马云曾将大数据形容为最大的能源。"闪送"凭借五年来积累的大数据资源，精准掌握了用户的发单喜好、品类特性、用户需求等大量数据，同时也对闪送员端的接单特点、时效、递送保障等各个细节了如指掌。经过持续调优，每一个订单生产，都能够通过对大数据分析，匹配最合适的闪送员上门，既提升了用户满意度，又提高了闪送员的接单效率。这对那些新进入者来说，是一个无法用金钱实现的天然屏障。同时，闪送已成功抢占用户心智成为行业代名词，用户一旦产生着急递送需求，首先想起的平台便是闪送，后来者想改变这一局面非常困难。这需要大量的财力和长时间的运营才能实现。互联网行业有句名言：当你领先对手 6 个月时，除非自己犯错，否则对手很难追上你。其他平台均是通过拼单的模式来降低运营成本和弥补运力不足的问题，而闪送却牢记初心，在解决用户急迫需求上发力。只有一对一急送，才能更有效保证物品的安全性与时效性，避免出现送错、污损和延时的情况，让每个用户都享受到 VIP 级的服务。

好享家：平台化赋能，构建共生型生态

从全球最大的暖通空调制造商约克 1906 年首次进入中国起，1993 年万和电器在广东诞生，1995 年德国供热品牌威能进入中国……暖通行业在中国已有百年历史。进入 21 世纪，随着互联网电商的快速发展，传统暖通行业互联网化程度低、服务范围小、行业极具分散已经无法应对新时

代的要求，行业增长日渐乏力。同时，随着新中产、新消费、新需求的出现，传统意义上的"冷暖"已经满足不了人们对"舒适家居"的品质要求。

一、消费升级催生行业红利，舒适家居市场迎来迭变

过去，中央采暖、中央空调的安装配套集中在单品选购，现在越来越多的用户开始选择集成化、系统化的综合方案，而且除了中央采暖、空调、新风、净水以外，包括智能家居、电梯入户的单户以及工程增长速度都在增长。越来越多的年轻人开始关注舒适家居，并在其新房装修时考虑整体家装、舒适家居，尤其是集成化正在成为年轻一代用户的刚需。消费集成化成为一个明显的发展变化。

据亿欧智库预测，中国的家居市场保持着稳定增速，预计 2~3 年后整体市场规模将达 9 万亿。广阔的市场催生了舒适智能家居行业的繁荣。舒适智能家居市场也将迎来战略性机会，未来孕育着巨大的空间。但同时，无论是产品丰富度、技术实力或是渠道布局等方面，也都对企业提出了更高的要求。

二、偶然的契机让一站式智能家居孕育而生

"品质生活"逐步成为终端业主的刚性需求，整套舒适智能家居解决方案和多元化的选择日益成为新的市场趋势。五星控股集团董事长汪建国凭借敏锐的洞察力，看到了这个行业的巨大机遇。在出售五星电器后，汪建国开启了第二次创业，孵化汇通达、孩子王、好享家三个品牌，分别聚焦农村电商、母婴消费和舒适智能家居市场。创立好享家，源于一个偶然的契机。

2009 年，一个下海前的老同事托其帮忙给房子安装冷暖、新风系统。汪建国当即将活揽了下来。他请来了老部下五星电器的服务团队，花了几个月的时间，还是没能顺利进行，直到采用了系统集成方案后才得以搞

定。对用户来说，这是一次糟糕的施工体验，但正是这次经历，让汪建国从中嗅到了商机。于是，他开始启动标准化管理和一站式解决方案，由客户经理面对用户，将中央空调、锅炉、暖气片、净水、新风系统等整合起来，从获客到方案设计、工程实施、维护保修等，为客户提供一整套解决方案。这便是好享家最初的雏形。

2009 年，五星控股集团旗下企业——好享家舒适智能家居股份有限公司应运而生，秉承"让家更舒适、更健康"的使命，好享家专注于推动家庭环境的持续改善，通过冷暖、新风、净水、智能等系统，为用户提供一站式舒适智能家居解决方案。基于精准的细分市场定位，好享家也迅速成长为舒适智能家居行业的首家独角兽企业。

三、"S2B2C" 平台化商业模式赋能

在市场瞬息万变、竞争日益激烈的今天，产业升级之战一触即发，不进则退是商业社会永恒的法则。企业要想脱颖而出就应该不断发展壮大，不走寻常路，寻找适合自己、富有竞争力的商业模式。

凭借对舒适智能家居行业的市场洞察力，好享家开拓全渠道新零售思维，打造线下线上联动闭环场景营销。

公司融合了互联网、物联网、大数据、云计算、智能零售等科技手段，创新实践了 "S2B2C" 平台化赋能模式。简而言之，S 为 Supply chain（大供货商），B 为 Business（渠道商），C 为 Customer（顾客）。在 S2B2C 模式中，S 既要整合上游优质供应商，又要提供给 B 各种技术、数据解决方案的支持，还要辅助 B 完成对 C 的服务；其中，B 不仅需要沟通 C，理解客户的需求，寻找客户的痛点，还要将这些信息反馈给 S，利用 S 对设计、生产和运输等的协同能力，以便落实 C 所需的定制化服务。

"好享家"通过搭建平台化运营体系，打造舒适智能家居区域生态圈，赋能区域服务商、经销商的同时，为家庭用户提供一站式舒适智能家居解决方案。

四、十年发展史：三个阶段的进化

1. 直营模式（2009~2014 年）

2009 年初涉舒适智能家居行业时，"好享家"选择了舒适家居集成服务并主攻南京本土市场。当时消费者还没有集成的意识，他们分不清智能空调和小空调，也不知道上哪儿可以找到一家公司把中央空调、新风、采暖、净水等设备装好，只是想到要装什么就去找相应的品牌代理。而家居集成公司主要靠装修公司的设计师介绍来获取客户，随着做这门生意的公司越来越多，设计师推荐用户的返佣也越来越高。

在当时的南京市场，"好享家"的出现不过是上千家暖通企业中添了一个"新丁"。与行业内基本一致，客户少，知名度低，获客渠道狭窄。虽然举办了不少活动进行营销，尝试了多种方式获客，试图提高知名度，但效果并不理想。

"好享家"坚持了五年，依然没能寻到发展突破口，直到 2014 年"好享家"营收也仅有 1 亿元。难道 1 亿元就是这个行业的规模瓶颈吗？为了寻求突破，"好享家"冲破自己的舒适圈，开启平台化的转型和创新。

2. 平台模式（2015~2018 年）

2014 年以前，南京大大小小的暖通公司少说有上千家，规模大一点的零售额能做到一年数千万元。但普遍遇到的问题是，开到七八家店就到了规模瓶颈期，很难再扩大经营。于是，汪建国开始思考：为什么不用一个平台把大家都连接起来，各自发挥各自的所长？如果把这些公司联合起来，一起去做，无论是对上游供应商的议价能力，还是对下游客户的服务水平，都将产生质的变化。

2014 年底，"好享家"开始尝试平台化转型，布局全国。通过"城市合伙人"计划在目标市场寻找同行业背景、服务理念和价值观相同的伙伴来合作，进行横向打通。通过整合细分领域的区域服务商，连接和赋能线下门店来服务 C 端顾客，构建一张舒适智能家居领域的 S2B2C 的网络。

2015~2018 年，当转型平台化模式后，营收规模从 5 亿元增长至 31 亿元，模式的创新带来经营数据的指数级增长。坚持推行舒适智能家居生态圈模式的好享家，在满足人们对于美好家居生活的追求的同时，也迎来了自己的快速发展。

3. 生态模式（2019 年至今）

推行舒适智能家居生态圈模式的好享家，致力于构建更加开放的行业生态。"好享家"平台化转型的下一个五年，面向行业提出了生态化的转型目标。2019 年是好享家提出"数字化、服务化、生态化"的战略阶段，并开始持续推动 B2B 平台和服务等系统的打造，为合作伙伴创造价值。好享家 CEO 汪浩更是在年中提出了未来三年"赋能一万家暖通服务商，连接百万家庭"的战略升级目标，在这一目标的牵引下，好享家孵化的"舒适云""橙工到家"是其生态化战略路径的"排头兵"，赋能行业和平台公司，充分拥抱用户需求，做好用户运营，创造增量价值。

五、基于生态化的新探索

在创新发展的进程中，好享家不断地发现新的增长点，创造新价值。创新是引领企业发展的第一动力。2019 年"好享家"提出"数字化、服务化、生态化"三化战略阶段，并推出"舒适云""橙工到家"两大战略性发展项目，由平台化向生态化转型迈进。

1. 舒适云：建立区域综合性服务平台，助力商品服务资源整合

在意识到目前舒适智能家居产业的症结——供应商、渠道与终端用户之间存在很大的断层问题时，2018 年"好享家"适时启动了舒适云项目。从 2019 年 2 月至今，"好享家"进一步明确舒适云项目的定位，通过为商家、合伙人及会员创造增量价值，寻找"好享家"第二条抛物线。

舒适云 B2B 平台通过整合舒适智能家居行业资源，实现商家和会员交易在线化，是建立区域综合性服务平台的载体。舒适云帮助行业中小企

业进行产品、销售、会员等在线化经营分析，进行数字化管理；为商家、会员提供线上线下相结合的全渠道运营活动支持，通过分析数据链接个性化服务，"好享家"舒适云基于增量价值创造，快速迭代模式，不断拓展商家、合伙人与会员界限，创新商家与会员发展方式，打造区域生态平台。

2. 橙工到家：基于专业的室内环境健康检测服务，从低频到高频、从舒适家到生活家，优选商品及服务解决方案

为打造家居健康环境一站式智慧服务顾问，好享家自 2019 年初发展橙工到家项目，从低频到高频、从舒适家到生活家，为广大品质家居消费人群提供深度定制的优选商品及服务解决方案。

作为好享家推动"服务化"战略实施的重要抓手，橙工到家依托用户研究、管家链接、商品和服务三大重要支撑点，不断细分家庭服务品类，从商品追踪到家庭，做到以家庭为核心的定制化、顾问式黏性服务。基于不同年龄层次的人群兴趣、爱好、生活习惯、交友圈层等差异化，建立人物画像库，针对人物画像，打造标准化服务体系，提高服务效率，从而提升用户体验度；项目组自建管家团队，与用户一对一沟通，保障服务质量；商品和服务是橙工到家核心竞争力，围绕家庭新鲜空气、纯净水源等为用户提供有效监测，同时整合家电清洁服务、保洁服务、财产保险等行业资源，建立服务体系。橙工到家项目，正以南京为试点模型，逐步向周边拓展，目前已服务南京逾 500 个小区。

六、全方位创新，构筑企业核心竞争力

1. 基于 S2B2C 模式的"平台化赋能模式"

"好享家"的"平台化赋能模式"是基于 S2B2C 模式的创新实践。在低频高客单的舒适智能家居行业，精装修市场、地产经济都在放缓脚步，行业急需转型升级，传统暖通行业升级过程中最大的困难即是推动整个行业从零售的简单商品差价到服务转变的过程。2014 年底，好享家的

经营模式开始从区域直营向平台化转型发展，通过对现有渠道进行重新整合，建立共生型平台组织，发展平台伙伴、会员店，双向赋能效率高，通过全方位赋能形成网络效应，为企业创造价值。

未来 3~5 年，"平台化赋能模式"将在好享家的发展中扮演重要角色。产业互联网时代，随着多元化、线上化、扁平化的渠道变化，服务化、智能化、差异化的产品变化及消费者的代际交替，消费升级驱动智能舒适家居行业逆势增长。好享家正在通过"数字化、服务化、生态化"的战略阶段，朝着"赋能一万家暖通服务商，连接百万家庭"的战略升级目标不断努力，不断提升平台赋能效率，通过构建 B2B 区域平台，连接更多行业老板，形成行业交易平台，抓住下游合作伙伴，分享价值，服务终端用户。

2. 具有行业领先技术研发实力与舒适智能家居大数据应用服务能力

"好享家"致力于舒适智能家居行业的模式创新，链接行业上下游，以"互联网+"赋能，始终以科技创新及成果转化为核心，坚持平台的研发与运维。为了能让公司平台化运营模式赋能更多的合作伙伴，团队研发出了单分享、智绘家等暖通行业一体化在线工具，帮助合作伙伴实现交易在线、产品在线与员工在线。为更好地满足用户对于舒适智能家居的要求，好享家研究开发出业内领先的智能家居物联网平台，对接、联动主流暖通厂商的各型号设备，实现家居环境的恒温、恒湿、恒氧。

截至 2020 年 1 月，企业拥有自主研发知识产权 30 项（包含好享家全资子公司），其中，授权专利共 21 项——发明专利 2 项、实用新型专利 2 项、外观专利 1 项、软件著作权 16 项。2019 年 9 月，好享家首次获得 2 项发明专利——"一种房间地暖管路设计系统""一种房间地暖管路设计方法"，2 项发明专利主要以绘制房间区域，智能生成地暖布线回路为发明点。这两项和"智绘家"相关的发明专利的授权，证明了好享家在舒适智能家居行业技术上的不断创新，以及对工艺方面做出的努力。

3. 建立行业标准，打造行业品牌影响力

目前，"好享家"已经参与了 4 项国家级行标及 2 项省级行标的编制与发布工作，致力于提升行业的管理效率，实现资源合理利用，满足市场需求，规范市场准入标准，提升行业技术水平，将先进的科技成果通过标准化手段，转化为生产力，推动社会的进步。

七、多年努力与坚持，成就硕果累累

1. 通过模式创新，解决了行业痛点

基于消费者痛点，好享家对症下药，依靠技术革新重新梳理打造从"接触客户到交付"的全体验流程。通过舒适 e 站来帮助用户了解行业，教育市场，解决行业信息不对称的问题；并且通过"滴滴报价"、工地鹰眼、红包打赏等特色服务来完善整个服务流程。

基于服务商痛点，好享家从线下销售入手，进行延伸和发展，把场景融入到线下——由此诞生了基于 VR 技术的 360° 虚拟场景。对营销端来说，虚拟现实成本极低，灵活多变，不拘泥于场地、设备，线上和线下都是便利的展示工具。

基于供应链痛点，好享家对供应链进行了整合，按产品属性分类，逐渐搭建了基本满足全国需求的采销体系：第一是统购分采，对于复杂的产品如壁挂炉、散热片、中央空调，好享家与厂家总部签订全国大盘政策，然后由各个地方的平台公司去直接采购，厂家总部再给予一定的返利，这样既不破坏厂家在当地的整个的价格体系，同时，凭借连锁优势，好享家可以拿到优惠的价格；第二是标准下自采，对于小型产品如管材和分集水器等，货值低但占据库存空间，就订立品牌标准，日各地区平台公司自采；第三是以需定采，根据体系中平台公司及会员店实际需求，以大盘拼单形式，力争到更好的供货渠道、更优的产品价格，体现平台化企业的整合优势。

此外，在互联网时代，提升效率的方式不再是专业分工，而是在于能

够连接多个网点的系统。为此好享家打造的智慧服务系统涉及获客渠道的拓展、服务标准的输出、人才的培训、供应链的整合、金融体系的支撑。

2. 业绩强劲增长，公司持续壮大

根据企业发布的信息显示，2018 年，好享家完成 C+轮融资，估值已经超过 10 亿美元。

近五年，好享家复合增长率为 99%，业绩呈稳步强劲增长态势。2019 年全年业绩同比增长超过 50%，利润同比增长 65%。业绩一路上扬也充分验证了公司平台化模式强劲的生命力，成为国内舒适智能家居行业领跑者。

作为中国独角兽企业，好享家的服务网络覆盖 16 省逾 100 城市，已完成线下 1500+服务网点布局，累计服务家庭超 20 万户。

3. 模式值得其他行业借鉴

实践证明，好享家的发展壮大不是侥幸，而是有其必然。在掌握渠道的基础上，"平台化赋能模式"具有规模效应，且双向赋能效率高。主要体现在两个方面：

（1）整合行业头部公司合作共赢。好享家通过跟行业内区域头部公司进行深度的整合，一起注册组成新的平台公司，同时赋能给它，并进一步辐射会员店。例如，好享家将经销商整合为区域服务平台。好享家会按一定股权比例整合各地舒适家居领域已有的头部经销商作为地方服务平台，并以此为支点逐步走向全渠道赋能更多门店小 b，从而迅速建立全国性服务网络体系。在这一模式上，不少企业可以学习和借鉴。

（2）双向赋能，共同进步。在赋能方面，平台公司的老板们可以在好享家这个大平台上相互学习，同时好享家也在向这些平台老板们学习。好享家通过对他们进行学习和调研形成区域化的特色打法；与此同时，好享家总部整合资源形成产品化赋能解决方案，然后再交给各个分部运营落地，不断执行复用，提高门店效率。

正如好享家 CEO 汪浩在 2019 年 7 月文化年会上所说，好享家通过共生思维去获得持续的增长——"未来三年，好享家将以构建'赋能一万家暖通服务商'为目标，通过 IoT 技术连接百万家庭，通过多种门店形态和新的产品形态连接用户，从做大到做强，共同成长！"

舒适家居行业的发展方向一方面品类越来越多，另一方面在某一个品类上越分越细。这就要求企业在产品、技术和营销上抓住机会，创造更好的家庭解决方案。作为行业首家全国独角兽企业，未来好享家将继续秉持"让家更健康、更舒适"的愿景，通过赋能暖通服务商，产生更多的舒适智能家居解决方案，将更美好的生活方式带给千家万户，同时也将持续推动共生型行业生态的融合发展，为行业带来更强的动力。

七牛云：GoGoGo，云潮流的引领者

七牛云成立于 2011 年，总部位于上海，在北京、深圳、广州、成都、杭州、厦门、武汉等地设有分公司和研发中心。作为国内知名的云计算及数据服务提供商，七牛云持续在海量文件存储、CDN 内容分发、视频点播、互动直播及大规模异构数据的智能分析与处理等领域的核心技术进行深度投入，致力于以数据科技全面驱动数字化未来，赋能各行各业全面进入数据时代。从最初的提升客户的 IT 效能、缩短从想法到产品之间的距离，到今天致力于提升客户的 DT 效能，七牛云基于领先的云存储能力建立了统一的异构数据湖，打造了完备的视频云服务闭环，并创建了简洁开放的机器数据处理平台。七牛云始终追求为用户提供全方位的一站式云+数据的服务和多场景解决方案，客户数已经超过百万。

作为国内第一批在 Go 语言方面进行实践的公司，七牛云是全球最早将 Go 语言大规模应用于商业化产品的团队。

在成立八年多的时间里，七牛云一直专注于技术研发。自 2011 年 12 月以来，云平台上线运营，七牛云一系列具有里程碑意义的事件便吸引了

业界的目光。2012 年，七牛云著作《Go 语言编程》被评为"2012 年度十大图书之一"；2014 年海外加速服务上线，覆盖全球 31 个国家共 54 个地区；2015 年七牛云对象存储服务通过可信云认证；2016 年移动时代的直播云服务上线；2017 年海外 CDN 服务上线，覆盖六大洲 100 多个国家，并推出机器数据分析平台 Pandora；2018 年推出全自研内核跨平台多媒体播放器；2019 年至今，七牛云服务的企业用户已达百万级，覆盖国内 80% 网民。2020 年，七牛云完成从 IT 到 DT 的全新战略升级，致力于以数据科技全面驱动数字化未来，赋能各行各业全面进入数据时代。

一、强大的技术创新能力

区别于国内外其他云，七牛云一直在功能特性上引领云的潮流。其中，七牛云自行研发的全分布式架构解决了其他云单一数据中心架构可能存在的风险，同时首创双向加速特性对数据上传下载均加速，使数据访问速度较传统方案平均提升 50% 以上。此外，镜像存储、客户端直传、断点续上传、流媒体（音视频处理）支持等七牛云存储独有的功能也大大提升了开发效率，最大限度地减少了服务器资源浪费。

七牛云提供的自定义智能视频处理服务可以承载更多的第三方处理接口服务，例如，人脸识别、语音转文字等。这种自定义服务框架为更多的创业企业进入大数据领域提供了可靠的底层基础，大大降低了创业成本。

除此之外，七牛云还提供融合 CDN、云主机、大数据服务等，满足客户的各种云服务场景需求。其中包括七个方面：

1. 七牛云海量存储系统（KODO）

七牛云海量存储系统是七牛云自主研发的非结构化数据存储管理平台，支持中心和边缘存储。平台经过多年大规模用户验证已跻身先进技术行列，并广泛应用于海量数据管理的各类场景。

2. 七牛云 QCDN（Fusion）

七牛云 QCDN 是在传统 CDN 基础上实现的对数据网络加速进一步优

化的智能管理服务。通过全方位的 CDN 质量监控以及智能易用的节点调度等功能，提供稳定快速的网络访问服务。保障客户的音视频点播、大文件下载、应用及 Web 加速服务的稳定及连续性。

3. 七牛云机器数据分析平台（Pandora）

七牛云机器数据分析平台是业界领先的实时机器数据分析平台，支持数百种数据源，具有日志统一存储、实时检索、查询和分析、监控与告警、报表与大屏展示等能力，并内置计算引擎（流式计算、批量计算）对数据做进一步的分析，同时支持异常检测和预测等机器学习功能，可以帮助客户在 IT 运营、业务监控、安全审计、用户行为分析及 IoT 数据分析等场景迅速洞察数据价值。目前已为上千家客户提供服务，包含互联网、银行、保险、证券、运营商、零售、制造及广电等领域的众多头部客户。

七牛云机器数据分析平台其产品优势主要包括：

（1）企业级实时采集。可视化部署配置，实时采集，支持上百种数据源，内置几十种解析模板。

（2）毫秒级实时搜索。DSL 及 SPL 支持，划词分析，关联搜索，自动统计。

（3）高扩展性。采用高扩展性的分布式系统架构设计，目前公有云平台每天新增超过 500TB 的日志数据。

（4）多云融合。七牛云/本地 IDC/第三方公有云融合审计分析。

（5）灵活部署。按需部署，支持公有云/私有云/混合方式。

（6）场景沉淀。开箱即用的安全审计、运维监控、应用性能分析等场景支持。

（7）极致用户体验。操作简便易上手，降低用户学习成本、使用心智负担等优势。

4. 七牛私有云存储（Kodo Enterprise）

七牛私有云存储是基于七牛公有云对象存储服务的架构设计和运营经

验完全自主研发的存储系统。能够为客户搭建数百 EB 级别的高可靠、强安全、低成本、可扩展的业务系统，满足多样的非结构化数据存储需求。

5. 七牛直播云服务（PILI）

七牛直播云服务是基于强大的全球化实时流网络、完善的客户端服务和云端服务，打造的端到端直播解决方案，提供低延迟、稳定流畅、高可用的一站式直播云服务。

6. 七牛云智能多媒体服务（DORA）

七牛云智能多媒体服务是一种零运维、高可用、高性能的多媒体数据处理服务。能够提供图片处理、音视频转码、水印、截图、瘦身等基础功能，并基于海量数据深度学习，对媒体内容实现智能审核、智能识别、智能标签。可应用于社区电商、在线视频、泛娱乐、在线教育等多种应用场景。

7. 七牛云主机（Qiniu Virtual Machine，QVM）

七牛云主机是七牛云面向用户提供的可弹性伸缩的计算服务，帮助用户在短时间内快速启动任意数量的云主机并即时部署应用程序。通过 QVM 云主机服务，用户只需要根据业务发展需要创建相应规模的虚拟机实例、云硬盘和网络服务，再也无须提前采购相关资源，这样不仅缩短了业务部署上线的周期，同时也大大降低了企业的运维成本。在使用过程中，随着访问量和负载等需求变化，可以随时调整 CPU、内存、硬盘、网络、安全等。

二、Go 语言狂人

作为七牛云 CEO，毕业于南京大学的许式伟，是国内 Go 语言实践圈子公认的专家，同时也是著名云计算技术 ECUG 社区发起人。作为国内 Go 语言圈的领军人物，许式伟曾就职于金山、盛大公司，有超过 10 年的搜索和分布式存储相关技术的研发经验。

许式伟的个人经历颇为传奇，大学时外号"C 狂"，凭一份在招聘现场临时写就的简历，成功应聘金山，毕业仅两年就成为首席架构师，主导

WPS Office 2005 长达三年的架构设计和开发。

2006 年，盗版软件盛行，WPS 开始从软件向互联网转型，许式伟创建了金山实验室，以技术总监的身份主导分布式存储开发。之后，他加入了盛大创新院，成功推出"盛大网盘"和"盛大云"。

2011 年，许式伟创立七牛云，坚决地选择了 Go 语言，专注企业级存储服务。为此，当时许式伟专门给团队发了一封邮件，邮件中有一段这样写道："在创业过程中我们不仅会面临很多选择，也会有很多选择后来会被证明是错的，但是今天我可以确定的是，选择 Go 语言将会成为我们最正确的选择。"

在选择了 Go 语言后，考虑 Go 语言仍然是一门十分小众的语言，七牛云开始有意识地培养 Go 语言中国社区。为了让更多的人能够了解 Go 语言并加入 Go 语言的行列，七牛云做了很多工作。

七牛云拥有一群资深的 Go 语言布道师，并启动了《Go 语言编程》一书的编写工作和《Go 语言程序设计（译）》，后来《Go 语言编程》更是被誉为 2012 年度最具技术影响力的十大图书之一。多年来七牛云一直积极组织并参加到各种权威、优质的 Go 语言活动中，与众多 Go 语言爱好者共同推动 Go 语言的发展。

交互方式正在演进，智能终端在革新，数据生产能力发生了巨大的变化。如今，七牛云开发了多条垂直业务线，围绕海量数据和各行业应用场景推出由融合 CDN、对象存储、云主机、大数据，内容识别平台等系列产品组合，为用户提供综合全面的云计算服务。七牛云还引进了场景化的思路，把不同场景下的用户需求打包，提供整套的解决方案。

在这个互联网激荡的年代中，没有一家企业可以脱离数据而存在，而七牛云则把自己定义为千千万万创新公司的"引擎"。

三、为企业提供一站式专业视频云服务

在多年与客户共同成长的过程中，七牛云深度参与到客户经典应用新

形态变化的革新进程，在帮助各行各业实现复杂音视频处理的同时，也全面升维了一站式视频云服务形态。在直播电商、企业内训会议、监控摄像头等场景下，七牛云都提供了相应的解决方案。

典型场景一：直播电商

目前很多电商都希望增加直播功能，七牛云的一站式视频云服务可以让客户像逛超市一样简单方便地选择推流 SDK、直播 CDN 和播放器（解码器）并搭配美颜 SDK，快速地实现直播能力。

当直播电商上线后，客户又会发现用户希望跟主播进行语音互动，为了实现语音互动功能，连麦 SDK 就成了必需品，而连麦 SDK 又需要与推流 SDK、直播 CDN 共同协作才能完成这个典型的互动直播场景。我们观察到客户的业务会不断地变化和增加。电商客户还会增加短视频 SDK 能力来实现买家秀、卖家秀，并衍生一系列图像处理的需求。例如，对图片或视频进行暗光增强处理、特征识别之类的 AI 能力，这一系列需求通过七牛云的 Dora 平台都能很好地实现。搭配存储和点播加速等产品，客户可以将音视频领域的专业需求全部交给七牛云，让客户有更多精力专注于业务创新。

为保障运行的流畅与高效，七牛云整体视频云配备由数据驱动的质量保障体系。所有产品的质量指标数据全部进入七牛云实时机器处理平台 Pandora，进行全方位的监控与分析。另外，还对客户提供增值服务，例如，为某大型视频网站提供细粒度更高、维度更多的 CDN 质量分析。

典型场景二：大型企业内部培训和会议场景

目前直播越来越多地成为大型企业内训的选择手段之一，实现更广泛人群的覆盖，提升学习的灵活性，对推流 SDK 以及直播 CDN 的需求会比较明显，为了方便未能实时参加培训或会议的同事观看，企业还能将直播的视频落在七牛云的云存储上，通过七牛云 Dora 将视频转成所需码率与格式，并且为视频打上水印，随时供员工点播观看。

随着员工体验的要求越来越高，增加讲师与学员的实时互动环节必不可少，这时就会需要一个互动直播方案。从产品角度来说，需要 RTC 加直播 CDN 这样的产品组合来协同配合以满足客户的需求，七牛云的一站式服务可以让客户轻松实现所有需求。

典型场景三：监控上云 QVS 摄像头解决方案

近年来，在国家政策的支持下，我国安防产业飞速发展。政府、企业、机关、城市、社区都纷纷配合国家的安全工作部署，得益于平安城市和智慧城市的打造，安防产业始终保持高增长态势。

摄像头等监控设备每天产生大量的视频录像，由于历史原因，各个监控点或监控平台的数据并不能互通，导致大量视频资源成为信息孤岛。监控录像直接上云可以改变原有数据孤岛问题，将视频汇聚，平台统一，挖掘数据价值。

QVS 是七牛云推出的视频监控云服务，面向视频监控设备提供统一开放的视频流接入、处理和分发服务。把视频内容接入云端，进行存储、录制回看、全网分发、AI 处理和基于七牛云 Pandora 机器数据处理平台的视频结构化数据分析，助力摄像头等监控设备便捷上云。

四、客户至上，用心服务

七牛云作为一家服务型企业，在以技术优势作为立足之本的基础上，公司致力于为客户提供优质的服务，以客户为中心，根据客户需要而改变，以客户满意为宗旨为客户提供专注、专业、极客、极致的云计算和数据服务。

1. Pandora 机器数据分析平台助力保险行业实现数据化运维与安全分析管理

在七牛云服务于某保险集团时，该集团搭建了综合金融服务平台框架，采用两地三中心容灾建设方案，整合并集中管理集团内保险经营服务、客户数据管理服务、IT、呼叫中心等各类资源。数据中心共管理上万台物理设备与虚拟节点，内部日志源众多，日志数据种类多样，分析场景复杂，除了需要建立统一的日志大数据平台满足基础架构和应用的可追溯性和审计要求之外，还需要支持应用集成和流程集成、运维监控、安全审计及业务数据分析等内部场景。而在这一过程中，出现了诸多亟待解决的问题。

对此，七牛云 Pandora 机器数据分析平台凭借大数据分析能力，对机器数据进行全面采集，包括资源层、架构层与操作层三层日志信息，对系统整体运行情况进行监控，使用实时和历史数据分析定位并解决问题，缩短传统系统故障平均修复时间并发现传统监控无法检测到的问题；实现数据运营可视化，借助机器学习算法实现业务预测、智能辅助决策，从而优化集团数据中心的精细化管理，大大提升运维效率及整体系统安全防护能力，最终实现数据赋能，减少向客户提供产品和服务时发生的延迟。

2. 云端服务，助力短视频平台极致流畅的用户体验

面对泛娱乐化产能过剩的行业现状，以美拍为代表的众多短视频应用要俘获更多用户芳心，需输送专有领域的优质内容，此外还需提供极致流畅的用户体验，这背后需要高可靠的云端技术保障。在用户量及垂直知识性内容持续增长的同时，美拍需要一套安全可靠的存储分发机制和稳定流畅的直播体系支撑平台的有序运转，七牛云一站式的数据解决方案为其提供了完善的技术支持。

直播不仅是美拍流量获取的源头之一，也是打造达人用户的重要途径。大批用户定期通过直播获取或传达垂直领域的兴趣性内容。基于强大的全球化实时流网络、完善的客户端服务和云端服务，七牛云打造了一套端到端直播解决方案，为美拍提供了低延迟、稳定流畅、高可用的直播云服务，优化美拍用户的直播体验。

在不断拓展行业的同时，七牛云更加贴近客户应用场景，以专业的产品解决方案赋能用户。依托自身强大的技术优势和良好口碑，七牛云现已在广电新媒体、运营商、智能制造、互联网、移动互联网、智能硬件等多行业落地。客户更是涵盖陌陌、美图秀秀、OPPO、中国移动、中国网、

人民网等数千家互联网企业和政企大客户，深受市场认可。

五、围绕创业者、开发者缔造生态圈

自七牛云成立以来，在云服务领域一直为开发者、创业者提供了全方位细分的扶持计划，帮助这群有梦想的开发者、年轻人快速实现梦想。七牛云已连续举办 13 届面向专业开发者的高规格技术盛会 ECUG 大会以及针对大学生科技创业的技术性创业扶持计划青葱创业计划等。

1. ECUG 大会

ECUG 全称为 Effective Cloud User Group（实效云计算用户组），由七牛云 CEO 许式伟发起。作为面向专业开发者的高规格技术盛会，自 2007 年以来，ECUG 成功举办了 13 届，已有数千名技术从业者参加过 ECUG 大会。

围绕只讲技术的理念，每年 ECUG 都围绕当下热点技术主题，邀请众多领域内权威技术大神为开发者奉献精彩纷呈、干货十足的技术讲座，而众多开发技术人员也通过 ECUG 大会收获了知识、提升了技能、结识了朋友。

2. 青葱创业计划

早在 2015 年，七牛云发起并联合各领域合作伙伴共同推出"青葱创业计划"，是国内第一个针对大学生科技创业的技术性创业扶持计划，旨在通过技术的力量帮助大学生创业者在创业初期能够更快、更专注地开发产品。计划包括提供创业技术指导、人才培训、基础云服务、开源软件及开发工具等免费的创业扶持资源。

第一批加入团队代表有——《快看漫画》CEO 陈安妮、Gitcafe CEO Thomas Yao、易题库 CEO 武星宇、奶牛家 CEO 张驰、计蒜客 CEO 俞昊然、恋爱笔记 CEO 付小龙、兔展 CEO 董少灵、小酱油 CEO 邓宏琛、大象 CEO 刘克楠、北京德庆天下投资管理有限公司创始人付庆伟、高中生创业者吴子谦和 2014 创青春挑战杯一等奖唐子杰等 90 后创业者。七牛云希

望"青葱创业计划"能够为更多的大学生创业者提供一个追逐自我、实现心中梦想的机会。

除此之外，自创立伊始，七牛云便在云服务领域为开发者、创业者提供了大量的扶持计划，例如，创业者云服务赞助计划、文化创新产业支持计划、开源扶持计划、增长黑客计划等。未来，七牛云仍将加大对云服务领域创业者、开发者和使用者的扶持投入。

结语

七牛云在创办八年多的时间里，在云计算领域已然成为一家很"牛"的公司，此次入选全球独角兽企业 500 强名单，可谓实至名归。而从 IT 到 DT 的战略升级，让七牛云在商业和业务架构上都进行了匠心独运的变革，并探索了一条独具七牛云特色的发展道路。从 IT 到 DT，新阶段、新生态带来的新思考，七牛云也将继续实践、成长。而未来，七牛云将致力于以数据科技全面驱动数字化未来，赋能各行各业全面进入数据时代。

第三章

主要城市科技创新政策

北京：《北京加强全国科技创新中心建设总体方案》
（节选）

为深入贯彻党的十八大和十八届三中、四中、五中全会精神，全面落实全国科技创新大会精神和《国家创新驱动发展战略纲要》《京津冀协同发展规划纲要》部署要求，坚持和强化北京全国科技创新中心地位，在创新驱动发展战略实施和京津冀协同发展中发挥引领示范和核心支撑作用，制定本方案。

一、总体思路

按照党中央、国务院决策部署，坚持创新、协调、绿色、开放、共享发展理念，根据京津冀协同发展的总体要求，以中关村国家自主创新示范区为主要载体，以构建科技创新为核心的全面创新体系为强大支撑，着力增强原始创新能力，打造全球原始创新策源地；着力推动科技和经济结合，建设创新驱动发展先行区；着力构建区域协同创新共同体，支撑引领京津冀协同发展等国家战略实施；着力加强科技创新合作，形成全球开放创新核心区；着力深化改革，进一步突破体制机制障碍，优化创新创业生态。塑造更多依靠创新驱动、更多发挥先发优势的引领型发展，持续创造新的经济增长点，为把我国建设成为世界科技强国、实现"两个一百年"奋斗目标提供强大动力。

二、发展目标

按照"三步走"方针，不断加强北京全国科技创新中心建设，使北京成为全球科技创新引领者、高端经济增长极、创新人才首选地、文化创新先行区和生态建设示范城。

第一步，到 2017 年，科技创新动力、活力和能力明显增强，科技创新质量实现新跨越，开放创新、创新创业生态引领全国，北京全国科技创新中心建设初具规模。

第二步，到 2020 年，北京全国科技创新中心的核心功能进一步强化，科技创新体系更加完善，科技创新能力引领全国，形成全国高端引领型产业研发集聚区、创新驱动发展示范区和京津冀协同创新共同体的核心支撑区，成为具有全球影响力的科技创新中心，支撑我国进入创新型国家行列。

第三步，到 2030 年，北京全国科技创新中心的核心功能更加优化，成为全球创新网络的重要力量，成为引领世界创新的新引擎，为我国跻身创新型国家前列提供有力支撑。

三、重点任务

充分发挥北京高端人才集聚、科技基础雄厚的创新优势，统筹利用好各方面科技创新资源，积极协同央地科技资源，深入实施军民融合发展战略，完善创新体系，优化提升首都创新核心功能，突出重点，在基础研究、原始创新和国家急需的领域取得突破，全面服务国家重大战略实施。

（一）强化原始创新，打造世界知名科学中心

加大科研基础设施建设力度，超前部署应用基础及国际前沿技术研究，加强基础研究人才队伍培养，建设一批国际一流研究型大学和科研院所，形成领跑世界的原始创新策源地，将北京打造为世界知名科学中心。

1. 推进三大科技城建设

统筹规划建设中关村科学城、怀柔科学城和未来科技城，建立与国际接轨的管理运行新机制，推动央地科技资源融合创新发展。加强北京市与中央有关部门会商合作，优化中央科技资源在京布局，发挥高等学校、科研院所和大型骨干企业的研发优势，形成北京市与中央在京单位高效合作、协同创新的良好格局。中关村科学城主要依托中国科学院有关院所、

高等学校和中央企业，聚集全球高端创新要素，实现基础前沿研究重大突破，形成一批具有世界影响力的原创成果。怀柔科学城重点建设高能同步辐射光源、极端条件实验装置、地球系统数值模拟装置等大科学装置群，创新运行机制，搭建大型科技服务平台。未来科技城着重集聚一批高水平企业研发中心，集成中央在京科技资源，引进国际创新创业人才，强化重点领域核心技术创新能力，打造大型企业集团技术创新集聚区。

2. 超前部署基础前沿研究

北京发挥科教资源优势，加强与国家科技计划（专项、基金等）衔接，统筹布局重点领域原始创新，集中力量实施脑科学、量子计算与量子通信、纳米科学等大科学计划，引领我国前沿领域关键科学问题研究。瞄准国际科技前沿，以国家目标和战略需求为导向，整合优势力量，在明确定位和优化布局的基础上，建设一批重大科研创新基地。围绕国家应用基础研究领域部署，加强对信息科学、基础材料、生物医学与人类健康、农业生物遗传、环境系统与控制、能源等领域的支撑，取得一批具有全球影响力的重大基础研究成果，引领国际产业发展方向。

3. 加强基础研究人才队伍建设

坚持高起点、高标准，建设结构合理的创新人才团队，造就一批具有国际影响力的科学大师和以青年科学家为带头人的优秀研究群体。支持高等学校、科研院所和有条件的企业共建基础研究团队，加快科学家工作室建设，创新青年人才支持模式，形成一批从事基础研究的杰出青年科学家队伍。在全球范围内吸引一批能够承接重大任务、取得尖端成果、作出卓越贡献、形成"塔尖效应"的顶尖人才。在统筹考虑现有布局和国家对外科技合作总体部署基础上，鼓励以我为主发起国际大科学计划和大科学工程，吸引海外顶尖科学家和团队参与。

4. 建设世界一流高等学校和科研院所

推进新兴交叉学科建设，促进基础学科与应用学科、自然科学与人文社会科学交叉融合，积极推动网络数据科学、量子信息学、生物医学、纳

米科学与技术、核科学与技术、航空宇航科学与技术、生物信息学等学科
发展与完善，加快世界一流高等学校和科研院所建设。建设国际马铃薯中
心亚太中心。创新科研院所运行体制机制，推广北京生命科学研究所等管
理模式。

（二）实施技术创新跨越工程，加快构建"高精尖"经济结构

围绕国家经济社会发展重大需求，深入实施"北京技术创新行动计
划""《中国制造 2025》北京行动纲要""'互联网+'行动计划"等，突
破一批具有全局性、前瞻性、带动性的关键共性技术，加强重要技术标准
研制，培育具有国际竞争力的研发创新体系，加快科技成果向现实生产力
转化，在北京经济技术开发区打造具有全球影响力的创新型产业集群。

1. 夯实重点产业技术创新能力

以智能制造、生物医药、集成电路、新型显示、现代种业、移动互
联、航空航天、绿色制造等领域为重点，依托优势企业、高等学校和科研
院所，建设一批对重点领域技术创新发挥核心引领作用的国家技术创新中
心，突破与经济社会发展紧密相关的关键共性技术和核心瓶颈技术，形成
一批具有竞争力的国际标准。推动科技与产业、科技与金融、科技与经济
深度融合，培育一批具有国际竞争力的创新型领军企业，聚集世界知名企
业技术创新总部，构建跨界创新合作网络。完善技术创新服务平台体系，
加强研究开发、技术转移和融资、计量、检验检测认证、质量标准、知识
产权和科技咨询等公共服务平台建设，打造高端创业创新平台。利用中关
村政策优势，推动国防科技成果向民用领域转移转化和产业化。

2. 引领支撑首都"高精尖"经济发展

在新一代信息技术、生物医药、能源、新能源汽车、节能环保、先导
与优势材料、数字化制造、轨道交通等产业领域实施八大技术跨越工程，
重点突破高性能计算、石墨烯材料、智能机器人等一批关键共性技术，培
育先导产业和支柱产业。推动以科技服务业、"互联网+"和信息服务业
为代表的现代服务业向高端发展，促进服务业向专业化、网络化、规模

化、国际化方向发展。深化科技与文化融合发展，推进"设计之都"与中关村国家级文化和科技融合示范基地建设。以北京国家现代农业科技城为依托，加快推进高端农业创新发展。

3. 促进科技创新成果全民共享

实施首都蓝天行动，推动能源结构向清洁低碳转型，深化大气污染治理，持续改善空气质量。实施生态环境持续改善行动，加强水资源保护与污水治理、垃圾处理和资源化利用，提升城市生态功能。实施食品安全保障行动，建立对食品生产经营各环节的科学高效监督管理体系，保障食品质量安全。加强重大疾病科技攻关，在疾病预防、诊断、精准医疗等领域形成一批创新成果并转化应用，打造具有国际影响力的临床医学创新中心。实施城市精细化管理提升行动，强化城市综合运行监控与重点行业安全保障能力，提高巨灾风险防范与应对能力。推动大数据与社会治理深度融合，不断推进社会治理创新，提升维护公共安全、建设平安中国的能力水平。组织实施科技冬奥行动计划，加强北京市、河北省与国家相关部门科技创新资源整合，聚焦绿色、智慧、可持续三个重点领域，集成应用和展示最新科技成果，为冬奥会提供科技支撑。

（三）推进京津冀协同创新，培育世界级创新型城市群

贯彻落实《京津冀协同发展规划纲要》等战略部署，充分发挥北京全国科技创新中心的引领作用，构建京津冀协同创新共同体，打造世界级创新型城市群。积极参与和服务"一带一路"、长江经济带等发展战略，有力支撑国家创新驱动发展战略实施。

1. 优化首都科技创新布局

全力推进高端产业功能区和高端产业新区建设，优化中关村国家自主创新示范区"一区多园"布局，提升产业技术创新水平，带动各园区创新发展。推动首都各区精细化、差异化创新发展，形成功能清晰、导向明确、秩序规范的发展格局。首都自主创新中心区（城六区）重点推进基础科学、战略前沿高技术和高端服务业创新发展；首都高端引领型产业承

载区（城六区以外的平原地区）重点加快科技成果转化，推进生产性服务业、战略性新兴产业和高端制造业创新发展；首都绿色创新发展区（山区）重点实现旅游休闲、绿色能源等低碳高端产业创新发展；首都军民融合示范区重点打造前沿探索、基础研究、系统集成、示范应用、推广转化、产业发展的军民融合发展链条。加强统筹协调，对非首都功能疏解后的空间进行合理再布局，建设研发创新聚集区。

2. 构建京津冀协同创新共同体

整合区域创新资源，打造京津冀创新发展战略高地。加强宏观指导和政策支持，结合产业链布局需要，培育具有产学研协同特征的科技企业集团，推进其在京津冀地区联动发展。完善协同创新体制机制，推动科技创新政策互动，建立统一的区域技术交易市场，实现科技资源要素的互联互通。建设协同创新平台载体，围绕钢铁产业优化升级共建协同创新研究院，围绕大众创业万众创新共建科技孵化中心；围绕新技术新产品向技术标准转化共建国家技术标准创新基地；围绕首都创新成果转化共建科技成果转化基地等。实施协同创新工程，围绕生态环境建设、新能源开发应用、废弃资源利用等重点领域开展联合攻关，围绕钢铁、建材等传统产业转型发展共同开展创新试点，围绕工业设计、科技服务业、文化创意等领域共同组织新技术应用示范等。

3. 引领服务全国创新发展

发挥北京全国科技创新中心的辐射引领作用，搭建跨区域创新合作网络，加强与其他地区的科技创新合作。与上海、江苏、浙江、安徽等长江中下游省市重点推进基础研究和战略高技术领域合作；与广东、福建等东南沿海省份重点推进产业关键技术、创新创业等领域合作；与东北、中西部等地区重点推进技术转移、成果转化、产业转型升级等方面合作；加强与港澳台全方位科技交流合作。面向全国开放共享创新资源，推广"一站一台"（首都科技条件平台合作站和北京技术市场服务平台）等合作模式，建立跨区域科技资源服务平台，推动科技人才、科研条件、金融资本、科技成果服务全国创新发展。支持国家科技传播中心建设，打造国家级科学文化公共服务平台和全国"双创"支撑平台。

（四）加强全球合作，构筑开放创新高地

坚持"引进来"与"走出去"并重、引智引技和引资并举，集聚全球高端创新资源，以创新提升区域发展层级，使北京成为全球科技创新的引领者和创新网络的重要节点。

1. 集聚全球高端创新资源

吸引符合北京功能定位的国际高端创新机构、跨国公司研发中心、国际科技组织在京落户，鼓励国际知名科研机构在京联合组建国际科技中心，努力使北京成为国际科技组织总部聚集中心。面向全球引进世界级顶尖人才和团队在京发展。引导和鼓励国内资本与国际优秀创业服务机构合作建立创业联盟或成立创新创业基金。发挥中国国际技术转移中心等平台作用，完善市场化、国际化、专业化的服务体系，吸引国际高端科技成果在京落地，形成面向全球的技术转移集聚区。

2. 构筑全球开放创新高地

在研发合作、技术标准、知识产权、跨国并购等方面为企业搭建服务平台，鼓励企业建立国际化创新网络。构筑全球互动的技术转移网络，加快亚欧创新中心、中意技术转移中心、中韩企业合作创新中心等国际技术转移中心建设，推动跨国技术转移。推进海外人才离岸创新创业基地建设，为海外人才在京创新创业提供便利和服务。鼓励国内企业在海外设立研发机构，加快海外知识产权布局，参与国际标准研究和制定，抢占国际产业竞争高地。鼓励国内企业通过对外直接投资、技术转让与许可等方式实施外向型技术转移。鼓励拥有自主知识产权和品牌的企业开拓国际市场，培育以技术、标准、品牌、质量、服务为核心的外贸竞争优势，提高产业在全球价值链中的地位。促进服务创新国际化，深化北京市服务业扩大开放综合试点，加快推进服务标准、市场规则、法律法规等制度规范与国际接轨。

（五）推进全面创新改革，优化创新创业环境

深入落实创新驱动发展与体制机制改革系列重大部署，充分发挥中关村国家自主创新示范区改革"试验田"的作用，加快推进京津冀全面创新改革试验，破除制约创新的制度藩篱，形成充满活力的科技管理和运行机制，以深化改革促进创新驱动发展。

1. 推进人才发展体制机制改革

实施更具吸引力的海外人才集聚政策，突破外籍人才永久居留和创新人才聘用、流动、评价激励等体制和政策瓶颈，推进中关村人才管理改革试验区建设，开展外籍人才出入境管理改革试点，对符合条件的外籍人才简化永久居留、签证等办理流程，让北京真正成为人才高地和科技创新高地。开展人才引进使用中的知识产权鉴定制度试点。深入实施北京市"雏鹰计划""高层次创新创业人才支持计划""科技北京百名领军人才培养工程"人才计划，完善人才梯度培养机制，推进人才结构战略性调整。建立灵活多样的创新型人才流动与聘用模式，鼓励高等学校和科研院所人才互聘，允许高等学校、科研院所设立一定比例流动岗位，吸引企业人才兼职。研究制定事业单位招聘外籍人才的认定标准，探索聘用外籍人才的新路径。鼓励科研人员潜心研究，激发科研人员创新动力和积极性，完善市场化的人才评价激励机制，创新评价标准和办法。完善事业单位内部分配机制，推进绩效工资向关键岗位、业务骨干和有突出贡献的人员倾斜。优化人才服务保障体系，在住房条件、子女就学、配偶就业、医疗服务等方面为高层次人才提供便利。落实教学科研人员因公临时出国相关管理政策。

2. 完善创新创业服务体系

加快发展高端创业孵化平台，构建集创业孵化、资本对接、营销服务等为一体的众创空间，提供集约化、专业化、社区化的创新创业环境。建立便捷高效的商事服务机制，推动集群注册登记、"先照后证"等改革，降低创业门槛。实施中关村大街改造提升工程，加快北京市海淀区"一

城三街"建设，以创新创业打造经济社会发展新动力。深入推进国家科技服务业区域试点、服务业扩大开放综合试点、中关村现代服务业试点，探索科技服务业促进创新创业的新模式和新机制。发挥首都科技条件平台、首都科技大数据平台、中关村开放实验室等公共服务平台作用，推广创新券等科技资源开放共享的市场化机制，促进重大科研基础设施、大型科研仪器和专利基础信息资源向社会开放。加快推进研究开发、技术转移和融资、知识产权服务、第三方检验检测认证、质量标准、科技咨询等机构改革，构建社会化、市场化、专业化、网络化的技术创新服务平台。探索推动产业协同创新共同体建设，助力产业转型升级和大众创业万众创新。充分利用现有资源，统筹建设全国知识产权运营公共服务平台，建设国家知识产权服务业集聚发展示范区。

3. 加快国家科技金融创新中心建设

完善创业投资引导机制，通过政府股权投资、引导基金、政府购买服务、政府和社会资本合作（Public-Private Partnership，PPP）等市场化投入方式，引导社会资金投入科技创新领域。结合国有企业改革建立国有资本创业投资基金制度，完善国有创投机构激励约束机制。按照国家税制改革的总体方向与要求，对包括天使投资在内的投向种子期、初创期等创新活动的投资，研究探索相关税收支持政策。支持"新三板"、区域性股权市场发展，大力推动优先股、资产证券化、私募债等产品创新。开展债券品种创新，支持围绕战略性新兴产业和"双创"孵化产业通过发行债券进行低成本融资。推动互联网金融创新中心建设。选择符合条件的银行业金融机构在中关村国家自主创新示范区探索为科技创新创业企业提供股权债权相结合的融资服务方式；鼓励符合条件的银行业金融机构在依法合规、风险可控前提下，与创业投资、股权投资机构实现投贷联动，支持科技创新创业。

全文链接：http：//www. gov. cn/zhengce/content/2016－09/18/content_5109049. htm.

上海：《上海系统推进全面创新改革试验加快建设具有全球影响力的科技创新中心方案》
（节选）

为深入贯彻党的十八大和十八届三中、四中、五中全会精神，全面落实《中共中央　国务院关于深化体制机制改革加快实施创新驱动发展战略的若干意见》和《国家创新驱动发展战略纲要》的要求，支持上海系统推进全面创新改革试验，加快向具有全球影响力的科技创新中心进军，制订本方案。

一、指导思想

按照党中央、国务院决策部署，紧紧抓住全球新一轮科技革命和产业变革带来的重大机遇，当好改革开放排头兵、创新发展先行者，坚持问题导向、企业主体、以人为本、开放合作的原则，以实现创新驱动发展转型为目标，以推动科技创新为核心，以破除体制机制障碍为主攻方向，以长江经济带发展战略为纽带，在国际和国内创新资源、创新链和产业链、中国（上海）自由贸易试验区和上海张江国家自主创新示范区制度改革创新三个方面加强统筹结合，突出改革重点，采取新模式，系统推进全面创新改革试验，充分激发全社会创新活力和动力，把大众创业、万众创新不断引向深入，把"互联网+""+互联网"植入更广领域，把科技人员与普通群众、企业与科研院所、大中小微企业、线上线下的创业创新活动有机结合起来，推动科技创新与经济社会发展深度融合，加快向具有全球影响力的科技创新中心进军，率先转变经济发展方式，推进供给侧结构性改革，发展新经济、培育新动能、改造提升传统动能，推动形成增长新亮点、发展新优势。

二、总体目标

力争通过三年系统推进全面创新改革试验，基本构建推进全面创新改革的长效机制，在科技金融创新、人才引进、科技成果转化、知识产权、国资国企、开放创新等方面，取得一批重大创新改革成果，形成一批可复制可推广的创新改革经验，破解科技成果产业化机制不顺畅、投融资体制不完善、收益分配和激励机制不合理、创新人才制度不健全等瓶颈问题，持续释放改革红利；推动经济增长动力加快由要素驱动向创新驱动转换，在综合性国家科学中心建设、若干国家亟须的基础科研和关键核心技术领域取得突破，科技创新投入进一步增强，研究与试验发展（R&D）经费支出占全市地区生产总值比例超过3.7%；产业结构进一步优化，战略性新兴产业增加值占全市地区生产总值的比重提高到18%左右；张江国家自主创新示范区进入国际先进高科技园区行列。

通过滚动实施全面创新改革试验，在2020年前，形成具有全球影响力的科技创新中心的基本框架体系；R&D经费支出占全市地区生产总值比例超过3.8%；战略性新兴产业增加值占全市地区生产总值的比重提高到20%左右；基本形成适应创新驱动发展要求的制度环境，基本形成科技创新支撑体系，基本形成大众创业、万众创新的发展格局，基本形成科技创新中心城市的经济辐射力，带动长三角区域、长江经济带创新发展，为我国进入创新型国家行列提供有力支撑。

到2030年，着力形成具有全球影响力的科技创新中心的核心功能，在服务国家参与全球经济科技合作与竞争中发挥枢纽作用，为我国经济提质增效升级作出更大贡献，创新驱动发展走在全国前头、走到世界前列。

最终要全面建成具有全球影响力的科技创新中心，成为与我国经济科技实力和综合国力相匹配的全球创新城市，为实现"两个一百年"奋斗目标和中华民族伟大复兴的中国梦，提供科技创新的强劲动力，打造创新发展的重要引擎。

三、主要任务

重点建设一个大科学设施相对集中、科研环境自由开放、运行机制灵活有效的综合性国家科学中心，打造若干面向行业关键共性技术、促进成果转化的研发和转化平台，实施一批能填补国内空白、解决国家"卡脖子"瓶颈的重大战略项目和基础工程，营造激发全社会创新创业活力和动力的环境，形成大众创业、万众创新的局面。

（一）建设上海张江综合性国家科学中心

国家科学中心是国家创新体系的基础平台。建设上海张江综合性国家科学中心，有助于提升我国基础研究水平，强化源头创新能力，攻克一批关键核心技术，增强国际科技竞争话语权。

1. 打造高度集聚的重大科技基础设施群

依托张江地区已形成的大科学设施基础，加快上海光源线站工程、蛋白质科学设施、软 X 射线自由电子激光、转化医学等大设施建设；瞄准世界科技发展趋势，根据国家战略需要和布局，积极争取超强超短激光、活细胞成像平台、海底长期观测网、国家聚变能源装置等新一批大设施落户上海，打造高度集聚的重大科技基础设施集群。

2. 建设有国际影响力的大学和科研机构

依托复旦大学张江校区、上海交通大学张江校区，重点推动复旦大学建设微纳电子、新药创制等国际联合研究中心，重点推动上海交通大学建设前沿物理、代谢与发育科学等国际前沿科学中心。推动同济大学建设海洋科学研究中心、中美合作干细胞医学研究中心。发挥上海科技大学的体制机制优势，加快物质、生命、信息等领域特色研究机构建设，开展系统材料工程、定制量子材料、干细胞与再生医学、新药发现、抗体药物等特色创新研究，建设科研、教育、创业深度融合的高水平、国际化创新型大学。发挥中科院在沪科研机构的科研力量，推动中科院按规定建设微小卫星创新研究院、先进核能创新研究院、脑科学卓越创新中心等机构。大力吸引海内外顶尖实验室、研究所、高校、跨国公司来沪设立全球领先的科学实验室和研发中心。着力增强上海地区高校和科研机构服务和辐射全国的能力，并进一步发挥国际影响力。

3. 开展多学科交叉前沿研究

聚焦生命、材料、环境、能源、物质等基础科学领域，由国家科学中心在国家支持和预研究基础上，发起多学科交叉前沿研究计划，开展重大基础科学研究、科学家自由探索研究、重大科技基础设施关键技术研究，推动实现多学科交叉前沿领域重大原创性突破，为科技、产业持续发展提供源头创新支撑。

4. 探索建立国家科学中心运行管理新机制

成立国家有关部委、上海市政府，以及高校、科研院所和企业等组成的上海张江综合性国家科学中心理事会，下设管理中心，探索实施科研组织新体制，研究设立全国性科学基金会，募集社会资金用于科学研究和技术开发活动。建立和完善重大科技基础设施建设协调推进机制和运行保障机制。建立符合科学规律、自由开放的科学研究制度环境。

（二）建设关键共性技术研发和转化平台

共性技术平台是科技成果转化的重要环节。聚焦国家和上海市经济社会发展重大需求，在信息技术、生命科学、高端装备等领域先行布局一批开放式创新平台，通过政府支持、市场化运作，攻克关键共性技术，支撑战略性新兴产业实现跨越式发展。

1. 关键共性技术研发平台

在信息技术领域，提升上海集成电路研发中心能级，打造我国技术最先进、辐射能力最强的世界级集成电路共性技术平台，为自主芯片制造提供技术支撑，为国产设备及材料提供验证环境；建设上海微技术工业研究院，形成全球化的微机电系统（Micro Electro Mechanical System，MEMS）及先进传感器技术创新网络，发展特色工艺，突破传感器中枢、融合算法、微能源等共性技术，并在物联网领域探索应用模式创新；建设微电子示范学院和微纳电子混合集成技术研发中心，研究硅集成电路技术与非硅材料的融合，开发新型微纳电子材料和器件共性技术；发展数字电视国家工程研究中心，建成面向全球的数字电视标准制订和共性技术研发的未来媒体网络协同创新中心，探索向整机制造商收取合理费用、促进技术标准持续开发升级的市场化运作模式。推动大数据与社会治理深度融合，不断推进社会治理创新，提升维护公共安全、建设平安中国的能力水平。

在生命科学领域，发挥中科院上海药物研究所、中科院上海生命科学研究院、上海医药工业研究院、复旦大学、上海交通大学等单位的研发优势，建设创新药物综合研发平台，攻克治疗恶性肿瘤、心脑血管疾病、神经精神系统疾病、代谢性疾病、自身免疫性疾病等领域创新药物关键技术；促进上海转化医学研究中心、中科院上海生命科学研究院、国家肝癌科学中心、上海医药临床研究中心、上海市质子重离子医院等单位协作，建设精准医疗研发与示范应用平台。开展转化医学和精准医疗前沿基础研究，建立百万例级人群（跟踪）队列和生物信息数据库。

在高端装备领域，发挥中国航空研究院上海分院及相关工程研究中心等的技术优势，建立面向全国的燃气轮机与航空发动机研发平台，形成重型燃气轮机和民用航空发动机设计、关键系统部件研制、总装集成的能力；建设智能型新能源汽车协同创新中心，提升新能源汽车及动力系统国家工程实验室技术服务能级，打造磁浮交通、轨道交通等领域关键共性技术研发平台。突破智能汽车所需的定位导航、辅助驾驶、语音识别等共性技术，开发新能源汽车整车及动力系统集成与匹配、控制等关键技术；开展大型商用压水堆和第四代核电研发及工程设计研究，开发钍基熔盐堆材料、装备、部件等制造技术，以及仿真装置和实验装置工程设计技术。建设微小卫星创新平台。开展海上小型核能海水淡化和供电平台研究。加强机器人产品整机开发和关键零部件研制，提升机器人检测和评定服务水平，形成机器人整机和关键零部件设计、制造和检测服务能力。建设嵌入式控制系统开发服务平台，提升工业智能控制系统技术水平和开发效率。

在质量技术基础领域，加强以标准、计量、检验检测、认证为主要内容的质量技术基础平台建设，建设技术标准创新基地，推进相关国际标准组织分支机构、国家时间频率中心上海计量分支机构、质量发展相关智库等落地，全力构建具有国际水准的支撑保障体系。

2. 科技成果转化和产业化平台

加快建设国家技术转移东部中心、上海市国际技术进出口促进中心等专业化、市场化技术转移机构，提升上海产业技术研究院、上海紫竹新兴产业技术研究院、中科院上海高等研究院、复旦大学张江研究院、上海交通大学先进产业技术研究院等的技术孵化能力，充分发挥在沪中央部委所属高校和上海市高校作用，推进高校和研究机构技术成果快速转移转化。加强军民融合创新平台建设，支持民用先进技术在国防科技工业领域的应用，推动军用技术成果向民用领域转化和产业化。

（三）实施引领产业发展的重大战略项目和基础工程

在国家战略布局、上海自身有基础有望突破且能填补国内空白的领域，基于"成熟一项、启动一项"原则，充分发挥企业主体作用以及科研院所、高校和企业结合的作用，实施一批上海市重大战略项目和基础工程，解决国家战略性新兴产业发展中的瓶颈问题。

在信息技术领域，开发中央处理器（Central Processing Unit，CPU）、控制器、图像处理器等高端芯片设计技术。加快实现 12 英寸芯片制造先进工艺水平产品量产，开发集成电路装备和材料，建设国内首条 8 英寸微机电系统（MEMS）及先进传感器研发线。打造面向第五代移动通信技术（5G）应用的物联网试验网。布局下一代新型显示技术，研制中小尺寸显示产品并实现量产。开发云计算关键技术，开发一批有国际影响力的大数据分析软件产品。

在生物医药领域，开发满足临床治疗需求的原创新药，实现若干个1.1 类新药上市。以攻克严重危害人类健康的多发病、慢性病以及疑难重病为目标，开展致病机理和预防、诊断、治疗、康复等方面技术的联合攻关，在基因诊断和治疗、肿瘤定向治疗、细胞治疗、再生医疗、个性化药物等领域开展个性化精准治疗示范。开发医学影像诊疗、介入支架等重大医疗器械产品，实现关键核心技术重大突破，推动在国内广泛应用，进一步扩大在国际市场的份额。

在高端装备领域，完成窄体客机发动机验证机研制，开展宽体客机发动机关键技术研究；突破重型燃机关键技术，建设燃气轮机试验电站。突破干支线飞机、机载设备、航空标准件、航空材料等关键制造技术，实现 ARJ21 支线飞机成系列化发展，开展 C919 大型客机试飞验证工作。开展北斗高精度芯片/主板/天线/模块/软件/解决方案的开发，打造北斗卫星同步授时产业。建设高新船舶与深海开发装备协同创新中心，提升深远海海底资源（特别是油气资源）海洋工程装备的总包建造能力、产品自主研制能力和核心配套能力。

在新能源及智能型新能源汽车领域，加快开发推广智能变电站系统等智能电网设备，研制微型和小型系列化燃气轮机发电机组、储能电池智能模块和大容量储能系统。开发动力电池、电机、电控等核心零部件，研制高性能的新能源汽车整车控制系统产品。

在智能制造领域，开发具有国际先进水平的工业机器人、服务机器人产品，逐步实现高精密减速机、高性能交流伺服电机、高速高性能控制器等核心零部件国产替代。开发三维（3D）打印相关材料和装备技术，推动其与重点制造行业对接应用。

同时，在量子通信、拟态安全、脑科学及人工智能、干细胞与再生医学、国际人类表型组、材料基因组、高端材料、深海科学等方向布局一批重大科学基础工程。

（四）推进建设张江国家自主创新示范区，加快形成大众创业、万众创新的局面

充分发挥张江国家自主创新示范区与自贸试验区的"双自"联动优势，以制度创新和开放创新推动科技创新，打造若干创新要素集聚、创新

特色鲜明、创新功能突出、适宜创新创业、具有较强辐射带动力的创新集聚区。实施"互联网+"行动计划，优化经济发展环境，营造公平参与的民营经济发展环境，推进对内对外开放合作，建设开放共享、融合创新的智慧城市，完善创新创业服务体系，打造开放便捷的众创空间，形成对全社会大众创业、万众创新的有力支撑。

实施"双创"示范基地三年行动计划，结合上海市创业创新优势，打造一批"双创"示范基地，完善创新服务，推动创新成果加快转化为现实生产力，以创新带动创业就业。鼓励发展面向大众、服务中小微企业的低成本、便利化、开放式服务平台，引导各类社会资源支持大众创业。加快发展"互联网+"创业网络体系，促进创业与创新、创业与就业、线上与线下相结合。

上海系统推进全面创新改革试验，加快建设具有全球影响力的科技创新中心，要聚焦关键核心技术领域，提升我国自主创新特别是原始创新能力，推动经济转型升级，解决经济发展中的"卡脖子"问题；要通过体制机制改革试验，破解制约创新驱动发展的瓶颈问题，激发科技创新内生动力，释放全社会创新创业活力，营造良好的制度政策环境，实现经济增长动力由要素驱动向创新驱动的转换。

全文链接：http://www.gov.cn/zhengce/content/2016-04/15/content_5064434.htm.

深圳：《中共中央　国务院关于支持深圳建设中国特色社会主义先行示范区的意见》
（节选）

自党和国家作出兴办经济特区重大战略部署以来，深圳经济特区作为我国改革开放的重要窗口，各项事业取得显著成绩，已成为一座充满魅力、动力、活力、创新力的国际化创新型城市。当前，中国特色社会主义进入新时代，支持深圳高举新时代改革开放旗帜、建设中国特色社会主义先行示范区，有利于在更高起点、更高层次、更高目标上推进改革开放，形成全面深化改革、全面扩大开放新格局；有利于更好实施粤港澳大湾区战略，丰富"一国两制"事业发展新实践；有利于率先探索全面建设社会主义现代化强国新路径，为实现中华民族伟大复兴的中国梦提供有力支撑。为全面贯彻落实习近平新时代中国特色社会主义思想和习近平总书记关于深圳工作的重要讲话和指示批示精神，现就支持深圳建设中国特色社会主义先行示范区提出如下意见。

一、总体要求

（一）指导思想。以习近平新时代中国特色社会主义思想为指导，全面贯彻党的十九大和十九届二中、三中全会精神，紧紧围绕统筹推进"五位一体"总体布局和协调推进"四个全面"战略布局，坚持和加强党的全面领导，坚持新发展理念，坚持以供给侧结构性改革为主线，坚持全面深化改革，坚持全面扩大开放，坚持以人民为中心，践行高质量发展要求，深入实施创新驱动发展战略，抓住粤港澳大湾区建设重要机遇，增强核心引擎功能，朝着建设中国特色社会主义先行示范区的方向前行，努力创建社会主义现代化强国的城市范例。

（二）战略定位

——高质量发展高地。深化供给侧结构性改革，实施创新驱动发展战略，建设现代化经济体系，在构建高质量发展的体制机制上走在全国前列。

——法治城市示范。全面提升法治建设水平，用法治规范政府和市场边界，营造稳定公平透明、可预期的国际一流法治化营商环境。

——城市文明典范。践行社会主义核心价值观，构建高水平的公共文化服务体系和现代文化产业体系，成为新时代举旗帜、聚民心、育新人、兴文化、展形象的引领者。

——民生幸福标杆。构建优质均衡的公共服务体系，建成全覆盖可持续的社会保障体系，实现幼有善育、学有优教、劳有厚得、病有良医、老有颐养、住有宜居、弱有众扶。

——可持续发展先锋。牢固树立和践行绿水青山就是金山银山的理念，打造安全高效的生产空间、舒适宜居的生活空间、碧水蓝天的生态空间，在美丽湾区建设中走在前列，为落实联合国 2030 年可持续发展议程提供中国经验。

（三）发展目标。到 2025 年，深圳经济实力、发展质量跻身全球城市前列，研发投入强度、产业创新能力世界一流，文化软实力大幅提升，公共服务水平和生态环境质量达到国际先进水平，建成现代化国际化创新型城市。到 2035 年，深圳高质量发展成为全国典范，城市综合经济竞争力世界领先，建成具有全球影响力的创新创业创意之都，成为我国建设社会主义现代化强国的城市范例。到 21 世纪中叶，深圳以更加昂扬的姿态屹立于世界先进城市之林，成为竞争力、创新力、影响力卓著的全球标杆城市。

二、率先建设体现高质量发展要求的现代化经济体系

（四）加快实施创新驱动发展战略。支持深圳强化产学研深度融合的创新优势，以深圳为主阵地建设综合性国家科学中心，在粤港澳大湾区国际科技创新中心建设中发挥关键作用。支持深圳建设 5G、人工智能、网络空间科学与技术、生命信息与生物医药实验室等重大创新载体，探索建设国际科技信息中心和全新机制的医学科学院。加强基础研究和应用基础研究，实施关键核心技术攻坚行动，夯实产业安全基础。探索知识产权证券化，规范有序建设知识产权和科技成果产权交易中心。支持深圳具备条件的各类单位、机构和企业在境外设立科研机构，推动建立全球创新领先城市科技合作组织和平台。支持深圳实行更加开放便利的境外人才引进和

出入境管理制度，允许取得永久居留资格的国际人才在深圳创办科技型企业、担任科研机构法人代表。

（五）加快构建现代产业体系。大力发展战略性新兴产业，在未来通信高端器件、高性能医疗器械等领域创建制造业创新中心。开展市场准入和监管体制机制改革试点，建立更具弹性的审慎包容监管制度，积极发展智能经济、健康产业等新产业新业态，打造数字经济创新发展试验区。提高金融服务实体经济能力，研究完善创业板发行上市、再融资和并购重组制度，创造条件推动注册制改革。支持在深圳开展数字货币研究与移动支付等创新应用。促进与港澳金融市场互联互通和金融（基金）产品互认。在推进人民币国际化上先行先试，探索创新跨境金融监管。

（六）加快形成全面深化改革开放新格局。坚持社会主义市场经济改革方向，探索完善产权制度，依法有效保护各种所有制经济组织和公民财产权。支持深圳开展区域性国资国企综合改革试验。高标准高质量建设自由贸易试验区，加快构建与国际接轨的开放型经济新体制。支持深圳试点深化外汇管理改革。推动更多国际组织和机构落户深圳。支持深圳举办国际大型体育赛事和文化交流活动，建设国家队训练基地，承办重大主场外交活动。支持深圳加快建设全球海洋中心城市，按程序组建海洋大学和国家深海科考中心，探索设立国际海洋开发银行。

（七）助推粤港澳大湾区建设。进一步深化前海深港现代服务业合作区改革开放，以制度创新为核心，不断提升对港澳开放水平。加快深港科技创新合作区建设，探索协同开发模式，创新科技管理机制，促进人员、资金、技术和信息等要素高效便捷流动。推进深莞惠联动发展，促进珠江口东西两岸融合互动，创新完善、探索推广深汕特别合作区管理体制机制。

三、率先营造彰显公平正义的民主法治环境

（八）全面提升民主法治建设水平。在党的领导下扩大人民有序政治

参与，坚持和完善人民代表大会制度，加强社会主义协商民主制度建设。用足用好经济特区立法权，在遵循宪法和法律、行政法规基本原则前提下，允许深圳立足改革创新实践需要，根据授权对法律、行政法规、地方性法规作变通规定。加强法治政府建设，完善重大行政决策程序制度，提升政府依法行政能力。加大全面普法力度，营造尊法学法守法用法的社会风尚。

（九）优化政府管理和服务。健全政企沟通机制，加快构建亲清政商关系，进一步激发和弘扬优秀企业家精神，完善企业破产制度，打造法治化营商环境。深化"放管服"改革，全面推行权力清单、责任清单、负面清单制度，推进"数字政府"改革建设，实现主动、精准、整体式、智能化的政府管理和服务。改革完善公平竞争审查和公正监管制度，推进"双随机、一公开"监管，推行信用监管改革，促进各类市场主体守法诚信经营。

（十）促进社会治理现代化。综合应用大数据、云计算、人工智能等技术，提高社会治理智能化专业化水平。加强社会信用体系建设，率先构建统一的社会信用平台。加快建设智慧城市，支持深圳建设粤港澳大湾区大数据中心。探索完善数据产权和隐私保护机制，强化网络信息安全保障。加强基层治理，改革创新群团组织、社会力量参与社会治理模式。

四、率先塑造展现社会主义文化繁荣兴盛的现代城市文明

（十一）全面推进城市精神文明建设。进一步弘扬开放多元、兼容并蓄的城市文化和敢闯敢试、敢为人先、埋头苦干的特区精神，大力弘扬粤港澳大湾区人文精神，把社会主义核心价值观融入社会发展各方面，加快建设区域文化中心城市和彰显国家文化软实力的现代文明之城。推进公共文化服务创新发展，率先建成普惠性、高质量、可持续的城市公共文化服务体系。支持深圳规划建设一批重大公共文化设施，鼓励国家级博物馆在深圳设立分馆，研究将深圳列为城市社区运动场地设施建设试点城市。鼓励深圳与中国香港、中国澳门联合举办多种形式的文化艺术活动，开展跨界重大文化遗产保护，涵养同宗同源的文化底蕴，不断增强港澳同胞的认同感和凝聚力。

（十二）发展更具竞争力的文化产业和旅游业。支持深圳大力发展数字文化产业和创意文化产业，加强粤港澳数字创意产业合作。支持深圳建设创新创意设计学院，引进世界高端创意设计资源，设立面向全球的创意设计大奖，打造一批国际性的中国文化品牌。用好中国香港、中国澳门会展资源和行业优势，组织举办大型文创展览。推动文化和旅游融合发展，丰富中外文化交流内容。有序推动国际邮轮港建设，进一步增加国际班轮航线，探索研究简化邮轮、游艇及旅客出入境手续。

五、率先形成共建共治共享共同富裕的民生发展格局

（十三）提升教育医疗事业发展水平。支持深圳在教育体制改革方面先行先试，高标准办好学前教育，扩大中小学教育规模，高质量普及高中阶段教育。充分落实高等学校办学自主权，加快创建一流大学和一流学科。建立健全适应"双元"育人职业教育的体制机制，打造现代职业教育体系。加快构建国际一流的整合型优质医疗服务体系和以促进健康为导向的创新型医保制度。扩大优质医疗卫生资源供给，鼓励社会力量发展高水平医疗机构，为港资澳资医疗机构发展提供便利。探索建立与国际接轨的医学人才培养、医院评审认证标准体系，放宽境外医师到内地执业限制，先行先试国际前沿医疗技术。

（十四）完善社会保障体系。实施科学合理、积极有效的人口政策，逐步实现常住人口基本公共服务均等化。健全多层次养老保险制度体系，构建高水平养老和家政服务体系。推动统一的社会保险公共服务平台率先落地，形成以社会保险卡为载体的"一卡通"服务管理模式。推进在深圳工作和生活的港澳居民民生方面享有"市民待遇"。建立和完善房地产市场平稳健康发展长效机制，加快完善保障性住房与人才住房制度。

六、率先打造人与自然和谐共生的美丽中国典范

（十五）完善生态文明制度。落实生态环境保护"党政同责、一岗双责"，实行最严格的生态环境保护制度，加强生态环境监管执法，对违法行为"零容忍"。构建以绿色发展为导向的生态文明评价考核体系，探索实施生态系统服务价值核算制度。完善环境信用评价、信息强制性披露等生态环境保护政策，健全环境公益诉讼制度。深化自然资源管理制度改革，创新高度城市化地区耕地和永久基本农田保护利用模式。

（十六）构建城市绿色发展新格局。坚持生态优先，加强陆海统筹，严守生态红线，保护自然岸线。实施重要生态系统保护和修复重大工程，强化区域生态环境联防共治，推进重点海域污染物排海总量控制试点。提升城市灾害防御能力，加强粤港澳大湾区应急管理合作。加快建立绿色低碳循环发展的经济体系，构建以市场为导向的绿色技术创新体系，大力发展绿色产业，促进绿色消费，发展绿色金融。继续实施能源消耗总量和强度双控行动，率先建成节水型城市。

全文链接：http：//www. gov. cn/zhengce/2019-08/18/content_5422183. htm.

杭州：《关于深化改革加强科技创新加快创新活力之城建设的若干意见》

2016 年 12 月 14 日，《中共中央、国务院关于深化体制机制改革加快实施创新驱动发展战略的若干意见》（中发〔2015〕8 号）和全国科技创新大会、浙江省科技创新大会精神，深入实施创新驱动发展战略，全面推进杭州国家自主创新示范区与跨境电商综试区"两区"融合发展，着力打造具有全球影响力的"互联网+"创新创业中心，加快形成以创新为引领和支撑的经济体系和发展方式，构建全区域协同、全要素配置、全链条

融合、全方位保障、全社会动员的全域创新格局，进一步发挥科技创新在创新活力之城建设中的引领作用，现就深化改革、加强科技创新、加快创新活力之城建设提出如下意见。

一、突出企业技术创新主体地位

1. 试行中小微企业研发活动补助制度。对研发领域属于国家重点支持的高新技术领域、战略性新兴产业领域或杭州发展信息经济"一号工程"重点领域，并享受税务部门研发费用加计扣除政策，且企业研发费用占比符合国家重点扶持高新技术企业认定标准的中小微企业，按其研发投入总额进行分档排序，位居前列的，按该企业研发费用的一定比例给予补助，单个企业最高补助不超过 200 万元。

2. 加大对企业承担重大科技创新项目的支持力度。完善企业承担国家、省、市重大科技项目的管理制度，对企业牵头承担的国家、省重大科技基础研究专项、重大科技攻关专项和重大科技示范应用专项等重大科技项目，按市财政科技经费管理规定给予配套支持。

3. 支持企业建设高层次重大创新载体。支持企业联合高等院校、科研院所和外地企业，承建国家重点实验室等高层次创新载体，提高自主创新能力。我市企业牵头承担国家工程实验室、国家重点实验室、国家工程（技术）研究中心等国家级重大创新载体任务的，原则上按省扶持经费1：1 比例予以配套。

4. 完善支持企业科技创新的"三券"服务制度。健全高校、科研院所的科研设施、科技文献、仪器设备和省、市公共技术创新服务平台向企业开放共享的服务机制，简化"杭州市科技创新券"注册、申请、使用、兑现程序，扩大使用范围。进一步扩大国家小微企业创业创新基地城市示范"活动券"和"服务券"的使用范围，优化使用流程。

5. 发挥政府采购支持企业创新的作用。市、区县（市）政府及部门应积极采购企业的创新产品和服务，向中小企业采购的预算额应逐步达到年度政府采购预算总额的 30% 以上。制定市自主创新产品和服务推荐目录，对纳入推荐目录且采购需求复杂、处于探索阶段或不具备竞争性条件的产品、技术和服务，采购单位可依法开展首购活动；对其他产品和服务，采购单位可依法开展订购活动。纳入推荐目录并被认定为首购产品的，在同类首购产品只有一种的情况下，可按单一来源采购方式采购；同类首购产品达到两种或两种以上的，应按照《政府采购法》的相关规定执行。

6. 完善创新型产业用地政策。以提高"亩产效益"为核心，健全产业园区土地节约集约利用综合评价指标体系，实施土地利用动态管理机制。完善高新技术产业和企业科技创新的用地供应模式，对符合城市发展、土地利用和产业发展规划的高新技术企业新建及扩建项目，优先安排建设用地指标；新供地项目可实行"先租赁后出让"的弹性供地制度。在符合城市规划的前提下，对工业用地容积率不设上限；对利用原有工业用地发展创新型产业的，可实行继续按原用途和土地使用权类型使用土地的过渡期政策。

二、促进科技成果转化与产业化

7. 加快落实国家、省关于科技成果使用权、处置权和收益权下放的各项法规政策。对由财政资金支持形成，且不涉及国防、国家安全、国家利益、重大社会公共利益的科技成果，其使用权、处置权和收益权全部下放给符合条件的项目承担单位。单位主管部门和财政部门对科技成果在境内的使用、处置不再审批或备案。在杭高校、科研院所在向企业和其他组织转移转化科技成果时，支持其通过在中国浙江网上技术市场和省、市产权交易市场挂牌、拍卖等方式确定转移转化价格或通过签订协议方式确定价格。采取协议定价的，应当在单位内部公示科技成果基本要素及拟交易价格等。在杭高校、科研院所对科技成果的使用、处置应实行在单位内部公开公示制度，同时明确并公开异议处理程序和办法。

8. 支持提高在杭高校、科研院所等事业单位科技人员科技成果转化收益。成果主要完成人或对成果转化做出重要贡献的人员和团队，可依法获得现金、股份或出资比例等奖励和报酬，奖励和报酬的支出计入本单位当年工资总额。职务科技成果转化所得净收益不低于 70% 的部分用于对成果完成人和科技成果转化重要贡献人员和团队的奖励和报酬。

9. 探索科技成果确权试点。试点推进职务发明专利所有权改革，支持在杭高校、科研院所与发明人或发明团队之间，通过约定方式分享共同申请知识产权的权利和职务发明专利所有权，以股份或出资比例方式进行奖励。

10. 开展国有企业科技创新奖励试点。制定指导国有企业内设科技创新奖励制度的意见，允许国有企业对在科技创新和成果转化中作出重要贡献的职务发明完成人、科技成果转化重要贡献人员和团队进行适当奖励，奖励金额按企业自主研发投入额的适当比例设定上限，允许在单位当年工资总额中单列，不作为单位次年工资总额基数。探索国有科技型企业对在科技创新中作出重要贡献的技术人员和经营管理人员实施股权激励，企业实施股权激励需按照国家有关规定执行。

11. 加大对重大科技创新成果在杭实施产业化的奖励力度。本市企业作为第一承担单位完成的自主创新成果，例如，成果属于国家高新技术产业领域、战略性新兴产业领域或杭州发展信息经济"一号工程"重点支持产业领域，且在杭实施产业化后实现年利税 500 万元以上，并获国家科学技术一等奖、二等奖的，分别给予 500 万元、100 万元的奖励；获省科学技术一等奖的，给予 100 万元的奖励。

12. 加大对科技成果转移转化服务的支持力度。积极引进国内外知名的技术转移服务机构和高校技术转移中心，支持其开展高新技术成果转化产业化服务。开展科技成果转移转化服务首次备案登记资助制度试点工作。对促成省外高校、科研院所科技成果向我市企业转移的技术转移中介服务机构及个人，在技术转移服务活动发生前，在市、区县（市）科技管理部门完成首次备案登记的，可在完成成果转移一年后，经科技主管部门审核，分别对机构及个人按不超过技术合同中实际发生技术交易额的1%和0.5%给予补助，单项补助额分别不超过100万元和30万元。加强信息技术、生物技术等高新技术在农业和民生发展领域的应用开发与成果转化，健全支撑农业现代化和民生改善的技术保障体系。

三、大力建设创新创业载体

13. 加快重大科技创新平台建设。以建设杭州国家自主创新示范区为统领，健全示范区试点政策先行先试和示范区建设全域联动机制，加快市域联动发展。支持杭州高新开发区（滨江）建设世界一流高科技园区、临江国家高新区建设综合科技新城和现代产业集聚基地，推动国家级经济开发区、省级产业集聚区和省级高新区等建设国内一流的创新创业基地。

加快建设城西科创大走廊、城东智造大走廊、钱塘江金融港湾（以下简称"两廊一湾"）。制定推进杭州城西科创大走廊建设实施意见，编制城东智造大走廊、钱塘江金融港湾发展规划。由市、区县（市）两级财政统筹各类专项资金，用于支持"两廊一湾"核心平台建设，加快集聚高端要素。及时总结推广城西科创大走廊建设的政策和做法，发挥其对全市创新创业载体建设的引领作用。

14. 深化众创空间、星创天地、科技企业孵化器建设。进一步落实发展众创空间、星创天地、科技企业孵化器，推进大众创业万众创新的各项政策，全面执行国家级科技企业孵化器税收政策，支持社会力量在杭建设更多的创新创业载体。支持骨干企业建设基于互联网的"双创"平台，对经认定的国家、省级企业互联网"双创"平台，分别给予100万元、50万元专项资助。

15. 着力建设高层次研发载体。加大对西湖大学、西湖高等研究院、清华长三角研究院杭州分院和中科院理化所杭州分所等高层次科研机构建设的支持力度。支持各区县（市）、各级开发区新引进大院名校、企业集团和高层次人才团队在杭建设具有独立法人资格、符合杭州市产业发展方向、引入核心技术并配置核心研发团队的高层次科研机构，对特别重大的项目，采取"一事一议"的方式给予重点支持。高层次科研机构在申报、承担各级财政科技计划项目时，可享受科研事业单位同等资格待遇。

四、完善科技人才创新创业制度

16. 支持在杭高校科研院所完善科技人员创业制度。在杭高校、科研院所科研人员在履行岗位职责、完成本职工作的前提下，征得所在单位同意，可在职创业或兼职从事科技成果转化、技术攻关等，并按规定获得报酬。在杭离岗创业实施科技成果转化或在杭注册企业的科研人员，经所在单位同意，可在五年内保留人事关系，与原单位其他在岗人员同等享有参加职称评聘等权利，工龄连续计算，由原单位为其代缴离岗期间单位部分的养老、医疗等社会保险费用，返回原单位时保留原聘专业技术职务。对担任领导职务的科研人员的兼职、持股、成果转化情况实行公开公示制度，并参照相关规定执行。

17. 建立企业紧缺特殊人才的市场化评价机制。对企业转型升级紧缺急需、贡献较大、杭州市现行高层次人才分类目录难以界定的"偏才""专才"，经评审可纳入杭州市高层次人才分类认定体系，给予相应层次的人才待遇。

18. 加快落实外籍高层次人才来杭居留的有关规定。简化外国专家短期来杭居留审批的办理程序，对来杭停留不超过90天（含）的外国专家，免办工作许可证明，凭外国专家主管部门签发的邀请函，可办理多次往返 F 字（访问）签证。外籍高层次人才凭来华工作许可证明入境后，可申请办理五年内的长期外国人来华工作证件以及相应期限的工作类居留证件；对已认定的外籍高层次人才持其他签证来华的，入境后可换发不超过五年的 F 字（访问）签证或 R 字（人才）签证。适时推出外国专家证和外国人就业证"两证合一"。试行国际医疗保险在国内使用的制度，扩大国际医疗保险定点结算医院范围。

着力解决我市企业引进高层次人才的子女教育问题。海外高层次人才的外国籍子女，不仅可去外籍人员子女学校及幼儿园就读，也可去普通中小学及幼儿园就读。杭州市引进的高层次人才、创新创业人才的中国籍子女，享受杭州本市居民子女同等待遇。杭州市高层次人才分类目录A、B、C类人才（含萧山区、余杭区、富阳区和各县（市）引进）子女在市区就读，由市、区教育行政部门统筹协调，妥善安排。

19. 创新事业单位人才编制管理。事业单位在招录（聘）特殊人才时可试行由审批制改为备案制。事业单位在引进急需的高层次科研人才时，经主管部门审核，人力社保、财政部门备案后，可单独制定收入分配倾斜政策，增量部分不纳入单位绩效工资总量。

20. 鼓励科技人员参与国际合作与交流。对在杭高校、科研院所、国有企业科研人员因公出国（境）开展国际合作与交流实行分类管理，简化审批程序，科研人员参加国际学术科研交流合作活动，不计入本单位和个人年度因公临时出国批次限量管理范围，出访团组、人次数、经费和在外停留天数按需安排，单独统计。

五、落实激励创新的财政和税收政策

21. 完善市级财政资助的科研项目和经费管理办法。对企业承担的市级财政资助的科研项目，优先采用后补助方式给予资助，后补助的科研经费不再具体规定使用范围，由企业自行统筹安排用于科研投入。

支持在杭高校、科研院所等事业单位完善科研项目经费管理制度，鼓励其在承担市级财政资助的科研项目时，简化科研项目预算编制方式，下放预算调剂权限。在项目总预算不变的情况下，可将直接费用中多数科目的预算调剂权下放给项目承担单位和科研团队，下放差旅费、会议费、咨询费管理权限，由单位和项目负责人根据实际情况统筹安排使用。项目在研究期间，年度剩余资金可结转至下一年度继续使用。项目完成任务目标并通过验收后，对信用评价好的项目，项目结余资金，由项目承担单位统筹安排用于科研活动的直接支出。

22. 放宽科研人力资源成本开支。落实国家、省有关科研项目间接费用管理规定，间接费用中用于激励科研人员的绩效支出占设备购置费扣除后直接费用的比例，最高可达到 20%，例如，今后出台新的标准按新标准执行；绩效支出计入项目承担单位当年工资总额，不受单位当年工资总额限制，不纳入单位工资总额基数。规范直接费用中劳务费开支范围和标准，对参与项目的研究生、博士后、访问学者及聘用的其他研究、科辅人员等均可参照本市科技服务业从业人员平均工资水平确定劳务费发放标准，其社会保险费用补助可在劳务费科目中列支。在杭高校、科研院所承接的横向科研项目由单位职能部门和研发团队负责人共同与委托方签订书面合同，研发团队可按约定获得劳务报酬，并依法缴纳个人所得税，劳务报酬不纳入单位绩效工资总额。

23. 进一步优化征税方式。优化企业研发费用加计扣除流程，开展企业研发项目鉴定服务。对企业购置专门用于研发活动的仪器、设备等，符合条件的加快落实固定资产加速折旧政策。企业提供技术转让、技术开发和与之相关的技术咨询、技术服务的收入，符合条件的可免征增值税；企业符合条件的技术转让所得，可免征、减征企业所得税。创投企业采取股权投资方式投资未上市的中小高新技术企业的投资额，可依法按比例抵扣应纳税所得额。

24. 落实科技企业对科技人员股权激励的税收优惠政策。非上市公司授予本公司员工的股票期权、股权期权、限制性股票和股权奖励，符合规定条件的，经向主管税务机关备案，获得人可在取得股权激励时暂不纳税，递延至转让该股权时纳税；股权转让时，按照股权转让收入减除股权取得成本以及合理税费后的差额，适用"财产转让所得"项目，按照20%的税率计算并缴纳个人所得税。

六、推进制造业高端化创新发展

25. 实施重大产业和关键技术突破创新工程。加快航空航天、石墨烯、潮流能发电等战略性新兴产业和量子通信、人工智能、虚拟现实等未来产业的培育和发展。围绕重点产业领域的战略布局，每年选择一批细分行业，进一步加大扶持力度、提升政策的精准度。对经市政府研究确定的项目，采取"一事一议"的方式给予资助。

26. 推动核心基础产业做大做强。组建市工业投资基金，首期规模不低于 10 亿元，着力推进新一代信息技术、集成电路等核心基础产业重大项目引进、建设，由杭实集团负责基金的运营管理。推进杭实集团管理体制和运行机制的改革，制定市工业投资基金投资项目业绩考核办法。

27. 推进"两化"深度融合和智能制造。推动制造业柔性制造、网络协同制造、大规模个性化定制、远程诊断、运维服务、云制造等新技术、新业态、新模式发展，形成一批可复制、可推广的"数字化车间"和"智能工厂"样板，提升制造业数字化、网络化、智能化水平。深入推进"机器换人"，对企业购置工业机器人，按进口、国产机器人每台分别给予设备购置额 5% 和 10% 的资助。深入推进"工厂物联网"和"工业互联网"试点示范，对试点项目给予不超过 80 万元的一次性资助，对经批准的示范项目再给予不超过 50 万元的一次性资助。实施"企业上云"专项行动，每年评选不超过 20 个工业企业上云（大数据）示范项目，每个项目给予 50 万元的一次性资助。组织开展智能制造应用项目试点示范，对经认定的示范项目给予 300 万元的一次性资助。

28. 推动制造业创新中心建设。鼓励和支持研发基础好、创新能力强的行业龙头企业，组建一批市级制造业创新中心，积极争创国家级、省级制造业创新中心。对建设市级制造业创新中心的企业连续两年每年给予 500 万元资助，对创建国家级、省级制造业创新中心的企业按照国家、省有关规定予以配套资助。

29. 推动以 3D 打印为代表的服务型制造业发展。积极培育以 3D 打印为重点的服务型制造业，推进制造业集聚区加快建设 3D 打印创新服务中心，对本市制造业企业委托我市区域内 3D 打印创新服务中心开展 3D 打印服务的，按照其合同金额给予 30% 的资助，每家企业年资助金额不超过 10 万元。

七、强化金融、文化与知识产权支撑

30. 加大对创投的支持力度。逐步增加天使投资引导基金规模和比重，引导社会资本投资初创型科技企业。健全市、区县（市）联合建立创业投资和天使投资引导基金的运营机制，进一步增强对科技型企业融资的服务能力。力争至"十三五"期末，市创业投资、天使投资引导基金规模达到 20 亿元。

完善政府引导基金利益让渡政策。对符合政策要求的参股创投机构，政府引导基金参股后四年内的利益予以让渡。对符合政策要求的参股天使机构，政府引导基金出资比例的 50% 在五年内的利益予以让渡。

31. 支持企业开展跨境投融资。设立 5000 万美元的杭州市跨境风险投资引导基金，探索设立境外股权投资企业，支持杭州市企业直接到境外设立基金开展创业投资。开展境外创投企业和天使投资人投资杭州市非上市企业试点工作。依托有关机构设立科技企业境外融资专门服务窗口，支持杭州市科技企业开展境外人民币融资。

32. 加快创新金融手段。支持银行在杭开展投贷联动试点，创新金融服务产品；鼓励银行加强差异化信贷管理，放宽创新型中小微企业不良贷款容忍率。支持在杭金融机构向拥有自主知识产权的高新技术企业及拥有外贸数据资源的跨境电商企业等提供信用增信等金融服务，拓宽科技型中小企业融资渠道。进一步扩大市政策性担保资金规模，优化服务管理制度，支持科技型中小企业创新发展。探索科技保险发展新模式，鼓励保险公司积极推出符合科技型企业需求的保险产品。

33. 加快推进知识产权强市建设。进一步完善知识产权资助制度，适当扩大专利专项资金规模，优化专利专项资金支出结构，加大对发明专利、国际专利申请费和维持费的支持力度；建立健全重大科技、经济活动和高端人才引进的知识产权评议制度；加快推进知识产权质押融资服务，培育专利保险市场，设立知识产权运营基金，优化知识产权金融发展环境。

加大知识产权行政、司法保护力度，健全中国（杭州）知识产权维权援助中心工作机制、知识产权侵权查处快速反应机制和政企协同机制，提升电子商务知识产权服务水平。将知识产权侵权行为信息纳入社会信用体系。争取设立杭州知识产权法院，开展知识产权民事、刑事、行政案件"三合一"审判试点。争取设立杭州网络法院，探索互联网领域司法新机制。

34. 巩固国家级文化和科技融合示范基地建设成果，做大做强杭州市文创产业创业投资引导基金，鼓励杭州银行文创支行等专营银行开展金融创新。支持符合条件的文创企业认定为高新技术企业。开展市级文化和科技融合示范园区、企业、公共服务平台认定工作，经认定，每家给予30万元的资助。组织实施"文化创意产业支撑技术"专项工程，每年筛选一批重大项目给予资助。推进全国数字内容产业中心建设，深入实施"文化+科技"战略，培育文化科技融合发展新业态。

八、健全科技创新发展保障机制

35. 加大财政科技资金投入力度。市、区县（市）政府应当逐步增加用于科学技术经费的财政投入，两级财政中科学技术经费占本级财政经常支出的比例应当分别不低于6%和4%。

涉及对企业和项目的补助和奖励政策，除已明确资金渠道外，均由区、县（市）政府负责兑现，市政府根据各区、县（市）创新投入和绩效等因素，每年从工业、科技等专项资金中统筹给予区、县（市）一定的补助。

36. 健全体现创新导向的考核评价机制。坚持党政领导科技进步和人才工作目标责任制考核以及市创新发展专项考评，健全科技进步统计监测评价与创新发展考评指标体系，进一步发挥考评的导向助推作用，建立以科技创新为核心的全面创新推进机制。

研究完善现有企业投入统计体系，试行将人力资本投入、科技创新投入等软投入纳入企业投入统计范围，建立体现创新要素软投入导向的企业投入考评评价机制。

37. 健全改革创新容错免责机制。落实国家、省、市有关改革创新容错免责制度和意见。对符合国家、省、市决策部署的深化改革和科技创新措施，应当敢于担当、勇于作为，积极推进；对改革创新措施未达到预期效果或造成负面影响和损失的（重大安全责任事故除外），要区分情况慎重对待，例如，属于法律、法规未明令禁止，已履行民主决策程序，未为自己、他人或单位谋取私利，且已积极主动采取措施消除影响或挽回损失的，应免予追究有关人员的党纪和行政责任。科技成果转化后续价值产生变化时，例如，单位领导在科技成果转化过程中已履行勤勉尽职义务且未牟取非法利益，其决策责任可予以免除。加大支持科技创新的舆论宣传力度，在全市范围营造支持改革、鼓励创新、宽容失败、允许试错的氛围。

全文链接：http://kj.hangzhou.gov.cn/art/2016/12/14/art_1693980_39157838.html.

广州：《关于进一步加快促进科技创新的政策措施》

为全面贯彻习近平新时代中国特色社会主义思想和党的十九大精神，深入贯彻习近平总书记视察广东重要讲话精神，贯彻落实《广东省人民政府印发关于进一步促进科技创新若干政策措施的通知》（粤府〔2019〕1号），深入实施创新驱动发展战略，建设科技创新强市，加快提升我市自主创新能力，进一步发挥科技创新对经济社会发展的支撑引领作用，结合广州市实际情况，制定以下政策措施。

一、构建高水平科技创新载体。以粤港澳大湾区国际科技创新中心建设为契机，联动推进"广州—深圳—香港—澳门"科技创新走廊建设，打造中新广州知识城、广州科学城、南沙科学城、琶洲人工智能与数字经济试验区（含广州大学城）"三城一区"创新核。加快珠三角国家自主创新示范区（广州）、中国（广东）自由贸易试验区广州南沙新区片区、广州高新技术产业开发区、南沙庆盛科技创新产业基地、广州国际生物岛、白云湖数字科技城等载体建设。（牵头单位：广州市科技局、各区政府，配合单位：广州市发展改革委）

二、支持国际一流创新平台建设。争取在琶洲建设人工智能与数字经济广东省实验室，支持广州再生医学与健康、南方海洋科学与工程等省实验室及在穗高校、科研机构与香港大学、香港中文大学和香港科技大学等国（境）内外知名高校、科研院所合作，共同组建联合研究中心、粤港澳联合实验室、国际合作实验室。支持港澳企业、高校参与广州科技创新合作，成立名校—名企联合实验室，搭建"科学家、工程师、企业家"对接平台和科技信息共享平台，共同开展基础研究和关键核心技术攻关。（牵头单位：广州市科技局，配合单位：广州市发展改革委）

三、加强创新基础能力建设。积极创建综合性国家科学中心，推动人类细胞谱系大科学研究设施、冷泉生态系统观测与模拟实验装置等国家重大科技基础设施建设。面向港澳地区有序开放重大科技基础设施，支持粤港澳超算联盟发展，推动超算跨境服务，打造"粤港澳超算资源共享圈"。联合共设粤港澳大湾区（粤穗）开放基金，广州市财政每年投入6000万元支持穗港澳联合开展基础和应用基础研究。支持香港科技大学（广州）建设发展，鼓励穗港澳高校、科研院所（机构）互设相应机构，在穗设立的相应机构可享受我市相关优惠政策。（牵头单位：广州市科技局，配合单位：广州市发展改革委、教育局、财政局）

四、支持粤港澳（国际）青年创新工场、粤港澳高校创新创业联盟发展，建设粤港澳大湾区（广东）青年创新创业基地、广州科学城粤港澳青年创新创业基地、粤澳青创国际产业加速器等一批港澳青年创新创业基地，基地被认定为省级科技企业孵化器的，可直接享受广州市相关优惠政策。（牵头单位：广州市港澳办，配合单位：广州市科技局）

五、面向港澳开放市科技计划（专项、基金）。允许港澳高校、科研机构牵头或独立申报市科技计划。除涉及国家安全、秘密和利益以外的，港澳项目承担单位获得的科技成果与知识产权归其所有，依合同约定使用管理，优先选择在我市产业化的可享受我市相关政策支持。（责任单位：广州市科技局、财政局）

六、协同推进市财政科研资金跨境使用，允许项目资金直接拨付至港澳两地牵头或参与单位。建立资金拨付绿色通道，单笔等值 5 万美元以上（不含 5 万美元）的，由广州市科技行政部门到税务部门进行对外支付税务备案后，凭合同（协议）、发票（支付通知）或其他相关单证在银行办理财政科研资金外汇收支业务；单笔等值 5 万美元及以下的（资金性质不明确的除外），直接到相关银行办理拨款手续。港澳项目承担单位应提供人民币银行账户，港澳银行收取的管理费可从科研资金中列支。（牵头单位：广州市科技局、财政局，配合单位：广州市税务局、中国人民银行广州分行）

七、完善港澳人才保障机制。推进南沙粤港澳人才合作示范区建设，深化外籍人才永久居留积分试点，建立海外人才离岸创新创业基地。（牵头单位：广州市委组织部、南沙区政府，配合单位：广州市科技局、人力资源社会保障局）落实《财政部　国家税务总局关于粤港澳大湾区个人所得税优惠政策的通知》（财税〔2019〕31 号）要求，按中国与中国香港个人所得税税负差额，对在穗工作的境外（含港澳台）高端人才和紧缺人才给予补贴，该补贴免征个人所得税。（牵头单位：广州市财政局、科技局、人力资源社会保障局，配合单位：广州市委组织部、广州市税务局、各区政府）

八、加强科技人才住房保障。按照职住平衡、就近建设、定向供应的原则，鼓励各区以及用人单位等多主体供给，通过新增筹建、园区配建、城市更新等方式，在高校、科研机构、高新技术产业开发区等人才密集区建设人才住房。力争在三年内面向全市新增3万套人才公寓和公共租赁住房，优先供给重点产业、重点企业中的人才使用。（责任单位：广州市住房城乡建设局、规划和自然资源局，各区政府）

九、提升服务科技企业能力。建立对口联系工作制度，对科技创新企业各成长阶段给予多角度、全方位的精准服务。加强与香港金融机构的合作，在广州市生物医药等优势产业中挖掘一批符合条件的创新产业公司，组织赴港上市，推动创新企业与境外多层次资本市场对接。（责任单位：广州市地方金融监管局、科技局）

十、探索建立符合国际规则的创新产品政府首购制度。根据财政部有关政策，加大对首次投放国内市场、具有核心知识产权但暂不具备市场竞争力的重大创新产品的采购力度；国有企业利用国有资金采购创新产品的，应参照上述规定执行。实施重大创新产品示范应用工程，为重点领域研发计划等形成的重大创新产品提供应用场景。（牵头单位：广州市财政局，配合单位：广州市发展改革委、工业和信息化局、国资委、科技局）

十一、放宽科技创新设施用地限制。通过"三旧"改造建设重大科技基础设施、省实验室、高新技术企业以及新型研发机构、科技企业孵化器和众创空间，在满足基础设施承载能力前提下，依法适当放宽地块容积率限制，缩短规划审批时间，提高规划审批效率。（牵头单位：广州市规划和自然资源局、住房城乡建设局，配合单位：广州市科技局）

十二、简化科技创新用地相关手续。逐步简化"三旧"改造项目地块建设规划审批流程。（牵头单位：广州市住房城乡建设局、规划和自然资源局，配合单位：广州市科技局）符合产业准入条件的创新主体，在结构安全、外观良好、不影响周边建筑使用、不改变主体结构、不增加容积率的前提下，临时改变现有建筑使用功能用于创新活动的，免于申领建

设工程规划许可证。（责任单位：广州市规划和自然资源局）

全文链接：http：//www. gz. gov. cn/zt/ljgaqngcwqwl/lcgz/yhcs/content/post_5668071. html.

青岛：《关于实施科技型企业培育"百千万"工程的意见》

为深入实施创新驱动发展战略，促进科技型企业加快发展壮大，推动新旧动能转换，结合我市实际，现就实施科技型企业培育"百千万"工程提出以下意见。

一、总体要求

（一）指导思想。全面贯彻党的十九大精神，以习近平新时代中国特色社会主义思想为指导，坚持新发展理念，按照高质量发展的要求，突出创新引领、实现三个更加目标要求，落实一三三五工作思路，加快建设以企业为主体、市场为导向、产学研深度融合的技术创新体系，深化"千帆计划"，加强对企业创新发展的支持，催生培育壮大一批拥有自主知识产权、创新能力强、成长性好的科技型企业，带动形成一批高技术产业和未来新兴产业集群，为新旧动能转换重大工程提供新的内生动力。

（二）主要目标。实施科技型企业培育"百千万"工程，遴选 100 家以上高成长性高新技术企业（以下简称重点高企）予以重点培育和扶持，助推企业快速发展；持续培育 5000 家左右"千帆计划"企业（以下简称千帆企业），加快小微企业成为规模以上企业、企业成为高新技术企业；通过重点高企和千帆企业的示范引领和各项政策的落实，服务带动超过 10000 家科技型小微企业尽快发展壮大。力争到 2021 年，高新技术企业突破 4000 家，科技型中小微企业总量突破 18000 家，全市科技型企业进一步呈现创新主体地位日益突出、"四新"（新技术、新产业、新业态、新模式）领域企业加速涌现、支撑高质量发展更加高效的良好发展态势。

二、遴选企业标准

（一）重点高企。在本市辖区内注册成立三年及以上、十年以内的高新技术企业，符合以下条件之一的可列入重点高企名单：

1. 上年度营业收入达到 2000 万~5000 万元，近三年销售收入复合增长率达到 20%，且利润复合增长率达到 25%的。

2. 上年度营业收入达到 5000 万~1 亿元，近三年销售收入复合增长率达到 15%，且利润复合增长率达到 20%的。

3. 上年度营业收入达到 1 亿~5 亿元，近三年销售收入复合增长率达到 10%，且利润复合增长率达到 10%的。

4. 上年度营业收入达到 5 亿元，近三年销售收入复合增长率达到 10%，或利润复合增长率达到 10%的。

（二）千帆企业。在本市辖区内注册成立的企业，符合以下条件之一的可列入千帆企业名单：

1. 全国科技型中小企业信息库入库企业。

2. 符合国家中小企业划型标准规定的中小微高新技术企业。

市科技局负责建立重点高企和千帆企业信息库，对入库企业进行动态管理，会同市财政局根据实际情况及时修订企业入库条件。

三、扶持措施

（一）提升科技金融支撑服务能力。调整优化财政科技资金支持方向和方式，引导各类资本支持科技型企业融资发展。全面加强与中国人民银行青岛市中心支行、各金融监管部门的合作，推进科技金融专营机构和科技金融互联网服务平台建设，完善股权、债权、股债联动的融资模式和体系。强化科技资本运营平台功能，扩大科技股权投资体系规模，提升科技金融机构服务能力。到 2021 年，科技型中小企业年度融资规模达到 200 亿元。

（二）加强对重点高企增信授信和贷款扶持。青岛市科技局与人民银行青岛市中心支行加强合作，支持政策性担保公司与商业银行为重点高企提供担保和信贷支持。中国人民银行青岛市中心支行为符合条件的合作商业银行提供再贷款、再贴现等政策扶持。重点高企发行债券融资的，可参照执行。

（三）加强对千帆企业"首投""首贷""首保"扶持。进一步完善孵化和天使投融资体系，对投资千帆企业"首投"的投资管理机构，按实际投资额的 1% 给予补助，年最高 20 万元。鼓励商业银行积极为千帆企业提供信贷服务，每新增 1 家贷款额超过 100 万元的企业，给予银行 1 万元补助。鼓励千帆企业购买保险获取增信，对通过此方式获得银行贷款的，按照贷款额度的 2% 给予保费资助，年最高 8 万元，最多资助三年。

（四）加大科技型企业孵化培育力度。鼓励孵化器提质增效，培育更多高新技术企业，在孵和毕业企业获得高新技术企业认定的，按每家企业 10 万元标准给予所在孵化器奖励。支持孵化器"走出去"，对引进海外预孵化项目（团队）落地且获得 100 万元及以上股权投资的，按每家企业 10 万元标准给予所在孵化器奖励。

（五）支持企业加快提升创新能力。市级科技创新平台优先在重点高企布局建设，对新获批国家科技创新基地的，优先给予 500 万元奖励。支持千帆企业尽快成长为高新技术企业，对通过认定的，优先给予 30 万元奖励。支持企业构建关键核心技术专利组合（专利池），符合条件的，每项给予 50 万元奖励。

（六）支持企业加大研发投入。加快建立和完善企业研发项目管理服务系统，实现与税务系统互联互通，指导企业规范研发费用财务管理，用足用好研发费用加计扣除政策。全面开展科技型中小企业评价工作，落实好研发费用加计扣除比例由 50% 提高到 75% 的税收优惠政策。对重点高企和千帆企业当年加计扣除确认研发费用按一定比例给予奖励，其中，小微企业为 5%，其他企业为 3%，每家企业年最高奖励 100 万元。

（七）支持企业强化知识产权运营。推进知识产权强企工程，对通过知识产权管理规范国家标准的企业给予 10 万元一次性奖励，对省级知识产权优势企业奖励 5 万元，对省级知识产权示范企业或国家级知识产权优势企业奖励 10 万元，对国家级知识产权示范企业奖励 20 万元。当同一企业获得上述两项以上奖励时，累计不超出相应最高标准。全面推进科技型中小微企业专利权质押保险贷款工作，对符合条件的贷款企业按规定标准给予保费、贷款利息和专利评估费补助。

（八）鼓励企业开展国际创新合作。支持重点高企和千帆企业积极开展国际科技合作，对符合条件的项目按照研发合同核定金额的 20% 予以奖励，单项最高 50 万元。强化国际科技合作基地建设，对新获批或通过国家定期评估的国家级国际创新园和国际联合研究中心给予 50 万元一次性补助，国际技术转移中心和国际科技合作示范类基地给予 30 万元一次性补助。加强引进、共建国际技术转移机构和国际研发机构，对符合条件的给予 50 万元一次性补助。

（九）着力降低企业创新成本。对高新技术企业和千帆企业使用大型科学仪器共享服务平台发生的检验测试费用，按当年实际发生额的 20% 给予补贴，年最高 50 万元。加快科技创新券在重点高企和千帆企业的推广实施，进一步扩大使用范围和用途。完善科技文献共享服务系统，向科技型企业提供免费共享服务，优先在重点高企和千帆企业免费建设文献服务站。以政府购买服务方式公开遴选一批知识产权服务机构，面向小微企业开展知识产权托管服务，提升企业知识产权管理能力。

（十）进一步加大新型企业家培养力度。鼓励高校院所开办创业学院，对创业者及高级管理人员进行管理、金融、营销等专业培训。每年举办"千帆成长营"等系列培训活动，通过"请进来、走出去"等方式，加快培养一批懂科技、善经营、悉金融的新型企业家。

（十一）"一业一策"扶持科技型企业加快发展。落实《青岛市"双百千"行动方案（2017~2021 年）》，在资金、土地、人才等方面加大对重点产业领域重点高企和千帆企业的保障扶持力度。建立重点高企"一对一"联系制度，实行"一业一策"精准扶持和定制化联系帮扶，青岛市科技创新委及时研究协调解决企业发展中遇到的问题。鼓励各区（市）优先满足重点高企和孵化器毕业企业用地需求。

对第（二）、（三）、（六）、（八）和（九）项政策中以补助、奖励等无偿资助方式给予企业的市级财政科技资金，每家重点高企和千帆企业年最高金额分别不超过 500 万元和 200 万元（不含科技创新券）。对同时符合重点高企和千帆企业条件的企业，相关扶持政策就高不就低、不重复享受。

全文链接：http：//www.qingdao.gov.cn/n172/n24624151/n24672217/n24673564/n24676498/180529101220080156.html.

专栏 3-1　北京科技创新政策体系及评价

创新是引领发展的第一动力，是建设现代化经济体系的战略支撑。自新中国成立 70 年来，国家一直高度重视创新。党的十九大报告强调"实践没有止境，理论创新也没有止境"，要"不断推进理论创新、实践创新、制度创新、文化创新以及其他各方面创新"；要坚定实施创新驱动发展战略，加快建设创新型国家。2014 年，当习近平同志听取北京工作汇报发表讲话时提到，要坚持和强化北京全国政治中心、文化中心、国际交往中心、科技创新中心的核心功能，这是首次给北京加上了一个科技创新中心的概念。2020 年 1 月，北京市政府发布政务公告，提出北京将利用政策创新激发活力，并于 2020 年将初步建成具有全球影响力的科创中心。在此背景下，北京创新政策体系的研究和评价极具有历史性和借鉴性意义。本文力图通过解读北京推进城市创新政策体系的内涵、结构、手段和效果，从中得到一些启示。

一、北京作为全国政治、经济、科技创新中心

北京在全国的政治统治上起着统领的作用。北京，是中国的首都，是省级行政区、直辖市、国家中心城市、超大城市，是世界著名古都和现代化国际城市，也是全国人民代表大会常务委员会、中国共产党中央委员会和中华人民共和国中央人民政府的办公所在地。北京作为中国的首都，其政治直接管辖范围包括全中国，是全国性的政治中心。北京作为政治中心，城市的主要政治任务是为中央党政军领导机关提供优质服务，全力维护首都政治安全，从而保障国家政务活动安全、高效、有序运行，为国家各领导管理层保驾护航，提供一个适宜和安心的工作环境。

北京是中国的经济决策中心以及北方的经济中心，是目前中国 GDP 第二高的城市。据统计，2019 年中国城市 GDP 排行第一名为上海，2019 年上海城市 GDP 为 38155.32 亿元，相对比 2018 年的 36011.82 亿元，上海 2019 年 GDP 增速为 6.0%。北京 2019 年城市 GDP 为 35371.3 亿元，相对比 2018 年的 33106.0 亿元，北京 2019 年 GDP 增速为 6.1%。由此可见，在 2019 年城市 GDP 统计上，上海以微弱的优势稍高于北京位居第一，但 2019 年城市 GDP 增速略低于北京。截至 2018 年，北京全直辖市下辖 16 个区，总面积 16410.54 平方千米，建成区面积 1485 平方千米，常住人口 2154.2 万人，城镇人口 1863.4 万人，北京市面积虽排全国倒数第四（第 30 名），但北京市的城镇化率却高达 86.5%。据国家统计局统计结果显示，2018 年，北京市的 GDP 为 3.03 万亿元，占全国 GDP 的 3.37%，全国 34 个省市排名第 12 名。由此可见，北京的经济发展水平已远超许多省份，所以说，北京的经济发展在我国的整体经济发展规划上占据重要地位。

北京是一座充满创新活力的城市，拥有丰厚的创新资源，北京市的创新驱动发展一直走在全国前列。《中国区域创新能力评价报告 2019》显示，2017 年北京市的发明专利拥有量为 20.53 万件，占全国 15.1%；SCI

收录科技论文数为 5.24 万篇，占全国 16.2%；技术市场输出技术成交额为 44.87 百亿元，远超其他省市。报告显示，在 2019 年中国区域创新能力排名中，北京排名第二，其最大优势是北京得天独厚的历史文化根基，加之大量优质的科学技术资源，使北京的知识创造能力处于全国第一位，综合创新能力排全国第二位，仅次于广东省。北京拥有全国最多的高等院校和大学，是全国各地人才齐聚的梦想之地，为科技创新中心的建立提供了源源不断的人才。北京还坚持提升中关村国家自主创新示范区的创新引领辐射能力，规划建设了中关村科学城、怀柔科学城、未来科学城、创新型产业集群和"中国制造 2025"创新引领示范区，形成三城一区创新新格局，构筑北京发展新高地，推进更具活力的世界级创新型城市建设，使北京成为全球科技创新引领者、高端经济增长地和创新人才首选地。

二、北京科技创新体系简析

北京市政府对北京经济的发展主要有三大职能：规划、服务和监督。我国是社会主义国家，实行社会主义市场经济制度，所以经济的发展主要还是依靠市场这只看不见的手来推动，不过，虽然市场在资源配置中起决定性作用，但并不是起全部作用。政府根据国情，认识到在社会主义市场经济运行中仍存在市场秩序不规范、生产要素市场发展滞后、市场竞争不充分等一系列问题，这些问题就都需要政府发挥作用来保证经济大局的稳定性。所以，针对北京市的基本情况，北京政府通过规划经济发展目标与实施战略方针、服务各类市场参与者、监督市场运行中的稳定性与合法性这三大职能宏观把握北京市的经济发展。在创新方面，北京政府的职能主要集中表现为"推进"，通过"制定政策""鼓励创新"和"服务个体或企业"这几大推手，集中作用，推进创新政策体系的构建和完善，加速城市创新活力的爆发，从而推动城市发展。

北京市创新政策体系的政策主体为北京市人民政府，由 54 个部门、机构组成，其中，北京市人民政府办公厅、北京市科学技术委员会、北京市人力资源和社会保障局、北京市发展和改革委员会、北京市财政局、北京市经济和信息化委员会、北京市知识产权局、北京市金融工作局等部门是北京市创新政策制定、实施及评估的主要部门，其他部门起辅助配合作用。主要部门及其与北京创新政策体系相关的职能分析如下，也可见表3-1。

1. 北京市科学技术委员会和北京创新政策体系相关的职能

（1）贯彻落实国家创新驱动发展战略和科技工作方面的规章政策。

（2）组织拟订与实施科技发展、科技促进经济社会发展的规划、政策。

（3）牵头推进全国科技创新中心建设相关工作。

（4）统筹推进首都创新体系建设和科技体制改革。

（5）推进北京市重大科技决策咨询制度建设、负责提出科技发展战略建议。

（6）牵头组织在京国家实验室培育建设，参与重大科技基础设施建设和运行。

（7）统筹推进关键共性技术、前沿引领技术、现代工程技术、颠覆性技术研发和创新。

（8）牵头建立北京市科技管理平台和科研项目资金协调、评估、监管机制。

（9）牵头北京市技术转移体系建设，拟订、监督实施科技成果转移转化和促进产学研深度融合的相关政策措施。

（10）拟订北京市科技项目管理的政策措施，负责科学技术奖励组织实施及自然科学基金管理。

（11）拟订北京市科技对外交流与创新能力开放合作的规划、政策和措施，负责本市引进国外智力工作。

（12）会同有关部门拟订北京市科技人才队伍建设规划和政策，建立健全科技人才评价和激励机制，组织实施科技人才计划，推动高端科技创新人才队伍建设。

2. 北京市人力资源和社会保障局和北京创新政策体系相关的职能

（1）会同有关部门研究拟订促进就业创业政策，拟订就业困难群体就业援助政策。

（2）牵头拟订高校毕业生就业政策，会同有关部门拟订技能人才培养和激励政策。

（3）拟订专业技术人员管理和继续教育政策，牵头推进深化职称制度改革工作，健全博士后管理制度。

（4）研究拟订积分落户管理实施细则和操作规范并组织落实。

（5）拟订、指导实施外国人来京就业的政策、规划和管理办法。

3. 北京市发展和改革委员会和北京创新政策体系相关的职能

（1）贯彻落实国家关于国民经济和社会发展、经济体制改革和对外开放方面的政策。

（2）统筹协调经济社会发展，研究提出经济社会发展、经济结构调整的目标和政策措施。

（3）汇总分析北京市财政、金融等方面的情况，参与拟订财政政策、金融政策和土地政策。

（4）研究提出深化投融资体制改革的建议并组织实施，会同有关方面研究拟订政府重大项目融资方案。

（5）承担规划北京市重大建设项目和生产力布局的责任。

（6）组织拟订高技术产业发展、产业技术进步的战略、规划和重大政策，推进重大科技成果产业化，协调重大科技基础设施、重大技术装备推广应用等方面的重大问题。

（7）承担组织编制北京市主体功能区规划并协调实施和进行监测评估的责任，组织拟订区域统筹发展、城市功能区的战略、规划和重大政策。

4. 北京市财政局和北京创新政策体系相关的职能

负责承办和监督该市财政的经济发展支出、政府性投资项目的财政拨款，参与拟订建设投资的有关政策，制定基本建设财务制度，负责有关政策性补贴和专项储备资金财政管理工作。

5. 北京市经济和信息化委员会和北京创新政策体系相关的职能

（1）研究拟订并组织实施本市工业、软件和信息服务业发展规划和产业政策，推进产业布局调整和产业结构优化升级。

（2）监测分析北京市工业、软件和信息服务业、信息化的运行态势，统计并发布相关信息，协调解决产业运行和发展中的有关问题，并提出政策建议。

（3）会同有关部门研究提出工业、软件和信息服务业方面利用外资和境外投资的重点领域和促进政策。

（4）指导北京市工业、软件和信息服务业、信息化技术创新和技术进步，推进企业技术改造。

（5）组织实施国家及北京市工业、软件和信息服务业、信息化科技重大专项，推进相关科研成果产业化。

（6）拟订北京市高技术创造业、软件和信息服务业、新兴产业中重点领域的发展规划、实施方案、配套政策及行业标准，并组织实施。

（7）承担振兴北京市装备制造业组织协调的责任，组织拟订重大技术装备发展和自主创新规划、政策。

（8）组织协调相关重大示范工程和新产品、新技术、新设备、新材料的推广应用。

（9）指导和促进北京市中小企业发展，会同有关部门拟订促进中小企业发展和非国有经济发展的相关政策和措施，协调解决有关重大问题，建立和完善中小企业服务体系。

（10）统筹推进北京市大数据工作，负责政务数据和相关社会数据的整合、管理、应用和服务体系建设工作。

6. 北京市知识产权局和北京创新政策体系相关的职能

（1）贯彻落实国家关于专利、商标、原产地地理标志工作方面的法律法规、规章和政策。

（2）负责统筹协调北京市知识产权保护工作，推动知识产权保护工作体系建设。

（3）负责促进北京市知识产权运用，拟订本市知识产权运用政策，促进知识产权转移转化。

7. 北京市金融工作局和北京创新政策体系相关的职能

（1）研究拟订北京市金融业发展规划和政策措施，并组织实施。

（2）统筹推进北京市企业融资工作；协调推进企业上市和并购重组；协调推动企业发行公司债券、短期融资券和中期票据等债务融资工具；指导、推动创业投资基金、股权（产业）投资基金规范发展。

（3）协调在京金融机构为首都经济发展服务；参与该市投融资体制改革工作；研究制定引导社会融资发展的政策措施；参与研究拟订政府重大项目融资方案；协调金融机构综合运用各种金融工具和平台，为重点工程、主导产业、重要区域发展和中小企业发展提供融资支持服务。

（4）负责北京市小额贷款公司审批和监管工作；负责融资性担保机构设立、变更审批以及日常监管；承担集体改制企业上市的产权确认职责；承担市属金融机构和地方审批金融机构相应授权监管职责；指导、规范金融中介机构发展。

表 3-1   北京市创新政策体系的主要政策主体构成及其工作职能

北京市人民政府	北京市科学技术委员会	贯彻落实国家创新驱动发展战略和科技工作方面的法律法规、规章和政策
		组织拟订科技发展、科技促进经济社会发展的规划、政策并组织实施
		牵头推进全国科技创新中心建设相关工作
		统筹推进首都创新体系建设和科技体制改革，会同有关部门健全技术创新激励机制
		推进本市重大科技决策咨询制度建设、负责提出科技发展战略建议
		牵头组织在京国家实验室培育建设，参与重大科技基础设施建设和运行
		统筹推进关键共性技术、前沿引领技术、现代工程技术、颠覆性技术研发和创新，牵头组织重大技术攻关和成果应用示范，组织参与国际大科学计划和大科学工程

续表

北京市人民政府	北京市科学技术委员会	牵头建立本市科技管理平台和科研项目资金协调、评估、监管机制
		牵头本市技术转移体系建设，拟订科技成果转移转化和促进产学研深度融合的相关政策措施并监督实施
		拟订本市科技项目管理的政策措施，负责科学技术奖励组织实施及自然科学基金管理
		拟订本市科技对外交流与创新能力开放合作的规划、政策和措施，负责本市引进国外智力工作
		会同有关部门拟订本市科技人才队伍建设规划和政策，建立健全科技人才评价和激励机制，组织实施科技人才计划，推动高端科技创新人才队伍建设
		……
	北京市人力资源和社会保障局	会同有关部门研究拟订促进就业创业政策，拟订就业困难群体就业援助政策
		牵头拟订高校毕业生就业政策，会同有关部门拟订技能人才培养和激励政策
		拟订专业技术人员管理和继续教育政策，牵头推进深化职称制度改革工作，健全博士后管理制度
		研究拟订积分落户管理实施细则和操作规范并组织落实
		拟订外国人来京就业的政策、规划和管理办法并指导实施
		……
	北京市发展和改革委员会	贯彻落实国家关于国民经济和社会发展、经济体制改革和对外开放方面的法律、法规、规章和政策
		统筹协调经济社会发展，研究提出经济社会发展、经济结构调整的目标和政策措施
		汇总分析本市财政、金融等方面的情况，参与拟订财政政策、金融政策和土地政策
		研究提出深化投融资体制改革的建议并组织实施，会同有关方面研究拟订政府重大项目融资方案
		承担规划本市重大建设项目和生产力布局的责任
		组织拟订高技术产业发展、产业技术进步的战略、规划和重大政策，推进重大科技成果产业化，协调重大科技基础设施、重大技术装备推广应用等方面的重大问题
		承担组织编制本市主体功能区规划并协调实施和进行监测评估的责任，组织拟订区域统筹发展、城市功能区的战略、规划和重大政策
		……

续表

北京市人民政府	北京市财政局	负责承办和监督该市财政的经济发展支出、政府性投资项目的财政拨款，参与拟订建设投资的有关政策，制定基本建设财务制度，负责有关政策性补贴和专项储备资金财政管理工作
		……
	北京市经济和信息化委员会	研究拟订并组织实施本市工业、软件和信息服务业发展规划和产业政策，推进产业布局调整和产业结构优化升级
		监测分析本市工业、软件和信息服务业、信息化的运行态势，统计并发布相关信息。协调解决产业运行和发展中的有关问题，并提出政策建议
		会同有关部门研究提出工业、软件和信息服务业方面利用外资和境外投资的重点领域和促进政策
		指导本市工业、软件和信息服务业、信息化技术创新和技术进步，推进企业技术改造
		组织实施国家及本市工业、软件和信息服务业、信息化科技重大专项，推进相关科研成果产业化
		拟订本市高技术创造业、软件和信息服务业、新兴产业中重点领域的发展规划、实施方案、配套政策及行业标准，并组织实施
		承担振兴本市装备制造业组织协调的责任，组织拟订重大技术装备发展和自主创新规划、政策
		组织协调相关重大示范工程和新产品、新技术、新设备、新材料的推广应用
		指导和促进本市中小企业发展，会同有关部门拟订促进中小企业发展和非国有经济发展的相关政策和措施，协调解决有关重大问题，建立和完善中小企业服务体系
		统筹推进本市大数据工作，负责政务数据和相关社会数据的整合、管理、应用和服务体系建设工作
		……
	北京市知识产权局	贯彻落实国家关于专利、商标、原产地地理标志工作方面的法律法规、规章和政策
		负责统筹协调本市知识产权保护工作，推动知识产权保护工作体系建设
		负责促进本市知识产权运用，拟订本市知识产权运用政策，促进知识产权转移转化
		……

续表

北京市人民政府	北京市金融工作局	研究拟订该市金融业发展规划和政策措施，并组织实施
		统筹推进该市企业融资工作；协调推进企业上市和并购重组；协调推动企业发行公司债券、短期融资券和中期票据等债务融资工具；指导、推动创业投资基金、股权（产业）投资基金规范发展
		协调在京金融机构为首都经济发展服务；参与该市投融资体制改革工作；研究制定引导社会融资发展的政策措施；参与研究拟订政府重大项目融资方案；协调金融机构综合运用各种金融工具和平台，为重点工程、主导产业、重要区域发展和中小企业发展提供融资支持服务
		负责该市小额贷款公司审批和监管工作；负责融资性担保机构设立、变更审批以及日常监管；承担集体改制企业上市的产权确认职责；承担市属金融机构和地方审批金融机构相应授权监管职责；指导、规范金融中介机构发展
		……
……	……	

四、北京创新政策体系评价维度

为促使全国科技创新中心建设全面加速，北京提出了新时代深化科技体制改革，加快推进全国科技创新中心建设的若干政策措施。这些政策措施主要分加强科技创新统筹、深化人才体制机制改革、构建高精尖经济结构、深化科研管理改革、优化创新创业生态五部分，共涵盖30条改革措施，简称"科创30条"。北京还提出《北京市促进科技成果转化条例》，更好地落实国家改革部署，破除科技成果转化体制机制障碍，将科技资源优势转化为发展优势。北京还积极落实国家的各种税收补贴、创新创业扶持等政策，这些政策共同构成了北京市的创新政策体系。

北京的创新政策体系主要由八大维度构成，分别为科技政策、税收政策、金融政策、产业政策、人才政策、财政政策、知识产权政策和创业政策（详见表3-2）。以下分别就八大维度详细展开介绍。

1. 科技政策

北京主动承接国家重大科技任务，包括承建国家"十四五"重大科技基础设施和国家科技创新基地、对接国家科技创新重大项目和重点研发计划等；支持新型研发机构、高等学校、科研机构、科技领军企业突破"卡脖子"技术，强化关键核心技术攻关；提出建设中关村国家自主创新示范区，将其作为中国体制创新的试验田，强调一区多园高端化、特色化、协同化发展；发布促进科技成果转化条例，该条例以实现"有的转"（解决源头问题）—"有权转"（解决权益问题）—"愿意转"（解决动力问题）—"转的顺"（解决体制机制问题）为主线，旨在解决国家法律和改革政策在北京市落地实施的"最后一公里"问题；成立由科技、产业、投资等领域高层次专家组成的北京市科技创新决策咨询委员会，在重大战略规划与改革政策制定、科技基础设施与科研项目布局等方面提供决策咨询；积极引进国际创新资源与高端技术，同时开展中外交流分享合作项目；深化科研管理改革，包括统筹优化科技计划（专项、基金等）布局、完善科研项目管理机制、完善科技创新监督检查机制等。

2. 税收政策

国家最新出台的《"大众创业万众创新"税收优惠政策指引》（简称《指引》）归集了截至 2019 年 6 月我国针对创新创业主要环节和关键领域陆续推出的 89 项税收优惠政策措施，覆盖企业从初创到发展的整个生命周期，北京市积极学习和落实了最新《指引》；保护和激励创新的税收优惠体系是全方位的，北京将普惠式与特惠式政策结合，针对性较强，既在整体上营造积极进取、开拓创新的社会氛围，又在重点行业和领域内有所突破。

3. 金融政策

北京大力鼓励和支持首都金融科技创新发展，主要包括支持金融科技底层技术研发、支持金融机构借助金融科技创新发展、加强金融科技基础设施建设、建设市场化专业服务体系、加强金融科技场景应用、积极防控金融科技风险等；鼓励金融业对外开放，主要包括以下举措，支持外资金融机构全面参与北京服务业扩大开放综合试点、支持外资金融机构率先享受金融领域培育扶持政策、对外资金融机构建立服务管家制度、建立外资金融机构登记注册"绿色通道"、建立外资金融机构人才引进"绿色通道"、加强对外资金融人才生活服务保障、推动金融功能区提质升级行动、全面对接各行业协会和国家金融基础设施平台、支持在京金融机构开展同业合作等；完善创新创业金融服务，包括发挥政府引导基金作用吸引社会资本投资、建立"绿色通道"引导知名优秀投资机构在京开展业务等。

4. 产业政策

北京建设"三城一区"主平台，通过三城一区有机衔接、协同发展，加速北京建设全国科技创新中心，其中，三城一区指的是中关村科技城、怀柔科技城、昌平未来科技城、亦庄经济技术开发区；深化京津冀协同创新发展，推进产业升级转移，推动公共服务共建共享，加快市场一体化进程，打造现代化新型首都圈，努力形成京津冀目标同向、措施一体、优势互补、互利共赢的协同发展新格局；建设海淀区"专精特新"等产业园区，鼓励产业园区引进重点项目和企业，培育和壮大重点产业集群；推动经济结构调整和发展战略性新兴产业，战略性新兴产业是未来新的经济增长点，是指以重大技术突破和重大发展需求为基础，对经济社会全局和长远发展具有重大引领带动作用，成长潜力巨大的产业，是新兴科技和新兴产业的深度融合的产业；促进重点产业、高精尖产业发展，包括全面推行产业用地全生命周期管理、利用北京智源行动计划推动人工智能带动各领域各产业升级和变革、建立高精尖产业重点项目协调推进机制等政策。

5. 人才政策

北京市启动各种人才培养项目，包括高端领军人才项目、百千万人才工程、"海英人才"计划、中关村雏鹰人才项目、朝阳区凤凰计划、昌平区"昌聚工程"、通州区"灯塔计划""运河计划"等；提出优化人才培养与评价机制，包括加强培养高精尖产业高技能人才及专业管理人才培养、加大北京市自然科学基金或博士后计划等的资助力度、健全人才评价标准等；鼓励国内外人才交流，支持科研人才流动，包括提高科研人员因公出国（境）和来访的便利性、优化外籍人才引进及服务保障、完善京港澳科技合作机制、支持高等学校、科研机构、企业在国际创新人才密集区及"一带一路"沿线国家和地区设立离岸科技孵化基地等政策；加大人才激励力度，包括加大对创新创业团队奖励力度、制定优秀人才奖励措施、建立与个人业绩贡献相衔接的奖励机制等；完善人才发展所需要的服务保障，包括住房保障、子女教育保障、医疗服务保障等。

6. 财政政策

北京市加大财政科技创新投入力度，包括持续提高市区两级财政科学技术经费的投入水平，加大财政资金对基础研究的稳定支持力度等政策；设立重大科技成果转化和产业投资专项资金，支持重大科技成果在北京的转化和产业化，设立"北京市科技型中小企业技术创新资金"等，引导企业、投资机构和金融机构对科技型中小企业自主创新的投资；优化财政科技支出结构，更合理地使用财政支出支持和鼓励科技创新。

7. 知识产权政策

北京强化知识产权创造、保护和运用，鼓励创新创造，保护知识产权，加大侵权惩罚性赔偿力度，提高侵权成本；加大对高精尖产业的发明专利和海外知识产权的资助力度；发挥北京市科技创新基金引领作用，支持设立高价值专利培育收储投资子基金，建立重点领域专利池。

8. 创业政策

北京市加强孵化基地建设，孵化基地是包括孵化器、科技园、创业园、创业基地等在内的为入驻创业实体提供创业孵化服务的各类载体的统称，孵化基地的建设有促进产业集群式发展、优化产业结构和资源配置、加速科技成果转化、降低创业风险、助推创业实体快速成长和发展、培育创新创业人才等优点；鼓励创新创业，对创新创业项目进行扶持和补贴，例如，对高校毕业生创业免收行政事业性收费、对创业人员提供小额担保贷款、创业人员享受职业培训补贴和享受更多公共服务等；优化创新创业生态，包括完善科技型国有企业创新激励机制、完善创新创业服务机制等。

表 3-2　北京创新政策体系的八大维度

	科技政策	积极承接国家重大科技任务
北京创新政策体系八大维度		鼓励支持突破关键核心技术
		建设中关村国家自主创新示范区
		发布北京市促进科技成果转化条例
		成立科技创新决策咨询机制
		国际合作研发、国际技术引进
		深化科研管理改革
	税收政策	落实《"大众创业　万众创新"税收优惠政策指引》
		普惠式与特惠式政策结合，构建全方位税收优惠体系
	金融政策	鼓励首都金融科技创新发展
		鼓励金融业对外开放
		完善创新创业金融服务
	产业政策	建设"三城一区"主平台
		深化京津冀协同创新为引领，打通产业链
		建设海淀区"专精特新"等产业园区
		推动经济结构调整和发展战略性新兴产业
		促进重点产业、高精尖产业发展
	人才政策	启动多种人才培养项目
		优化人才培养与评价机制
		鼓励国内外人才交流和优化人才引进政策
		加大人才激励力度
		完善人才发展所需要的服务保障
	财政政策	加大财政对科技创新投入力度
		建立专项基金，支持自主创新
		优化财政科技支出结构
	知识产权政策	强化知识产权创造、保护和运用
		加大对知识产权的资助力度
		建立专利池
	创业政策	推动创业孵化基地发展
		鼓励创新创业，对创业项目进行扶持与补贴
		优化创新创业生态

五、北京创新政策体系的基本框架

北京创新政策体系主要由北京市政府和下属的部门或机构来构建、实施的。北京创新政策体系可以从两个层面来理解。

第一个层面，北京市政府制定创新政策的基本指导思想，北京市政府的指导思想可以从历年的市政府工作报告中得到反映。其主要内容是通过政府支持鼓励创新，大力推进科技创新、产业创新、金融创新等创新项目，激发城市创新潜力，转变产业发展方式，转换经济增长动力，优化经济结构，构筑北京发展新高地，实现北京建设全国科技创新中心的目标。

第二个层面，北京市政府下属的部门或机构制定政策及实施。在这些部门和机构中，涉及创新政策制定和实施的主要部门和机构是北京市科学技术委员会、北京市人力资源和社会保障局、北京市发展和改革委员会、北京市财政局、北京市经济和信息化委员会、北京市知识产权局、北京市金融工作局等。各个主要部门的主要职能见表 3-1。

六、北京已经成为世界级科技创新中心

从八大政策维度来看，北京各类创新政策取得了不少正面有效的影响。北京的创新政策体系不仅大幅度提升了城市的创新力，也进一步促进了北京教育、产业、经济等一系列层面的全面发展。截至 2019 年底，北京已经在多个领域中取得了世界级的成绩，例如，2019 年北京超过美国旧金山成为全球独角兽企业 500 强数量最多的城市、北京自新中国成立 70 年来贡献了国内一半领跑世界的重大科技创新成果等。

独角兽企业作为新时代最具有发展潜力的企业代表，全球独角兽企业 500 强更是独角兽企业中的佼佼者，而北京拥有 500 强中的 84 家，超过了美国旧金山的 62 家，这是北京成为世界级科技创新中心最有力的表现之一。《2019 全球独角兽企业 500 强发展报告》显示，2019 年全球独角兽企业 500 强北京入围的企业 84 家占全国的 38.71%、全球的 16.80%。

北京取得这一成绩得益于各大科研院所资源、高科技园区（中关村）和科技龙头企业共同筑造的独特创新生态和活跃的创业氛围，而这些资源和环境的背后又离不开北京创新政策体系的支撑，所以说，北京创新政策体系促进了北京独角兽企业的出现和成长，使北京成为世界独角兽集聚的第一高地。除了拥有众多高等院校、学科研究所和风险投资机构这些有利于独角兽企业快速成长的条件之外，北京还通过税收政策和政府财政政策等为企业创新创业发展提供优惠性服务，形成了包含区域特色的创新创业生态，并且加快全面改革开放，积极招商引资，吸引外国优秀企业。2019年，北京实施金融、科技、互联网信息、专业服务等八个领域开放改革三年行动计划，统筹推进政策项目落地。宝马中国投资、戴姆勒商用车投资、丰田氢燃料电池研发中心等272个项目在京落地，并且还成功规划建设中德、中日国际合作产业园。

七、北京加速建设全国科技创新中心成果显著

2014年，中央明确北京"四个中心"的定位，第一次提到北京要打造全国科技创新中心；2016年，国务院印发实施《北京加强全国科技创新中心建设总体方案》，自此，北京开始为建设全国科技创新中心的目标绘制蓝图，并加速落地建设计划。截至2019年，北京围绕优化创新生态，发布实施新时代深化科技体制改革30条政策措施，修订科学技术奖励办法，推动出台促进科技成果转化条例，科研人员长期盼望的科技成果权属改革等实现制度性突破。北京系统布局基础前沿研究，量子信息科学研究院启动超导量子计算等重大研究，脑科学与类脑研究中心一期建成投用，智源人工智能研究院实施"智源学者计划"、发布人工智能北京共识，科技创新基金设立33只子基金投向硬科技和创新早期。2019年全市研发投入强度达到6%左右，技术合同成交额近5700亿元，发明专利授权量增长13.1%。北京市全面加速建设全国科技创新中心，这些举措为2020年初步建成具有全球影响力的科创中心这一目标打下坚实基础。

此外，2019 年北京继续贯彻落实关于中关村国家自主创新示范区建设的一系列政策，2019 年全年中关村国家自主创新示范区建设取得一系列成果，重点任务全面完成。在全国高新区综合排名中，中关村示范区稳居榜首。2019 年 1~11 月，中关村国家自主创新示范区规模以上企业实现总收入 5.4 万亿元，同比增长 13.8%，实现技术收入 9806.1 亿元，同比增长 19%。上市公司总数 362 家，境外上市公司 113 家，总市值达 6.2 万亿元，百度、小米、美团点评等 12 家中关村企业市值超千亿元。在财富 2019 世界 500 强企业排名中，中关村有 9 家上榜，数量首次超过硅谷的 8 家，小米成为全球最年轻的世界五百强。2019 年 1~11 月，规模以上企业研发投入 2162.3 亿元，同比增长 16.1%。企业发明专利申请量、发明专利授权量和企业 PCT 专利申请量分别为 5.1 万件、2.3 万件和 4005 件，同比分别增长 12.2%、16.9% 和 37.1%，均占全市企业的七成左右，其中，京东方以 2147 件发明专利申请量位列知识产权产业媒体 IPRdaily 和 incoPat 创新指数研究中心发布的"2019 年全球半导体技术发明专利排行榜（TOP100）"第三位。涌现出寒武纪云端 AI 芯片思元 270、灵汐科技世界首款类脑芯片"天机"、百济神州泽布替尼抗癌新药、龙芯 3A/B4000 系列 CPU 等一批原创科技成果。中关村国家自主创新示范区前三季度发生风险投资案例 783 起，投资金额 868 亿元，分别占全国 32% 和 36%。新创办科技型企业 2.5 万家，涌现独角兽企业 82 家。在此基础上，"三城一区"主平台建设也取得新进展。"三城一区"是指中关村科学城、怀柔科学城、昌平未来科学城、亦庄经济技术开发区。2019 年，中关村科学城深入落实海淀创新发展 16 条，强化对企业创新服务，涌现出世界首款类脑芯片、我国首款在海外获批的抗癌新药等标志性科技成果。怀柔科学城规划发布实施，五个大科学装置全部开工，第一批交叉研究平台进入设备安装调试阶段，科教基础设施和第二批交叉研究平台获批并集中启动建设，国家科学中心国际合作联盟正式成立。未来科学城东区"混合型"研发格局正在形成；西区深化与沙河高教园科教融合，推进中关村生命科学园三期规划建设。2019 年北京经济技术开发区完成扩区，明确了推进高质量发展 20 项重点任务，瓦里安研发中心、阿斯利康北方总部等外资项目落地，开放型、创新型产业集群加快形成。中关村示范区加大先行先试力度，引导各分园聚焦主业，实现特色化、差异化发展，重点建设 22 家硬科技孵化器，首发 100 余项新技术新产品，着力加强科技型企业培育，并且成功举办中关村论坛，以更加主动的姿态融入全球创新网络。

八、北京成功打造国际一流的风险投资和金融投资生态圈

众所周知，硅谷是全球知名的前沿科技公司、活跃投资机构的聚集地。近年来，北京也在极力吸引高科技企业和风险投资、金融投资企业在京投资发展，如今，北京已成功打造了国际一流的风险投资和金融投资生态圈。

资料显示，北京已然是当之无愧的全球创新创业最活跃的城市。北京每天新产生约 200 家创新型企业，创业投资金额和案例数都占全国的 30% 左右。其中，科技创新的 VC/PE 投资在全球的城市排行榜中，北京仅次于硅谷。据 Startup Revolution 和美国创业中心（Center for American Entrepreneurship）2018 年的协作研究发现，中国北京已经成为全球风险投资增长最多的地区。据《2019 全球独角兽企业 500 强发展报告》显示，在全球风险资本投资增长贡献的前 40 强城市中，北京再次稳居榜首。截至 2018 年，北京 2015～2017 年风险投资资本金额比 2010～2012 年的投资金额同比增长 65614 万美元，对全球投资增长的贡献率为 20.5%，占全球投资的累计份额为 20.5%。北京良好的风投环境对独角兽企业的产生和成长起到至关重要的作用。此外，北京还成功进入全球金融中心排行榜前十名。据英国智库 Z/Yen 集团发布的第 26 期全球金融中心指数（Global Financial Centers Index，GFCI）榜单显示，在本期全球金融中心排名榜单中，北京排名从第 9 位上升到第 7 位。北京不断拓展金融业全方位对外开

放格局，巩固国际三大信用评级机构集中在京落地等良好开放态势，继续重点吸引环球银行金融电信协会中国法人机构、贝宝支付、全球两大银行卡组织等一批世界知名金融机构在京发展，成立金融科技研究院，金融科技与专业服务创新示范区在全国率先开展"监管沙盒"试点，累计入驻企业 70 余家，北京已经成功成为全球金融科技聚集度最高的城市之一。

九、北京集聚了大量的人才、高等院校和科研机构等智力资源

北京市长陈吉宁曾在国务院新闻发布会上说过，北京最大的优势就是人才的优势和科技的优势。北京通过积极、开放、有效的人才政策，聚天下英才而用之。和其他省份相比，北京集聚了大量的人才、高等院校和科研院所等智力资源。

截至 2019 年，从创新资源上来看，北京有 90 多所高校，1000 多家科研院所，120 个国家重点实验室，68 个国家工程技术研究中心，还有 86 万左右的在校大学生以及 2.5 万家国家级高新技术企业。从其质量上来看，北京的创新资源更好一些，顶尖人才最好的学科和最佳的实验室有一半在北京，北京研发投入强度是 6.17%，稳居全国首位。在每年国家科技成果一等奖和全国十大科技进展中，都有大概一半来自于北京。在一些优势的创新领域，北京资源集聚的效应更加明显。例如，在人工智能领域，全国 60% 的人工智能人才聚集在北京，在全球人工智能企业 100 强中，中国有 6 家，其中，北京有 5 家。根据北京市人力资源研究中心发布的数据来看，截至 2018 年底，北京地区人才资源总量达到 735.4 万人，人才贡献率达到 54.2%，处于全国领先水平。此外，据"北京全国科技创新中心指数 2019"显示，北京全国科技创新中心指数得分呈现高速增长态势。2018 年，北京科技创新中心指数得分达 322.9，是 2014 年指数得分的近两倍，年均增速超过 18%，明显高于 2010~2013 年 11.8% 的年均增速，并且从该评估指标的一级指标来看，创新人才和创新经济两个一级指标得分最高、增速最快，展现出北京科技创新在人才集聚和引领首都

经济高质量发展的强大优势。自 2014 年以来，北京先后出台《新时代推动首都高质量发展人才支撑行动计划（2018～2022 年)》，实施 20 条出入境政策和中关村国际人才 20 条新政，建立人才引进"绿色通道"，进一步通过打造优质高效的人才服务体系，吸引全球创新人才来京创新创业。此外，高质量论文发文数量大幅攀升，北京在 *Science*、*Nature* 和 *Cell* 三大国际顶级学术期刊发表文章数量增长 1.5 倍；高被引论文数量年均增速达 12.3%。专利产出实现提质升级，专利申请量和授权量分别增长了 1.5 倍和 1.7 倍；PCT 专利申请量增长 1.8 倍；万人发明专利拥有量由 48.2 件增加到 111.2 件，增长 2.3 倍，位居全国首位。在京单位主持完成的国家科学技术奖累计达 372 项，约占全国总量的 1/3。

十、北京的高精尖产业发展领跑全国

北京围绕《北京加强全国科技创新中心建设总体方案》《"智造100"工程实施方案》《北京绿色制造实施方案》等政策确定产业方向，对标《北京市鼓励发展的高精尖产品目录》，集中力量突破产业关键技术，形成"高、新、轻、智、特"的高精尖产品创新集群，打造北京高精尖产业的核心竞争力，并成为全国城市发展转型的先锋模范。

北京围绕龙头企业，支持符合各区主导产业方向的重大产业项目落地，引入一批国家亟须、能填补国内空白，在关键共性领域有技术突破，对产业上下游、生态构建，或形成特色集聚等有较大拉动的高精尖项目。2019 年，北京在高精尖产业发展方面取得了重大进展。2019 年，北京市细化明确各区发展重点，强化市级统筹调度，奔驰新能源汽车、燕东集成电路生产线、小米未来工厂、国家网络安全产业园区等一批重点项目落地实施。北京落实支持高精尖产业发展人才政策，引进人才落户 3500 余人。加快应用场景建设，发布首批 10 项重大应用场景和 20 项央企应用场景项目。此外，北京以新一代信息技术与医药健康为引领，塑造高精尖产业发展新动能。5G 商用步伐加快，在世界园艺博览会、篮球世界杯期间实现

"5G+8K" 超高清视频转播。实施智能网联汽车创新发展行动方案，累计开放测试道路 503 公里，测试总里程达到 104 万公里。全产业链布局医药健康产业体系，启动建设 5 个示范性研究型病房，建设专业孵化器，支持第三方技术服务、中试服务和代工生产服务等平台建设，全力满足创新品种落地空间需求。发布促进人工智能与医药健康融合发展工作方案，重点培育 "AI+健康" 新兴产业。支持创新医疗器械应用推广，创新医疗器械获批数量全国第一。北京作为我国第一个 "减量" 发展的城市，积极担当国家 "高精尖" 产业引领者，在与全球技术创新资源协同发展的同时，奋力突破 "卡脖子" 技术，助力我国掌握世界前沿产业竞争的话语权。

十一、北京为京津冀协同发展发挥了巨大的引领作用

2014 年，习近平总书记主持召开京津冀协同发展座谈会并发表重要讲话，将京津冀协同发展提升到重大国家战略的高度。如今，京津冀协同发展取得的成就有目共睹。五年来，京津冀协同发展取得的一系列成就都离不开北京的辐射带动作用，而北京能够取得这一关键地位又离不开北京高效的创新政策体系和对《京津冀协同发展规划纲要》的积极推进。

2019 年京津冀协同发展取得重大标志性进展，2019 年北京向津冀转移技术合同成交额 282.8 亿元，增长 24.4%。2019 年，北京协同发展重点领域任务加快落实。北京大兴国际机场建成通航，大兴机场高速、轨道交通大兴机场线等同步投运，北京进入航空 "双枢纽" 时代。大兴国际机场临空经济区总体规划落地实施，自贸片区正式挂牌。此外，北京全力支持河北雄安新区建设，京雄城际北京段开通运营，支持建设的 3 所优质学校、1 所高水平医院全部开工。生态环境协同治理成效明显，黄河水首次入京，永定河山峡段河道 40 年来首次实现不断流。由此可见这五年来，京津冀区域创新发展成果显现，区域协调发展稳步推进，区域绿色发展也出现了积极变化。京津冀区域的创新发展主要包括产业升级、完善创新政策规划和体制机制、出台《关于推进京津冀产业协同发展战略合作框架

协议》等一批框架协议等。在此基础上，京津冀区域创新发展指数持续平稳上升，创新的氛围良好并持续升温，科技创新体制改革不断升华。主要体现在以下五个方面：一是在创新投入方面，区域研发经费支出相当于地区生产总值的比例，而且三地差距明显缩小。二是在创新产出方面，区域每万常住人口发明专利拥有量成倍增长。三是在区域的协调发展方面，京津冀持续推进交通、生态、产业三个重点领域率先突破，制定重大项目滚动计划，促进合理有效投资建设。首都地区一大批"断头路""瓶颈路"正在打通。四是在构建区域生态环境监测网络、预警体系和协调联动机制、加强大气污染联防联控上有了重大进展，启动了"京津冀环境执法联动工作机制"。五是在产业升级转移方面，北京市"瘦身提质""高精尖"经济结构逐步构建，天津市"强身聚核"，先进制造业和现代服务业快速发展，河北省"健身增效"，产业结构调整步伐明显加快。这些成就都表明京津冀协同发展战略真正在北京的引领作用下全面实施。

从以上五点来看，在北京强有力和强有效的创新政策体系支撑下，北京已然成为世界一流城市和中国最具有影响力的城市。

专栏3-2　青岛科技创新政策体系及评价

创新，是引领发展的第一动力。纵观世界各国发展的历史，创新始终是永恒的关键词，正是人们对创新的不懈追求，才推动着世界历史的车轮滚滚向前。对一座城市而言，创新是一种城市气质，是判断城市能否赢得未来的重要标志之一。纽约、东京、北京等创新能力极强的城市各具特色，引领着全球城市创新发展的风向。青岛正在努力推动城市的创新发展，实现"弯道超车"。

一、城市要实现创新发展，背后离不开创新政策体系的建设

　　青岛创新政策体系建设的核心是网罗所有创新的要素并制定鼓励性政策，注重政策之间协同发展，努力成为实现青岛创新发展的关键工具。青岛市政府在习近平新时代中国特色社会主义思想的指导下，深入实施创新驱动发展战略，统筹青岛市民营经济发展局、财政局、科技局和工信局等部门的工作，出台了涉及财政、人才、科技、税收、创业、产业、知识产权和金融等方面的一系列创新政策。在青岛市政府统一规划，各职能部门协调行动的机制下，青岛形成了高效、特色的创新政策体系。

　　在青岛市政府的有力领导、各部门的有效部署下，青岛的创新政策体系充分发挥了企业的创新主体作用、各类平台的创新集聚作用和人才的创新支撑作用，有力地推动了青岛创新发展的进程并收获了良好的效果。

二、青岛已走在全国创新型城市的前列

1. 青岛的创新要素正在加快聚集

　　近年来，青岛紧紧抓住"创新"这个牛鼻子，通过增大创新投入、建设创新平台来聚集、培育创新要素，加快新旧动能转换。首先，创新投入持续增多。青岛财政向科研领域倾斜，助力青岛向科学进军。2018 年，青岛研发经费支出占 GDP 比重达 2.78%，高于全国 0.59 个百分点；其次，创新平台成果丰硕。目前新冠疫情在全球大流行，世界经济受到严重冲击，全球原有的供应链、价值链和产业链将不可避免地发生深刻调整，新模式、新需求将伴随市场格局的重构应运而生。面对前所未有的危机，谁率先转变思维，创新求变，谁就能转"危"为"机"，赢得未来。青岛加快建设工业互联网平台，将企业引入平台，汇聚资金、人才、技术等一系列创新资源，将企业生产经营的成本压到最低。"如果说信息技术制造成就了深圳，消费互联网成就了杭州，那工业互联网成就的必须是青岛。"青岛市委书记王清宪如是说。青岛有良好的工业基础，工业互联网

发展所需的各种应用场景几乎都能在青岛找到；青岛有丰富的创新资源，构建了适合工业互联网发展的良好生态环境；青岛为建设工业互联网规划了周密的"行军路线图"……基于青岛的独特优势，青岛提出要力争在2022年建成世界工业互联网之都。目前，青岛的海尔卡奥斯平台汇聚了工业互联网发展所需的各种要素，已成长为世界三大工业互联网平台之一，使青岛在竞争激烈的战役中率先突围。

2. 青岛的产业竞争力持续增强

青岛工业体系完备，涵盖41个工业大类中的36个。在第四次工业革命风起云涌的背景下，青岛在已有的产业基础上，改造传统产业，提升新兴产业，产业竞争力获得了极大的提高。首先，高新技术企业快速增长。高新技术企业是科技型企业的杰出代表，最新的科技成果在这里得到快捷而高效地应用，带动了企业所在产业的进步。2018年，青岛的高新技术企业达到3112家，同比增长50%以上，增速在全国副省级城市中排名第二；其次，专利数量和质量大幅提升。专利的数量和质量同样是衡量产业竞争力的重要指标。2019年，青岛的有效发明专利31929件，增长21.6%，每万人有效发明专利拥有量34.37件，比全国每万人有效发明专利拥有量多21.07件。

3. 青岛的创新创业生态良好

一个城市要想谋创新，谋发展，必须打造适合自己的城市创新创业生态，为创新要素在城市生根发芽创造良好生态环境。青岛始终注重创新创业生态建设，并取得了良好效果。首先，创业孵化体系加快构筑。孵化器的建设能够为创业者带来强大支持，为创业行动保驾护航。截至2018年10月底，青岛打造各级孵化载体超过344家，数量居全国副省级城市首位。其次，全社会创业活力显著增强。青岛简化企业开办审批程序，激发青岛的创业活力。2019年，青岛企业开办时间已压缩至1个工作日，青岛的企业审批效率已经走在了全国前列。

三、青岛以海洋经济为主导，海洋经济创新政策特点鲜明

1. 青岛有特色鲜明的海洋科技政策

科技是第一生产力。青岛以科技创新引领海洋经济发展，发起科技创新攻坚战。在已有良好的海洋科研资源的基础上，青岛继续加大力度引入全球领先的科研机构、人才等资源，瞄准市场导向，以企业作为科技创新的主体，深化"科教产"融合发展。在全面、科学的海洋科技政策鼓励下，青岛在海洋科技方面取得一系列具有全球领先地位的科研成果。在2019 年度中国十大海洋科技进展中，青岛独占 4 项。其中，位于青岛的中科院海洋研究所在治理赤潮方面取得重大成果，获得海洋科学领域的国家技术发明奖。该成果在我国已投入大规模应用，并在国外一些国家示范应用，被誉为"中国制造的赤潮灭火器"；作为青岛乃至中国的"海洋科创大脑"，青岛蓝谷引入科研平台和人才资源，促进创新要素在蓝谷的"聚变"。如今，青岛蓝谷已经汇集了 23 家重大科研平台、各类高端人才6000 余名。近期，青岛蓝谷的海洋试点国家实验室又取得了重大科研进展，使我国在全球海洋定点实时观测的能力走在了世界前列。

2. 青岛有特色鲜明的海洋产业政策

促进海洋经济的发展，产业培育是关键一招。青岛聚焦海洋第一、第二和第三产业的发展，分析不同产业的发展状况，分层次制定适宜的政策。经过多年努力，青岛已有了较为全面、合理的海洋产业体系。2018年，青岛海洋第一产业增加值 110 亿元，增长 5.1%；第二产业增加值1766 亿元，增长 18%；第三产业增加值 1451 亿元，增长 13.7%。其中，滨海旅游业、海洋交通运输业、海洋设备制造业和涉海产品及材料制造业四个支柱产业共实现增加值 2025 亿元，增长 14.5%，占海洋经济比重60.9%。海洋新兴产业实现增加值 366 亿元，增长 8.6%，占海洋经济比重 11%。

3. 青岛有特色鲜明的海洋生态保护政策

习近平总书记说，"绿水青山就是金山银山"。经济发展要摆脱先污染、后治理的老路。青岛发起海洋污染防治攻坚战，严防陆地污染源入海，严守近岸海域生态红线，防控海域开发行为对海洋的污染，努力让青岛的海更蓝。2019 年，青岛近岸海域水质状况总体良好，98.8% 的海域符合第一、第二类海水水质标准，同比提升 0.2 个百分点。

四、青岛民营经济创新能力爆发式增长，创新环境初步形成

1. 青岛的民营经济创新能力持续增强

民营经济在青岛的国民经济组成中占有相当重要的地位，海尔等青岛知名民营企业在中国可谓家喻户晓，为青岛经济的发展作出了巨大贡献。创新是民营经济的基因，民营经济在青岛正持续焕发生机活力。青岛民间投资在 2019 年创下了 20.9% 的增速，高出全国 16.2 个百分点；2019 年，青岛有 6 家企业上榜"2019 全球独角兽企业 500 强"，在中国北方城市中位列第二，全国城市中位列第七；

2. 青岛为民营经济打造的创新环境初步形成

青岛加强民营经济发展的要素保障，降低企业经营成本，推动市场主体成长，构建亲清新型政商关系，为民营经济打造了适宜发展的环境。2019 年，青岛新增民营经济主体 31 万余户，占全市新登记市场主体数量的 99.16%。全市城镇新增就业 75.1 万人，其中，民营经济吸纳就业 60.96 万人，同比增长 4.09%，占全市新增就业总量的 81.81%，达到历年新高；2019 年初青岛挂牌成立民营经济发展局，为民营企业排忧解难，在全国副省级城市中尚属首例；针对新冠疫情大流行给企业带来的困难，青岛出台专门的政策，支持中小企业恢复生产，保经营稳发展，帮助企业解决在复工复产中遇到的问题，是全国副省级城市中首个出台相关政策的城市。

五、青岛以独角兽企业培育为牵引，促进了科技创新型企业的蓬勃发展

青岛出台了独角兽企业培育和奖励方案，以独角兽企业培育为牵引，为企业提供政策政务、辅导培训、技术对接、管理咨询等全方位服务，构建企业从"专精特新"到隐形冠军、"小巨人"，从瞪羚到独角兽的全过程成长培育机制。青岛还实施科技企业培育"百千万"工程，有力地促进了科技创新型企业在青岛的蓬勃发展。2019 年，青岛 5 家企业入选专精特新"小巨人"，独角兽企业达到 6 家，新增"隐形冠军"22 家，同比增长高达 29.4%，新增高新技术企业达 650 家以上。

六、青岛鼓励产业集群创新

在特定区域内整合优势产业资源，鼓励产业集群发展，将最大程度创造经济效益，也将有力促进产业升级，加快新旧动能转换。集中力量鼓励战略性新兴产业集群创新，已成为青岛经济发展的一大看点。青岛重点发展汽车制造等九大优势特色产业，培育壮大新一代信息技术等五大新兴未来产业，改造提升商贸服务等六大传统支柱产业，构建"956"产业集群，成效显著。目前，青岛新能源汽车产业集聚区已形成规模，正在向全国乃至全球最大的新能源汽车产业基地这一目标迈进；2019 年，在国家发改委公布的第一批战略性新兴产业集群名单中，青岛有两个产业集群名列其中。

青岛的创新政策体系为青岛创新发展提供了强大动力，为青岛带来了浓厚的创新氛围，使青岛的创新实力又一次吸引了全国的关注。未来，在世界面临百年未有之大变局的背景下，青岛要紧跟时代步伐，紧跟国家发展战略，发挥自身优势，进一步完善创新政策体系，为党和人民再立新功。

第四章

主要国家科技创新政策

中国：《国家创新驱动发展战略纲要》
（节选）

党的十八大提出实施创新驱动发展战略，强调科技创新是提高社会生产力和综合国力的战略支撑，必须摆在国家发展全局的核心位置。这是中央在新的发展阶段确立的立足全局、面向全球、聚焦关键、带动整体的国家重大发展战略。为加快实施这一战略，特制定本纲要。

一、战略背景

创新驱动就是创新成为引领发展的第一动力，科技创新与制度创新、管理创新、商业模式创新、业态创新和文化创新相结合，推动发展方式向依靠持续的知识积累、技术进步和劳动力素质提升转变，促进经济向形态更高级、分工更精细、结构更合理的阶段演进。

创新驱动是国家命运所系。国家力量的核心支撑是科技创新能力。创新强则国运昌，创新弱则国运殆。由于近代我国落后被挨打的重要原因是与历次科技革命失之交臂，导致科技弱、国力弱。因此实现中华民族伟大复兴的中国梦，必须真正用好科学技术这个最高意义上的革命力量和有力杠杆。

创新驱动是世界大势所趋。全球新一轮科技革命、产业变革和军事变革加速演进，科学探索从微观到宏观各个尺度上向纵深拓展，以智能、绿色、泛在为特征的群体性技术革命将引发国际产业分工重大调整，颠覆性技术不断涌现，正在重塑世界竞争格局、改变国家力量对比，创新驱动成为许多国家谋求竞争优势的核心战略。我国既面临赶超跨越的难得历史机遇，又面临差距拉大的严峻挑战。只有勇立世界科技创新潮头，才能赢得发展主动权，为人类文明进步作出更大贡献。

创新驱动是发展形势所迫。我国经济发展进入新常态，传统发展动力不断减弱，粗放型增长方式难以为继。必须依靠创新驱动打造发展新引擎，培育新的经济增长点，持续提升我国经济发展的质量和效益，开辟我国发展的新空间，实现经济保持中高速增长和产业迈向中高端水平"双目标"。

当前，我国创新驱动发展已具备发力加速的基础。经过多年努力，科技发展正在进入由量的增长向质的提升的跃升期，科研体系日益完备，人才队伍不断壮大，科学、技术、工程、产业的自主创新能力快速提升。经济转型升级、民生持续改善和国防现代化建设对创新提出了巨大需求。庞大的市场规模、完备的产业体系、多样化的消费需求与互联网时代创新效率的提升相结合，为创新提供了广阔空间。中国特色社会主义制度能够有效结合集中力量办大事和市场配置资源的优势，为实现创新驱动发展提供了根本保障。

同时也要看到，我国许多产业仍处于全球价值链的中低端，一些关键核心技术受制于人，发达国家在科学前沿和高技术领域仍然占据明显领先优势，我国支撑产业升级、引领未来发展的科学技术储备亟待加强。适应创新驱动的体制机制亟待建立健全，企业创新动力不足，创新体系整体效能不高，经济发展尚未真正转到依靠创新的轨道。科技人才队伍大而不强，领军人才和高技能人才缺乏，创新型企业家群体亟须发展壮大。激励创新的市场环境和社会氛围仍需进一步培育和优化。

在我国加快推进社会主义现代化、实现"两个一百年"奋斗目标和中华民族伟大复兴中国梦的关键阶段，必须始终坚持抓创新就是抓发展、谋创新就是谋未来，让创新成为国家意志和全社会的共同行动，走出一条从人才强、科技强到产业强、经济强、国家强的发展新路径，为我国未来十几年乃至更长时间创造一个新的增长周期。

二、战略要求

（一）指导思想

以邓小平理论、"三个代表"重要思想、科学发展观为指导，深入贯彻习近平同志系列重要讲话精神，按照"四个全面"战略布局的要求，坚持走中国特色自主创新道路，解放思想、开放包容，把创新驱动发展作为国家的优先战略，以科技创新为核心带动全面创新，以体制机制改革激发创新活力，以高效率的创新体系支撑高水平的创新型国家建设，推动经济社会发展动力根本转换，为实现中华民族伟大复兴的中国梦提供强大动力。

（二）基本原则

紧扣发展。坚持问题导向，面向世界科技前沿、面向国家重大需求、面向国民经济主战场，明确我国创新发展的主攻方向，在关键领域尽快实现突破，力争形成更多竞争优势。

深化改革。坚持科技体制改革和经济社会领域改革同步发力，强化科技与经济对接，遵循社会主义市场经济规律和科技创新规律，破除一切制约创新的思想障碍和制度藩篱，构建支撑创新驱动发展的良好环境。

强化激励。坚持创新驱动实质是人才驱动，落实以人为本，尊重创新创造的价值，激发各类人才的积极性和创造性，加快汇聚一支规模宏大、结构合理、素质优良的创新型人才队伍。

扩大开放。坚持以全球视野谋划和推动创新，最大限度地用好全球创新资源，全面提升我国在全球创新格局中的位势，力争成为若干重要领域的引领者和重要规则制定的参与者。

（三）战略目标

分三步走：

第一步，到2020年进入创新型国家行列，基本建成中国特色国家创新体系，有力支撑全面建成小康社会目标的实现。

——创新型经济格局初步形成。若干重点产业进入全球价值链中高端，成长起一批具有国际竞争力的创新型企业和产业集群。科技进步贡献率提高到60%以上，知识密集型服务业增加值占国内生产总值的20%。

——自主创新能力大幅提升。形成面向未来发展、迎接科技革命、促进产业变革的创新布局，突破制约经济社会发展和国家安全的一系列重大瓶颈问题，初步扭转关键核心技术长期受制于人的被动局面，在若干战略必争领域形成独特优势，为国家繁荣发展提供战略储备、拓展战略空间。研究与试验发展（R&D）经费支出占国内生产总值比重达到 2.5%。

——创新体系协同高效。科技与经济融合更加顺畅，创新主体充满活力，创新链条有机衔接，创新治理更加科学，创新效率大幅提高。

——创新环境更加优化。激励创新的政策法规更加健全，知识产权保护更加严格，形成崇尚创新创业、勇于创新创业、激励创新创业的价值导向和文化氛围。

第二步，到 2030 年跻身创新型国家前列，发展驱动力实现根本转换，经济社会发展水平和国际竞争力大幅提升，为建成经济强国和共同富裕社会奠定坚实基础。

——主要产业进入全球价值链中高端。不断创造新技术和新产品、新模式和新业态、新需求和新市场，实现更可持续的发展、更高质量的就业、更高水平的收入、更高品质的生活。

——总体上扭转科技创新以跟踪为主的局面。在若干战略领域由并行走向领跑，形成引领全球学术发展的中国学派，产出对世界科技发展和人类文明进步有重要影响的原创成果。攻克制约国防科技的主要瓶颈问题。研究与试验发展（R&D）经费支出占国内生产总值比重达到 2.8%。

——国家创新体系更加完备。实现科技与经济深度融合、相互促进。

——创新文化氛围浓厚，法治保障有力，全社会形成创新活力竞相迸发、创新源泉不断涌流的生动局面。

第三步，到 2050 年建成世界科技创新强国，成为世界主要科学中心和创新高地，为我国建成富强民主文明和谐的社会主义现代化国家、实现中华民族伟大复兴的中国梦提供强大支撑。

——科技和人才成为国力强盛最重要的战略资源，创新成为政策制定和制度安排的核心因素。

——劳动生产率、社会生产力提高主要依靠科技进步和全面创新，经济发展质量高、能源资源消耗低、产业核心竞争力强。国防科技达到世界领先水平。

——拥有一批世界一流的科研机构、研究型大学和创新型企业，涌现一批重大原创性科学成果和国际顶尖水平的科学大师，成为全球高端人才创新创业的重要聚集地。

——创新的制度环境、市场环境和文化环境更加优化，尊重知识、崇尚创新、保护产权、包容多元成为全社会的共同理念和价值导向。

三、战略部署

实现创新驱动是一个系统性的变革，要按照"坚持双轮驱动、构建一个体系、推动六大转变"进行布局，构建新的发展动力系统。

双轮驱动就是科技创新和体制机制创新两个轮子相互协调、持续发力。抓创新首先要抓科技创新，补短板首先要补科技创新的短板。科学发现对技术进步有决定性的引领作用，技术进步有力推动发现科学规律。要明确支撑发展的方向和重点，加强科学探索和技术攻关，形成持续创新的系统能力。体制机制创新要调整一切不适应创新驱动发展的生产关系，统筹推进科技、经济和政府治理等三方面体制机制改革，最大限度地释放创新活力。

一个体系就是建设国家创新体系。要建设各类创新主体协同互动和创新要素顺畅流动、高效配置的生态系统，形成创新驱动发展的实践载体、制度安排和环境保障。明确企业、科研院所、高校、社会组织等各类创新主体功能定位，构建开放高效的创新网络，建设军民融合的国防科技协同创新平台；改进创新治理，进一步明确政府和市场分工，构建统筹配置创新资源的机制；完善激励创新的政策体系、保护创新的法律制度，构建鼓励创新的社会环境，激发全社会创新活力。

六大转变就是发展方式从以规模扩张为主导的粗放式增长向以质量效益为主导的可持续发展转变；发展要素从传统要素主导发展向创新要素主导发展转变；产业分工从价值链中低端向价值链中高端转变；创新能力从

"跟踪、并行、领跑"并存、"跟踪"为主向"并行""领跑"为主转变；资源配置从以研发环节为主向产业链、创新链、资金链统筹配置转变；创新群体从以科技人员的小众为主向小众与大众创新创业互动转变。

全文链接：http://www.gov.cn/zhengce/2016-05/19/content_5074812.htm.

中国：《"十三五"国家科技创新规划》
（节选）

"十三五"国家科技创新规划，依据《中华人民共和国国民经济和社会发展第十三个五年规划纲要》《国家创新驱动发展战略纲要》和《国家中长期科学和技术发展规划纲要（2006～2020年）》编制，主要明确"十三五"时期科技创新的总体思路、发展目标、主要任务和重大举措，是国家在科技创新领域的重点专项规划，是我国迈进创新型国家行列的行动指南。

第一篇　迈进创新型国家行列

"十三五"时期是全面建成小康社会和进入创新型国家行列的决胜阶段，是深入实施创新驱动发展战略、全面深化科技体制改革的关键时期，必须认真贯彻落实党中央、国务院决策部署，面向全球、立足全局，深刻认识并准确把握经济发展新常态的新要求和国内外科技创新的新趋势，系统谋划创新发展新路径，以科技创新为引领开拓发展新境界，加速迈进创新型国家行列，加快建设世界科技强国。

第一章　把握科技创新发展新态势

自"十二五"以来特别是党的十八大以来，党中央、国务院高度重视科技创新，作出深入实施创新驱动发展战略的重大决策部署。我国科技创新步入以跟踪为主转向跟踪和并跑、领跑并存的新阶段，正处于从量的积累向质的飞跃、从点的突破向系统能力提升的重要时期，在国家发展全局中的核心位置更加凸显，在全球创新版图中的位势进一步提升，已成为具有重要影响力的科技大国。

科技创新能力持续提升，战略高技术不断突破，基础研究国际影响力大幅增强。取得载人航天和探月工程、载人深潜、深地钻探、超级计算、量子反常霍尔效应、量子通信、中微子振荡、诱导多功能干细胞等重大创新成果。2015年，全社会研究与试验发展经费支出达14220亿元；国际科技论文数稳居世界第2位，被引用数升至第4位；全国技术合同成交金额达到9835亿元；国家综合创新能力跃身世界第18位。经济增长的科技含量不断提升，科技进步贡献率从2010年的50.9%提高到2015年的55.3%。高速铁路、水电装备、特高压输变电、杂交水稻、第四代移动通信（4G）、对地观测卫星、北斗导航、电动汽车等重大装备和战略产品取得重大突破，部分产品和技术开始走向世界。科技体制改革向系统化纵深化迈进，中央财政科技计划（专项、基金等）管理改革取得实质性进展，科技资源统筹协调进一步加强，市场导向的技术创新机制逐步完善，企业技术创新主体地位不断增强。科技创新国际化水平大幅提升，国际科技合作深入开展，国际顶尖科技人才、研发机构等高端创新资源加速集聚，科技外交在国家总体外交中的作用日益凸显。全社会创新创业生态不断优化，国家自主创新示范区和高新技术产业开发区成为创新创业重要载体，《中华人民共和国促进科技成果转化法》修订实施，企业研发费用加计扣除等政策落实成效明显，科技与金融结合更加紧密，公民科学素质稳步提升，全社会创新意识和创新活力显著增强。

"十三五"时期，世界科技创新呈现新趋势，国内经济社会发展进入新常态。全球新一轮科技革命和产业变革蓄势待发。科学技术从微观到宏观各个尺度向纵深演进，学科多点突破、交叉融合趋势日益明显。物质结构、宇宙演化、生命起源、意识本质等一些重大科学问题的原创性突破正在开辟新前沿新方向，信息网络、人工智能、生物技术、清洁能源、新材料、先进制造等领域呈现群体跃进态势，颠覆性技术不断涌现，催生新经济、新产业、新业态、新模式，对人类生产方式、生活方式乃至思维方式将产生前所未有的深刻影响。科技创新在应对人类共同挑战、实现可持续发展中发挥着日益重要的作用。全球创新创业进入高度密集活跃期，人才、知识、技术、资本等创新资源全球流动的速度、范围和规模达到空前水平。创新模式发生重大变化，创新活动的网络化、全球化特征更加突出。全球创新版图正在加速重构，创新多极化趋势日益明显，科技创新成为各国实现经济再平衡、打造国家竞争新优势的核心，正在深刻影响和改变国家力量对比，重塑世界经济结构和国际竞争格局。

我国经济发展进入速度变化、结构优化和动力转换的新常态。推进供给侧结构性改革，促进经济提质增效、转型升级，迫切需要依靠科技创新培育发展新动力。协调推进新型工业化、信息化、城镇化、农业现代化和绿色化，建设生态文明，迫切需要依靠科技创新突破资源环境瓶颈制约。应对人口老龄化、消除贫困、增强人民健康素质、创新社会治理，迫切需要依靠科技创新支撑民生改善。落实总体国家安全观，维护国家安全和战略利益，迫切需要依靠科技创新提供强大保障。同时，我国国民收入稳步增加，市场需求加速释放，产业体系更加完备，体制活力显著增强，教育水平和人力资本素质持续提升，经济具有持续向好发展的巨大潜力、韧性和回旋余地，综合国力将再上新台阶，必将为科技创新的加速突破提供坚实基础。

同时，必须清醒地认识到，与进入创新型国家行列和建设世界科技强国的要求相比，我国科技创新还存在一些薄弱环节和深层次问题，主要表现为科技基础仍然薄弱，科技创新能力特别是原创能力还有很大差距，关键领域核心技术受制于人的局面没有从根本上改变，许多产业仍处于全球价值链中低端，科技对经济增长的贡献率还不够高。制约创新发展的思想观念和深层次体制机制障碍依然存在，创新体系整体效能不高。高层次领军人才和高技能人才十分缺乏，创新型企业家群体亟须发展壮大。激励创新的环境亟待完善，政策措施落实力度需要进一步加强，创新资源开放共享水平有待提高，科学精神和创新文化需要进一步弘扬。

综合判断，我国科技创新正处于可以大有作为的重要战略机遇期，同时面临着差距进一步拉大的风险。必须牢牢把握机遇，树立创新自信，增强忧患意识，勇于攻坚克难，主动顺应和引领时代潮流，把科技创新摆在更加重要位置，优化科技事业发展总体布局，让创新成为国家意志和全社会的共同行动，在新的历史起点上开创国家创新发展新局面，开启建设世界科技强国新征程。

第二章　确立科技创新发展新蓝图

一、指导思想

"十三五"时期科技创新的指导思想是高举中国特色社会主义伟大旗帜，全面贯彻党的十八大和十八届三中、四中、五中全会精神，以马克思列宁主义、毛泽东思想、邓小平理论、"三个代表"重要思想、科学发展观为指导，深入贯彻习近平同志系列重要讲话精神，认真落实党中央、国务院决策部署，坚持"五位一体"总体布局和"四个全面"战略布局，坚持创新、协调、绿色、开放、共享发展理念，坚持自主创新、重点跨越、支撑发展、引领未来的指导方针，坚持创新是引领发展的第一动力，把创新摆在国家发展全局的核心位置，以深入实施创新驱动发展战略、支撑供给侧结构性改革为主线，全面深化科技体制改革，大力推进以科技创新为核心的全面创新，着力增强自主创新能力，着力建设创新型人才队伍，着力扩大科技开放合作，着力推进大众创业万众创新，塑造更多依靠创新驱动、更多发挥先发优势的引领型发展，确保如期进入创新型国家行列，为建成世界科技强国奠定坚实基础，为实现"两个一百年"奋斗目标和中华民族伟大复兴中国梦提供强大动力。

二、基本原则

——坚持把支撑国家重大需求作为战略任务。聚焦国家战略和经济社会发展重大需求，明确主攻方向和突破口；加强关键核心共性技术研发和转化应用；充分发挥科技创新在培育发展战略性新兴产业、促进经济提质增效升级、塑造引领型发展和维护国家安全中的重要作用。

——坚持把加速赶超引领作为发展重点。把握世界科技前沿发展态势，在关系长远发展的基础前沿领域，超前规划布局，实施非对称战略，强化原始创新，加强基础研究，在独创独有上下功夫，全面增强自主创新能力，在重要科技领域实现跨越发展，跟上甚至引领世界科技发展新方向，掌握新一轮全球科技竞争的战略主动。

——坚持把科技为民作为根本宗旨。紧紧围绕人民切身利益和紧迫需求，把科技创新与改善民生福祉相结合，发挥科技创新在提高人民生活水平、增强全民科学文化素质和健康素质、促进高质量就业创业、扶贫脱贫、建设资源节约型环境友好型社会中的重要作用，让更多创新成果由人民共享，提升民众获得感。

——坚持把深化改革作为强大动力。坚持科技体制改革和经济社会领域改革同步发力，充分发挥市场配置创新资源的决定性作用和更好发挥政府作用，强化技术创新的市场导向机制，破除科技与经济深度融合的体制机制障碍，激励原创突破和成果转化，切实提高科技投入效率，形成充满活力的科技管理和运行机制，为创新发展提供持续动力。

——坚持把人才驱动作为本质要求。落实人才优先发展战略，把人才资源开发摆在科技创新最优先的位置，在创新实践中发现人才，在创新活动中培养人才，在创新事业中凝聚人才，改革人才培养使用机制，培育造就规模宏大、结构合理、素质优良的人才队伍。

——坚持把全球视野作为重要导向。主动融入布局全球创新网络，在全球范围内优化配置创新资源，把科技创新与国家外交战略相结合，推动建立广泛的创新共同体，在更高水平上开展科技创新合作，力争成为若干重要领域的引领者和重要规则的贡献者，提高在全球创新治理中的话语权。

三、发展目标

"十三五"科技创新的总体目标是国家科技实力和创新能力大幅跃升，创新驱动发展成效显著，国家综合创新能力世界排名进入前 15 位，迈进创新型国家行列，有力支撑全面建成小康社会目标实现（如表 4-1 所示）。

——自主创新能力全面提升。基础研究和战略高技术取得重大突破，原始创新能力和国际竞争力显著提升，整体水平由跟跑为主向并行、领跑为主转变。研究与试验发展经费投入强度达到 2.5%，基础研究占全社会研发投入比例大幅提高，规模以上工业企业研发经费支出与主营业务收入之比达到 1.1%；国际科技论文被引次数达到世界第二；每万人口发明专利拥有量达到 12 件，通过《专利合作条约》（Patent Cooperation Treaty，PCT）途径提交的专利申请量比 2015 年翻一番。

——科技创新支撑引领作用显著增强。科技创新作为经济工作的重要方面，在促进经济平衡性、包容性和可持续性发展中的作用更加突出，科技进步贡献率达到 60%。高新技术企业营业收入达到 34 万亿元，知识密集型服务业增加值占国内生产总值（Gross Domestic Product，GDP）的比例达到 20%，全国技术合同成交金额达到 2 万亿元；成长起一批世界领先的创新型企业、品牌和标准，若干企业进入世界创新百强，形成一批具有强大辐射带动作用的区域创新增长极，新产业、新经济成为创造国民财富和高质量就业的新动力，创新成果更多为人民共享。

——创新型人才规模质量同步提升。规模宏大、结构合理、素质优良的创新型科技人才队伍初步形成，涌现一批战略科技人才、科技领军人才、创新型企业家和高技能人才，青年科技人才队伍进一步壮大，人力资源结构和就业结构显著改善，每万名就业人员中研发人员达到 60 人年。人才评价、流动、激励机制更加完善，各类人才创新活力充分激发。

——有利于创新的体制机制更加成熟定型。科技创新基础制度和政策体系基本形成，科技创新管理的法治化水平明显提高，创新治理能力建设取得重大进展。以企业为主体、市场为导向的技术创新体系更加健全，高等学校、科研院所治理结构和发展机制更加科学，军民融合创新机制更加完善，国家创新体系整体效能显著提升。

——创新创业生态更加优化。科技创新政策法规不断完善，知识产权得到有效保护。科技与金融结合更加紧密，创新创业服务更加高效便捷。人才、技术、资本等创新要素流动更加顺畅，科技创新全方位开放格局初步形成。科学精神进一步弘扬，创新创业文化氛围更加浓厚，全社会科学文化素质明显提高，公民具备科学素质的比例超过 10%。

表 4-1 "十三五"科技创新主要指标

	指　　标	2015 年指标值	2020 年目标值
1	国家综合创新能力世界排名（位）	18	15
2	科技进步贡献率（%）	55.3	60
3	研究与试验发展经费投入强度（%）	2.1	2.5
4	每万名就业人员中研发人员（人年）	48.5	60
5	高新技术企业营业收入（万亿元）	22.2	34
6	知识密集型服务业增加值占国内生产总值的比例（%）	15.6	20
7	规模以上工业企业研发经费支出与主营业务收入之比（%）	0.9	1.1
8	国际科技论文被引次数世界排名	4	2
9	PCT 专利申请量（万件）	3.05	翻一番
10	每万人口发明专利拥有量（件）	6.3	12
11	全国技术合同成交金额（亿元）	9835	20000
12	公民具备科学素质的比例（%）	6.2	10

四、总体部署

未来五年，我国科技创新工作将紧紧围绕深入实施国家"十三五"规划纲要和创新驱动发展战略纲要，有力支撑"中国制造2025""互联网+"、网络强国、海洋强国、航天强国、健康中国建设、军民融合发展、"一带一路"建设、京津冀协同发展、长江经济带发展等国家战略实施，充分发挥科技创新在推动产业迈向中高端、增添发展新动能、拓展发展新空间、提高发展质量和效益中的核心引领作用。

一是围绕构筑国家先发优势，加强兼顾当前和长远的重大战略布局。加快实施国家科技重大专项，启动"科技创新2030——重大项目"；构建具有国际竞争力的产业技术体系，加强现代农业、新一代信息技术、智能制造、能源等领域一体化部署，推进颠覆性技术创新，加速引领产业变革；健全支撑民生改善和可持续发展的技术体系，突破资源环境、人口健康、公共安全等领域的瓶颈制约；建立保障国家安全和战略利益的技术体系，发展深海、深地、深空、深蓝等领域的战略高技术。

二是围绕增强原始创新能力，培育重要战略创新力量。持续加强基础研究，全面布局、前瞻部署，聚焦重大科学问题，提出并牵头组织国际大科学计划和大科学工程，力争在更多基础前沿领域引领世界科学方向，在更多战略性领域实现率先突破；完善以国家实验室为引领的创新基地建设，按功能定位分类推进科研基地的优化整合。培育造就一批世界水平的科学家、科技领军人才、高技能人才和高水平创新团队，支持青年科技人才脱颖而出，壮大创新型企业家队伍。

三是围绕拓展创新发展空间，统筹国内国际两个大局。支持北京、上海建设具有全球影响力的科技创新中心，建设一批具有重大带动作用的创新型省市和区域创新中心，推动国家自主创新示范区和高新区创新发展，系统推进全面创新改革试验；完善区域协同创新机制，加大科技扶贫力度，激发基层创新活力；打造"一带一路"协同创新共同体，提高全球配置创新资源的能力，深度参与全球创新治理，促进创新资源双向开放和流动。

四是围绕推进大众创业万众创新，构建良好创新创业生态。大力发展科技服务业，建立统一开放的技术交易市场体系，提升面向创新全链条的服务能力；加强创新创业综合载体建设，发展众创空间，支持众创众包众扶众筹，服务实体经济转型升级；深入实施知识产权和技术标准战略。完善科技与金融结合机制，大力发展创业投资和多层次资本市场。

五是围绕破除束缚创新和成果转化的制度障碍，全面深化科技体制改革。加快中央财政科技计划（专项、基金等）管理改革，强化科技资源的统筹协调；深入实施国家技术创新工程，建设国家技术创新中心，提高企业创新能力；推动健全现代大学制度和科研院所制度，培育面向市场的新型研发机构，构建更加高效的科研组织体系；实施促进科技成果转移转化行动，完善科技成果转移转化机制，大力推进军民融合科技创新。

六是围绕夯实创新的群众和社会基础，加强科普和创新文化建设。深入实施全民科学素质行动，全面推进全民科学素质整体水平的提升；加强科普基础设施建设，大力推动科普信息化，培育发展科普产业；推动高等学校、科研院所和企业的各类科研设施向社会公众开放；弘扬科学精神，加强科研诚信建设，增强与公众的互动交流，培育尊重知识、崇尚创造、追求卓越的企业家精神和创新文化。

第三章　建设高效协同国家创新体系

深入实施创新驱动发展战略，支撑供给侧结构性改革，必须统筹推进高效协同的国家创新体系建设，促进各类创新主体协同互动、创新要素顺畅流动高效配置，形成创新驱动发展的实践载体、制度安排和环境保障。

一、培育充满活力的创新主体

进一步明确各类创新主体的功能定位，突出创新人才的核心驱动作用，增强企业的创新主体地位和主导作用，发挥国家科研机构的骨干和引领作用，发挥高等学校的基础和生力军作用，鼓励和引导新型研发机构等发展，充分发挥科技类社会组织的作用，激发各类创新主体活力，系统提升创新主体能力。

二、系统布局高水平创新基地

瞄准世界科技前沿和产业变革趋势，聚焦国家战略需求，按照创新链、产业链加强系统整合布局，以国家实验室为引领，形成功能完备、相互衔接的创新基地，充分聚集一流人才，增强创新储备，提升创新全链条支撑能力，为实现重大创新突破、培育高端产业奠定重要基础。

三、打造高端引领的创新增长极

遵循创新区域高度聚集规律，结合区域创新发展需求，引导高端创新要素围绕区域生产力布局加速流动和聚集，以国家自主创新示范区和高新区为基础、区域创新中心和跨区域创新平台为龙头，推动优势区域打造具有重大引领作用和全球影响力的创新高地，形成区域创新发展梯次布局，带动区域创新水平整体提升。

四、构建开放协同的创新网络

围绕打通科技与经济的通道，以技术市场、资本市场、人才市场为纽带，以资源开放共享为手段，围绕产业链部署创新链，围绕创新链完善资金链，加强各类创新主体间合作，促进产学研用紧密结合，推进科教融合发展，深化军民融合创新，健全创新创业服务体系，构建多主体协同互动与大众创新创业有机结合的开放高效创新网络。

五、建立现代创新治理结构

进一步明确政府和市场分工，持续推进简政放权、放管结合、优化服务改革，推动政府职能从研发管理向创新服务转变；明确和完善中央与地方分工，强化上下联动和统筹协调；加强科技高端智库建设，完善科技创新重大决策机制；改革完善资源配置机制，引导社会资源向创新集聚，提高资源配置效率，形成政府引导作用与市场决定性作用有机结合的创新驱动制度安排。

六、营造良好创新生态

强化创新的法治保障，积极营造有利于知识产权创造和保护的法治环境；持续优化创新政策供给，构建普惠性创新政策体系，增强政策储备，加大重点政策落实力度；激发全社会的创造活力，营造崇尚创新创业的文化环境。

全文链接：http：//www. gov. cn/zhengce/content/2016－08/08/content_5098072. htm.

中国：《智能汽车创新发展战略》
（节选）

当今世界正经历百年未有之大变局，新一轮科技革命和产业变革方兴未艾，智能汽车已成为全球汽车产业发展的战略方向。为加快推进智能汽车创新发展，制定本战略。

一、发展态势

智能汽车是指通过搭载先进传感器等装置、运用人工智能等新技术，具有自动驾驶功能，逐步成为智能移动空间和应用终端的新一代汽车。智能汽车通常又称为智能网联汽车、自动驾驶汽车等。

（一）智能汽车已成为全球汽车产业发展的战略方向

从技术层面来看，汽车正由人工操控的机械产品逐步向电子信息系统控制的智能产品转变。从产业层面来看，汽车与相关产业全面融合，呈现智能化、网络化、平台化发展特征。从应用层面来看，汽车将由单纯的交通运输工具逐渐转变为智能移动空间和应用终端，成为新兴业态重要载体。从发展层面来看，一些跨国企业率先开展产业布局，一些国家积极营造良好发展环境，智能汽车已成为汽车强国战略选择。

（二）发展智能汽车对我国具有重要的战略意义

发展智能汽车，有利于提升产业基础能力，突破关键技术瓶颈，增强新一轮科技革命和产业变革引领能力，培育产业发展新优势；有利于加速汽车产业转型升级，培育数字经济，壮大经济增长新动能；有利于加快制造强国、科技强国、网络强国、交通强国、数字中国、智慧社会建设，增强新时代国家综合实力；有利于保障生命安全，提高交通效率，促进节能减排，增进人民福祉。

（三）我国拥有智能汽车发展的战略优势

中国特色社会主义制度和国家治理体系能够集中力量办大事，国家制度优势显著。我国汽车产业体系完善，品牌质量逐步提升，关键技术不断突破，发展基础较为扎实。互联网、信息通信等领域涌现一批知名企业，网络通信实力雄厚。路网规模、5G通信、北斗卫星导航定位系统水平国际领先，基础设施保障有力。汽车销量位居世界首位，新型城镇化建设快速推进，市场需求前景广阔。

二、总体要求

（一）指导思想

全面贯彻党的十九大和十九届二中、三中、四中全会精神，以习近平新时代中国特色社会主义思想为指导，牢固树立新发展理念，统筹推进"五位一体"总体布局，协调推进"四个全面"战略布局，充分发挥集中力量办大事的制度优势和超大规模的市场优势，以供给侧结构性改革为主线，以发展中国标准智能汽车为方向，以建设智能汽车强国为目标，以推动产业融合发展为途径，开创新模式，培育新业态，提升产业基础能力和产业链水平，满足人民日益增长的美好生活需要。

（二）基本原则

统筹谋划，协同推进。强化智能汽车发展顶层设计，营造支持创新、鼓励创造、宽松包容的发展环境。加强部门协同、行业协作、上下联动，形成跨部门、跨行业、跨领域协调发展合力。

创新驱动，平台支撑。建立开源开放、资源共享合作机制，构建智能汽车自主技术体系。充分调动社会各界积极性，推动智能汽车创新发展平台建设，增强战略实施保障能力。

市场主导，跨界融合。充分发挥市场配置资源的决定性作用，激发智能汽车发展活力。打破行业分割，加强产业融合，创新产业体系、生产方式、应用模式。

开放合作，安全可控。统筹利用国内外创新要素和市场资源，构建智能汽车开放合作新格局。强化产业安全和风险防控，建立智能汽车安全管理体系，增强网络信息系统安全防护能力。

（三）战略愿景

到 2025 年，中国标准智能汽车的技术创新、产业生态、基础设施、法规标准、产品监管和网络安全体系基本形成。实现有条件自动驾驶的智能汽车达到规模化生产，实现高度自动驾驶的智能汽车在特定环境下市场化应用。智能交通系统和智慧城市相关设施建设取得积极进展，车用无线通信网络（LTE－V2X 等）实现区域覆盖，新一代车用无线通信网络（5G-V2X）在部分城市、高速公路逐步开展应用，高精度时空基准服务网络实现全覆盖。展望 2035～2050 年，中国标准智能汽车体系全面建成、更加完善。安全、高效、绿色、文明的智能汽车强国愿景逐步实现，智能汽车充分满足人民日益增长的美好生活需要。

三、主要任务

（一）构建协同开放的智能汽车技术创新体系

1. 突破关键基础技术。开展复杂系统体系架构、复杂环境感知、智能决策控制、人机交互及人机共驾、车路交互、网络安全等基础前瞻技术研发，重点突破新型电子电气架构、多源传感信息融合感知、新型智能终端、智能计算平台、车用无线通信网络、高精度时空基准服务和智能汽车基础地图、云控基础平台等共性交叉技术。

2. 完善测试评价技术。建立健全智能汽车测试评价体系及测试基础数据库。重点研发虚拟仿真、软硬件结合仿真、实车道路测试等技术和验证工具以及多层级测试评价系统。推动企业、第三方技术试验及安全运行测试评价机构能力建设。

3. 开展应用示范试点。开展特定区域智能汽车测试运行及示范应用，验证车辆环境感知准确率、场景定位精度、决策控制合理性、系统容错与故障处理能力，智能汽车基础地图服务能力，"人—车—路—云"系统协同性等。推动有条件的地方开展城市级智能汽车大规模、综合性应用试点，支持优势地区创建国家车联网先导区。

（二）构建跨界融合的智能汽车产业生态体系

4. 增强产业核心竞争力。推进车载高精度传感器、车规级芯片、智能操作系统、车载智能终端、智能计算平台等产品研发与产业化，建设智能汽车关键零部件产业集群。加快智能化系统推广应用，培育具有国际竞争力的智能汽车品牌。

5. 培育新型市场主体。整合优势资源，组建产业联合体和联盟。鼓励整车企业逐步成为智能汽车产品提供商，鼓励零部件企业逐步成为智能汽车关键系统集成供应商。鼓励人工智能、互联网等企业发展成为自动驾驶系统解决方案领军企业，鼓励信息通信等企业发展成为智能汽车数据服务商和无线通信网络运营商，鼓励交通基础设施相关企业发展成为智慧城市交通系统方案供应商。

6. 创新产业发展形态。积极培育道路智能设施、高精度时空基准服务和智能汽车基础地图、车联网、网络安全、智能出行等新业态。加强智能汽车复杂使用场景的大数据应用，重点在数据增值、出行服务、金融保险等领域，培育新商业模式。优先在封闭区域探索开展智能汽车出行服务。

7. 推动新技术转化应用。开展军民联合攻关，加快北斗卫星导航定位系统、高分辨率对地观测系统在智能汽车相关领域的应用，促进车辆电子控制、高性能芯片、激光/毫米波雷达、微机电系统、惯性导航系统等自主知识产权军用技术的转化应用，加强自动驾驶系统、云控基础平台等在国防军工领域的开发应用。

（三）构建先进完备的智能汽车基础设施体系

8. 推进智能化道路基础设施规划建设。制定智能交通发展规划，建设智慧道路及新一代国家交通控制网。分阶段、分区域推进道路基础设施的信息化、智能化和标准化建设。结合 5G 商用部署，推动 5G 与车联网协同建设。统一通信接口和协议，推动道路基础设施、智能汽车、运营服务、交通安全管理系统、交通管理指挥系统等信息互联互通。

9. 建设广泛覆盖的车用无线通信网络。开展车用无线通信专用频谱使用许可研究，快速推进车用无线通信网络建设。统筹公众移动通信网部署，在重点地区、重点路段建立新一代车用无线通信网络，提供超低时延、超高可靠、超大带宽的无线通信和边缘计算服务。在桥梁、隧道、停车场等交通设施部署窄带物联网，建立信息数据库和多维监控设施。

10. 建设覆盖全国的车用高精度时空基准服务能力。充分利用已有北斗卫星导航定位基准站网，推动全国统一的高精度时空基准服务能力建设。加强导航系统和通信系统融合，建设多源导航平台。推动北斗通信服务和移动通信双网互通，建立车用应急系统。完善辅助北斗系统，提供快速辅助定位服务。

11. 建设覆盖全国路网的道路交通地理信息系统。开发标准统一的智能汽车基础地图，建立完善包含路网信息的地理信息系统，提供实时动态数据服务。制作并优化智能汽车基础地图信息库模型与结构。推动建立智能汽车基础地图数据和卫星遥感影像数据共享机制。构建道路交通地理信息系统快速动态更新和在线服务体系。

12. 建设国家智能汽车大数据云控基础平台。充分利用现有设施和数据资源，统筹建设智能汽车大数据云控基础平台。重点开发建设逻辑协同、物理分散的云计算中心，标准统一、开放共享的基础数据中心，风险可控、安全可靠的云控基础软件，逐步实现车辆、基础设施、交通环境等领域的基础数据融合应用。

全文链接：https：//www. ndrc. gov. cn/xxgk/zcfb/tz/202002/t20200224 _ 1221077. html.

美国：《美国先进制造领导战略》（节选）
（Strategy for American Leadership In advanced Manufacturing）

Executive Summary

The United States has long thrived on its ability to manufacture goods and sell them in domestic and global markets. Manufacturing plays a vital role in almost every sector of the U. S. economy, stretching from aerospace to pharmaceuticals and beyond. Advanced manufacturing—which includes both new manufacturing methods and production of new products enabled by innovation—is an engine of America's economic power and a pillar of its national security. Advances in manufacturing enable the economy to continuously improve as new technologies and innovations increase productivity, enable new products, and create entirely new industries.

Advances in manufacturing played a major role in America's global economic dominance in the 20th century. However, this century saw dramatic changes, with significant declines in U.S. manufacturing employment starting in the 1990s and accelerating losses during the 2008 recession. In the face of intense global competition, the Trump Administration has taken strong actions to defend the economy, expand manufacturing employment, and ensure a strong manufacturing and defense industrial base and resilient supply chain. Strong actions are required to combat unfair global trade practices and help U.S. manufacturers reach their full market potential. Although manufacturing employment remains below its pre-recession level, manufacturing jobs still account for 8.5 percent of the workforce, and nearly 350000 manufacturing jobs have been created since President Trump took office.

This strategic plan was developed by the National Science and Technology Council, Committee on Technology, Subcommittee on Advanced Manufacturing following extensive public outreach. It presents a vision for American leadership in advanced manufacturing across industrial sectors to ensure national security and economic prosperity, to be achieved by pursuing three goals:

1. Develop and transition new manufacturing technologies;

2. Educate, train, and connect the manufacturing workforce;

3. Expand the capabilities of the domestic manufacturing supply chain.

Strategic objectives are identified for each goal, along with technical and program priorities with specific actions and outcomes to be accomplished over the next four years. The table at the end of this Executive Summary identifies Federal agencies that will contribute to each of the goals and objectives.

This strategic plan is motivated by the factors that impact innovation and competitiveness for advanced manufacturing. Rapid advances in technology, in combination with economic forces, are changing the ways products and services are conceived, designed, made, distributed, and supported. While rapid innovation has long been a defining attribute of American industry, private investments in manufacturing-based technologies have dramatically shrunk in recent years as investors focused on the rapid return on investments possible through software-based start-ups. Manufacturing leadership in emerging markets, exports, and trade not only requires investment in advanced technologies, but the ability to effectively leverage new technologies and platforms across industrial sectors. Although not the focus of this plan, manufacturing leadership requires trade policies that protect and advance U. S. industry; by ensuring fair and reciprocal trade, the United States can secure an optimal environment for growth in advanced manufacturing.

Although the United States is still the largest producer of products in some sectors, a worrisome development is the sharp decline in production and employment in some strategically important sectors, notably the communications and computer industries. America's manufacturing and defense industrial base and supply chain, composed of these and other key sectors, is essential to economic prosperity and must maintain the capacity to rapidly innovate and arm our warfighters to prevail in any conflict.

Underlying all of the challenges for innovation and competitiveness in U. S. advanced manufacturing is a shortage of Americans with the science, technology, engineering, and mathematics knowledge and technical skills needed for advanced manufacturing jobs. Appropriate education and training is required from elementary through high school, and through technical training programs, re-training, apprenticeships, postsecondary education, and access to valid, industry-recognized, competency-based credentials—one of the highest priorities of the Trump Administration.

Federal, State, and local governments must work together to support advanced manufacturing through collective actions that support research and development, develop the workforce, promote free and fair trade, and create a regulatory and tax system that unleashes the private sector. Federal agencies play key roles in fostering the growth of advanced manufacturing through investments in research and development and in education and workforce development.

Goals	Objectives	DoD	DOE	DOC	HHS	NSF	NASA	DOL	USDA	DOEd
Develop and Transition New Manufacturing Technologies	Capture the Future of Intelligent Manufacturing Systems	•	•	•		•	•			
	Develop World-Leading Materials and Processing Technologies	•	•	•		•	•			
	Assure Access to Medical Products through Domestic Manufacturing	•		•	•	•				
	Maintain Leadership in Electronics Design and Fabrication	•	•	•		•	•			
	Strengthen Opportunities for Food and Agricultural Manufacturing	•				•			•	
Educate, Train, and Connect the Manufacturing Workforce	Attract and Grow Tomorrow's Manufacturing Workforce	•	•	•		•	•	•		•
	Update and Expand Career and Technical Education Pathways	•	•	•		•	•	•		•
	Promote Apprenticeship and Access to Industry-Recognized Credentials	•	•	•		•	•	•	•	
	Match Skilled Workers with the Industries that Need Them	•				•		•	•	
Expand the Capabilities of the Domestic Manufacturing Supply Chain	Increase the Role of Small and Medium-Sized Manufacturers in Advanced Manufacturing	•	•	•	•	•	•		•	
	Encourage Ecosystems for Manufacturing Innovation	•	•	•	•		•			
	Strengthen the Defense Manufacturing Base	•	•	•	•		•			
	Strengthen Advanced Manufacturing for Rural Communities								•	

American Manufacturing and Competitiveness

Manufacturing plays a vital role in almost every sector of the U. S. economy, stretching from aerospace to pharmaceuticals and beyond. Advanced manufacturing—which includes both new manufacturing methods and production of new products enabled by innovation—is an engine of America's economic power and a pillar of its national security. Advances in manufacturing enable the economy to continuously improve as new technologies and innovations increase productivity, enable new products, and create entirely new industries. These new industries often create new, higher-paying jobs that replace low-skilled jobs a healthy economy sheds over time. In the face of intense global competition, the Trump Administration has taken strong actions to defend the economy, expand manufacturing employment, and ensure a strong manufacturing and defense industrial base and resilient supply chain. Strong actions are required to combat unfair global trade practices, in some instances harnessed to undermine American innovation and prevent U. S. manufacturers from reaching their full market potential.

"When we grow American manufacturing, we don't only grow our jobs and wages, but we also grow America's spirit. "

"There is no better place to build, hire, and grow than right here in the United States. America is open for business more than it has ever been open for business. " —President Donald J. Trump

Advances in manufacturing played a major role in America's global economic dominance in the 20th century. However, the 21st century saw a dramatic change in U. S. manufacturing. Employment in the manufacturing sector began declining in the 1990s, followed by a significant decrease during the 2008 recession. Manufacturing employment declined by 20 percent, from 14. 2 million to 11. 3 million, in the four years between 2006 and 2010. 4 Although manufacturing employment remains considerably below its 2006 level, those jobs still account for 8. 5 percent of the workforce, and nearly 350, 000 manufacturing jobs have been created since President Trump took office.

Manufacturing is among the highest paying sectors of the economy, and has a broad impact on jobs in other sectors. For example, one study found that the job-multiplier effect increases significantly for advanced manufacturing technologies, with every technology-intensive manufacturing job supporting at least four other jobs. These impacts make advances in manufacturing—and America's ability to translate those advances into products, processes, and services—a research and development (R&D) priority and a key element of the Administration's overall manufacturing strategy.

Section 102 of the America COMPETES Reauthorization Act of 2010 (42 U. S. C. 6622), as amended, directs the National Science and Technology Council (NSTC), in coordination with the National Economic Council, to develop and update a quadrennial strategic plan to improve Government coordination and provide long-term guidance for Federal programs and activities in support of U. S. manufacturing competitiveness, including advanced manufacturing R&D. This document, Strategy for American Leadership in Advanced Manufacturing, provides this guidance. It was developed by the NSTC Subcommittee on Advanced Manufacturing with consideration of public input gathered through a Request for Information and a series of regional roundtables held with a diverse array of stakeholders.

Factors That Impact Innovation and Competitiveness for Advanced ManufacturingRapidadvances in technology in combination with economic forces are changing the ways products and services are conceived, designed, made, distributed, and supported. Manufacturing can no longer be considered separate from the value chain—the system of R&D, product design, software development and integration, and lifecycle service activities performed to deliver a valuable product or service to market.

The growth of advanced manufacturing requires advances in technology-based infrastructure. Technological innovation is closely tied to manufacturing capability. Global leadership in innovation is required for American manufacturers to maintain (and in some cases regain) their competitive edge. While rapid innovation has long been a defining attribute of American industry, private investments in manufacturing-based technologies have dramatically shrunk in recent years as investors focused on the rapid return on investments possible through software-based start-ups. Public investment in basic and early-stage applied research, along with public-private R&D partnerships, can help drive private sector investment and innovation in advanced manufacturing.

Investments in advanced manufacturing depend upon reliable and predictable intellectual property rights. Reliable intellectual property rights and a legal system that enables effective enforcement of those rights incentivize innovation and encourage private sector investment in R&D. The need for intellectual property, especially patents, trademarks, and trade secrets, is no less important for advanced manufacturing than for other technologies. U. S. manufacturers benefit from an intellectual property ecosystem that protects innovation both domestically and abroad, which enables their intellectual property to be assigned or licensed on voluntary and mutually agreed terms.

Moreover, there is a virtuous circle between innovation and manufacturing: skills developed from manufacturing better position America to innovate, and with innovation, America can continue to be competitive in advanced manufacturing.

Emerging markets, exports, and trade are all affected by advanced manufacturing. Manufacturing leadership not only requires advanced technologies, but the ability to effectively leverage new technologies and platforms across industrial sectors. Emerging markets will be driven by advances in a wide range of technologies, including smart and digital manufacturing systems, industrial robotics, artificial intelligence, additive manufacturing, high−performance materials, semiconductor and hybrid electronics, photonics, advanced textiles, biomanufacturing, food and agriculture manufacturing, and more. Many of these technologies represent dual opportunities—not only can they make other subsectors more competitive by increasing productivity, but the market for these emerging technologies themselves will be billions of dollars annually. U. S. manufacturers would benefit from increased awareness about new market opportunities in foreign countries and resources that are available to help them access foreign markets, especially those provided by the International Trade Administration.

Advanced manufacturing leadership requires trade policies that protect and advance U. S. industry. More than 70 percent of all goods exported from the United States are manufactured goods. Fair and reciprocal trade can encourage economic development and expansion of manufacturing, and new products developed through investments in advanced manufacturing can generate new export opportunities. America is faced with a concerted effort of unfair global trade practices, and must be prepared to confront bad actors seeking global dominance that have adopted unfair competition and, in some cases, outright illegal practices. The promotion of standards and technical regulations that do not disadvantage U. S. innovators and manufacturers is vital, as well as the protection of intellectual property and support for frameworks that facilitate the free flow of data across borders. Although not the focus of this plan, trade policies that protect and advance U. S. industry will be essential to the success of this advanced manufacturing strategy.

Manufacturing drives global economies. The manufacturing sector is strongly coupled to infrastructure development, job creation, and growth in the Gross Domestic Product (GDP). The U. S. standing in the global innovation index recently dropped from 9th to 11th as measured by the 2018 Bloomberg Innovation Index. This index scores countries using several criteria, including R&D intensity, manufacturing value-added, productivity, high-technology density, researcher concentration, and patent activity. Specifically, U. S. production and employment have fallen sharply in the high-technology manufacturing industries of communications and computers. However, the United States is still the world's largest producer in testing, measuring, and control instruments; and is the dominant global producer in aircraft and spacecraft, as well as in pharmaceuticals.

A solid defense industrial base is a national priority, including an innovative and profitable domestic manufacturing sector with resilient supply chains. America's manufacturing and defense industrial base and supply chain is essential to economic prosperity and national security. This industrial base must continuously innovate in order to remain economically competitive and provide America's warfighters with the capabilities to prevail in any conflict. Research, technology, invention, and innovation within this base is driven by more than $500 billion of U. S. public and private sector R&D, and the quarter of that support from Federal sources serves as the seed fund for many of the defense capabilities of the future. Every goal and priority identified in this strategic plan will support the manufacturing industrial base and can serve as a guide for both public and private sector investments.

The advanced manufacturing workforce requires a high level of preparation in science, technology, engineering, and mathematics (STEM). Manufacturing jobs continue to represent a path to the middle class for Americans, but now these jobs often require employees to havea manufacturing-focused STEM education, making STEM skills pivotal for the future manufacturing workforce. Appropriate education and training is required from elementary through high school, and through technical training programs, re-training, apprenticeships, postsecondary education, and access to valid, industry-recognized, competency-based credentials.

The Trump Administration has prioritized STEM education by highlighting key goals that are both transparent and achievable. The Administration has underscored the importance of STEM education to the development of the future American workforce by forging stronger connections for students between the worlds of education and work; focusing on innovation and entrepreneurship; integrating computer science principles; and improving access to STEM programs and technical apprenticeships for all Americans, including women, minorities, persons with disabilities, and those living in rural areas.

Federal, State, and local governments must work together to support advanced manufacturing. The private sector has always been key to the development and deployment of emerging technologies in America, but government support is also a critical factor. Direct investment in early stage R&D, innovation-friendly policies that limit red tape and allow technologies to be created and deployed on American soil, trade policies to protect intellectual property and ensure an even playing field in the international marketplace for American companies, access to world-class laboratories and research facilities, and efforts to generate a strong scientific and technical workforce are all important ways the Government can help emerging technologies like advanced manufacturing thrive.

Federal agencies play key roles in fostering the growth of advanced manufacturing through investments in R&D and in education and workforce development. While HHS/NIH and NSF R&D support is focused on basic research from which new manufacturing processes and systems can emerge, DoD, DOE, NASA, DOC/NIST, and USDA support both basic research and early-stage applied research supporting advanced manufacturing, with many world-class R&D capabilities within theirFederal research laboratories and federally funded laboratories. Recent Federal investments have placed an increased emphasis on building an innovation pipeline between research and commercialization through public-private partnerships, technology transfer activities, coordination with States, and collaborative workforce development programs.

Vision and Goals for Advanced Manufacturing

This strategic plan is designed to realize the following vision:

American leadership in advanced manufacturing across industrial sectors to ensurenational security and economic prosperity.

This vision will be achieved by pursuing three goals:

1. Develop and transition new manufacturing technologies;

2. Educate, train, and connect the manufacturing workforce; and

3. Expand the capabilities of the domestic manufacturing supplychain.

In the following sections, each goal is described and supported by a number of strategic objectives. For each objective, a set of technical or program priorities is identified, with each priority including specific actions and/or outcomes to be accomplished over the next four years. A table identifying which Federal agencies will contribute to each of the goals and objectives is included in the Executive Summary.

全文链接: https: //www. whitehouse. gov/wp - content/uploads/2018/10/Advanced-Manufacturing-Strategic-Plan-2018. pdf.

美国：《美国创新战略》（节选）

（A Strategy for American Innovation）

Executive Summary

America has long been a nation of innovators. The United States is the birthplace of the Internet, which today connects three billion people around the world. American scientists and engineers sequenced the human genome, invented the semiconductor, and sent humankind to the moon. And America is not done yet.

For an advanced economy such as the United States, innovation is a wellspring of economic growth. While many countries can grow by adopting existing technologies and business practices, America must continually innovate because our workers and firms are often operating at the technological frontier. Innovation is also a powerful tool for addressing our most pressing challenges as a nation, such as enabling more Americans to lead longer, healthier lives, and accelerating the transition to a low-carbon economy.

Last year, U.S. businesses created jobs faster than at any time since the 1990s. Now is the time to renew our commitment to innovation to drive economic growth and shared prosperity for decades to come. Now is the time for the Federal Government to make the seed investments that will enable the private sector to create the industries and jobs of the future, and to ensure that all Americans are benefiting from the innovation economy.

In 2009, President Obama first issued the Strategy for American Innovation, and it was updated in 2011. In this final refresh of the President's Strategy, the Administration has identified additional policies to sustain the innovation ecosystem that will deliver benefits to all Americans.

A Strategy for American Innovation

As the following graphic illustrates, the President's Strategy for American Innovation has six key elements. The Strategy recognizes the important role for the Federal Government to invest in the building blocks of innovation, to fuel the engine of private – sector innovation, and to empower a nation of innovators. The Strategy describes how the Obama Administration builds on these important ingredients for innovation through three sets of strategic initiatives that focus on creating quality jobs and lasting economic growth, catalyzing breakthroughs for national priorities, and delivering innovative government with and for the people.

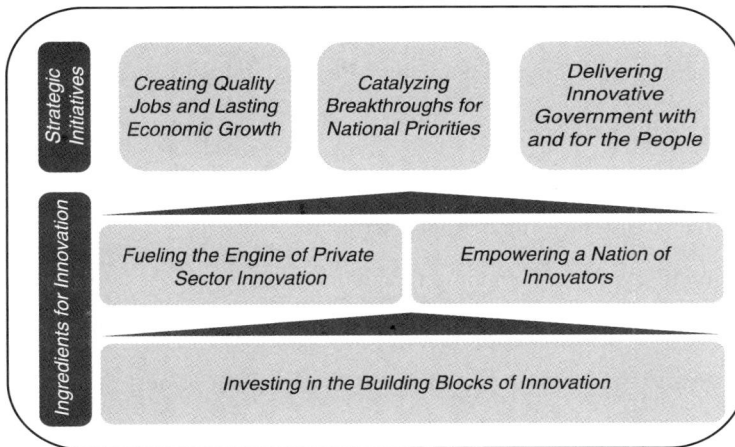

Investing in the Building Blocks of Innovation

The building blocks of the American innovation ecosystem are those areas where Federal investments provide the foundational inputs to the innovation process:

- Making World-Leading Investments in Fundamental Research

The President has consistently called for sustaining America's long-term e-conomic competitiveness and growth through robust investments in fundamental research.

- Boosting Access to High-Quality STEM Education

The President's plan calls for cultivating the minds of tomorrow's engineers, scientists, and innovators through strong and sustained investment in science, technology, engineering, and mathematics (STEM) education that engage students from all backgrounds and underpin future economic competitiveness.

- Clearing a Path for Immigrants to Help Propel the Innovation Economy

Recognizing the disproportionate role of immigrants in building an entrepreneurial society and pioneering world - changing discoveries, the President is helping to clear a path for them to continue making significant contributions to the American economy.

- Building a Leading 21st Century Physical Infrastructure

The Administration is committed to making investments in our nation's physical infrastructure that will not only create jobs now but also foster innovation and economic growth for the long term.

- Building a Next-Generation Digital Infrastructure

The Administration is committed to sustaining investments to ensure widespread access to broadband and to support the adoption of next-generation digital infrastructure.

Fueling the Engine of Private-Sector Innovation

The Federal Government can empower private - sector innovators by addressing the market failures that stymie innovative activity and by ensuring framework conditions friendly to experimentation and innovation, including:

- Strengthening the Research and Experimentation Tax Credit

President Obama has proposed broadening, extending, and making permanent the Research and Experimentation Tax Credit, creating substantial and predictable incentives for U. S. businesses to innovate.

- Supporting Innovative Entrepreneurs

To keep America's lead as the best place in the world to start and scale a great enterprise, the Administration is working to ensure all Americans have a fair shot at entrepreneurial success.

- Ensuring the Right Framework Conditions for Innovation

The Federal Government can enable a thriving innovation economy by taking steps to ensure that those who strive to introduce new ideas to the marketplace encounter market conditions and rules that facilitate and incentivize their efforts.

- Empowering Innovators with Open Federal Data

President Obama has articulated a vision of Federal data as anational asset to be made publicly available wherever possible in order to advance government efficiency, improve accountability, and fuel private-sector innovation, scientific discovery, and economic growth. The Administration has also worked to ensure that more digital data and publications resulting from Federally-funded research are freely accessible to innovators, scientists, and the general public.

- From Lab to Market: Commercializing Federally-Funded Research

The Administration's Lab-to-Market Initiative is working to accelerate technology transfer for promising new innovations resulting from Federally-funded research that too often face a slow and uncertain path to commercial viability.

- Supporting the Development of Regional Innovation Ecosystems

The Federal Government is playing a critical role in supporting regional efforts to strengthen local and regional innovation ecosystems that sustain economic growth and job creation.

- Helping Innovative American Businesses Compete Abroad

The Administration is committed to a trade agenda that has significantly boosted exports, eliminated market–access barriers, and expanded intellectual property protections.

Empowering a Nation of Innovators

The Federal Government can help empower more Americans to be innovators:

- Harnessing the Creativity of the American People through Incentive Prizes

The Administration will continue to build on the important steps the Federal Government has taken to make incentive prizes a standard tool in every agency's toolbox.

- Tapping the Talents of Innovators through Making, Crowdsourcing, and Citizen Science

The Federal Government is finding new paths to tap the ingenuity of the public to address real–world problems, while also engaging more students in STEM learning and entrepreneurship. These efforts include making, crowdsourcing, and citizen science, among other initiatives.

Creating Quality Jobs and Lasting Economic Growth

Technological innovation is the key source of economic growth for the United States. Coordinated Federal efforts can have large impacts on jobs and economic growth in the following priority areas:

- Sharpening America's Edge in Advanced Manufacturing

Leading in manufacturing will strengthen America's edge in both traditional and high–tech products, and ensure that if it is invented in the United States, it can be made in the United States. The Administration will launch new efforts to support manufacturing startups and to increase the innovative potential of America's small manufacturers and manufacturing supply chains. The Administration has also set a goal of creating a network of 45 Manufacturing Innovation Institutes within ten years, and has already provided funding for ten.

- Investing in the Industries of the Future

Emerging technologies today promise to enable a wide range of transformative products with broad economic impact, just like path-breaking innovations of the past, such as the steam engine and the Internet, transformed the U. S. economy in earlier times. The President is committed to investing in these emerging technologies.

- Building an Inclusive Innovation Economy

The Administration is taking action to ensure that Americans from all backgrounds can participate in the 21st century innovation economy.

Catalyzing Breakthroughs for National Priorities

Maximizing the impact of innovation on national priorities means identifying those areas where focused investment can achieve transformative results to meet the challenges facing our nation and the world:

- Tackling Grand Challenges

The Administration is supporting targeted efforts to meet Grand Challenges, which are ambitious but achievable goals that harness science, technology, and innovation to solve important national or global problems and that have the potential to capture the public's imagination.

- Targeting Disease with Precision Medicine

The Administration is investing in a Precision Medicine Initiative to understand better the complex mechanisms underlying a patient's health, disease, or condition, and to predict better which treatments will be most effective.

- Accelerating the Development of New Neurotechnologies through the BRAIN Initiative

The BRAIN Initiative is developing new technologies that will enable a deeper understanding of brain functions, improving the ability of researchers and physicians to diagnose, treat, and prevent diseases of the brain. The BRAIN Initiative could also lead to breakthroughs in computing that are inspired by human perception and cognition.

- Driving Breakthrough Innovations in Health Care

Innovations in health care delivery, growing from collaboration across purchasers, providers, and patients, promise to help improve quality of care, prevent medical errors, and reduce costs. Through the Center for Medicare and Medicaid Innovation, the Administration is testing new care delivery models that seek to deliver the same or better care at significantly lower cost.

- Dramatically Reducing Fatalities with Advanced Vehicles

Accelerating the development and deployment of advanced vehicle technologies could save thousands of lives annually. The Administration is launching new efforts to accelerate the path to deployment for these promising technologies.

- Building Smart Cities

Making our cities "smarter" means equipping them with the tools to address the pressing problems that their citizens care most about. The Administration has launched a new research and deployment initiative that will invest over $ 160 million in Federal research and leverage the efforts of a broad network of cities, universities, companies, and nonprofits to achieve real results, such as urbantraffic management systems that can reduce commuting times by 25 percent or more.

- Promoting Clean Energy Technologies and Advancing Energy Efficiency

The Federal Government is investing in technologies to enable the development of renewable and other clean energy sources, make energy go further through energy efficiency, and reduce carbon pollution, while helping to improve America's energy security.

- Delivering a Revolution in Educational Technology

With the technological conditions ripe for the development of advanced educational technologies that can transform teaching and learning, the Federal Government is making critical investments in the development of next-generation educational software.

- Developing Breakthrough Space Capabilities

The Federal Government is developing new space technologies and leveraging partnerships with the private sector to dramatically lower the cost of accessing and operating in space, while enabling ambitious new missions. Such technologies arehelping to create a burgeoning U. S. private space sector.

- Pursuing New Frontiers in Computing

Guided by the recently launched National Strategic Computing Initiative, Federal departments and agencies will work together to advance the state of high-performance computing in order to drive economic competitiveness, scientific discovery, and innovation.

- Harnessing Innovation to End Extreme Global Poverty by 2030

The Administration is advancing a new model of development grounded in evidence-based evaluation, rapid iteration, country engagement, and partnership that catalyzes talent and innovation everywhere to accelerate efforts to end extreme poverty by 2030.

Delivering Innovative Government with and for the People

With the right combination of talent, innovative thinking, and technological tools, government can deliver better results with and for the American people:

- Adopting an Innovation Toolkit for Public-Sector Problem-Solving

The Administration is creating an "Innovation Toolkit" that will increase the ability of agencies to deliver better results at lower costs for the American people. These approaches can increase the effectiveness and agility of the government through improvements in its core processes and ability to solve problems.

- Fostering a Culture of Innovation through Innovation Labs at Federal Agencies

A network of Innovation Labs can foster a culture of innovation at Federal agencies by empowering and equipping agency employees and members of the public to implement their promising ideas to more effectively serve the American people.

- Providing Better Government for the American People through More Effective Digital Service Delivery

It should be as easy and intuitive for American citizens and businesses to engage with government services online as it is for them to conduct online transactions with the most IT-savvy businesses. The Administration is creating U. S. Digital Service teams across government to speed the adoption of private-sector best practices for designing, building, and deploying easy-to-use online services.

- Building and Using Evidence to Drive Social Innovation

The Administration is committed to improving our ability to solve societal problems by using evidence about "what works" where it exists and developing it where it does not. The Administration is also using Pay-For-Success approaches to pay for outcomes as opposed to inputs, and to scale-up evidence-based interventions.

全文链接：https：//obamawhitehouse. archives. gov/sites/default/files/strategy_for_american_innovation_october_2015. pdf.

美国：《21 世纪美国国家安全科技与创新战略》（节选） (A 21st Century Science, Technology, and Innovation Strategy forAmerica's National Security)

Introduction

Leadership in science and technology has been the foundation of American national security since World War II. This leadership—coupled with America's capacity for innovation and the ability to translate new ideas into deployable weapons, systems, and concepts of operation—has long ensured the Nation's military advantage.

Our Nation's security relies on more than military advantage, however. The 2015 National Security Strategy reaffirms four enduring national interests that guide what America does in the world：

• The security of the United States, its citizens, and U. S. allies and partners；

• A strong, innovative, and growing U. S. economy in an open international economic system that promotes opportunity and prosperity；

• Respect for universal values at home and around the world；

• A rules-based international order advanced by U. S. leadership that promotes peace, security, and opportunity through stronger cooperation to meet global challenges.

Sustained U. S. leadership in science, technology, and innovation (ST&I) is essential toadvancing each of these interests.

A new generation of threats and opportunities has emerged, moreover, which will continue to evolve in unprecedented ways. The United States must continue to lead in developing science and technology solutions to effectively address global problems, such as infectious disease and climate change, which will ultimately affect U. S. national security. The U. S. national security ST&I enterprise must continue to evolve to meet these emerging threats and challenges.

America's national security research and development system is structured to respond to the military threats and economic opportunities of the last century. Recognizing the crucial role of technology in the Second World War, postwar America created an extensive infrastructure for national security science and technology that provided the foundation for the nuclear triad, the intelligence gathering infrastructure, and an array of other military capabilities and advanced tools to meet the threats of the Cold War era. This enterprise nurtured transformative technologies, including stealth technology, integrated command and control, and precision – guided munitions, all designed to counter peer adversaries in large–scale military conflicts.

While such major military missions remain important, the technological implications of emerging threats such as climate change, pandemic disease, cyber–attacks, improvised weapons, and the rise of regional and non–state actors were not anticipated in the design of the current U. S. national security ST&I enterprise. A closed network of national security laboratories and engineering centers and an inwardly – focused national security workforce won the technology races that characterized the Cold War era, but today, the best science and technology is often found outside the national security ST&I enterprise, in academic and commercial sectors in the United States or in other countries. While maintaining military technology overmatch remains a key national security objective, promoting technology development by the private sector at home and around the world and then harnessing that development in ingenious ways will be increasingly important for economic prosperity as well as for national security.

In addition, ingrained and sometimes antiquated organizational structures and operational processes pose impediments to the effective use of resources within available budget constraints. These impediments can be overcome by re-imagining the national security ST&I workforce, revitalizing infrastructure, creating new governance approaches and partnerships, and employing innovative tactics to ensure maximum agility, resilience, and efficiency.

This document, A 21st Century Science, Technology, and Innovation Strategy for America's National Security, lays out the needs, opportunities, and challenges facingAmerica's national security ST&I enterprise and sets forth a vision for its health and sufficiency enterprise in four critical areas: (1) workforce; (2) facilities and infrastructure; (3) governance roles and responsibilities; and (4) innovative capacity to transform ideas into working technology.

Technology Trends Impacting the National Security ST&I Enterprise

President Obama's 2015 National Security Strategy recognizes that military superiority and homeland security are just two dimensions of a set of national security goals that also include ensuring economic prosperity, embracing American values, and providing leadership for the international order. Technological capabilities play a substantial role in all of these aspects of national security. With guidance from the President and Congress, strategic direction and investment priorities for national security science and technology will continue to be determined by Federal mission agencies charged with this responsibility. Those decisions will need to be informed by technology trends described below.

Military

The national security ST&I enterprise must continue to ensure the effectiveness of traditional means of defense and of projecting power, even as the United States prepares for the possibility of new asymmetric and unpredictable threats. Military adversaries possess increasingly more sophisticated and effective weapons that threaten access to shared spaces such as sea, air, space, and the cyber domain. The Nation's capacity to prevail in these domains requires constant monitoring and renewal.

At the same time, the U. S. military is at the cusp of a transformation, with greater use of autonomous and unmanned systems to increase effectiveness and lower costs and personnel risks. Emerging basic and applied research—in areas such as computation and data analytics, engineered materials, nanotechnology, quantum sciences, and cyber-physical systems—is beginning to lay the groundwork for future capabilities that range from hypersonic weapons delivery to highly-secure communications. A number of important areas require increased research effort for security applications, including neuroscience, modeling of human behavior, and synthetic biology.

Affordability will be a driver of future military investments. The costs of technology development can be driven down by applying modeling and simulation tools, leveraging existing commercial innovations and technologies, and using open system architectures, frameworks, and technologies. The coordinated and effective use of prototyping and the intelligent management of risk from basic research through acquisition can also reduce costs, increase capabilities, and maintain technical expertise and organizational agility in theworkforce. Shortening the lifecycle of capability development can allow more effective response to emerging needs, provide additional technology–development experience for the workforce, enable a higher cadence of technology refreshment, and promote industrial innovation. Technology can also be used to make basic and operational training more effective and efficient, as well as to augment human cognitive and physical performance.

Homeland Security

Technology can provide solutions to maintain homeland security while protecting civil liberties and facilitating the legal flow of people, goods, and services across U. S. borders. Development of better data integration, predictive modeling, and risk–analysis capabilities will provide prompt, actionable information to decision makers. In addition, detecting and addressing threats as early and as far away as possible requires that the United States apply technological solutions in cooperation with tourism, trade, and security partners. The Nation must continue to invest in advanced cybersecurity protection and training, both to protect critical infrastructure from cyber threats and promote the understanding that cybersecurity is the responsibility of all sectors of society.

Intelligence

Diplomatic, military, and homeland security operations are supported by robust intelligence capabilities. The United States must invest heavily in the science and technology of tools for intelligence to increase U. S. capabilities for collecting security–relevant information around the world and leverage intelligence integration to provide a global intelligence advantage. National security will increasingly be affected by global trends and fast–moving emerging and disruptive developments in science, technology, and innovation capacity. The intelligence community must continue to build the partnership activities that are linking the ST&I community to collectors, analysts, and decision makers so as to ensure that key intelligence capabilities are robust and available to achieve national security objectives.

Manufacturing

The Nation's security depends on a healthy manufacturing sector, which in turn requires trusted, secure, and adequate supply chains, and resilient and affordable critical infrastructure such as electric power, natural gas, communications, and transportation systems. Cutting−edge national security technology needs historically have provided initial manufacturing demand for the later development of robust commercial markets that contribute to national security through economic strength. The national security ST&I enterprise, including the government, academic, and industry components, must do its part in ensuring that the United States maintains a healthy manufacturing sector. The enterprise should anticipate and be prepared to support the development of manufacturing expertise in fast moving areas of emerging and disruptive technology that are relevant to national security, including additive manufacturing, nanotechnology, bio−materials, flexible microelectronics, and other areas.

Advanced Computing and Communications

The exponential growth of the digital economy, driven by ubiquitous computing and communication technologies, holds tremendous potential for innovation, economic competitiveness, and national security. New and rapidly evolving technological capabilities such as high−performance computing, next−generation networks, and the Internet of Things will change the ways that data are created, analyzed, and disseminated across a wide spectrum of uses. The Federal Government will build on foundational technologies, such as big-data analytics and the improved collection and sharing of data, to provide managers and policy makers with the tools they need to make timely and effective decisions. The Federal Government will continue to foster policies for addressing data ownership, access, and control—as well as spectrum management—in ways that balance privacy protection, cybersecurity, national security, and economic interests.

Resilient, Clean, and Affordable Energy

Improving domestic energy security and supply, reducing the environmental impacts of energy use, and improving reliability and resilience of energy systems are necessary to maintaining America's National Security at home. Developing new technologies to reduce or eliminate the energy supply chain for our deployed military can save resources and improve the operational capability of our armed forces. Sharing technology for energy security with developing nations can reduce global instability. Addressing these challenges will require sustained investment in technology research and development and may be enhanced by encouraging market pull for advanced energy systems.

Challenges and Opportunities for the National Security ST&I Enterprise

The structure and function of the national security ST&I enterprise need to address not only the global landscape as it exists today, but also the drivers that are reshaping that landscape. The enterprise is facing the following external and internal challenges and opportunities.

Globalization of Science and Technology

Worldwide, investment in scientific research and development is increasing at a fasterpace than it is in the United States. Although the European Union, Japan, and North America still account for the majority of global science and technology investment, relative shares are shifting due to substantial growth in several Asian economies. This global investment is accompanied by rapid growth of ST&I talent in the rest of the world, accelerated by the increasing internationalization of the scientific research enterprise and the global flow of knowledge. The United States is no longer assured of leadership in all areas of science and technology critical to national security.

Dramatically increased capacity for science and technology around the world provides not only increased challenges but also increased opportunities to collaborate with partners around the world in the development of technology for U. S. and global security. The goodwill that the United States has generated from ST&I diplomacy and international development is a key enabler for global cooperation, and the enterprise must continue to build and strengthen such relationships.

Asymmetric and Unpredictable Threats

Threats to national security are often asymmetric, with human or economic risks to the United States far greater than the resources required to develop and deploy the threats. Threats are often difficult to predict because modern science and technology enable many opportunities to cause harm; significant scientific knowledge is instantly available worldwide; and threats do not necessarily require an established scientific or industrial infrastructure that the United States can monitor. The global proliferation of the cyber domain imposes risks to cyber infrastructure and creates the unwanted possibility of instant widespread dissemination of national-security-sensitive information.

While advances in many areas of technology are not being driven by weapons production or weapons-focused R&D, many of the capabilities being developed have significant dual-use potential. Digital connectivity, for instance, brings tremendous societal and economic benefits, enabling rapid flow of information to all corners of the globe. The convergence of engineering design, mathematical analysis, and molecular biology presents opportunities to create entirely novel processes and capabilities in living organisms on a much more rapid scale than traditional recombinant DNA techniques, and to share these designs digitally. Nanotechnology promises the ability to engineer entirely new high-performance materials. Additive manufacturing (3-D printing) will dramatically shrink the barriers between design concepts and reality. These and many other domains of science and technology promise extraordinaryeconomic and social gains for our Nation and the world, but all can potentially be put to use for destructive purposes.

Natural Disasters and Humanitarian Crises

Threats to global stability posed by challenges such as pandemics, extreme poverty and resource scarcity, climate change, and natural disasters require proactive and collaborative solutions that are enabled by scientific and technological advances. The increasing mobility of people and goods across national borders increases the importance and vulnerability of the global commons and escalates the risks posed by threats from infectious diseases. Pressures exerted on natural resources and the climate by expanding global populations and increased demand from a growing middle class have political and socio-economic impacts that threaten global stability and supply chains that support national security.

The United States plays a vital role in mitigating humanitarian crises and in promoting global stability. The Administration recognizes that few global problems can be solved without U. S. action but also that few can be solved by the United States alone. Whether by developing technologies to deploy around the world for humanitarian purposes or participating in ST&I diplomacy to build global capacity, the national security ST&I enterprise must learn to adopt an integrated approach that leverages strengths and capabilities wherever they exist.

Inversion of Technology Flow

Advances such as radar and global positioning navigation were developed by the national security ST&I enterprise, and these technologies found broader application later when they became available to the private sector. Today, private-sector commercial technology advances often outpace developments within the Federal national security mission agencies. There is an opportunity for the national security system to benefit from the investments of the private sector and leverage the best technology advances. The national security ST&I enterprise is not currently equipped with tools and processes to identify the best commercial technologies and apply them to national security problems in a timely way. While frameworks and mechanisms exist in specialized cases for harnessing private-sector innovation, too often the most agile and innovative companies are unwilling to work with government national security customers due to the time, cost, and complexity imposed by Federal acquisition processes.

Offshoring of Technological Capacity

As multinational corporations take advantage of the globalization of technology development capabilities and changing economic environments, their priorities may compete with or overshadow national security interests. This has significant national security implications, as domestic commercial companies strive to maintain their competitive edge by offshoring their manufacturing operations, many of which are part of the supply chains of national-security-critical technologies. Domestic companies also have been steadily increasing investments in their offshore research facilities to leverage the economic and collaborative benefits of globalization. Critical research and development advances are taking place outside the purview of the U. S. national security ST&I enterprise, and the United States could lose leadership in entire areas of domestic technology capacity.

Aging National Security ST&I Infrastructure

The remarkable achievements of the national security ST&I enterprise in the decades after the Second World War were enabled by investments made over decades in special and unique—and now aging—facilities and infrastructure. Many of these physical plants date to the dawn of the Cold War or even before, and reinvestment in many cases has been on hold due to other priorities. The race to stay aheadof the increasingly sophisticated technology of potential adversaries—and enable continuing support of partners and allies—requires continued and responsive investment in cutting-edge scientific and engineering facilities, platform technologies, information technology, equipment, and instrumentation.

Recognizing the realities of budget constraints, the ST&I enterprise has an opportunity to do better than simply rebuilding or expanding existing physical infrastructure. While security issues must be carefully managed, the enterprise now has the opportunity to reconsider the concept of the walls and fences around facilities. Can the enterprise protect what needs to be protected while cooperating effectively with universities and industry? Can the enterprise build the sorts of physical and cyber infrastructure that promote scientific and technical collaboration, promote meaningful technology transfer for the creation of economic value, and allow entrepreneurs and industry to share facilities, equipment, and production capacity? In some cases, efforts similar to the Army Research Laboratory's Open Campus Initiative or the Department of Homeland Security's National Bio and Agro-Defense Facility might serve to increase the effectiveness of U. S. national security ST&I facilities by co-locating and integrating academia, industry, and traditional defense laboratories.

Challenges for the National Security ST&I Workforce

The recruitment and development of a generation of talented scientists and engineers who dedicated their careers to national security was critical to the Cold War technology achievements of the United States. The national security technical workforce flourished in part because the mission was important and the government enterprise provided the best opportunity to do high-quality and cutting-edge technical work. Over time, less-positive perceptions of service in the Federal Government and declining Federal research budgets have threatened the Federal Government's ability to attract and retain ST&I talent in key areas of national security capability. Ensuring a diverse and inclusive workplace environment to support a culture of innovation in the national security ST&I enterprise remains a significant challenge.

Science and engineering are based on intellectual exchange and collaboration, and groundbreaking technical work requires close-knit and nurtured teams of talented individuals with the freedom to explore and grow. If the U. S. national security ST&I workforce is not valued or treated well, the enterprise risks jeopardizing the call to service and tradition of excellence. Rules meant to promote the responsible use of resources have had unintended consequences. For example, restrictions on travel and conference attendance have diminished the ability of Federal scientists and engineers to advance their technical skills and take advantage of opportunities for technical exchange with the wider professional science and engineering community. The best and brightest scientists and engineers have many opportunities in today's technology-rich world, and the national security ST&I enterprise must be able to attract and access this talent and provide the tools, processes, and working environment that will sustain motivation and excellence.

The Federal Government maintains cumbersome human-resources barriers compared to the best private-sector and university practices. Unlike previous generations, the majority of workers of today and tomorrow may embark on career journeys that are not tied to a single institution with the expectation of lifetime employment. An ability to embrace the healthy and sustainable flow among sectors and organizations that is characteristic of modern private-sector technical careers would improve the quality, flow, and diversity of new entrants in the workforce for national security ST&I.

While the call for public service and the national security mission are important in attracting technical talent into Federal service, Federal Government salaries generally are not competitive with other technology employers. In particular, government compensation lags significantly at senior levels, making lateral recruitment from other sectors of qualified and experienced leadership and management talent extremely challenging. With a few exceptions, current regulations and statutory limitations make it verydifficult to arrange for exchange or rotational experiences with the private and academic sectors.

Opportunities to Revitalize the National Security ST&I Workforce

By some estimates, almost half of current national security scientists and engineers will become eligible to retire within the coming decade. Ensuring a robust pipeline of qualified science, technology, engineering, and mathematics

(STEM) talent remains problematic, including the ability to recruit from a diverse pool of American citizens eligible for the clearances necessary for national security work. While U. S. citizenship will continue to be required for those working in sensitive areas, the institutions that contribute to the national security science, technology, and innovation infrastructure should be, wherever possible, able to draw on the world's best and brightest minds regardless of citizenship. The coming wave of retirements affords a once-in-a-generation opportunity for the Federal Government to fundamentally rethink personnel policies to sustain, cultivate, reshape, and promote a world-class national security ST&I workforce. Reliable support for evidence-based programs designed to maintain a diverse and robust STEM education pipeline, including providing robust STEM opportunities for the children of military families at home and abroad, is critical for the U. S. national security ST&I workforce.

Opportunities in Science, Technology, and Innovation Diplomacy

American values of democracy, rule of law, and freedom of expression help to guide collaboration and norms for conduct in the international scientific community. American scientists and engineers promote meritocracy, transparency, open data, sharing of scientific information and ideas, reproducibility of scientific results, critical thinking, diversity of thought, and respect for intellectual property. International engagement and the formation of partnerships in ST&I provide a platform to share these values, create linkages among international science communities, promote greater participation of women and underrepresented minorities in science and engineering, and highlight the role of civil society and non-governmental actors.

Science and technology support governments in formulating evidence-based policies, meeting challenges, and combating threats to international order, including climate change; natural disasters; wildlife trafficking; water, food, and energy security; polar issues; ocean conservation; pandemics; and space security. The United States is committed to harnessing technology and making data available to mitigate the impact of disasters through open mapping, open data, crowdsourced solutions, and other means. Promoting access to high-quality STEM education, training, and opportunities will be a part of U. S. ST&I outreach around the world.

ST&I for Global Development and Stability

International development and capacity building efforts for ST&I will help strengthen the global innovation community, expand access to the Internet and communications technologies, create economic opportunities, reduce the risk of conflict, and promote human rights. ST&I are tools for the growth of democracy around the world, and the national security ST&I enterprise will continue to facilitate access to information, freedom of expression, and the coordination of democratic groups.

ST&I can also play a critical role in advancing the Federal Government's global-development objectives and thereby strengthen national security. The United States is in a unique position to help lead efforts to resolve one of humanity's most entrenched and difficult challenges by the year 2030: persistent extreme poverty. 6 This aim can be achieved through a new model of development grounded in evidence-based evaluation, rapid iteration, country ownership, sustainability, and strategic public- and private-sector partnerships that catalyze talent and innovation everywhere.

Digital infrastructure is the new foundation of the 21st century economy. Like roads, railways, and the power grid, digital technologies have transformed markets and unleashed innovation by creating platforms for new ideas, new business models, and new modes of communication and collaboration. Increased digital infrastructure access and inclusion around the world have been and must remain a priority for U. S. efforts in global development.

The enterprise should also invest in science and technology aimed at understanding behavior and culture around the world. Modeling and analytical tools that fuse information-based trend analysis with socio-cultural-behavioral awareness can lead to a better understanding of steps that can be taken to mitigate potential risks before they become crises. Technology can also help to combat decentralized criminal threats, such as the trafficking of people and drugs.

全文链接：https：//obamawhitehouse. archives. gov/sites/default/files/ microsites/ostp/NSTC/national_security_s_and_t_strategy. pdf.

英国：《我们的增长计划：科学与创新》（节选）
(Our Plan for Growth：Science and Innovation)

Executive summary

The United Kingdom has a proud history in science and innovation. Over many years Britishscientists have made discoveries that have opened the eyes of humanity to secrets aboutourselves, our world, and places and times beyond what we knew before. British innovatorshave applied these ideas-and those of others-to transform the way we live now.

We are one of the most prolific nations on earth for scientificdiscoveries, and we regularly attaina level of excellence, and therefore influence, beyond what others achieve. Although wecollectively invest less than some other nations in research and development, we have becomeone of the countries recognised as a particularly fruitful place in which to innovate and weobtain high returns for every pound invested.

While the importance of science and innovation go beyond the economic – they elevate andimprove mankind and offer rewards that are beyond price – any nation should ask itself how itwill earn its living in the future. The answer must be to build on our strengths, where thosestrengths are likely to be sources of advantage in the future. That is why science and innovationare at the heart of our long–term economic plan. Our aim is to be the best place in the world for science and business. Our plan to achieve thishas 6 elements:

1. Deciding priorities;

2. Nurturing scientific talent;

3. Investing in our scientific infrastructure;

4. Supporting research;

5. Catalysing innovation;

6. Participating in global science and innovation.

Looking ahead requires that we identify the themes that a plan must address if it is to besuccessfully aligned to the changing possibilities that emerge. These themes underpin each ofthe elements set out above:

- The importance of achieving excellence;

- The imperative to operate at a quickening pace and show agility to seize newopportunities;

- The need to accommodate and foster higher levels of collaboration betweendisciplines, sectors, institutions, people and countries;

- The need to recognise the importance of place, where people and organisationsbenefit from mutual proximity;

- The modern demand for openness and engagement with the world.

Deciding priorities

The wealth and breadth of possibilities in science and innovation mean that we cannot hope todo everything equally well. We need to choose our priorities.

This choice will not be made mainly by Government, but we will have an important role to playin securing the UK's strengths. We will make strategic choices and bring together the bestminds, research institutions and businesses to help solve the great challenges of the day.

Looking forward, the 8 Great Technologies and the Industrial Strategy will continue to supportscience and innovation, and our growth ambitions.

Nurturing scientific talent

Our science and innovation can only be as good as the people that it can attract, educate, trainand retain. We set out here a range of measures which will develop and support the brightestminds through the pipeline from primary and secondary school, further and vocationaleducation, undergraduate and postgraduate study, and training into the workplace.

Schools: We will take action to increase the quantity and quality of STEM teachers through £67 million of new programmes. These will train up to 17500 maths and physics teachers over thenext Parliament, on top of existing plans: adding to the skills of up to 15000 existing nonspecialistteachers and recruiting up to 2500 additional specialist maths and physics teachers.

Vocational education: We will deliver more Higher Apprenticeships at the levels and in thesectors where employers believe the need is greatest. We will also ensure the right provision is inplace to deliver the training these apprentices and other students will need, by establishingNational Colleges in key STEM sectors such as Digital Skills, Wind Energy, and Advanced Manufacturing.

Higher education: We will take new steps to support those who wish to attain a postgraduatequalification. We will introduce a new offer of income contingent loans for those aged under 30wishing to undertake a postgraduate taught masters in any subject. These loans, of up to £10000, are planned to be available from 2016−17 and will be repaid concurrently withundergraduate loans. The loans are designed so that, on average, individuals will repay in full, inrecognition of the high private return to individuals, but they will beat commercial rates.

Workplace: We will develop a dedicated platform to match female STEM graduates to return tojobs in industry following career breaks, and to provide them with advice and information aboutthe support on offer.

Investing in our scientific infrastructure

Cutting edge science cannot happen without modern infrastructure. That is why we havecommitted £5.9 billion to science capital from 2016 to 2021. This is the longest commitment toscience capital in decades. We have consulted broadly in order to determine how best toallocate these funds, following the principles set out in this strategy.

We will therefore invest £2.9 billion towards scientific grand challenges. We have alreadycommitted £1 billion of this to projects such as the new Polar Research Ship and Square Kilometre Array. And we will invest a further £800 million to fund new projects. These include, subject to satisfactory business cases, investments of up to:

- £235 million in the Sir Henry Royce Institute for advanced materials
- £113 million towards big data at the Hartree Centre, Daresbury
- £95 million for European Space Agency programmes, including Britain's lead role inthe next European Rover mission to Mars

- £31 million for a new Energy Security and Innovation Observing System, including asubsurface centre at the former Shell site in Cheshire

- £60 million to extend the capabilities of the National Nuclear Users Facility

- £20 million towards an innovation centre on ageing, in Newcastle

We can also confirm the £42 million Alan Turing Institute will have its headquarters at the BritishLibrary in London.

We will launch a process of international peer review on further proposals received through theconsultation, and will take a decision on whether to fund them at Budget 2015. We willintroduce a capital agility fund, to respond to grand challenges as they emerge. This will allocatea further £900m to address the great mysteries and opportunities of our time, whetherdomestic, international, or in space.

On top of this, we will invest £3 billion to support individual research projects and ourinstitutions' world class laboratories, and provide funding for our international subscriptions. Over half of this will be subject to competition, to ensure excellence is rewarded wherever it isfound.

Of course, capital investment alone is not sufficient to ensure our research infrastructure is ableto continue to deliver world class outputs. We recognise that our science base requires adequateresource funding, and will give full consideration to these requirements when wetake a decisionat the Spending Review next year.

Supporting research

Any strategy for science and innovation needs to consider the core principles which underpinthe UK's approach to supporting research, the distribution of funds and the fundingmechanisms.

There is an opportunity for us—both the Research Councils and UK Universities — to build on ourexisting strengths.

We have asked the Higher Education Funding Council for England (HEFCE) to assess highereducation institutions' (HEIs') performance in knowledge exchange activities to identify examplesof good practice.

We have also asked Sir Paul Nurse to lead a review with the Research Councils in order to buildon their firm foundations. This will report to the Chancellor, the Business Secretary and the Minister for Science. It will look at how Councils can evolve to support research in the mosteffective ways by drawing on a range of evidence, including international comparisons and theviews of the scientific and business communities, and will report by summer 2015.

Greater collaboration also has to be built on a basis of greater openness and transparency. HEFCE will be considering how to reward open data as part as part of the future REF assessments subject to the evaluation of the REF 2014 review.

We also need to consider the R&D needs of government departments. These needs arecommissioned from their individual R&D budgets. We will examine how to ensure that R&D spending by departments is properly prioritised against other capital investment spending, forexample by considering controls that can be placed on this spending to ensure that valuable R&D is not unduly deprioritised in favour of short—term pressures. We will report on this by thenext Spending Review.

Catalysing innovation

The UK's research base and business environment, with its open, competitive market and trustedinstitutions, supports the growth of all businesses, especially those that innovate. We will buildon this strength by reinforcing each element of this innovation ecosystem.

The Catapult network will expand with two more Catapults for Energy Systems and Precision Medicine due to open next year.

We will provide ￡ 61 million funding to the High Value Manufacturing Catapult to meetincreasing demand and provide outreach and technical support to SMEs.

We will invest ￡ 28 million in a new National Formulation Centre as part of the High Value Manufacturing Catapult in Sedgefield, to drive manufacturing-based growth and help rebalanceour economy. We will continue to expand the Catapult network gradually as the fiscal positionimproves.

Centred around the British Business Bank, we will continue to make finance markets work betterfor innovative smaller businesses. For instance, the Venture Capital Catalyst Fund, whichincreases the availability of later stage venture capital, was extended by ￡ 100 million this year. And at Autumn Statement this year we announced a new commitment of ￡ 400 million overthree years to extend the Bank's flagship venture capital programme, Enterprise Capital Funds, which will allow Funds to make larger investments of up to ￡ 5 million in innovative smallerbusinesses.

We will invest an additional ￡ 9 million towards driverless car testbeds, enabling four locations totrial the technology from next year.

Participating in global science and innovation

Science and innovation are increasingly international endeavours. That is why this strategy musthave a global reach.

We will continue to promote the Newton Fund to support the development of scientificexcellence and build scientific partnerships of the future.

We will use our participation in the European Research Agency, the G7, G7+5, G20 and our Presidency of the EU in 2017 to demonstrate our leadership on topics such as open access andinfrastructure where the UK is at the forefront.

We will provide further support to UK universities and research institutions to access some of theresearch elements of the ＄140 billion international aid funding from multilateral banks, UN agencies and other donors.

全文链接：https：//assets. publishing. service. gov. uk/government/uploads/system/uploads/attachment_data/file/387780/PU1719_HMT_Science_. pdf.

德国：《高新技术战略2025》（节选）
（The High-Tech Strategy 2025）

Key features in brief

The High-Tech Strategy 2025（HTS 2025）forms thestrategic framework of the Federal Government'sresearch and innovationpolicy. With this strategy, the German government is helping to meet the societal challenges of "Health and Care", "Sustainability, Climate Protection and Energy", "Mobility", "Urban and Rural Areas", "Safety and Security" and "Economy and work4. 0". The aim is to shape our economy, working life andlifestyles in such a way thatcompetitiveness, the preservationof the natural life-support systems, and socialequity become compatible. To drive innovation, HTS2025 has adopted a mission-oriented approach bringingtogether the activities of the ministries involved withrelevant players from the science and research community, the private sector and civil society.

The development of the technological basis and thepotential of skilled workers as well as citizen participationmust go hand in hand. This is where importantdecisions in technology funding, such as the adoptionof the Federal

Government's Artificial Intelligence (AI) Strategy and education policy initiatives such as the "Digital Pact for Schools" or the new Skilled Labour Strategy come together. The continuation of the Pactfor Research and Innovation and the "Contract forthe Future of Higher Education and Teaching" wereadopted in 2019, and the future Universities of Excellencewere also selected in 2019. This will sustainably strengthen the scientific and research landscape in Germany.

HTS 2025 contributes to an open innovation culturethat is characteristically dynamic and agile and putsknowledge into effect through the transfer of researchresults into practical application. Crucial decisions havebeen made: the Agency for Breakthrough Innovations (SprinD) is currently being set up to promote radical technological and market − changing innovations. The Innovation Cluster Initiative was launched in August 2019 with the aim of rapidly transforming emergingfields of knowledge and technology into new addedvalue. In May 2019, the Federal Cabinet set a draftbill on tax incentives for research and development (R&D) in motion to provide even better support for theresearch efforts of German companies. Measures suchas the "GO!" start − up offensive launched in November 2018 will also further boost the start−up culture in Germany.

As a unifying component, twelve HTS 2025 missionsform the framework for current initiatives of the Federal Government. The missions cover health, goodliving and working conditions, mobility, AI and anopen innovation culture. In addition, a number of themissions also address environmental and sustainabilitychallenges for present and future generations. We haveachieved important milestones.

In January 2019, for example, the National Decade Against Cancer was launched with the aim of reducing the number of people newly diagnosed with cancer, detectingcancer earlier, and providing better treatmentin the future.

As part of the mission to achieve greenhouse gas neutrality in industry, the Competence Centre on ClimateChange Mitigation in Energy-intensive Industries (KEI) will be opened in Cottbus in 2019. Another researchinstitute for low-carbon industrial processes will belocated in Cottbus and Gölitz/Zittau.

Progress of key initiatives within the framework of the high - tech strategy 2025

The HTS 2025 provides impetus for innovation. Itforms the strategic framework of the Federal Government'sresearch and innovation policy and is intendedto encourage a large number of actors to play an activerole in shaping progress in our country. Three fields of action of HTS 2025 focus on researchthat benefits the people-tackling the grand challenges, developing future competencies, and establishing anopen innovation and venture culture. HTS 2025 coversa broad spectrum of societal challenges that can beassigned to the focus areas of "Health and Care", "Sustainability, Climate Protection and Energy", "Mobility", "Urban and Rural Areas", "Safety and Security" and "Economy and work 4. 0". As recommended by the Expert Commission on Research and Innovation (EFI), digitalisation has been set as a cross-cutting topic in HTS 2025.

To promote the implementation of research results, HTS 2025 adopts a mission-oriented approach to bringtogether the activities of the ministries involved in thefields of action and relevant players from the scienceand research community, the private sector and civilsociety. In this way, the missions contribute to researchand innovation having an even greater orientationtowards overcoming pressing societal challenges. It isthe goal of HTS 2025 to achieve tangible progress inthe quality of life of all citizens. For this reason, we aimto ensure that the acquisition and implementation of knowledge is supported by a broad social consensusand that reflection on the social consequences is aninherent part of the strategy.

Our aim is to shape our economy, working life and lifestyles in such a way that competitiveness, the preservation of the natural life−support systems andsocial equity are compatible. In many areas, innovationis the key to promoting development that is at onceeconomically, socially and environmentally friendly. HTS 2025 has close substantive links to the target systemof Sustainable Development Goals (SDGs) adopted onaninternational level in 2015. In a time when rapidchanges are taking place, all players must stay alert tothe constantly shifting landscape. As an adaptive strategy, HTS 2025 is designed to react quickly and purposefullyto new trends. The Federal Government's researchand innovation policy is therefore open to a varietyof technologies and non−technological approaches totackling problems or meeting challenges.

Never before has so much research and development been taking place in Germany as there is today. In 2017, expenditure on R&D rose to 3. 04 per cent of the grossdomestic product (GDP), of which 2. 1 per cent camefrom the private sector and 0. 94 per cent from government funding. In 2018, Federal investments madeunder the umbrella of the HTS amounted to more than 15. 8 billion euros (target). The Federal Government, inconjunction with the Läder and the private sector, hasset itself the target of investing 3. 5 per cent of GDP perannum in R&D by 2025. This target is in line with the EFI's recommendation. HTS 2025 underpins the goal of stepping up investment in research and development. This is one of the central challenges of the comingyears. This goal can only be achieved if policymakersand the private sector work together.

To enhance the development of HTS 2025, we needinnovative forms of cooperation that create spacesfor ideas, involve new players, and increase civilsociety's participation in the dialogue on the future ofresearch and innovation in Germany. A commitmentto strengthening participation is therefore firmlyenshrined in HTS 2025. The Federal Government's successful research and innovation policy in the framework of the HTS has also been supported forthree legislative periods by comprehensive consultationthat includes all groups of stakeholders involvedin innovation activities.

Tackling the grand challenges

The Federal Government is contributing to overcoming societal challenges through a variety of measures within the framework of HTS 2025. The aim is to achieve leaps in quality that are tangible and perceptible to people in their environment in the six fields of action "Health and Care", "Sustainability, Climate Protection and Energy", "Mobility", "Urban and Rural Areas", "Safety and Security" and "Economy and work 4.0".

<u>Health and Care</u>

For an active and autonomous life for people in Germany, we rely on high-performance health research, international research partnerships, and the use ofdigital innovations in medicine and healthcare.

The following milestones have been achieved to date:

- The National Decade Against Cancer began in January 2019. This will concentrate our resources overthe next ten years to reduce the number of people developing cancer, to detect cancer earlier and tobetter treat it in the future (see also the "Combatingcancer" mission, page 24).

- February 2019 saw the establishment of the "Global Health Hub Germany". This provides a German basefrom which we can fight diseases worldwide andforge ahead with prevention projects.

- With our "Future of Care" competition, we have establisheda national nursing care innovation centre withfour nursing care practice centres. We are promotingcutting-edge technologies for health applicationswith innovative human-machine interfaces in two innovation clusters for prosthetics/orthotics and network edmicro implants.

- We are continuing our efforts to ensure that aresearch-compatible electronic health record（EHR）is available at all German university hospitals by 2025（see also the mission "Digitally networking researchand healthcarefor intelligent medicine", page 26）.

Sustainability, Climate Protection and Energy

For the benefit of present and future generations, we havefirmly enshrined the guiding principle of sustainable andclimate-friendly development in both our research andinnovation policy and our education system. Innovation smake an important contribution to sustainable development. They are urgently needed to achieve the sustain ability and climate goals of Agenda 2030 and the Paris Agreement（see also the missions "Achieving substantial green house gas neutrality in industry", page 28, and "Creating sustainable circular economies", page 33）.

The following milestones have been achieved to date:

- In September 2018, the Federal Government adoptedthe 7th Energy Research Programme. Transformation of the overall system is moving into the focus ofresearch funding, with the central research fields beingenergy efficiency and renewable energies, as well ascross-system research topics on digitalisation, sectorcoupling, and energy system transformation in the heating, industrial and transport sectors, and including investigation of social issues. To this end, around 6. 4 billion euros will be made available in the period from 2018 to 2022, an increase of around 45 per cent over the previous programme. In July 2019, the 20 winners ofthe ideas competition on "Real-World Laboratories for Energy System Transformation" were announced. Work is being carried out in selected real-world laboratoriesin the fields of green hydrogen technologies, energy optimised neighborhoods, and large-scale power storage facilities to promote research for climate protection and energy system transformation. These and other initiatives under the auspices of the German government's 7th Energy Research Programme such as Carbon Chem and Synthetic Fuelslay the foundation for new value-added models.

- June 2019 saw the launch of the science platformfor the Climate Protection Plan 2050. The platform provides scientific expertise to support the Federal Government in the implementation and on going development of Germany's long-term strategy forclimate protection (Climate Protection Plan 2050) and of programmes of initiatives. An inter disciplinary steering group with up to ten scientists and researchers from renowned institutes will managethe platform.

- In future, the bioeconomy will be promoted in aunited effort as part of an overall strategy. This willcreate a comprehensive framework for increasing thefocus of future strategic activities on the bioeconomy, which were previously divided into a research strategy and a policy strategy. According to current planning, the cabinet session will take place in late summer 2019.

- The "Dialogue Platform Industrial Bioeconomics" was launched in October 2018. Four working groupshave been set up to deal with a variety of topics. The first interim reports are to be presented at the end of September 2019.

- The content design for the planned continuation of the FONA framework programme was discussed with representatives from science and research, civilsociety, the private sector, politics and administration. We are continuing our interministerial workto develop a sustainable approach to plastics and tocounteract the loss of biodiversity (see also the missions "Substantially reducing plastic discharged intothe environment", page 30, and "Preserving biological diversity", page 35).

- July 2019 saw the launch of the Innovation Programme Future Building. This programme provide simportant impetus for the construction industry con-

cerning climate protection, energy and resource efficiency, affordable construc-
tion, design featuresin the (urban) planning context and for coping with demo-
graphic change. New features are to be foundin particular in the research fun-
ding aspect of the Innovation Programme Future Building, which hasintroduced
the new categories of basic research, industrial research, experimental develop-
ment and feasibility studies to support all stages of innovation development
through to market−driven activities.

Mobility

To achieve intelligent and low−emission mobility, we want to jointly shape
change in the mobility sector with stake holders such as the Läder, local govern-
ments and their citizens, a high −performancescience and research community,
and a competitive private sector. Mobility research is focusing moreintensively on
the entire range of mobility provision inurban and rural areas, taking account of
climate policyand sociological perspectives and insights from the social sciences
(see also the mission "Developing safe, networked and clean mobility", page 40).

The following milestones have been achieved to date:

• In February 2019, we published the projects "Mobilitäs Werk Stadt
2025" (for local mobility concepts) and "Mobilitäs Zukunfts Labor 2050" (a
mobility innovationlab) as part of the research agenda for "Sustainable Urban
Mobility". Project launch is planned for spring 2020, with the aim of funding
communal models thatdevelop locally relevant, integrated and sustain able mob-
ility concepts and test their implementation, aswell as integrating mobility re-
search on overarchingissues, practical trials and sophisticated impact and syn-
thesis research.

• Since June 2019, the new "Action Plan Automated and Connected
Driving", a joint research frameworkof the BMBF, BMWi and BMVI has bun-
dled prioritiesand guidelines for the future orientationof researchfunding for au-

tonomous driving. The actionplan offers many benefits, rangingfrom increasedroad safety and efficiency to concepts for low-emission, intelligent and innovativemobility.

- The national competence network for Sustainable Urban Mobility (NaKoMo) was founded in spring 2019. NaKoMo serves to improve networking between local governments, the Federal Governmentand the Läder and disseminates the findings fromthe projects supported under the "Digitalisation of Municipal Transport Systems" funding directive.

- Through the Federal Aviation Research Programme (LuFo), the Federal Government and the Lädersupport projects that work on technology for the nextgeneration of commercial aircraft and beyond. The LuFo VI programme, which is currently being rolledout, will step up the promotion of climate-friendlyinnovations, for example through its own fundingline in (hybrid) electric manned flying. It also supports the development of new low-emission and low-noiseaircraft configurations that are suitable for urban airmobility. In the industry 4.0 programme line, newproduction technologies are being researched alongwith their digital modelling and networking with theaim of implementing autonomous, highly auto mated manufacturing systems and advancing the development of classic maintenance processes into needs-based maintenance strategies.

全文链接：https://www.bmbf.de/upload_filestore/pub/The_High_Tech_Strategy_2025.pdf.

第五章

2019 全球独角兽企业 500 强大会
媒体报道

中华人民共和国工业和信息化部官网
王新哲出席 2019 独角兽企业 500 强大会并致辞

媒体名称	中华人民共和国工业和信息化部官网
文章标题	王新哲出席 2019 独角兽企业 500 强大会并致辞
文章链接	http：//www.miit.gov.cn/newweb/n1146290/n1146402/n7039597/c7573556/content.html

2019 年 12 月 18 日，由青岛市人民政府、中国人民大学中国民营企业研究中心联合主办的 2019 全球独角兽企业 500 强大会在山东省青岛市召开，工业和信息化部总经济师王新哲，山东省委常委、青岛市委书记王清宪出席大会并致辞。

王新哲指出，中国很多独角兽企业是民营企业，是从中小企业逐步发展壮大而来。中小企业与民营企业互为主体。王新哲表示，工业和信息化部将坚持以习近平新时代中国特色社会主义思想为指导，全面贯彻落实党中央、国务院的决策部署，进一步加强与各部门各地区的协作配合，切实把促进中小企业发展作为落实基本经济制度的重要举措，作为稳增长、稳就业乃至稳定社会发展大局的重要抓手，着力营造更好发展环境，支持中小企业做强做优做精，为推动经济高质量发展、构建现代化经济体系发挥好生力军的作用。主要采取以下六个措施：

一是进一步优化发展环境。深化"放管服"改革，进一步放宽市场准入，支持中小企业参与制造强国和网络强国建设。大力发展工业文化，激发和弘扬企业家精神和工匠精神，推动质量品牌建设，提高产品的知名度和美誉度。

二是进一步强化政策落实。加强《中小企业促进法》和各项惠企政策的宣传贯彻。着力做好清理政府部门国有企业拖欠民营企业中、小企业账款专项工作，推动建立防止拖欠账款的长效机制。

三是进一步深化产融合作。推动金融机构创新金融产品和服务，扩大中小企业信贷规模。发挥国家中小企业发展基金引导带动作用，进一步拓宽中小企业直接融资渠道。推进中小企业政策性信用担保体系建设，落实降费奖补政策。

四是进一步推动创新发展。支持中小企业在研发设计、生产制造、运营管理等环节应用 5G、工业互联网、大数据、人工智能、区块链等新一代信息技术，加快数字化转型。促进大中小企业融通发展，构建大企业与中小企业协同创新、共享资源、融合发展的产业生态。积极推动制造业领域科技创新和科技成果产业化。

五是进一步抓好公共服务。培育一大批单项冠军企业、国内领先的"小巨人"企业和众多"专精特新"企业，诞生发展出数量更多、质量更好的独角兽企业。继续培育和认定国家中小企业公共服务示范平台和小型微型企业创业创新示范基地，做好中小企业领军人才培训。

六是进一步深化国际合作。充分发挥双边、多边机制的作用，深化中小企业各领域合作。支持中国的中小企业与"一带一路"沿线国家对接交流，拓展全球资源新空间。推动全球 500 强独角兽企业加强合作，共同成长。

会上公布了 2019 全球独角兽企业 500 强榜单，发布了《2019 全球独角兽企业 500 强发展报告》。有关部门负责人、研究机构、国内外相关企业代表等 600 余人参加。工业和信息化部中小企业局有关负责人参加大会。

人民日报海外网
王新哲：希望更多企业加入独角兽企业 500 强行列

媒体名称	人民日报海外网
文章标题	王新哲：希望更多企业加入独角兽企业 500 强行列
文章链接	http：//minsheng. haiwainet. cn/n/2019/1224/c455822 – 31687729. html? nojump ＝ 1&from ＝ singlemessage&isappinstalled＝0

2019 年 12 月 18 日，中国人民大学中国民营企业研究中心联合青岛市人民政府在青岛即墨海景花苑大酒店举办了"2019 全球独角兽企业 500 强大会暨《2019 全球独角兽企业 500 强发展报告》发布会"。会上国家工业和信息化部总经济师王新哲致辞时称，很多独角兽企业是民营企业，是从中小企业逐步发展壮大而来，希望越来越多的中小企业加入独角兽企业 500 强行列。

王新哲指出，工业和信息化部将坚持以习近平新时代中国特色社会主义思想为指导，全面贯彻落实党中央、国务院的决策部署，进一步加强与各部门各地区的协作配合，切实把促进中小企业发展作为落实基本经济制度的重要举措，作为稳增长、稳就业乃至稳定社会发展大局的重要抓手，着力营造更好发展环境，支持中小企业做强做优做精，为推动经济高质量发展、构建现代化经济体系发挥好生力军的作用，需要重点抓好以下工作：

一是进一步优化发展环境。深化"放管服"改革，进一步放宽市场准入，支持中小企业参与制造强国和网络强国建设。大力发展工业文化，激发和弘扬企业家精神和工匠精神，推动质量品牌建设，提高产品的知名度和美誉度。

二是进一步强化政策落实。加强《中小企业促进法》和各项惠企政策的宣传贯彻。着力做好清理政府部门国有企业拖欠民营企业中小企业账款专项工作，推动建立防止拖欠账款的长效机制。

三是进一步深化产融合作。推动金融机构创新金融产品和服务，扩大中小企业信贷规模。发挥国家中小企业发展基金引导带动作用，进一步拓宽中小企业直接融资渠道。推进中小企业政策性信用担保体系建设，落实降费奖补政策。

四是进一步推动创新发展。支持中小企业在研发设计、生产制造、运营管理等环节应用 5G、工业互联网、大数据、人工智能、区块链等新一代信息技术，加快数字化转型。促进大中小企业融通发展，构建大企业与中小企业协同创新、共享资源、融合发展的产业生态。积极推动制造业领域科技创新和科技成果产业化。

五是进一步抓好公共服务。培育一大批单项冠军企业、国内领先的"小巨人"企业和众多"专精特新"企业，诞生发展出数量更多、质量更好的独角兽企业。继续培育和认定国家中小企业公共服务示范平台和小型微型企业创业创新示范基地，做好中小企业领军人才培训。

六是进一步深化国际合作。充分发挥双边、多边机制的作用，深化中小企业各领域合作。支持中国的中小企业与"一带一路"沿线国家对接交流，拓展全球资源新空间。推动全球 500 强独角兽企业加强合作，共同成长。

据悉，2019 全球独角兽企业 500 强大会由青岛市民营经济发展局、青岛即墨区政府及北京隐形独角兽信息科技院承办，青岛市民营经济服务中心协办。会议发布了由中国人民大学中国民营企业研究中心和北京隐形独角兽信息科技院联合撰写的《2019 全球独角兽企业 500 强发展报告》，邀请了工业和信息化部总经济师王新哲，山东省省委常委、青岛市市委书记王清宪，中央民族大学校长、中国经济发展研究会会长、中国人民大学中国民营企业研究中心主任黄泰岩，中共中央对外联络部原副部长于洪君，中国汽车工程学会理事长、中国工程院院士李骏，中国人工智能学会理事长、中国工程院院士戴琼海，美国交通部前助理部长兼公共事务主任代表玛丽安·麦克伦妮，印度工商会联合会中国会长阿都尔，南非蓝鹤投资有限公司董事长兼总经理安迪·拉马福萨等十余位重量级嘉宾，以及驴妈妈、曹操出行、京东物流、喜马拉雅、滴滴出行、知乎等全球独角兽企业 500 强代表、隐形独角兽企业代表、全球及国内知名金融投资机构代表和著名专家学者等 500 余名嘉宾与会。

人民网

王新哲：着力营造更好发展环境
支持中小企业做强做优做精

媒体名称	人民网
文章标题	王新哲：着力营造更好发展环境支持中小企业做强做优做精
文章链接	http：//industry.people.com.cn/n1/2019/1218/c415803－31511770.html？from＝singlemessage&isappinstalled＝0

2019 年 12 月 18 日，由青岛市人民政府、中国人民大学中国民营企业研究中心联合主办的 2019 全球独角兽企业 500 强大会在青岛召开。

工业和信息化部总经济师王新哲指出，中国很多独角兽企业是民营企业，是从中小企业逐步发展壮大而来的。中小企业与民营企业互为主体。

王新哲表示，工业和信息化部将进一步加强与各部门各地区的协作配合，切实把促进中小企业发展作为落实基本经济制度的重要举措，作为稳增长、稳就业乃至稳定社会发展大局的重要抓手，着力营造更好发展环境，支持中小企业做强做优做精，为推动经济高质量发展、构建现代化经济体系发挥好生力军的作用。

一是进一步优化发展环境。深化"放管服"改革，进一步放宽市场准入，支持中小企业参与制造强国和网络强国建设。大力发展工业文化，激发和弘扬企业家精神和工匠精神，推动质量品牌建设，提高产品的知名度和美誉度。

二是进一步强化政策落实。加强《中小企业促进法》和各项惠企政策的宣传贯彻。着力做好清理政府部门国有企业拖欠民营企业中小企业账款专项工作，推动建立防止拖欠账款的长效机制。

三是进一步深化产融合作。推动金融机构创新金融产品和服务，扩大中小企业信贷规模。发挥国家中小企业发展基金引导带动作用，进一步拓宽中小企业直接融资渠道。推进中小企业政策性信用担保体系建设，落实降费奖补政策。

四是进一步推动创新发展。支持中小企业在研发设计、生产制造、运营管理等环节应用 5G、工业互联网、大数据、人工智能、区块链等新一代信息技术，加快数字化转型。促进大中小企业融通发展，构建大企业与中小企业协同创新、共享资源、融合发展的产业生态。积极推动制造业领域科技创新和科技成果产业化。

五是进一步抓好公共服务。培育一大批单项冠军企业、国内领先的"小巨人"企业和众多"专精特新"企业，诞生发展出数量更多、质量更好的独角兽企业。继续培育和认定国家中小企业公共服务示范平台和小型微型企业创业创新示范基地，做好中小企业领军人才培训。

六是进一步深化国际合作。充分发挥双边、多边机制的作用，深化中小企业各领域合作。支持中国的中小企业与"一带一路"沿线国家对接交流，拓展全球资源新空间。推动全球 500 强独角兽企业加强合作，共同成长。

据悉，会上公布了 2019 全球独角兽企业 500 强榜单，发布了《2019 全球独角兽企业 500 强发展报告》。

人民网
王清宪：希望每年举办一次全球独角兽企业 500 强大会

媒体名称	人民网
文章标题	王清宪：希望每年举办一次全球独角兽企业 500 强大会
文章链接	http：//www. cctv－gy. cn/show＿12＿12571＿1. html？from＝singlemessage

2019 年 12 月 18 日，中国人民大学中国民营企业研究中心联合青岛市人民政府在青岛即墨海景花苑大酒店举办了"2019 全球独角兽企业 500 强大会暨《2019 全球独角兽企业 500 强发展报告》发布会"。会上山东省委常委、青岛市委书记王清宪发表致辞时称，青岛愿意提供一个国际合作的新平台，成为独角兽茁壮成长的热带雨林。这个平台要培育出更多的独角兽企业，这也是青岛此次举办这次全球独角兽企业 500 强大会的初衷。2019 年是第一届，希望以后每年都举办一次。

王清宪表示，自 2013 年提出"独角兽"概念以来，独角兽企业已经成为各行各业创新发展的"代名词"和衡量一个国家或地区创新能力与创新生态的重要风向标。一个城市有多少独角兽企业，就是对这个城市的创新活力、发展模式、未来前景的最好诠释。因此，青岛要紧紧抓住独角兽企业这个蕴含着强大的创新力和巨大的成长性的企业群体。

"创新与成长是独角兽最鲜明的特质。这样的精神特质和今天的青岛很像，或者说，青岛很像城市中的独角兽。青岛有门类齐全且实力雄厚的产业基础，但近些年来，青岛在创新性高技术产业领域的引领性已不如从前，因此，青岛不能再仅仅满足于津津乐道了几十年的海尔、海信、青啤等'五朵金花'，还必须有成批的、成片的新的金花，鼓励有创新力、有实力的企业创意策划发展成为 100 亿、500 亿、1000 亿销售规模的新金花。"王清宪称。

关于青岛如何落实营造适合独角兽企业发展的生态环境，王清宪指出，青岛出台了独角兽企业培育和奖励方案，构建企业培育库，为企业提供政策政务、辅导培训、技术对接、管理咨询等全方位线上线下服务，构建企业从"专精特新"到隐形冠军、"小巨人"，从瞪羚到独角兽的全过程成长培育机制。

据悉，2019 全球独角兽企业 500 强大会由青岛市民营经济发展局、青岛即墨区政府及北京隐形独角兽信息科技院承办，青岛市民营经济服务中心协办。会议发布了由中国人民大学中国民营企业研究中心和北京隐形独角兽信息科技院联合撰写的《2019 全球独角兽企业 500 强发展报告》，邀请了工业和信息化部总经济师王新哲，山东省省委常委、青岛市市委书记王清宪，中央民族大学校长、中国经济发展研究会会长、中国人民大学中国民营企业研究中心主任黄泰岩，中共中央对外联络部原副部长于洪君，中国汽车工程学会理事长、中国工程院院士李骏，中国人工智能学会理事长、中国工程院院士戴琼海，美国交通部前助理部长兼公共事务主任代表玛丽安·麦克伦妮，印度工商会联合会中国会长阿都尔，南非蓝鹤投资有限公司董事长兼总经理安迪·拉马福萨等 10 余位重量级嘉宾，以及驴妈妈、曹操出行、京东物流、喜马拉雅、滴滴出行、知乎等全球独角兽企业 500 强代表、隐形独角兽企业代表、全球及国内知名金融投资机构代表和著名专家学者等 500 余名嘉宾与会。

人民网
黄泰岩：中国新一轮经济增长的三个关键点

媒体名称	人民网
文章标题	黄泰岩：中国新一轮经济增长的三个关键点
文章链接	https://wap.peopleapp.com/article/rmh10333601/rmh10333601

2019 年 12 月 18 日，中国人民大学中国民营企业研究中心联合青岛市人民政府在青岛即墨海景花苑大酒店举办了 "2019 全球独角兽企业 500 强大会暨《2019 全球独角兽企业 500 强发展报告》发布会"。会上中央民族大学校长、中国经济发展研究会会长、中国人民大学中国民营企业研究中心主任黄泰岩围绕当前中国经济形势发表了主题演讲。

黄泰岩指出，三期叠加——经济周期变动、中国经济从高速增长转向高质量发展的换挡期以及进入全面改革的深水期、攻坚期，导致中国经济下行压力巨大，给企业家及地方政府带来了一系列疑惑和困难。如何破局需要关注以下三点：

第一，消费增长，顺消费者则兴，逆消费者则亡。随着收入增长，居民消费升级正向个性化、柔性化方向发展，对品牌的追求和对 "物美价廉" 的要求，使传统企业、传统生产方式发生供求之间严重错位。如何推进供给结构优化，满足消费者对品质、品位个性化的需求，特别是 "90 后" 的特性化需求，将成为中国未来消费增长的核心点，抓住年轻人就是抓住天下。

第二，服务业增长。在服务业发展过程中，如何保证服务业和工业化、服务业和制造业、服务业和四化发展同步，已成为中国当前推动服务业发展的重点。离开了制造业的服务业，特别是生产型服务业将没有增长空间。

第三，新经济。中国的新经济包含四个方面：新技术、新产业、新模式、新业态。如何保证中国新经济能够对中国支撑 50% 的增长，关键是创新，包括理论创新、技术创新和制度创新等。通过创新来推进中国新经济在未来实现突破性发展，突破发达国家对中国的遏制，实现中国经济转向健康持续稳定的发展轨道。

据悉，2019 全球独角兽企业 500 强大会由青岛市民营经济发展局、青岛即墨区政府及北京隐形独角兽信息科技院承办，青岛市民营经济服务中心协办。会议发布了由中国人民大学中国民营企业研究中心和北京隐形独角兽信息科技院联合撰写的《2019 全球独角兽企业 500 强发展报告》，邀请了工业和信息化部总经济师王新哲，山东省省委常委、青岛市市委书记王清宪，中央民族大学校长、中国经济发展研究会会长、中国人民大学中国民营企业研究中心主任黄泰岩，中共中央对外联络部原副部长于洪君，中国汽车工程学会理事长、中国工程院院士李骏，中国人工智能学会理事长、中国工程院院士戴琼海，美国交通部前助理部长兼公共事务主任代表玛丽安·麦克伦妮，印度工商会联合会中国会长阿都尔，南非蓝鹤投资有限公司董事长兼总经理安迪·拉马福萨等十余位重量级嘉宾以及驴妈妈、曹操出行、京东物流、喜马拉雅、滴滴出行、知乎等全球独角兽企业 500 强代表、隐形独角兽企业代表、全球及国内知名金融投资机构代表和著名专家学者等 500 余名嘉宾参会。

中国日报
2019 全球独角兽企业 500 强大会在青岛召开

媒体名称	中国日报
文章标题	2019 全球独角兽企业 500 强大会在青岛召开
文章链接	https：//caijing. chinadaily. com. cn/a/201912/19/WS5d-faec86a31099ab995f2712. html

2019 年 12 月 17~18 日，青岛市即墨区海景花苑大酒店，由中国人民大学中国民营企业研究中心与青岛市人民政府联合举办，青岛市民营经济发展局、青岛即墨区政府及北京隐形独角兽信息科技院承办，青岛市民营经济服务中心协办的"2019 全球独角兽企业 500 强大会"在完成各项议程后胜利闭幕。

与会嘉宾围绕政治、经济、技术等主题，分享了最新研究成果、理念及企业发展模式、经验。会中，中国人民大学中国民营企业研究中心和北京隐形独角兽信息科技院联合发布了《2019 全球独角兽企业 500 强发展报告》，并对部分获奖企业代表颁发了证书。同时，会上还举办了项目路演及投融资对接会、主题圆桌论坛。来自全国五百余位政府、学院、企业嘉宾代表参加了本次大会。

一、新一轮科技革命和产业变革正孕育兴起

工业和信息化部总经济师王新哲为大会致辞时表示，"我谨代表工业和信息化部对大会的成功举办和入榜的 500 强独角兽企业表示热烈的祝贺，并借此机会对社会各界给予中小企业发展工作的关心和支持表示衷心

的感谢!"

回顾过去一段时期，王新哲认为，中国政府为促进中小企业健康发展，解决中小企业发展过程中遇到的困难和问题，近年来不断出台了一系列减税降费政策，种种举措均为中小企业发展营造了良好的政策环境，也为中小企业成长为独角兽企业奠定了基础。"当前，中小企业的竞争压力依然较大。"王新哲表示，"政府应着力营造更好的发展环境，帮助中小企业变压力为动力，化危机为生机，支持中小企业做强做优、做精。为推动经济高质量发展，构建现代化经济体系发挥好生力军的作用。相信本次大会的召开，将对青岛市及全国的中小企业持续健康发展起到积极的推动作用，希望越来越多的中小企业加入独角兽企业 500 强行列。"

山东省委常委、青岛市委书记王清宪致辞时说："自 2013 年提出'独角兽'企业概念以来，独角兽企业已经成为各行各业创新发展的代名词和衡量一个国家和地区创新能力与创新生态的重要的风向标。一个城市有多少独角兽企业就是对这个城市的创新活力、发展模式、未来前景的最好的诠释。"王清宪指出，创新与成长是独角兽最鲜明的特质，这样的精神特质和今天的青岛很像，或者说青岛很像城市中的独角兽。青岛愿意提供一个国际合作的新平台，成为独角兽苗壮成长的热带雨林。这个平台要聚起更多的独角兽企业，也包括众多的新优特中小企业，这个平台更要培育出更多的独角兽企业，这也是青岛此次举办这次全球独角兽企业 500 强大会的初衷。2019 年是第一届，我们希望以后每年都举办一次。

中央民族大学校长黄泰岩教授在会上就"当前中国经济形势分析及预测"做了主题演讲。"中国经济正从过去高速增长转向高质量发展，换挡期过程必然会出现空档期。"中国的改革正进入全面改革深水期、攻坚期，会遇到各方面的困难。在这种背景下，如何保证中国新经济能够对中国支撑 50% 的增长，黄泰岩认为，关键就是创新，'中国的创新驱动非常重要，包括理论创新、技术创新和制度创新等五大创新"。

中共中央对外联络部原副部长于洪君围绕"中国特色大国外交与国

际科技投资合作新范式"作了主题发言,他说:"新中国成立 70 年来,我们积极融入全球市场参与国际分工,逐渐发展成为全球第二大经济体,在合作共赢和全球化的推动下,以知识、技术、人才等核心的创新要素在全球范围内加速流动。"于洪君认为,新一轮科技革命产业变革与各国经济转型和发展形成了历史交汇,大科学的跨界融合更加突出,催生出新知识、新技术推动产业升级发展的原动力不断涌现,科技与社会协同发展、融合发展态势应该说前所未有。

二、智能汽车产业或将成为独角兽企业崛起新领域

中国汽车工程学会理事长、中国工程院院士李骏教授围绕"汽车技术发展新趋势与新机遇"做主题演讲。他表示,在未来颠覆人类生活的重大科技中,多数与汽车发展相关,特别是互联网、机器人、自动化、智能手机、云计算、智慧城市,这些新型的科技都与汽车自动驾驶有密切、深度的关联。"值得注意的是,绿色能源已经成为继传统内燃汽车之后的汽车新动力。"李骏预测称,"未来,大量相关独角兽企业将会诞生,他们将推动整个汽车产业转型升级发展。"

中国人工智能学会理事长、中国工程院院士、清华大学教授戴琼海虽然没有出席本次大会,但他通过视频向大会胜利召开表达了祝贺,他认为,独角兽企业是科技企业创新的重要代表,极具市场潜力,人工智能独角兽企业将赋能各个行业,是极具挑战的机遇,青岛抢抓创新资源布局,人才资本极具发展的优势土壤,站在新一轮高水平科技前沿带来新的机遇。

在美国,从事自动驾驶汽车技术研发的企业不在少数,有 36 年历史的赛麟汽车是其中的佼佼者。"今天,全球每天有 3300 人死于车祸。如果借助 5G、6G 技术打造一个完整的智能交通网络体系,或许可以将车祸完全避免。"赛麟汽车全球市场营销总裁、美国交通部前助理部长兼公共事务主任代表玛丽安称。

随后，印度工商会联合会中国会长阿都尔先生围绕"印度独角兽企业数量为什么居于全球第三位"做主题演讲，并分享了印度培育独角兽企业的经验。他说："印度和中国一样，都有着强烈的民族认同感，希望振兴各自的国家，使其成为世界上的引领型经济体。两国同样重视建设科学的教育体系和营商环境，客观上为独角兽企业发展提供了良好的成长空间。"

南非蓝鹤投资有限公司董事长兼总经理安迪·拉马福萨毕业于复旦大学，对他而言，中国是第二故乡。"这次回到中国老家，我感觉非常棒！很高兴跟大家介绍非洲。"安迪·拉马福萨说，"非洲大陆的市场相当大，它们的市值超过 1000 亿美元，许多国家正在快速发展。这是一个非常年轻的大陆，值得人们来认识、来投资、来建设。"

全球独角兽企业 500 强代表——地平线机器人创始人兼 CEO 余凯博士分享企业发展心得时表示，地平线作为一个在边缘人工智能芯片，尤其是在面向智能驾驶车载的计算芯片方面做了一些工作。

"智能操作系统和芯片未来的应用场景是非常广泛的，远超我们今天的手机和 PC。"余凯说，"其中最重要的机器人的应用场景是车载计算，今天车是一个机电产品，可是汽车在未来十年时间里面一定会成为四个轮子上面的超级计算机，不光是可以跟车内的乘客、司机做人机交互，同时具有环境感知的能力，可以做自我决策能力，可以从今天的辅助驾驶迈向十年以后的完全无人驾驶，汽车变成世界上最大的机器人的计算平台。"

随后，全球独角兽企业 500 强代表——平安医疗健康管理股份有限公司旗下平安好医投资管理有限公司 CEO 邢立萍、伟东云董事长王端瑞、依图科技首席技术官颜水成等也分享了企业发展历程。

三、北京独角兽企业数量已超过美国旧金山居世界首位

全球独角兽企业 500 强大会秘书长解树江博士宣布《2019 全球独角兽企业 500 强发展报告》正式发布时说，当前，科技革命和产业革命已

经初露端倪，作为独特的企业群体独角兽，是科技创新型企业中的最具代表性的部分，同时也是新经济中最活跃的一个群体。

解树江博士介绍报告的评选标准时称："中国人民大学中国民营企业研究中心和北京隐形独角兽信息科技院合作，共同推出《2019 全球独角兽企业 500 强发展报告》。这个报告评估标准是平准基准日、企业估值在 10 亿美元以上，10 亿美元是一个起点，同时剔除两类企业，主营业务与现行政策导向相违背的企业，另外是负面舆情较多企业。我们从全球 700 多家企业中遴选出来全球独角兽企业 500 强，通过人机共融智能技术，确保了我们数据的全面性、客观性、准确性。"

《2019 全球独角兽企业 500 强发展报告》显示，此次进入 2019 全球独角兽企业 500 强名单的是：Waymo、蚂蚁金服、字节跳动、阿里云、滴滴出行、阿里本地生活、大疆无人机等企业。

"北京的独角兽企业数量是 84 家，已经超过美国旧金山居世界首位，而青岛拥有 6 家独角兽企业，位列中国城市当中的第一方阵，在北方排名第二，在全国排名第七，已经成为独角兽企业新兴成长基地。"解树江博士说。

随后，大会组委会及领导嘉宾对全球独角兽 500 强企业代表——地平线机器人、赛麟汽车、平安医保科技、伟东云、依图科技、天际汽车等企业颁发了证书。

据悉，《2019 全球独角兽企业 500 强发展报告》是根据中国人民大学中国民营企业研究中心和北京隐形独角兽信息科技院建立的全球独角兽企业数据库编制而成，首次提出了"全球独角兽企业 500 强"概念，通过人机共融智能技术，采用人工智能技术、人工筛选、专家和投资机构推荐等方法，运用计算机智能分析与处理技术对数据进行整理和归类，建立了"全球独角兽企业数据库（GUD）"，并通过动态跟踪对比研究，反映出全球科技创新和风险投资的基本规律和变化趋势。

央视网

2019 全球独角兽企业 500 强大会项目路演精彩纷呈

媒体名称	央视网
文章标题	2019 全球独角兽企业 500 强大会项目路演精彩纷呈
文章链接	http：//www.cctv-gy.cn/show_12_11242_1.html

2019 年 12 月 18 日下午，2019 全球独角兽企业 500 强大会——项目路演及投融资对接会在青岛市即墨区海景花苑大酒店会议大堂成功举办，青岛市政府领导、全球独角兽企业 500 强、全球隐形独角兽企业及国内外金融投资机构代表们共聚一堂，对各企业最新项目进行听取、讨论和分析。

会前，青岛市民营经济发展局局长高善武对大家的到来表示欢迎并致辞称，希望参会企业利用今天难得的机会进行路演展示，充分展现自己的亮点和优势。"希望各位企业家面向未来，投资布局青岛，共同打造'一带一路'国际合作新平台，推动形成开放发展的新局面。"高善武表示。

一、人工智能在各行各业都具有广泛应用基础

七牛云联合创始人杜江华谈及新经济时称，新经济最主要的核心是数据+智能。"人工智能已经成为新的国家战略，所有的 ABC、阿里、腾讯、百度都把云计算公司变成了云+智能的公司。不管是新经济企业还是传统的企业，或者是政府部门，都可以通过改造获取新的竞争优势"。杜江华说，"如果有这样一个公司，既有海量数据管理能力，又有计算能力，它在新经济下面对各种各样海量管理时，一定是游刃有余，七牛云就是这么

一个公司"。

华云数据是一家做云计算大数据的公司。华云数据高华介绍企业时称，云计算这个领域是个舶来品，2006 年美国谷歌公司推出了这个概念。"我们是提供混合云服务的一家厂商，在整个 IT 领域，向下对接服务器领域，向上对应企业很多应用层面，起到承上启下中间层的作用。"高华说，"简单而言，就是客户把服务器搬过来，一站式让它直接上云，不用再额外适配数据库、中间件"。

九次方城市数字业务副总裁张智东谈到人工智能时代发展的三个大流派时表示："人工智能三大流派分别是符号主义、连接主义和行为主义。"他认为，人工智能在中国的应用很多，包括能看到的智能家居，百度、小米、华为，还有支付宝的钱包，推荐算法。"无人驾驶车辆也是大量用到人工智能，在北京亦庄，经常可以看到脑袋上顶着大包的汽车在道路上跟你并驾齐驱，这说明人工智能时代将真正来临。"他说，"而九次方则主要是推进大数据开发，同时也配合包括汽车行业在内的各体系进行数据资产运营的探索"。

汇桔网的高级副总裁杨昕演绎"知识产权为 5G 时代提供新动能"时表示，汇桔是一个以知识产权和科创服务为主航道的云计算和大数据公司，其核心产品平台是汇桔云，主要是借助人工智能和大数据的力量，在 IP，也就是知识产权和科创服务上发力。"过去两年，我们汇聚了 1.2 亿的企业工商数据，到现在最新的数据是 1.6 亿"。杨昕说，"知识产权是一种服务，科技手段变化的不同，它的展现形式也不一样。我们希望通过整个云平台和 IP 给实体经济和创新经济带来更多活力"。

韶鼎人工智能科技 CEO 金鑫围绕感性 AI 技术发表演讲时称，公司汇集了全世界数万名艺术家的数据，在全球范围内率先推出第一款 AI 美学商用引擎以模拟人类情感、艺术、审美等右脑感性智能——韶鼎 1 号，它能够"识美丑、通人性、创艺术"，为模拟右脑感性智能提供了重要支撑。"通过提供多种 AI 美学解决方案为手机、服装、摄影、设计等不同垂直领域的客户赋能，是 AI 美学从实验室走向大众生活以及大规模商用的一个新起点，助力中国抢占人工智能美学全球制高点。"金鑫表示。

二、无人驾驶、空中出租 2021 年有望上线

曹操出行副总经理庞博与台下嘉宾代表分享观点称，吉利汽车在面对新一轮产业变革以及面对新一轮纯电动化的发展当中，选择了做战略转型，从汽车制造商向移动出行服务商和信息内容提供商做转型。"吉利目前运营了'掌上高铁'，为了实现站到站、门到门的服务，沃尔沃无人驾驶 360 汽车有望在 2021 年上线。此外，城市空中出租车是戴姆勒集团和吉利集团共同投资 5000 万美元，将平面的交通出行变为立体的交通出行方式。"

赛麟汽车有限公司副总裁焦劲军介绍企业时表示，赛麟汽车的战略定位是"以汽车硬核科技驱动的人工智能应用平台"，一是有技术，二是有数据驱动，三是有人工智能应用平台。"公司将会推出燃油款的超跑和SUV。"焦劲军说，"我们在美国是小众顶级的超跑品牌，到中国来做大众高端，通过在中国的制造和利用，我在欧美现有的营销网络以及中国新打造的网络，我们会集中在高速增长的高端车市场，实现全球销售"。

三、新理念、新技术、新模式使服务行业亮点不断

在北京、上海等大城市可以做到 40 分钟左右的送达时效，这样的企业目前还不太多见。闪送是其中的代表企业之一，闪送总监刘学柱发言时首先对闪送的概念作了阐述。"闪送可以做到无须预约，随叫随到，7×24 小时随时在线。这是行业里面唯一一家一对一急送，全程只有一个闪送员服务，中间不会有任何拼单行为。这保证了服务时效的快速性。"

据悉，闪送的初衷是帮助更多人。由于很多闪送单都是特急，用户收到以后会发自内心地表示感谢。这也促使该企业对员工发出倡导，要用善

良之心去递送物件。

上海灿星文化传媒股份有限公司王磊向到场嘉宾代表们推荐了 CHANNEL［V］音乐小镇的概念方案。"我们希望音乐小镇能在青岛落地，在把内容生产及传播作为核心产业重要环节的同时，带动创意研发、创新技术集聚、展示，产业办公和文娱体验。"他说，"音乐小镇产业体系将以 CHANNEL［V］华语榜中榜、音乐 IP、音乐内容等项目搭建传播平台。里面包含了音乐交互体验中心、CHANNEL［V］音乐博物馆、CHANNEL［V］音乐名人堂等"。

据悉，"2019 全球独角兽企业 500 强大会暨《2019 全球独角兽企业 500 强发展报告》发布会"于 2019 年 12 月 17～18 日在青岛即墨海景花苑大酒店召开，由中国人民大学中国民营企业研究中心和青岛市人民政府联合举办，青岛市民营经济发展局、青岛即墨区政府及北京隐形独角兽信息科技院承办，青岛市民营经济服务中心协办。

会议发布了由中国人民大学中国民营企业研究中心和北京隐形独角兽信息科技院联合撰写的《2019 全球独角兽企业 500 强发展报告》，邀请了工业和信息化部总经济师王新哲，山东省省委常委、青岛市市委书记王清宪，中央民族大学校长、中国经济发展研究会会长、中国人民大学中国民营企业研究中心主任黄泰岩，中共中央对外联络部原副部长于洪君，中国汽车工程学会理事长、中国工程院院士李骏，中国人工智能学会理事长、中国工程院院士戴琼海，美国交通部前助理部长兼公共事务主任代表玛丽安·麦克伦妮，印度工商会联合会中国会长阿都尔，南非蓝鹤投资有限公司董事长兼总经理安迪·拉马福萨等十余位重量级嘉宾以及驴妈妈、曹操出行、京东物流、喜马拉雅、滴滴出行、知乎等全球独角兽企业 500 强代表、隐形独角兽企业代表、全球及国内知名金融投资机构代表和著名专家学者等 500 余名嘉宾参会。

青岛政务网
2019 独角兽企业 500 强大会在青召开

媒体名称	青岛政务网
文章标题	2019 独角兽企业 500 强大会在青召开
文章链接	http：//www.qingdao.gov.cn/n172/n1530/n32936/1912 19133436084638.html

2019 年 12 月 18 日，以"聚焦国家战略，贯彻新发展理念，共谋新时代下的企业创新发展之道"为主题的 2019 独角兽企业 500 强大会在青岛市即墨区召开。驴妈妈、曹操出行、喜马拉雅、滴滴出行、知乎等全球知名独角兽企业和隐形独角兽企业代表、国内外知名投资机构负责人等 400 余人参加会议。

工业和信息化部总经济师王新哲，省委常委、市委书记王清宪分别致辞。

王新哲在致辞中代表工业和信息化部对大会的召开表示热烈祝贺。他说，中国政府一贯重视中小企业和民营经济发展。作为国务院负责中小企业促进工作的综合管理部门，工业和信息化部将继续全面贯彻落实党中央、国务院决策部署，进一步加强与各部门、各地区的协作配合，优化发展环境，强化政策落实，深化产融合作，推动创新发展，抓好公共服务，深化国际合作，全力支持中小企业做强、做优、做精。青岛是"一带一路"新亚欧大陆桥经济走廊的主要节点城市和海上合作的战略支点，近年来认真贯彻落实习近平总书记视察青岛重要讲话精神，牢牢抓住"一带一路"倡议、上合示范区、山东自贸试验区青岛片区建设等重大机遇，坚持创新发展，加速转型升级，民营经济和中小企业发展速度居全国前列。希望以此次大会为契机，积极推动青岛市及全国中小企业持续健康发展，推动全球独角兽企业加强合作、共同成长。

王清宪在致辞中首先表达了举办此次大会的初衷。他说，习近平总书记指出，综合国力的竞争说到底是创新的竞争。创新的根本力量在市场，主角是企业。独角兽企业已成为各行各业创新发展的"代名词"和衡量一个国家或地区创新能力与创新生态的重要风向标，是对一个城市创新活力、发展模式、未来前景的最好诠释。青岛全面落实党的十九届四中全会精神和习近平总书记对青岛工作的重要指示精神，就要紧紧抓住独角兽企业这个蕴含着强大创新力和巨大成长性的企业群体，在打造"一带一路"国际合作新平台的国之重任中，凝聚和培育更多的独角兽企业，以及众多新特优中小企业。

王清宪说，青岛拥有门类齐全且实力雄厚的产业基础，以及众多的国家级创新平台和孵化载体。2019 年以来，我们用心营造独角兽企业苗壮成长的"热带雨林"，举办全球（青岛）创投风投大会，优化资本市场环境；尊重和成全企业家创意创新创造，着力打造一批千亿级产业集群；召开人工智能产业共同体青岛会议，加快培育人工智能应用与服务产业领域独角兽；发起国际时尚城建设攻势，吸引全球更多年轻的创新型人才来青岛工作生活；专门出台独角兽企业培育和奖励方案，构建企业从"专精特新"到隐形冠军、"小巨人"，从瞪羚到独角兽的全过程成长培育机制，打造独角兽全生态加速示范基地，为独角兽企业在青岛的创新发展提供了有力支撑。

"创新与成长是独角兽最鲜明的特质，青岛和独角兽有着相似的精神气质，很像城市中的独角兽。"王清宪说，独角兽企业来青岛，带来的不只是投资和项目，更是一种创业的精神、创新的氛围，这种精神和氛围也是青岛的一种城市象征。青岛将把最优质的资源交给高品质的企业、高品质的企业家去经营，提供国际合作的新平台，希望各位企业家在国家战略的大坐标中，来青岛布局未来，在中国推动更高水平开放引领的高质量发展中，与伟大的祖国一起创造，一起成长，一起进步。

本次大会由青岛市政府、中国人民大学中国民营企业研究中心主办，青岛市民营经济发展局、青岛市即墨区政府、北京隐形独角兽信息科技院共同承办。会上发布了《2019 全球独角兽企业 500 强发展报告》，青岛有杰华生物、日日顺、伟东云等 6 家企业进入 500 强榜单，入榜企业数量位居中国北方城市第 2 位，全国城市第 7 位。中共中央对外联络部原副部长于洪君、中央民族大学校长、中国经济发展研究会会长、中国人民大学中国民营企业研究中心主任黄泰岩等 7 位嘉宾分别作了主旨演讲，地平线机器人科技有限公司创始人兼 CEO 余凯等部分全球独角兽 500 强企业代表作了交流发言。

外交部南南合作促进会、印度工商联合会、中国汽车工程学会、中国企业管理研究会等国内外商协会有关负责同志，部分高校专家学者，副市长耿涛出席大会。

据悉，从 2020 年开始，独角兽企业 500 强大会每年在青举办一届。

新华网
创新能力凸显，中国汽车交通行业领衔全球独角兽 500 强

媒体名称	新华网
文章标题	创新能力凸显，中国汽车交通行业领衔全球独角兽 500 强
文章链接	http：//www.xinhuanet.com/auto/2019-12/19/c_1125364299.htm

新一轮科技革命和变革正在给中国汽车交通行业带来翻天覆地的变化。5G、云计算、物联网、大数据、人工智能等新技术发展日新月异，未来出行工具、出行方式、商业模式等面临巨大变革。受此影响，以创新与成长为主要特质的独角兽们成为交通行业正在崛起的新生力量，备受关注。

2019 年 12 月 18 日，中国人民大学中国民营企业研究中心联合青岛市人民政府在青岛举办 2019 全球独角兽企业 500 强大会，并在会上发布了《2019 全球独角兽企业 500 强发展报告》。报告显示，汽车交通行业全球独角兽 500 强企业共有 37 家，总估值为 1571.57 亿美元。其中，汽车制造及硬件领域出现的独角兽数量最多，为 15 家；交通出行领域的总估值金额最高，为 979.08 亿美元。汽车交通行业的前三名均是估值超百亿的超级独角兽。

从企业的区域分布来看，中国汽车交通行业独角兽企业全球最多。中国有 26 家，总估值为 1149.17 亿美元；德国和印度有 2 家，总估值分别为 45.4 亿美元和 72 亿美元；其余 7 家各分布在新加坡、印度尼西亚、法国、英国、西班牙、美国和爱沙尼亚，总估值为 305 亿美元，其中新加坡和印度尼西亚各有 1 家估值超百亿的超级独角兽企业。

中国汽车交通行业全球独角兽企业 500 强发展源于迅速崛起的中国汽车市场。中国 2009 年代替美国成为汽车销售第一大市场。根据中国汽车工业协会数据，2018 年世界汽车销量为 9505.6 万辆，其中中国汽车销量达 2808 万辆，占世界总量约 30%，超过第二名美国的 1770 万辆、第三名伊朗的 960 万辆。偌大的市场空间不仅可以为独角兽企业提供需求，还可以让独角兽企业加速成长和发展，对独角兽企业成长发挥了至关重要的作用。未来必将会有更多汽车交通行业的独角兽企业应运而生。

据悉，《2019 全球独角兽企业 500 强发展报告》基于 2019 年全球独角兽企业数据库，按照全球独角兽企业 500 强评估标准采用人机共融智能技术（Human Machine Intelligence），遴选出全球前 500 家独角兽企业。

中国网
2019 全球独角兽企业 500 强大会召开　中国占全球
独角兽企业四成以上

媒体名称	中国网
文章标题	2019 全球独角兽企业 500 强大会召开　中国占全球独角兽企业四成以上
文章链接	http：//t. m. china. com. cn/convert/c _ 0WQ0P8pP. html? from=groupmessage&isappinstalled=0 http：//cppcc. china. com. cn/2019-12/18/content_75526072. htm

12 月 18 日，2019 全球独角兽企业 500 强大会在青岛召开，本次大会由青岛市人民政府与中国人民大学中国民营企业研究中心共同主办。会上中国人民大学中国民营企业研究中心与北京隐形独角兽信息科技院联合发布了《2019 全球独角兽企业 500 强发展报告》。

报告基于 2019 年全球独角兽企业数据库，按照全球独角兽企业 500 强评估标准采用人机共融智能技术，遴选出全球前 500 家独角兽企业。

报告显示，中国有全球独角兽企业 500 强 217 家，占比 43.4%，总估值为 9413.82 亿美元，其中，有 45 家入围前 100（总估值为 6792.22 亿美元）。中国全球独角兽企业 500 强行业分布前三甲为生活服务、企业服务和智能科技，分别为 41 家、31 家、28 家，占比 18.9%、14.3%、12.9%。

报告分析，中国具有独角兽企业成长壮大的肥沃土壤。2018 年，中国 GDP 世界排名第二，购买力平价世界排名第一。中国拥有 41 个工业大类、207 个工业中类、666 个工业小类，形成了独立完整的现代工业体系，是全世界唯一拥有联合国产业分类当中全部工业门类的国家。

中国的创新能力不断增强。2018 年，中国研发投入、专利申请量均排名世界第二。随着中国商品服务供给日益丰富，消费规模不断扩大，2018 年社会消费品零售总额已达 38 万亿元人民币，成为全球第二大消费市场。中国外贸持续快速发展，2018 年出口总额达到 4.63 亿美元，成为全球第一贸易大国。此外，2018 年前 10 个月中国风险投资额以创纪录的 938 亿美元领跑全球。

上述因素增强了中国科技创新企业的活力，加上风险资本的有力推动，中国独角兽企业呈现出集群式发展态势。

中国经济周刊
2019 全球独角兽企业 500 强大会在青岛召开
中国独角兽数量居世界第一美国第二

媒体名称	中国经济周刊
文章标题	2019 全球独角兽企业 500 强大会在青岛召开 中国独角兽数量居世界第一美国第二
文章链接	http：//app. ceweekly. cn/？app = article&controller = article&action = show&contentid = 280668

12 月 18 日，2019 全球独角兽企业 500 强大会在青岛召开。会上发布了《2019 独角兽企业 500 强大会发展报告》（以下简称"报告"），报告显示，217 家中国企业入围全球独角兽企业 500 强榜单，占据总数的

43.4%，总估值达 9413.82 亿美元，数量和总估值均居全球首位。此外，中国还有 45 家入围前 100，总估值为 6792.22 亿美元。

报告显示，美国有 193 家企业入围全球独角兽企业 500 强，占比 38.6%，总估值为 7439.14 亿美元，35 家企业进入 Top 100，总估值为 5010.54 亿美元，平均估值为 143.16 亿美元。

值得注意的是，来自中美两国的独角兽企业合计达 410 家，在榜单上占比超 80%。而在前 10 强榜单中，中美两国企业更是占据了所有席位。

Waymo、JUUL Labs、Airbnb、Stripe 4 家美国独角兽企业进入 10 强，分列第一、第六、第八、第九位。来自中国的蚂蚁金服、字节跳动（今日头条）、阿里云、滴滴出行、阿里本地生活、大疆无人机 6 家企业进入 10 强，分列第二、第三、第四、第五、第七、第十位。

报告指出，中国具有独角兽企业成长壮大的肥沃土壤：首先，2018 年，中国 GDP 世界排名第二，购买力平价世界排名第一。中国拥有 41 个工业大类、207 个工业中类、666 个工业小类，形成了独立完整的现代工业体系，是全世界唯一拥有联合国产业分类当中全部工业门类的国家。其次，中国的创新能力不断增强。2018 年，中国研发投入世界排名第二，总量已经逼近美国，中国专利申请量世界排名第二，2019 年有望超过美国。再次，随着中国商品服务供给日益丰富，消费规模不断扩大，2018 年社会消费品零售总额已达 38 万亿元人民币，成为全球第二大消费市场。中国外贸也在持续快速发展，2018 年出口总额达到 4.63 亿美元，成为全球第一贸易大国。最后，根据 CrunchBase 数据，2018 年前 10 个月中国风险投资额以创纪录的 938 亿美元领跑全球。

报告认为，除了上述因素之外，还有很多其他因素也助推了中国独角兽企业的增长，所有的因素合力增强了中国科技创新企业的活力，并在风险资本的有力推动下，使中国独角兽企业呈现出集群式发展的强劲态势。

《2019 独角兽企业 500 强大会发展报告》根据中国人民大学中国民营企业研究中心和北京隐形独角兽信息科技院建立的全球独角兽企业数据库

编制而成，首次提出了"全球独角兽企业 500 强"概念，通过人机共融智能技术，采用人工智能技术、人工筛选、专家和投资机构推荐等方法，运用计算机智能分析与处理技术对数据进行整理和归类，建立了"全球独角兽企业数据库（GUD）"，并通过动态跟踪对比研究，反映出全球科技创新和风险投资的基本规律和变化趋势。

中国新闻网
《2019 全球独角兽企业 500 强发展报告》青岛发布

媒体名称	中国新闻网
文章标题	《2019 全球独角兽企业 500 强发展报告》青岛发布
文章链接	http：//www.inewsweek.cn/observe/2019-12-18/8092.shtml

2019 全球独角兽企业 500 强大会 12 月 18 日在青岛举行。会上，中国人民大学中国民营企业研究中心与北京隐形独角兽信息科技院（BIHU）联合发布《2019 全球独角兽企业 500 强发展报告》（The Global Unicorn Top 500 Report 2019）。报告基于 2019 年全球独角兽企业数据库，按照全球独角兽企业 500 强评估标准采用人机共融智能技术（Human Machine Intelligence），遴选出全球前 500 家独角兽企业。

据悉，全球独角兽企业 500 强评价标准是评估基准日企业估值 10 亿美元以上，并且剔除主营业务与现行政策导向相违背和负面舆情多的两类企业，公告评估基准日为 2019 年 7 月 31 日。

报告显示，2019 全球独角兽企业 500 强总估值为 19322.57 亿美元。中美两国独角兽企业 500 强占全球的 82.00%。其中，中国 217 家，总估值 9413.82 亿美元，位居世界第一；位居世界第二的美国有 193 家，总估值 7439.14 亿美元。其余 18.00% 主要分布在欧洲与亚洲国家。印度和英国分别为 20 家和 17 家，德国有 10 家，韩国 8 家，法国 5 家，以色列与印度尼西亚各 4 家，巴西与瑞士各 3 家，哥伦比亚与瑞典各 2 家，日本与新加坡各 2 家，卢森堡、澳大利亚、南非、爱沙尼亚、菲律宾、加拿大、马耳他和西班牙各 1 家。

报告认为，全球独角兽企业 500 强极化现象显著。估值超过 100 亿美元的超级独角兽企业有 29 家，总估值为 9497.65 亿美元，占全球独角兽企业 500 强总估值的 49.15%。

报告显示，中国有全球独角兽企业 500 强 217 家，占比 43.4%，总估值为 9413.82 亿美元，其中，有 45 家入围前 100（总估值为 6792.22 亿美元）。中国全球独角兽企业 500 强行业分布前三甲为生活服务、企业服务和智能科技，分别为 41 家、31 家、28 家，占比 18.9%、14.3%、12.9%。

据悉，2019 全球独角兽企业 500 强大会由青岛市人民政府、中国人民大学中国民营企业研究中心主办，以"聚焦国家战略，贯彻新发展理念，共谋新时代下的企业创新发展之道"为主题，共有全球独角兽企业 500 强代表，隐形独角兽企业代表及其他科创企业代表，海内外主要投资机构、商协会代表等参会。

中国经济网

全球独角兽企业 500 强：中国占比 43.4% "北上深杭"领先

媒体名称	中国经济网
文章标题	全球独角兽企业 500 强：中国占比 43.4% "北上深杭"领先
文章链接	http://m.ce.cn/bwzg/201912/19/t20191219_33929297.shtml?from=groupmessage&isappinstalled=0

2019 年 12 月 18 日，在中国人民大学中国民营企业研究中心联合青岛市人民政府主办的"2019 全球独角兽企业 500 强大会"上，《2019 全球独角兽企业 500 强发展报告》（以下简称《报告》）正式对外发布。《报告》显示，中国创新能力不断增强，有全球独角兽企业 500 强 217 家，占比 43.4%。其中，"北上深杭"四个城市独角兽企业 500 强数量为 169 家，在全球城市中排名比较靠前，成为独角兽企业 500 强第一梯队城市。

一、成长土壤肥沃

"中国具有独角兽企业成长壮大的肥沃土壤。"全球独角兽企业 500 强大会秘书长解树江介绍说，中国拥有 41 个工业大类、207 个工业中类、666 个工业小类，形成了独立完整的现代工业体系，是全世界唯一拥有联合国产业分类当中全部工业门类的国家。同时，中国资本市场发展进步较快，近 50% 的中国独角兽企业背后有腾讯、阿里巴巴或百度的投资。

在工业和信息化部总经济师王新哲看来，中国政府为促进中小企业健康发展，解决中小企业在发展过程中遇到的困难和问题，出台了减税降费政策等一系列举措，为中小企业发展营造了良好的政策环境，支持中小企业做强、做优、做精，为中小企业成长为独角兽企业奠定了基础。

以北京为例。本次北京入围全球独角兽企业 500 强的有 84 家，占全国 38.71%。北京高等院校和学科研究所众多，风险投资机构云集，这是促使独角兽企业快速成长的最有利条件。此外，北京围绕《北京加强全国科技创新中心建设总体方案》《"智造 100"工程实施方案》《北京绿色制造实施方案》等政策确定的产业方向，对标《北京市鼓励发展的高精尖产品目录》，集中力量突破产业关键技术，形成"高、新、轻、智、特"的高精尖产品创新集群，打造北京高精尖产业的核心竞争力。上述举措都有利于促进北京独角兽企业的发展。

二、"北上深杭"领先

《报告》显示，中国全球独角兽企业 500 强行业分布前三甲为生活服务、企业服务和智能科技，分别为 41 家、31 家、28 家，占比 18.9%、14.3%、12.9%。"北上深杭"四个城市独角兽企业 500 强数量为 169 家，占全国的 77.88%，总估值为 8364.55 亿美元，在全球城市中排名比较靠前，成为独角兽企业 500 强第一梯队城市。北京独角兽企业 500 强有 84 家，占全球 16.80%，超过美国旧金山成为全球独角兽企业 500 强数量最多的城市。上海独角兽企业 500 强有 44 家，世界城市中排第三，占 8.8%；深圳 21 家，排第五，占 4.2%；杭州 20 家，排第六，占 4%。

"这说明我国重点区域创新活力持续提升、创新型城市不断涌现，更多的城市开始注重营造创新创业生态，培育和引进创新型企业。"解树江解释道。

三、青岛成新兴成长基地

值得一提的是，在 2019 全球独角兽企业 500 强中，青岛拥有 6 家独角兽企业，位列中国城市第一方阵，在北方排名第二，在全国排名第七，已成为独角兽企业新兴成长基地。

山东省委常委、青岛市委书记王清宪在会上指出，一个城市有多少家独角兽企业，是对这个城市创新能力和营商环境的最好诠释，青岛具有独角兽企业发展的良好条件。例如，青岛有门类齐全且实力雄厚的产业基础，拥有各类创新型人才、有独角兽企业培育和奖励方案、正在全力打造全球创投风投中心。

在"2019 全球独角兽企业 500 强大会"上，天际汽车科技集团有限公司有关负责人表示，该公司于 2018 年就进入青岛，对当地开放、创新的投资环境和产业环境感到满意。

"如今，青岛迎来了全方位扩大开放、高质量发展的大势，站在了中国新一轮高水平对外开放的最前沿，一系列政策优势的叠加效应为青岛独角兽企业借力资本市场发展，带来前所未有的新机遇。青岛要引进和培育更多的独角兽企业，打造独角兽茁壮成长的'热带雨林'，为更多的独角兽企业或将成为独角兽的企业'备料'。"王清宪表示。

《2019 全球独角兽企业 500 强发展报告》是根据中国人民大学中国民营企业研究中心和北京隐形独角兽信息科技院建立的全球独角兽企业数据库编制而成，首次提出了"全球独角兽企业 500 强"概念，通过人机共融智能技术，采用人工智能技术、人工筛选、专家和投资机构推荐等方法，运用计算机智能分析与处理技术对数据进行整理和归类，建立了"全球独角兽企业数据库"，并通过动态跟踪对比研究，反映出全球科技创新和风险投资的基本规律和变化趋势。

中国经济新闻网
聚焦全球独角兽企业　创新助力高质量发展

媒体名称	中国经济新闻网
文章标题	聚焦全球独角兽企业　创新助力高质量发展
文章链接	http：//www.cet.com.cn/sypd/sybd/2446895.shtml

2019 年 12 月 18 日，首届全球独角兽企业 500 强大会在青岛即墨召开。本次会议的主题为"变局、创新、未来"，由青岛市人民政府、中国人民大学中国民营企业研究中心主办。

工业和信息化部总经济师王新哲，山东省委常委、青岛市委书记王清宪出席会议并致辞。中央民族大学校长、中国经济发展研究会会长、中国人民大学中国民营企业研究中心主任黄泰岩，中共中央对外联络部原副部长于洪君，中国汽车工程学会理事长、中国工程院院士、清华大学汽车工程系教授李骏，分别作主旨演讲。会议由北京隐形独角兽信息科技院院长李庆文主持。

回顾过去一段时期，王新哲认为，中国政府为促进中小企业健康发展，解决中小企业发展过程中遇到的困难和问题，近年来出台了一系列减税降费政策，种种举措都为中小企业发展营造了良好的政策环境，也为中小企业成长为独角兽企业奠定了基础。"当前，中小企业的竞争压力依然较大。"王新哲表示，"政府应着力营造更好的发展环境，帮助中小企业变压力为动力，化危机为生机，支持中小企业做强做优、做精。为推动经济高质量发展，构建现代化经济体系发挥好生力军的作用。相信本次大会的召开，将对青岛市及全国的中小企业持续健康发展起到积极的推动作用，希望越来越多的中小企业加入独角兽企业 500 强行列"。

王清宪在致辞中表示，自独角兽企业概念提出以来，独角兽企业已经成为各行各业创新发展的"代名词"和衡量一个国家或地区创新能力与创新生态的重要风向标。党的十九届四中全会指出，要建立以企业为主体、市场为导向、产学研深度融合的技术创新体系，支持大中小企业和各类主体融通创新。为落实好这一要求，就应紧紧抓住独角兽企业这个蕴含着强大的创新力和巨大的成长性的企业群体。从一定意义上可以说，一个城市有多少独角兽企业，就是对这个城市的创新活力、发展模式、未来前景的最好诠释。

他认为，创新与成长是独角兽最鲜明的特质，这样的精神特质和今天的青岛很像，或者说青岛很像城市中的独角兽。青岛愿意提供一个国际合作的新平台，成为独角兽茁壮成长的热带雨林。

黄泰岩在会上就"当前中国经济形势分析及预测"做了主题演讲。"中国经济正从过去高速增长转向高质量发展，换挡期过程必然会出现空档期。"中国的改革正进入全面改革深水期、攻坚期，遇到各方面的困难。在这种背景情况下，如何保证中国新经济能够对中国支撑 50% 的增长，黄泰岩认为，"关键就是创新，中国的创新驱动非常重要，包括理论创新、技术创新和制度创新等"。

"新中国成立 70 年来，我们积极融入全球市场参与国际分工，逐渐发展成为全球第二大经济体，在合作共赢和全球化的推动下，以知识、技术、人才等核心的创新要素在全球范围内加速流动。"于洪君认为，新一轮科技革命产业变革与各国经济转型和发展形成了历史交汇，大科学的跨界融合更加突出，催生出新知识、新技术推动产业升级发展的原动力不断涌现，科技与社会协同发展、融合发展态势应该说前所未有。

李骏教授围绕"汽车技术发展新趋势与新机遇"做主题演讲时表示，在未来颠覆人类生活的重大科技中，多数与汽车发展相关，特别是互联网、机器人、自动化、智能手机、云计算、智慧城市，这些新型的科技都与汽车自动驾驶有密切、深度的关联。"值得注意的是，绿色能源已经成为继传统内燃汽车之后的汽车新动力。"李骏预测称，"未来，大量相关独角兽企业将会诞生，他们将推动整个汽车产业转型升级发展。"

此外，全球独角兽企业 500 强大会秘书长解树江博士宣布《2019 全球独角兽企业 500 强发展报告》正式发布，他认为，当前科技革命和产业革命已经初露端倪，作为独特的企业群体独角兽，不仅是科技创新型企业中的最具代表性的部分，同时也是新经济中最活跃的一个群体。"北京的独角兽企业数量现有 84 家，已经超过美国旧金山居世界首位，而青岛拥有 6 家独角兽企业，位列中国城市当中的第一方阵，在北方排名第二，在全国排名第七，已经成为独角兽企业新兴成长基地。"解树江博士说。

随后，大会组委会及领导嘉宾对全球独角兽 500 强企业代表颁发了证书。

据悉，《2019 全球独角兽企业 500 强发展报告》是根据中国人民大学中国民营企业研究中心和北京隐形独角兽信息科技院建立的全球独角兽企业数据库编制而成，首次提出"全球独角兽企业 500 强"概念，通过人机共融智能技术，采用人工智能技术、人工筛选、专家和投资机构推荐等方法，运用计算机智能分析与处理技术对数据进行整理和归类，建立了"全球独角兽企业数据库（GUD）"，并通过动态跟踪对比研究，反映出全球科技创新和风险投资的基本规律和变化趋势。

证券时报

汽车交通行业名列前茅　这份报告揭秘 2019 全球
独角兽企业 500 强的最新发展动态

媒体名称	证券时报
文章标题	汽车交通行业名列前茅　这份报告揭秘 2019 全球独角兽企业 500 强的最新发展动态
文章链接	http：//company. stcn. com/2019/1218/15551346. shtml？from＝singlemessage&isappinstalled＝0

2019 年 12 月 18 日，在由中国人民大学中国民营企业研究中心联合青岛市人民政府举办的 2019 全球独角兽企业 500 强大会上，《2019 全球独角兽企业 500 强发展报告》正式发布。

据了解，该报告是由中国人民大学中国民营企业研究中心与北京隐形独角兽信息科技院（BIHU）联合推出。报告基于 2019 年全球独角兽企业数据库，按照全球独角兽企业 500 强评估标准采用人机共融智能技术，遴选出全球前 500 家独角兽企业。

记者了解到，全球独角兽企业 500 强评价标准是在评估基准日（2019 年 7 月 31 日）估值 10 亿美元以上的企业，且剔除了那些主营业务与现行政策导向相违背的、负面舆情多的企业。

一、全球风投对独角兽企业青睐有加

2019 全球独角兽企业 500 强总估值为 19322. 57 亿美元，超过 2018 年 GDP 为 1. 87 万亿美元的巴西，居全球第 9 位。其中，中美两国独角兽企

业 500 强占全球的 82%，占据绝对优势。具体来讲，中国有 217 家企业跃居榜中，总估值 9413.82 亿美元，位居世界第一；美国紧随其后，位列第二名，共有 193 家企业上榜，总估值 7439.14 亿美元。

报告显示，针对独角兽企业的全球风险资本投资从 2010 年的 520 亿美元激增至 2017 年的 1710 亿美元，增长了 200% 以上。

尽管风险资本投资中心仍集中于美国的旧金山、纽约等城市，但资本的逐利性与全球化决定了中国、印度等进步较快的新兴国家日益受到风险资本的青睐。

青睐风险资本。中国的北京、上海、深圳、杭州等，印度的古尔冈、班加罗尔等城市均显示出吸引风险投资等资源的能力，资本、人才、技术的积聚效应将催生出更多的独角兽企业。

据了解，全球风投之所以积极向独角兽企业靠拢，一方面是因为独角兽企业代表了行业发展的较高水平，企业在未来发展、财务指标等方面良好；另一方面是因为第四次工业革命正在兴起，新一轮产业和技术革命将引领世界格局的变化和未来发展，5G+物联网等新技术正在改变世界。在这种情况下，风险投资必然对新技术保持高度敏感。报告显示，在未来全球独角兽企业后续梯队的发展过程中，风险投资将会有力帮助企业的成长和进一步发展，最后取得双赢的结果。

在机构投资方面，根据对全球独角兽 500 强企业获得机构投资的不完全统计，共有 637 家投资机构参与其中，排名在前 100 的投资机构中有 49 家风险投资机构来自美国，45 家来自中国，仅有 6 家投资机构来自日本、新加坡、瑞士和俄罗斯。据悉，截至目前，中国已经形成了大独角兽通过投资、分工孵化或培养小独角兽的良性机制。

二、中国在汽车交通行业的全球独角兽 500 强企业数量最多

报告显示，汽车交通行业全球独角兽 500 强企业共有 37 家，总估值为 1571.57 亿美元。其中，汽车制造及硬件领域出现的独角兽数量最多，

为 15 家；交通出行领域的总估值金额最高，为 979.08 亿美元。汽车交通行业的前三名均是估值超百亿的超级独角兽。其中，TOP10 企业分别是滴滴出行、Grab、GO-jek、车好多、Ola Cabs、威马汽车、奇点汽车、小鹏汽车、Auto1 Group、大搜车。中国独角兽企业 500 强占 6 家，新加坡、印度尼西亚、印度和德国各占 1 家。

从企业的区域分布来看，中国汽车交通独角兽全球最多。中国有 26 家，总估值为 1149.17 亿美元。报告分析称，中国汽车交通行业全球独角兽企业 500 强发展源于迅速崛起的中国汽车市场。中国 2009 年代替美国成为汽车销售第一大市场。根据中国汽车工业协会数据，2018 年世界汽车销量为 9505.6 万辆，其中，中国汽车销量达 2808 万辆，占世界总量约 30%，超过第二、第三名美国的 1770 万辆、伊朗的 960 万辆。庞大的市场空间对独角兽企业成长发挥了至关重要的作用。

主办方表示，独角兽企业是科技创新企业中最具代表性的部分，全球独角兽企业 500 强又是独角兽企业的佼佼者。全球独角兽企业 500 强的发展壮大将会彻底改变当今世界的科技格局、产业格局和经济格局，并为世界经济发展注入新的强劲动力。

中国证券报
2019 全球独角兽企业 500 强发展报告发布

媒体名称	中国证券报
文章标题	2019 全球独角兽企业 500 强发展报告发布
文章链接	http://www.cs.com.cn/ssgs/gsxw/201912/t20191218_6009791.html

2019 年 12 月 18 日，在青岛举行的全球独角兽企业 500 强大会上，中国人民大学中国民营企业研究中心与北京隐形独角兽信息科技院（BIHU）联合发布《2019 全球独角兽企业 500 强发展报告》（The Global Unicorn Top 500 Report 2019）。报告基于 2019 年全球独角兽企业数据库，按照全球"独角兽"企业 500 强评估标准采用人机共融智能技术（Human Machine Intelligence），遴选出全球前 500 家独角兽企业。

全球独角兽企业 500 强评价标准是评估基准日企业估值 10 亿美元以上，并且剔除两类企业：一是主营业务与现行政策导向相违背的企业；二是负面舆情多的企业。报告评估基准日为 2019 年 7 月 31 日。

2019 全球独角兽企业 500 强总估值为 19322.57 亿美元。中美两国独角兽企业 500 强占全球的 82%，占据绝对优势。中国 217 家，总估值 9413.82 亿美元；美国有 193 家，总估值 7439.14 亿美元。其余 18.00% 主要分布在欧洲与亚洲。

中国企业报
2019 全球独角兽企业 500 强发布　中国力拔头筹
双项世界第一

媒体名称	中国企业报
文章标题	2019 全球独角兽企业 500 强发布　中国力拔头筹双项世界第一
文章链接	https：//wap. peopleapp. com/article/rmh10234597/rmh10234597?from＝singlemessage

由中国人民大学中国民营企业研究中心与青岛市人民政府联合主办的"2019 全球独角兽企业 500 强大会"在青岛成功举办。来自全国四百余位政府、学院、企业嘉宾代表出席本次大会。与会嘉宾围绕政治、经济、技术等主题，轮流分享了最新研究成果及企业发展模式和经验。

会上，还发布了"2019 全球独角兽企业 500 强榜单"及《2019 全球独角兽企业 500 强发展报告》。报告显示，从世界格局来看，中美两国独角兽企业 500 强占全球的 82%，占据绝对优势。其中，中国 217 家，总估值 9413.82 亿美元；美国 193 家，总估值 7439.14 亿美元。在数量和估值上，中国均居世界第一。

从全球城市分布来看，北京入围全球独角兽企业 500 强的有 84 家，占全国的 38.71%、占全球的 16.80%。在数量上，超过美国旧金山成为全球城市之首。此外，上海、深圳和杭州也位列全球第一梯队城市。青岛则成为全球独角兽企业 500 强的新兴成长基地。

从行业分布来看，全球独角兽企业分布于 12 个领域，分别为企业服务、生活服务、智能科技、金融科技、医疗健康、汽车交通、物流服务、文旅传媒、教育科技、材料能源、航空航天和农业科技。而中国集中以生活服务、企业服务和智能科技领域居多。

但从全球创新力来看，美国创新能力仍为世界一流，在生物科技、网络安全和数据分析等多个硬科技领域领先中国。

据中国人民大学中国民营企业研究中心副主任、全球独角兽企业 500 强大会秘书长解树江博士透露，该 500 强榜单评价标准是：在评估基准日期内，企业估值 10 亿美元以上，并且剔除两类企业：一是主营业务与现行政策导向相违背的企业；二是负面舆情多的企业。

中国汽车工业协会

全球独角兽 500 强中国企业占四成　汽车交通领域 37 家上榜

媒体名称	中国汽车工业协会
文章标题	全球独角兽 500 强中国企业占四成　汽车交通领域 37 家上榜
文章链接	http：//www.caam.org.cn/chn/8/cate_87/con_5228074.html

2019 年 12 月 18 日，中国人民大学中国民营企业研究中心与北京隐形独角兽信息科技院（BIHU）联合发布了《2019 全球独角兽企业 500 强发展报告》。报告显示，截至 2019 年 7 月 31 日，全球独角兽企业 500 强总估值为 19322.57 亿美元，超过 2018 年全球 GDP 排名第 9 位的巴西（1.87 万亿美元）。

"独角兽企业"是投资界对于估值达到 10 亿美元以上，且创办时间相对较短（一般为十年内）还未上市的公司的一种称谓，主要出在高科技领域，是科技创新企业中最具代表性的部分。

一、全球独角兽 500 强极化现象凸显　中国企业数量及估值居首

据悉，此次报告中所提及的全球前 500 家独角兽企业，是基于 2019 年全球独角兽企业数据库，按照全球独角兽企业 500 强评估标准并采用人机共融智能技术遴选而出。不过，从呈现结果来看，此次所评选的 500 强企业极化现象较为显著，主要表现在区域极化和估值极化两方面。

从区域分布来看，中美两国独角兽企业居多，共计占据全球 500 强的 82%。具体表现在，中国有 217 家企业，占总数的 43.4%，总估值 9413.82

亿美元，位居世界第一；美国紧随其后，共有 193 家企业上榜，占总数的
38.6%，总估值 7439.14 亿美元。其余 18.00% 主要分布在欧洲与亚洲
国家。

从企业估值来看，报告显示，2019 年超过 100 亿美元的超级独角兽
企业有 29 家，总估值为 9497.65 亿美元，占全球独角兽企业 500 强总估
值的 49.15%。这也就是说，总估值的半壁江山集中在不到 6% 的企业手
上。而在超级独角兽中，中国和美国均有 12 家，总估值分别为 5047.85
亿美元和 3819 亿美元。印度有 2 家，总估值为 280 亿美元，新加坡、英
国和印度尼西亚分别有 1 家。

此外，从上述中不难看出，无论在数量还是估值上，中国企业均在全
球独角兽 500 强中居于首位。前 10 强中有 6 家入围，前 100 强中有 45 家
入围。

对于此，中国人民大学中国民营企业研究中心副主任、全球独角兽企
业 500 强大会秘书长解树江指出："中国具有独角兽企业成长壮大的肥沃
土壤。"具体体现在，中国拥有 41 个工业大类、207 个工业中类和 666 个
工业小类，已形成了独立完整的现代工业体系，是全世界唯一拥有联合国
产业分类当中全部工业门类的国家；中国的创新能力不断增强，2018 年，
中国研发投入、专利申请量均排名世界第二；中国资本市场发展进步较
快，有近 50% 的中国独角兽企业背后有腾讯、阿里巴巴或百度的投
资……上述众多因素增强了中国科技创新企业的活力，促成了中国独角兽
企业呈现出集群式发展态势。

二、汽车交通领域 37 家企业上榜　滴滴出行居总榜单第五

从行业分布来看，全球独角兽企业主要分布于 12 个领域，分别为企
业服务、生活服务、智能科技、金融科技、医疗健康、汽车交通、物流服
务、文旅传媒、教育科技、材料能源、航空航天和农业科技。其中，企业
服务、生活服务成集中爆发领域，分别有 108 家、107 家。

　　智能科技领域独角兽企业亦为数不少，有 59 家，总估值 3538.28 亿美元。在此领域，中美两国企业占比超 95%，当中智能硬件、无人驾驶与机器人公司数量最多。

　　特别值得提出的是，在汽车交通领域，此次登上全球独角兽 500 强的企业共有 37 家，总估值为 1571.57 亿美元。其中，汽车制造及硬件领域出现的独角兽数量最多，为 15 家；交通出行领域的总估值金额最高，为 979.08 亿美元。

　　从企业区域分布来看，在汽车交通领域中，中国独角兽企业全球最多，有 26 家，总估值为 1149.17 亿美元。这与中国车市的快速发展密不可分，自 2009 年开始，中国汽车产销量已经连续 10 年蝉联全球第一。庞大的市场空间和潜力吸引越来越多的新兴造车者进入，如此次榜上有名的威马、奇点、小鹏、爱驰、理想、天际、零跑、拜腾、游侠、银隆新能源等。这些企业在短短的几年间发展迅速，现今已有不少进入量产交付阶段。

　　过去的十年中，除了新车销量猛增以外，二手车交易量也呈递增状态，从 2009 年的 380 万辆到 2018 年的 1382 万辆，十年增长了近 4 倍。即使在 2019 年中国车市不太乐观的情况下，二手车市场依然保持着不错的增长态势。中国汽车流通协会公布的最新数据显示，2019 年 1~11 月，全国累计完成交易二手车 1323.63 万辆，累计同比增长 5.01%。万亿二手车蓝海，引得创业者们蜂拥而至，而在这次全球独角兽企业 500 强中，我们看到，车好多、大搜车、人人车三大二手车新零售平台上榜。

　　除了二手车外，共享出行也是近年中国汽车产业的重要聚焦点。据中国互联网络信息中心（China Internet Network Information Center，CNNIC）统计，截至 2019 年 6 月，我国网约出租车用户规模达 3.37 亿，较 2018 年底增长 670 万；我国网约专车或快车用户规模达 3.39 亿，较 2018 年底增长 633 万。巨大的市场前景，诱使包括车企在内的诸多企业在此领域不断加大投入。我们看到，在此次全球独角兽企业 500 强中，滴滴出行以

560 亿美元的估值在整体榜单中位居第五。此外，哈罗出行、曹操专车、斑马快跑三家主导共享出行的企业亦分别以 25 亿美元、16 亿美元以及 11.08 亿美元的估值荣登榜单。

另值得一提的是，随着电商平台和新零售业务的快速发展，汽车售后市场亦呈现更为专业快捷的配送和维修保养服务模式。当中，康众汽配依托雄厚的渠道资源以及快准的经销配送模式等，赢得了投资者的青睐。而途虎养车网则采取了 O2O 经营模式，面向 C 端，构建了较为成熟的线上线下汽车服务生态体系，短短几年内发展成为该领域备受关注的独角兽企业。

整体而言，中国汽车产业的庞大存量、政府对于新技术的强力扶持、消费者对新生事物较高的接受度以及互联网科技的快速发展等，均为新的企业和新的经营模式提供了滋生的沃土。未来，相信会有更多的独角兽企业涌现。

三、未来发展

对于即将到来的 2020 年，报告指出，全球独角兽企业 500 强格局有可能发生剧烈变动，原因在于：一是全球政治经济秩序中的不稳定因素在不断增加；二是随着数据更新将发现更多独角兽企业；三是随着估值泡沫被挤压，有些在榜独角兽企业可能被淘汰；四是企业上市等退出因素导致独角兽新陈代谢；五是技术突破、颠覆性创新催生更多独角兽企业；六是市场扩大促进独角兽企业排名上升；七是隐形独角兽成长为独角兽；八是随着对独角兽企业认识深化，一些城市将出台更具吸引力的优惠政策，营商环境改善催生更多独角兽企业。

全球独角兽是科技创新企业中最具代表性的部分，而作为当中的佼佼者，前 500 强企业的发展壮大将会影响和改变当今世界的科技格局、产业格局和经济格局，并为世界经济发展注入新的强劲动力。

第一财经

透视全球独角兽企业 500 强：这些投资机构在背后赋能

媒体名称	第一财经
文章标题	透视全球独角兽企业 500 强：这些投资机构在背后赋能
文章链接	https：//tech. gmw. cn/2019-12/20/content_33416962. htm

目前，全球独角兽企业 500 强总估值为 1.93 万亿美元，超过 2018 年全球 GDP 排名第 9 位的巴西（1.87 万亿美元）。

中国人民大学中国民营企业研究中心与北京隐形独角兽信息科技院近日发布的《2019 全球独角兽企业 500 强发展报告》显示，中美两国独角兽企业 500 强占了全球的 82%，处绝对优势。其中，中国 217 家，总估值 9413.82 亿美元，位居世界第一；位居第二的美国有 193 家，总估值 7439.14 亿美元。其余 18% 主要分布在欧洲与亚洲国家。

"独角兽"这个词流行于美国硅谷，指那些发展速度快、竞争力强，且业务发展、财税结构、技术能力与创业团队具有稳定性、持续性增长，获得过私募股权投资，且具有较高市场估值和较强的自主创新能力的企业。

那么这些全球独角兽企业 500 强背后，谁在为其赋能？

一、中国、印度日益青睐风险资本

"要是仔细观察一下中国的独角兽企业，不难发现，背后都有美国投资机构的身影。"近日在青岛召开的"2019 独角兽企业 500 强大会"上，中国人民大学中国民营企业研究中心副主任、全球独角兽企业 500 强大会秘书长解树江说。

数据显示，全球风险资本投资从 2010 年的 520 亿美元激增至 2017 年的 1710 亿美元，增长了 200% 以上。

"尽管风险资本投资中心仍集中于美国的旧金山、纽约等城市，但资本的逐利性与全球化决定了中国、印度等进步较快的新兴国家日益青睐风险资本。"解树江介绍，北京、上海、深圳、杭州等城市的风险资本市场快速成长，印度的古尔冈、班加罗尔等城市也显示出吸引风险投资等资源的能力，资本、人才、技术的集聚效应催生出更多的独角兽企业。

北京隐形独角兽信息科技院介绍，根据对全球独角兽 500 强企业获得机构投资的不完全统计，共有 637 家投资机构参与其中。排名在前 100 的投资机构中有 49 家风险投资机构来自美国、45 家来自中国，仅有 6 家投资机构来自日本、新加坡、瑞士和俄罗斯。

如果将目光聚焦到具体的投资机构，红杉资本的战绩可谓是一马当先，共投中 83 家全球独角兽 500 强企业，而腾讯、阿里巴巴紧随其后。

红杉资本于 1972 年在美国硅谷成立，作为第一家机构投资人投资了如 Apple、Google、Cisco、Oracle、Yahoo、LinkedIn 等众多创新型公司。而红杉资本中国基金则在 2005 年 9 月由沈南鹏与红杉资本共同创办，专注于科技传媒、医疗健康、消费品服务、工业科技四个方向。

自创办以来，红杉资本中国投资了京东商城、阿里巴巴、今日头条、滴滴出行、DJI 大疆创新、拼多多、VIPKID、贝达药业等 500 多家企业。其中，很多都成为独角兽企业，在市场上占据绝对优势。

二、中国新秀投资机构势头强劲

"中国具有独角兽企业成长壮大的肥沃土壤。"解树江分析说，中国的全球独角兽企业数量最多，缘于中国拥有 41 个工业大类、207 个工业中类和 666 个工业小类，已形成了独立完整的现代工业体系，是全世界唯一拥有联合国产业分类当中全部工业门类的国家。

在对独角兽企业的风险投资方面，数据显示，在 2018 年前 10 个月中，中国以创纪录的 938 亿美元领跑全球。排名第二的美国 2018 年以来风投总规模为 916 亿美元，比中国低了 22 亿美元。"而世界其他地区年内风投总额全部加起来也不过 534 亿美元，差不多是同时期中国的一半。"解树江说。

研究发现，虽然美国主流投资机构仍处于领先地位，但中国新秀投资机构势头强劲紧随其后，例如，美国投资机构投中了 470 家独角兽企业，而中国投资机构也投中了 300 家。

在全球独角兽企业 500 强榜单中，阿里巴巴投资了大搜车、博纳影业、寒武纪、BigBasket、易果生鲜、Tango 和商汤科技等公司，覆盖了智能科技、金融科技和云服务等多个领域。腾讯投资了 Epic Games、贝壳找房、满帮集团、优必选机器人等公司，覆盖领域包括游戏开发、生活服务、物流服务、智能科技和教育科技等。

"截至目前，中国已经形成了大独角兽通过投资、分工孵化或培养小独角兽的良性机制。"解树江说。

解树江表示，全球风险投资积极向独角兽企业靠拢，一方面是因为独角兽企业代表了行业发展的较高水平，能够赢得风险投资的青睐；另一方面是因为第四次工业革命正在兴起，新一轮产业和技术革命将引领世界格局的变化和未来发展，5G+物联网等新技术正在改变世界。

"在这种情况下，风险投资必然对新技术保持高度敏感。可以预见，在未来全球独角兽企业后续梯队的发展过程中，风险投资将会有力帮助企业的成长和进一步发展，最后取得双赢的结果。"解树江说。

三、印度独角兽半数是"中国制造"

另一个独特现象是，中国的机构投资人已经走出国门，在国际市场上"押宝"。

日前就有国外媒体报道称，"过去五年里，中国两大科技巨头阿里巴巴和腾讯一直大力投资印度初创企业——它们当中不少已成为估值超 10 亿美元的独角兽公司。"

北京隐形独角兽信息科技院的数据显示，目前，印度的全球独角兽企业 500 强数量位列全球第三，有 20 家，占比 4%，总估值 773.8 亿美元；其中，进入前 100 位的印度独角兽企业有 7 家，总估值为 567 亿美元，超级独角兽也有 2 家（Paytm、One97 Communications）。

从行业分布领域来看，目前印度的独角兽 500 强企业主要在金融科技、生活服务、汽车交通和文旅传媒四个领域。生活服务领域的独角兽 500 强最多，占比超过 1/3，这与其快速增长的人口有密不可分的关系。此外，金融科技领域的独角兽 500 强企业数量虽然只是生活服务领域的一半，但企业总体估值却高达 308 亿美元，已成为印度独角兽企业中不可忽视的力量。

解树江介绍，一直以来印度非常重视以创新引领新经济发展的思路。例如，印度前总理辛格就宣布 2010~2020 年为印度"创新的十年"，并推出"印度十年创新路线图（2010~2020）"；印度政府对重大关键技术领域的遴选和资助也具有战略持续性，鼓励草根创新、产业创新、教育创新和社会创新。

目前，阿里巴巴及其旗下的蚂蚁金服，投资了至少 6 家印度初创公司，其中，5 家已成为独角兽。腾讯投资的印度初创公司为 12 家，7 家获得独角兽地位。总部位于孟买的铁柱投资公司发布的报告显示，目前印度有 31 家独角兽公司。这意味着阿里巴巴、腾讯两家中国公司占据了印度独角兽企业近半壁江山。

据位于班加罗尔的初创企业投资分析平台 Tracxn 统计，截至 2019 年 12 月 11 日，中国（企业）对印度的投资（包括风投公司及所有在华机构的资金）达 80 亿美元，而 10 年前还不到 2 亿美元。

财经
217 家中国企业入围 2019 全球独角兽企业 500 强
蚂蚁金服、字节跳动位居中企前二

媒体名称	财经
文章标题	217 家中国企业入围 2019 全球独角兽企业 500 强　蚂蚁金服、字节跳动位居中企前二
文章链接	https：//news. caijingmobile. com/article/detail/408448？source_id＝40&share_from＝weixin&from＝singlemessage&isappinstalled＝0

独角兽企业正在成为经济发展的新动能。2019 年 12 月 18 日，由中国人民大学中国民营企业研究中心与北京隐形独角兽信息科技院联合发布的《2019 全球独角兽企业 500 强发展报告》显示，2019 全球独角兽企业 500 强总估值为 1.93 万亿美元，超过了 2018 年全球 GDP 排名第 9 位的巴西。

值得一提的是，中国企业在全球独角兽企业 500 强榜单中的数量、估值均居世界首位。具体来看，中国有 217 家企业入围全球独角兽企业 500 强，占比 43.4%，总估值为 9413.82 亿美元，位居世界第一，而美国有 193 家，占比 38.6%，总估值为 7439.14 亿美元，位居世界第二。印度和英国居第三、第四位，分别为 20 家和 17 家。

值得注意的是，全球独角兽企业 500 强估值极化和区域极化现象显著。报告显示，在全球独角兽企业 500 强总体格局中，估值超过 100 亿美元的超级独角兽企业有 29 家，总估值为 9497.65 亿美元，占全球独角兽企业 500 强总估值的 49.15%。另外，中美两国独角兽企业 500 强占全球的 82%，占据绝对优势；亚洲区域独角兽企业强势崛起，共 258 家，数量占全球的 51.6%。

此外，中国企业在全球独角兽企业 500 强的前十名中表现亮眼，共有 6 家企业上榜。其中，蚂蚁金服以 1538.46 亿美元估值居榜单第二位，中国企业第一位；字节跳动以 750 亿美元估值居榜单第三位，中国企业第二位。

从城市分布来看，北京入围全球独角兽企业 500 强的有 84 家，超过美国旧金山成为全球独角兽企业 500 强数量最多的城市。"北上深杭"四个城市独角兽企业 500 强数量为 169 家，占全国的 77.88%，总估值为 8364.55 亿美元，在全球城市中排名比较靠前，成为独角兽企业 500 强第一梯队城市。

事实上，近年来，独角兽企业已经不仅仅出现在美国等发达国家，在中国等发展中国家也频频出现。尤其是中国，已经成为独角兽企业新的爆发地。

中国的全球独角兽企业数量最多，缘于中国拥有 41 个工业大类、207 个工业中类和 666 个工业小类，已形成了独立完整的现代工业体系，是全世界唯一拥有联合国产业分类当中全部工业门类的国家。中国人民大学中国民营企业研究中心副主任、全球独角兽企业 500 强大会秘书长解树江说："中国具有独角兽企业成长壮大的肥沃土壤。"

工业和信息化部总经济师王新哲表示，近年来中国政府出台了一系列减税降费政策，不仅为中小企业发展营造了良好的政策环境，也为中小企业成长为独角兽企业奠定了基础。

值得注意的是，创新能力被看作独角兽企业诞生最核心的因素。而中国的创新发展战略也促进了独角兽企业的发展壮大。

公开数据显示，2018 年，中国的研发投入为 3706 亿美元，仅次于美国的 4765 亿美元，排名世界第二。另外，2018 年中国专利申请量为

53345 个，未来两年内或将超过美国成为全球第一。

解树江表示，通过研究发现，全球独角兽企业 500 强分布较多的城市具有共性的特征：政府扶持力度大、金融资源丰富、拥有世界顶尖的大学及科研机构以及广阔的市场容量，这些因素都有利于独角兽企业的快速发展。

新浪财经
2019 全球独角兽 500 强总估值 19332 亿美元，
中国企业数量和估值均列第一

媒体名称	新浪财经
文章标题	2019 全球独角兽 500 强总估值 19332 亿美元，中国企业数量和估值均列第一
文章链接	http：//finance. sina. com. cn/stock/hkstock/hkstocknews/2019-12-18/doc-iihnzhfz6730219. shtml

2019 年 12 月 18 日，2019 全球独角兽企业 500 强大会在青岛举行，中国人民大学中国民营企业研究中心与北京隐形独角兽信息科技院（BI-HU）联合发布《2019 全球独角兽企业 500 强发展报告》（The Global Unicorn Top 500 Report 2019）。在发布的全球前 500 家独角兽企业榜单中，青岛 6 家企业上榜，居中国北方第二位，全国城市第七位。报告指出，2019 全球独角兽企业 500 强总估值为 19322. 57 亿美元，中国在数量、估值上均居世界首位。

据了解，全球独角兽企业 500 强评价标准是评估基准日企业估值 10 亿美元以上，并且剔除两类企业：一是主营业务与现行政策导向相违背的企业；二是负面舆情多的企业。

一、全球独角兽企业 500 强区域极化　中国超美国居首

根据报告，中美两国独角兽企业 500 强占全球的 82.00%，占据绝对优势。中国 217 家，总估值 9413.79 亿美元，位居世界第一。其中有 45 家入围前 100（总估值为 6792.22 亿美元）。中国全球独角兽企业 500 强行业分布前三甲为生活服务、企业服务和智能科技，分别为 41 家、31 家、28 家，占比 18.9%、14.3%、12.9%。位居世界第二的美国有 193 家，总估值 7439.14 亿美元。

亚洲独角兽企业强势崛起，亚洲独角兽企业 500 强共 258 家，数量占全球的 51.60%，估值突破万亿美元大关，超过其他地区的总和，这与世界经济重心逐渐向亚洲转移的趋势高度吻合。中国和印度共有 237 家企业入围全球独角兽企业 500 强，占亚洲的 91.86%。

二、超级独角兽估值占比近半壁江山　中国居首

全球独角兽企业 500 强极化现象显著。估值超过 100 亿美元的超级独角兽企业有 29 家，总估值为 9497.65 亿美元，占全球独角兽企业 500 强总估值的 49.15%。

中国和美国超级独角兽均有 12 家，占比 41.38%，总估值分别为 5047.85 亿美元和 3819 亿美元。印度有 2 家超级独角兽，占比 6.90%，总估值为 280 亿美元。新加坡、英国和印度尼西亚均有 1 家超级独角兽企业，依次是 Grab、Global Switch、Go-Jek。

三、北京超越旧金山位居全球城市之首　青岛成为新兴成长基地

北京入围全球独角兽企业 500 强的有 84 家，占全国的 38.71%、全球的 16.80%，超过美国旧金山成为全球独角兽企业 500 强数量最多的城市。"北上深杭"四个城市独角兽企业 500 强数量为 169 家，占全国的 77.88%，总

估值为 8364.55 亿美元，在全球城市中排名比较靠前，成为独角兽企业 500 强第一梯队城市。

青岛有杰华生物、日日顺、伟东云等 6 家企业进入全球独角兽企业 500 强榜单，居中国北方第二位，全国城市第七位。分属生物医药、智慧物流、教育科技、新文娱、企业服务和汽车交通等产业领域。

青岛抢抓国际创新资源重新布局机遇，以资本的力量撬动人才集聚，推动科技创新，全力打造全球创投风投中心。为独角兽生长培植肥沃的"资本土壤"。如今，青岛迎来了全方位扩大开放、高质量发展的大势，站在了中国新一轮高水平对外开放的最前沿，一系列政策优势的叠加效应，为青岛独角兽企业借力资本市场发展，带来前所未有的新机遇。

四、企业服务等行业成爆发领域　数量占榜单六成以上

从行业分布来看，全球独角兽企业分布于 12 个领域，分别为企业服务、生活服务、智能科技、金融科技、医疗健康、汽车交通、物流服务、文旅传媒、教育科技、材料能源、航空航天和农业科技。

其中，企业服务、生活服务、智能科技、金融科技和医疗健康领域成为独角兽集中爆发领域。企业服务、生活服务、智能科技、金融科技四个领域的独角兽总数占全球独角兽企业 500 强的 65.40%。

五、报告预测全球独角兽企业 500 强发展趋势　2020 年将剧烈变动

报告预测，金融科技行业，区块链技术将在金融科技外找到应用场景。生活服务行业，盈利渐趋多样化与全方位线上化。智能科技行业，感性人工智能与硬科技将抢占创新制高点。企业服务行业，业态模式将更加网络化、智能化、信息化。汽车交通行业，车联网、新能源汽车、燃料电池等类型企业发展空间巨大。医疗健康行业，人工智能、大数据、云计算将与医疗行业深度融合。

2020 年全球独角兽企业 500 强格局可能发生剧烈变动，原因在于以下八个方面：一是全球政治经济秩序中的不稳定因素在不断增加；二是随着数据更新将发现更多独角兽企业；三是随着估值泡沫被挤压，有些在榜独角兽企业可能被淘汰；四是企业上市等退出因素导致独角兽新陈代谢；五是技术突破、颠覆性创新催生更多独角兽企业；六是市场扩大促进独角兽企业排名上升；七是隐形独角兽成长为独角兽；八是随着对独角兽企业认识深化，一些城市将出台更具吸引力的优惠政策，营商环境改善催生更多独角兽企业。

光明网
2019 全球独角兽企业 500 强发展报告发布　马蜂窝入选

媒体名称	光明网
文章标题	2019 全球独角兽企业 500 强发展报告发布　马蜂窝入选
文章链接	https：//tech. gmw. cn/2019-12/20/content_33416962. htm

2019 年 12 月 18 日，《2019 全球独角兽企业 500 强发展报告》发布，该报告由中国人民大学中国民营企业研究中心与北京隐形独角兽信息科技院（BIHU）联合发布。报告中，全球共有 15 家在线旅游公司入选，马蜂窝因其"内容+交易"商业模式的成功而入围榜单前列，成为中国内容公司商业化的最佳样本之一。

报告中称，2019 全球独角兽企业 500 强总估值为 19322.57 亿美元，中国独角兽企业共 217 家，总估值 9413.79 亿美元，数量和估值均超越美国，位居世界第一。这份全球独角兽企业 500 强的评价标准明晰且立场分明：评估基准日（2019 年 7 月 31 日）企业估值 10 亿美元以上，并剔除主营业务与现行政策导向相违背的企业以及负面舆情多的企业。

中国全球独角兽企业 500 强行业分布前三甲为生活服务、企业服务和智能科技，包含马蜂窝在内的生活服务类企业共有 41 家。报告还指出，生活服务行业将呈现盈利多样化与全方位线上化的特征。马蜂窝作为具备独特商业模式的在线旅游平台，将随着行业的升级进化，展现出更强的竞争实力与增长潜力。

值得关注的是，在 2019 年 10 月胡润研究院发布的《2019 胡润全球独角兽榜》中，马蜂窝也作为电子商务企业代表入选榜单。榜单显示，在全球独角兽中，中国企业上榜 206 家，美国企业 203 家，印度企业数量位列第三。其中，电子商务和金融科技领域占该榜单的 1/3。

2019 年，马蜂窝在旅行玩乐领域连续取得诸多突破性发展成果，短内容、短视频增势更是备受业界关注。公开数据显示，2019 年第三季度，在马蜂窝平台上使用短内容的用户数环比增速达 3 倍以上。同时，马蜂窝还加快了与全国乃至全球各国各地区、各领域的合作步伐和合作深度，走入山东、陕西、浙江的"文旅中国行"系列活动，与覆盖日本、马来西亚、西澳大利亚的全球化营销战略。

中国新闻网
闪送入围全球独角兽企业 500 强榜单　坚守初心用速度传递善良

媒体名称	中国新闻网
文章标题	闪送入围全球独角兽企业 500 强榜单　坚守初心用速度传递善良
文章链接	https：//m.chinanews.com/wap/detail/zw/business/2019/12-19/9038145.shtml

2019 年 12 月 18 日，2019 独角兽企业 500 强大会在青岛召开，本次大会由青岛市人民政府、中国人民大学中国民营企业研究中心主办，以"聚焦国家战略，贯彻新发展理念，共谋新时代下的企业创新发展之道"为主题，聚集了来自政府部门、上市公司、投资机构及媒体等的多方人士，围绕当前中国经济形势、独角兽企业商业模式创新等话题共同展开讨论。中共中央对外联络部原副部长于洪君，第十二届全国人大代表、中央民族大学校长黄泰岩，中国工程院院士、中国汽车工程学会理事长李骏，中国工程院院士、清华大学自动化系教授戴琼海，前美国交通部助理部长兼公共事务主任玛丽安·麦克伦妮（美），印度工商联合会执行董事阿都尔（印），厚朴投资联席董事长、原中国工商银行副行长张红力等多位领导出席了本次大会，闪送对外事务总监刘学柱也作为嘉宾在大会上作了发言。

会上，主办方发布了《2019 全球独角兽企业 500 强报告》，并为获奖企业颁发了证书，同城速递平台闪送凭借极具前瞻性和创新性的发展理念，以及惊人的增长速度，成功荣获本次奖项。

据悉，本次发布的 500 强榜单是根据中国人民大学中国民营企业研究中心和北京隐形独角兽信息科技院建立的全球独角兽企业数据库编制而成，该数据库采用了人机共融智能技术，是目前最为全面、公正、客观的榜单，能够反映全球新经济发展格局和科创企业发展情况。因此，专业人士指出，将闪送称为"独角兽"乃是实至名归。

作为最早开始同城速递业务模式的平台，闪送"一对一急送拒绝拼单"的业务模式引领了整个行业的发展。闪送坚持从取件到送达都由同一名闪送员来完成，且每次仅服务一笔订单，在上一笔订单结束之前闪送员不会再接其他订单，这一模式迎合了互联网时代用户对时效性和个性化的需求，并给予了行业内其他品牌经营启发。

闪送创立五年以来，实现了跨越式发展，业务覆盖城市达 222 座，服务用户数量超过 1 亿人，日平均订单量超过 60 万单，连续五年实现年复合增长率超过 300%，增长速度为行业所罕见，并迅速坐上了同城速递 C

端市场的头把交椅。

闪送的成功也在于其业务模式的不可复制性。相较于以商户巨多、单点高频、易于布局的 B 端市场，C 端市场呈现高度的分散性、即时性、离散性特点，准入门槛较高，对平台的运力数量和响应速度、布局密度提出了较高要求，容易形成优势竞争壁垒。

而闪送日均 60 万订单，吸引了全国 80 多万名闪送员的加入，凭借这一规模壁垒，闪送已在全城形成了一支高密度、网状、流动的庞大运力团队，确保 7×24 小时都有人响应用户需求，因此，可以实现平均 1 分钟响应，10 分钟上门，60 分钟送达全城的递送时效，后来者很难在短期内达到如此规模。

品牌壁垒和技术壁垒是闪送的另外两大法宝，通过五年来积累的大数据，闪送能够确保每一笔订单都精准推送给最合适的闪送员，从而提升了递送效率；这种一对一递送的模式，又让闪送成功与以 B 端拼单配送模式为主的友商形成显著区隔，甚至成功抢占用户心智成为同城速递行业的代名词，这些都构成了闪送的"独一无二"性。

除了本次奖项之外，闪送还被全球知名数据智库 CB Insight 评选为全球独角兽，并凭借极大的增长潜力、领先的核心技术，入围了"中国瞪羚企业价值榜"，也充分证实了闪送的业绩已获得国内乃至海外市场的认可，这一切离不开闪送难以复制的经营模式，更离不开闪送在精神层面的坚守。

刘学柱在演讲时表示，闪送"用速度传递善良"。"善良"不仅是闪送的企业基因，也是每一位闪送员所坚守的行为准则，推动他们在接单过程中全心全意地服务用户。闪送的这一理念也得到了用户的广泛支持和认可，曾有机构调研显示，闪送在同城速递行业中用户口碑排名第一，用户们也将闪送员视为帮助他们解决紧急问题的"闪送侠"，正如闪送所期望的那样，"让善良的人得到更多尊重。"

"以至诚为道，以至仁为德，闪送始终坚信，唯有坚守善良和商业道义，急用户之所急，想用户之所想，方能走得更远。"刘学柱说道。

中国网
2019 全球独角兽企业 500 强发布，驴妈妈强势入选

媒体名称	中国网
文章标题	2019 全球独角兽企业 500 强发布、驴妈妈强势入选
文章链接	http：//zjnews. china. com. cn/yuanchuan/2019 - 12 - 20/205138. html

2019 年 12 月 18 日，全球独角兽企业 500 强大会在青岛举行，中国人民大学中国民营企业研究中心与北京隐形独角兽信息科技院联合发布《2019 全球独角兽企业 500 强发展报告》，驴妈妈作为优秀旅行企业代表入选 2019 全球独角兽企业 500 强，同时入选的还有蚂蚁金服、字节跳动、Airbnb、喜马拉雅、滴滴出行、马蜂窝旅游等知名企业。

据了解，报告采用人机共融智能技术，从目前全球 700 余家独角兽企业中，剔除了主营业务与现行政策导向相违背的企业和负面舆情多的企业，遴选出全球前 500 家独角兽企业。中国共 217 家企业入选，总估值 9413. 79 亿美元，位居世界第一。从行业分布来看，生活服务领域有 107 家独角兽企业，总估值为 3543. 66 亿美元，其中，出行旅行类共 11 家。

2019 年不仅是景域驴妈妈"富于创造"的一年，也是科技赋能元年。为实现和推动旅游业高质量发展，驴妈妈推出"先游后付"创新型旅游体验。"先游后付"产品自 2018 年底上线以来，已在全国范围内掀起诚信旅游的新热潮。2019 年，陕西、广西、河南、山东、西藏先后成立"先游后付诚信联盟"。自有 IP 酒店品牌"帐篷客"、"歌遥"、"歌璞"和"铁皮巨人"等陆续落地。为嘉善大云、神垕古镇、雅安汉源、姜堰

溱湖旅游度假区等创造的 IP 形象，广受赞誉。2019 年，在科技赋能方面，景域驴妈妈联合中兴通讯、中国联通、江西省旅游集团、浙旅集团等知名科技及文旅集团，成立"中国 5G+智慧文旅产业联盟"，打造智慧旅游新业态。由锦江集团主导，驴妈妈一起参与的"一部手机游上海"以及"一部手机游河南"等项目也相继开展。

驴妈妈创始人、景域集团董事长洪清华表示，中国旅游业发展 30 余年，依然有巨大的市场空间。5G 时代的到来会给中国文旅产业带来翻天覆地的变化。驴妈妈独特的 ToC 、ToB、ToG 的金三角商业模式，实现了生态赋能大提速。驴妈妈坚持"技术赋能"、"产品赋能"、"效率赋能"，全面提质增效，将"创造顾客价值"作为景域驴妈妈的信仰，为游客带来更好的旅游体验。

当前，全球涌现出越来越多的独角兽企业，这些企业在一定程度上代表着新经济的增长动力，是全球经济转型升级的一个缩影。以驴妈妈为代表的独角兽企业创新能力极强，市场潜力巨大，对引领产业新技术、新业态、新模式升级以及经济结构调整等起着重要作用。

央视网
自如荣获 2019 全球独角兽企业 500 强，
引领租住行业创造新动能

媒体名称	央视网
文章标题	自如荣获 2019 全球独角兽企业 500 强，引领租住行业创造新动能
文章链接	http：//news. cnr. cn/native/lmgd/20191220/t20191220 _ 524906849. shtml

2019 年 12 月 18 日，青岛市人民政府、中国人民大学中国民营企业研究中心联合举办 "2019 全球独角兽企业 500 强大会"，会上发布了《2019 全球独角兽企业 500 强发展报告》。北京自如生活企业管理有限公司（以下简称 "自如"）荣获 "2019 全球独角兽企业 500 强" 称号。

独角兽企业是指成立 10 年以内、估值超过 10 亿美元、获得过私募投资且尚未上市的企业，具有发展速度快、数量稀少、符合投资人追求目标等属性。独角兽企业是科技创新企业中最具代表性的部分，全球独角兽企业 500 强则更是其中佼佼者。

报告显示，中国有全球独角兽企业 500 强 217 家，占比 43.4%，总估值为 9413.82 亿美元，行业分布前三为生活服务、企业服务和智能科技领域。全球独角兽企业 500 强的发展壮大将会彻底改变当今世界的科技格局、产业格局和经济格局，并为世界经济发展注入新的强劲动力。

随着房地产市场的不断发展，存量房市场必将迎来前所未有的春天。而长租公寓无疑是对存量房市场的一个盘点和整合，特别是当下年轻住房群体对租住品质的要求不断提升，专业化、机构化的租赁产品越来越受到市场的认可，加速了住房租赁行业的安全与规范。同时，近年的国家政策利好及各地落地政策的频频出台，长租公寓再次站在风口，成为新时代重要居住产品代表。

区别于传统中介繁琐的租赁模式，以自如为代表的长租公寓平台，率先在中国实现找房、签约、支付、租期服务的全流程互联网化以及管家、保洁、维修业务的 100% 线上办理，打造了住房租赁全流程线上长租服务管理平台。此外，自如在产品、服务、技术、团队上持续深耕，在为租客创造良好的租住体验的同时，引领长租行业健康发展。

独角兽企业往往能够反映出行业的市场活力和创新能力。因此，被评为独角兽企业，既是对企业发展的充分肯定，同时也代表了行业的标杆风向。目前自如已经布局全国 9 个城市，管理房源突破 100 万间，服务近 45 万业主和 300 万自如客，规模跻身世界前列。自如业务主体也从单纯的资产托管房屋租赁，向集合租住产品、生活服务、科技智能、智慧社区的综合城市服务商、运营商转变。

行业专家表示，从目前市场体量和人群需求等方面来看，长租公寓的发展已经成为刚需，是解决城市居住问题的重要方式。在自如的推动下行业正在建立房屋质量、服务体系的更高标准，让租住错配得到修正。独角兽企业作为新经济时代激发市场新活力的典型代表，对推动新旧动能加速换挡具有重要意义。

据悉，"2019 全球独角兽企业 500 强大会"由青岛市人民政府、中国人民大学中国民营企业研究中心主办，青岛市民营经济发展局、青岛市即墨区政府、北京隐形独角兽信息科技院承办，青岛市民营经济服务中心协办。全球独角兽企业 500 强大会将在青岛每年举办一届。

人民网
少海汇入选 2019 全球独角兽企业 500 强

媒体名称	人民网
文章标题	少海汇入选 2019 全球独角兽企业 500 强
文章链接	http：//sd. people. com. cn/BIG5/n2/2019/1221/c386785 - 33652178. html

2019 年 12 月 18 日，由青岛市政府和中国人民大学中国民营企业研究中心联合主办的 2019 独角兽企业 500 强大会在青岛举行，会上发布了《2019 全球独角兽企业 500 强发展报告》，并揭晓了 2019 全球独角兽企业 500 强，少海汇入选。

此前，凭借多项硬核科技成果，少海汇 ToC 产业主体有屋科技已先后入选 2018 年度山东省瞪羚企业名单、山东制造·硬科技 TOP50 品牌榜、2019 胡润中国潜力独角兽。此次荣登 2019 全球独角兽企业 500 强，是对少海汇科创实力的再度褒奖。

2019 全球独角兽企业 500 强由中国人民大学中国民营企业研究中心、北京隐形独角兽企业科技研究院联合发布。其评估标准采用人机共融智能技术（Human Machine Intelligence），遴选出全球前 500 家独角兽企业，企业估值需在 10 亿美元以上。

以智能家居为平台，少海汇整合全球优质资源，已构建起了覆盖智慧住居上下游的全产业链体系。截至 2018 年底，少海汇企业数 48 家，核心成员企业年产值达 185 亿元。

在"去中心化"的生态圈模式下，通过打通成员企业资源，生态圈内资金、技术、人才、信息等要素得以最大化互动交融，生态圈开放、无边界，持续为成员企业创造新机会，在彼此紧密协作下，生态圈不断催生市场爆款、实现多方共赢。

在"资本+产业集群"模式下，少海汇通过联合信中利、中金等国内一线资本，围绕智能家居上下游投资布局，充足的资金支持同时为成员企业的产品研发、市场开拓等方面提供了保障，企业得以快速做大做强。截至目前，少海汇核心成员企业累计融资达 40 亿元。

IFTNews
平安医保科技强势上榜全球独角兽企业 500 强
稳居中国大医疗健康领域第一

媒体名称	IFTNews
文章标题	平安医保科技强势上榜全球独角兽企业 500 强　稳居中国大医疗健康领域第一
文章链接	http：//www.ifintechnews.com/readnews/6804.html

2019 年 12 月 17~18 日，由青岛市人民政府和中国人民大学中国民营

企业研究中心联合主办的"2019 独角兽企业 500 强大会"在青岛顺利召开，与会现场正式发布《2019 全球独角兽企业 500 强榜单》。平安医疗健康管理股份有限公司（以下简称平安医保科技）凭借全方位赋能国内医疗生态圈的新兴业态及高达 88 亿美元的投后市场估值位列榜单第 33。平安医疗健康管理股份有限公司旗下平安好医投资管理有限公司（以下简称平安健康（检测）中心）CEO 邢立萍受邀出席。

据悉，2019 全球独角兽企业 500 强榜单由中国人民大学中国民营企业研究中心与北京隐形独角兽信息科技院（BIHU）联合发布，采用人机共融智能技术，遴选出全球前 500 家独角兽企业，致力于打造最为全面、公正、客观的榜单。《2019 全球独角兽企业 500 强发展报告》显示，2019 全球独角兽企业 500 强总估值为 19322.57 亿美元。中美两国独角兽企业 500 强占全球的 82.00%，占据绝对优势。中国有 217 家，总估值 9413.82 亿美元；美国有 193 家，总估值 7439.14 亿美元。其余 18.00% 主要分布在欧洲与亚洲。

近年来，中国平安积极打造"大医疗健康生态圈"，而平安医保科技正是核心成员之一。平安医保科技成立于 2016 年 9 月，是中国平安近年来孵化的多家"独角兽"中最年轻的一股力量。它以支付方为入口，向服务提供方延伸，致力于革新中国医疗市场，助力"三医联动"，实现"一降两提"。公司凭借行业领先的医保管理、医疗管理、健康管理、疾病管理经验，积极打造医疗生态圈闭环解决方案，为医保、商保及医院、医生、医药提供"系统+服务+运营"一揽子智能化赋能方案。经过三年多的实践，截至目前，业务市场覆盖全国近 30 个省、200 余个城市，为 8 亿社会公众提供服务。

据了解，2019 年 5 月，平安医保科技成功中标国家医疗保障局医疗保障信息平台建设工程第七包——国家医疗保障局医疗保障信息平台宏观决策大数据应用子系统、运行监测子系统的建设工程采购项目。此外，还于近期中标山东省医保局智能监管系统信息化平台建设项目。种种成绩都体现了这家独角兽企业的专业团队实力、科技创新能力和数据赋能水平。与此同时，平安还积极布局第三方医学检测市场。据邢立萍介绍，平安医保科技旗下健康（检测）中心作为大健康行业的创新实践者，在全国首创影像诊断、医学检验和精密检查"三位一体"的创新医疗服务模式，依托前沿科研成果和创新发展理念，探索多元化商业模式，现已实现自建、共建、加盟、移动、托管、智慧影像等综合业务形态，并与亚洲排名第一的医学检验服务公司日本 SRL 合资设立医学检验实验室。目前，平安健康（检测）中心在全国 27 个省已落地建成 370 余家检测中心，致力于成为第三方健康检测行业领导者。

平安医保科技相关负责人表示，未来，公司将在集团战略引领下，积极发挥自身优势，持续深耕与开拓创新，为医保管理机构的科学决策管理与高效运营赋能，为百姓健康管理、看病就医助力，矢志成为中国领先的全方位赋能医疗生态圈的智慧科技公司。旗下平安健康（检测）中心也将持续探索创新医疗模式，助推中国健康事业发展。

中国交通运输协会网
日日顺物流入选全球独角兽企业 500 强榜单

媒体名称	中国交通运输协会网
文章标题	日日顺物流入选全球独角兽企业 500 强榜单
文章链接	http://www.wlxh.org/cn/menu_70/873.htm

在 2019 全球独角兽企业 500 强大会上，公布了《2019 全球独角兽企业 500 强榜单》。其中，日日顺物流成功入围该榜单，成为行业内首个物联网场景物流的独角兽。

全球独角兽企业 500 强评价标准是评估基准日企业估值 10 亿美元以上，并且剔除了主营业务与现行政策导向相违背的企业和负面舆情多的企业。在全球独角兽企业 500 强中，美国投资机构投中 470 家，数量遥遥领先。同时，中国投资机构也势头强劲，紧随其后。

　　日日顺物流相关负责人表示，截至 2019 年，日日顺物流创客训练营已累计输出 175 个创业课题，申请国家专利 22 项，为物流行业持续输出智慧型人才和行业解决方案，推动物流行业创新发展的同时，也成就了自身独角兽的地位。

人民网
217 家中国企业跻身 "2019 全球独角兽企业 500 强"

媒体名称	人民网
文章标题	217 家中国企业跻身 "2019 全球独角兽企业 500 强"
文章链接	http：//apiapp. people. cn//a/a/ab/video_wap_110060. html

　　2018 年 12 月 18 日，"2019 全球独角兽企业 500 强" 榜单及《2019 全球独角兽企业 500 强发展报告》在青岛发布。报告显示，中美两国独角兽企业占全球总量的 82%。其中，中国有 217 家企业入榜，总估值 9413.82 亿美元，在数量和估值上均位居世界第一。（摄像/杨俊）

人民网

视频揭晓："2019 全球独角兽企业 500 强"名单

媒体名称	人民网
文章标题	视频揭晓："2019 全球独角兽企业 500 强"名单
文章链接	https://apiapp.people.cn/a/a/ab/content_wap_109798.shtml

视频揭晓："2019全球独角兽企业500强"名单

发布日期：2019年12月18日 来源：直播记者

央视网
217 家中国企业入选 “全球独角兽 500 强” 总估值 9413 亿美元

媒体名称	央视网
文章标题	217 家中国企业入选 “全球独角兽 500 强” 总估值 9413 亿美元
文章链接	https：//www. newscctv. net/219appshare/article. html？vid＝34DB2676－489C－7C90－1D9E－CAB6E76CDD98

NEW CCTV
央视新闻移动网

V 视频　2.3万　03:38

217家中国企业入选"全球独角兽500强" 总估值9413亿美元

记者跑新闻　　　　　　　　　　2019-12-19 23:21

央视新闻移动网青岛12月19日讯：由中国人民大学中国民营企业研究中心与青岛市人民政府联合主办的"2019全球独角兽企业500强大会"17-18日在青岛成功举办。来自全国四百余位政府、学院、企业嘉宾代表出席本次大会。与会嘉宾围绕政策、经济、技术等主题，轮流分享了最新研究成果及企业发展模式和经验。

新华网

2019 全球独角兽企业 500 强大会在青岛召开

媒体名称	新华网
文章标题	2019 全球独角兽企业 500 强大会在青岛召开
文章链接	http：//www.sd.xinhuanet.com/sd/2019-12/23/c_1125377656.htm?from=groupmessage

新华网山东   山东频道 > 信息

青岛6家企业入围2019全球独角兽企业500强

2019年12月23日 16:29:25 来源：齐鲁网

香港卫视

2019 全球独角兽企业 500 强大会在青岛召开

媒体名称	香港卫视
文章标题	2019 全球独角兽企业 500 强大会在青岛召开
文章链接	http：//jj. hkstv. com. cn/m/movieread. asp？id = 679&from =singlemessage&isappinstalled=0

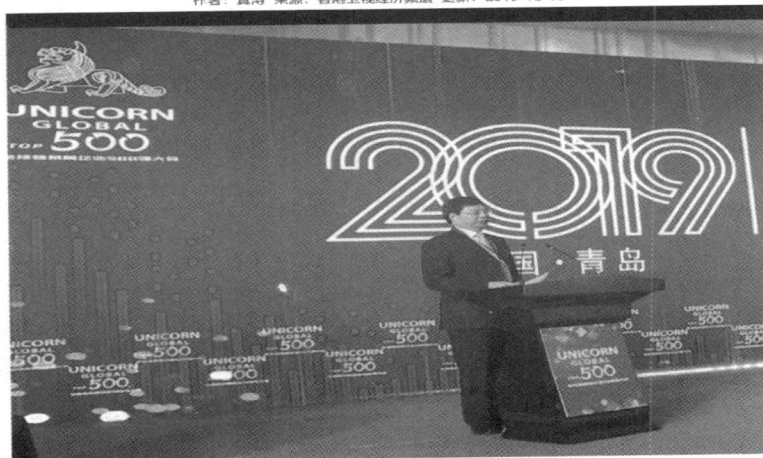

腾讯视频

2019 全球独角兽企业 500 强大会在青岛召开

媒体名称	腾讯视频
文章标题	2019 全球独角兽企业 500 强大会在青岛召开
文章链接	https：//v. qq. com/x/page/u3038.4zm7r9. html

网易视频

2019 全球独角兽企业 500 强大会在青岛召开

媒体名称	网易视频
文章标题	2019 全球独角兽企业 500 强大会在青岛召开
文章链接	https：//c. m. 163. com/news/v/VQVRU6BA8. html？spss = wap_refluxdl _2018&spssid = 2e9d5532cb3bde5ff937e9e0d91 51a09&spsw = 1

搜狐视频

2019 全球独角兽企业 500 强大会在青岛召开

媒体名称	搜狐视频
文章标题	2019 全球独角兽企业 500 强大会在青岛召开
文章链接	https：//tv. sohu. com/v/dXMvMjkwNTM0NDg5LzE2NzQ2ODQ4Mi5zaHRtbA＝＝. html

爱奇艺视频

2019 全球独角兽企业 500 强大会在青岛即墨召开

媒体名称	爱奇艺视频
文章标题	2019 全球独角兽企业 500 强大会在青岛即墨召开
文章链接	https：//m. iqiyi. com/v _ 19ruv4qx94. html？weixin _ plat-form＝friend

优酷视频

2019 全球独角兽企业 500 强大会在青岛召开

媒体名称	优酷视频
文章标题	2019 全球独角兽企业 500 强大会在青岛召开
文章链接	https：//v.youku.com/v_show/id_XNDQ3NTY3MDYzMg＝＝

2019全球独角兽企业500强大会在青岛召开

土豆视频

2019 全球独角兽企业 500 强大会在青岛召开

媒体名称	土豆视频
文章标题	2019 全球独角兽企业 500 强大会在青岛召开
文章链接	https：//compaign. tudou. com/v/XNDQ3NTQzNDk2OA＝＝

56 视频

2019 全球独角兽企业 500 强大会在青岛召开

媒体名称	56 视频
文章标题	2019 全球独角兽企业 500 强大会在青岛召开
文章链接	https：//www. 56. com/u73/v_MTYxNTU1NTY2. html？re-fer2＝direct

青岛网络广播电视台

即墨：2019 独角兽企业 500 强大会在即墨召开

媒体名称	青岛网络广播电视台
文章标题	即墨：2019 独角兽企业 500 强大会在即墨召开
文章链接	http：//qushi. qtv. com. cn/system/2019/12/19/015539552. shtml

青岛网络广播电视台 ｜ 爱青岛手机客户端 ｜ 爱青岛新媒体电视

 爱青岛
—— 网络广播电视台 ——

首页 > 区市 > 即墨

即墨：2019独角兽企业500强大会在即墨召开

2019-12-19 22:02　　来源：区市频道-即墨新闻

半岛网

全球独角兽企业 500 强大会在青岛召开，青岛占 6 席！
北方第二，全国第七

媒体名称	半岛网
文章标题	全球独角兽企业 500 强大会在青岛召开，青岛占 6 席！北方第二，全国第七
文章链接	http：//news. bandao. cn/a/320329. html

半岛V视 | 全球独角兽企业500强大会在青岛召开，青岛占6席！北方第二，全国第七

12-19 16:16 半岛网   阅读 (19395) 扫描到手机

原标题：半岛V视 | 全球独角兽企业500强，青岛占6席！北方第二，全国第七

全球独角兽企业500强，青岛占6席！北方第二，全国第七

蓝晴

2019 独角兽企业 500 强大会在青岛召开

媒体名称	蓝晴
文章标题	2019 独角兽企业 500 强大会在青岛召开
文章链接	http：//lanjingapp. qtvnews. com/mobile/html/newAppShare/view/newsDetails. html？ appName＝lanjing&id＝117147&date＝1576670981380&from＝timeline&isappinstalled＝0

参考文献

［1］［英］阿瑟·刘易斯．经济增长理论［M］．北京：机械工业出版社，2015.

［2］［美］阿尔·拉马丹等．成为独角兽［M］．北京：中信出版社，2017.

［3］［美］艾伦·格林斯潘．繁荣与衰退：一部美国经济发展史［M］．北京：中信出版社，2019.

［4］［美］丹尼尔·平克．全新思维：决胜未来的6大能力［M］．杭州：浙江人民出版社，2013.

［5］顾建平，邓荣霖．企业家灵性资本如何影响团队创新绩效？——基于独角兽公司创业导向的视角［J］．南京社会科学，2020（1）．

［6］国务院．中国制造2025［Z］．2015.

［7］国务院．关于积极推进"互联网+"行动的指导意见［EB/OL］．2015.

［8］侯雪，陆平，魏强．中美独角兽差距在哪［EB/OL］．澎湃新闻，2019-07-30.

［9］刘莎莎，宋立丰，宋远方．数字化情境下互联网独角兽的公司创业路径研究［J］．科学学研究，2020（1）．

［10］刘刚，王宁．创新区与新经济的起源关系和动力机制研究——

基于北京海淀区独角兽企业的价值网络分析 ［J］. 南京社会科学, 2018 （12）.

　　［11］刘曦子, 王彦博, 陈进. 互联网金融生态圈发展评价研究——以蚂蚁金服和京东金融为例 ［J］. 经济与管理评论, 2017 （3）.

　　［12］李宏彬, 李杏, 姚先国等. 企业家的创业与创新精神对中国经济增长的影响 ［J］. 经济研究, 2009 （10）.

　　［13］李志军. 创新创业战略与管理 ［M］. 北京: 中国发展出版社, 2013.

　　［14］李真真. 新经济时代独角兽企业的估值评估问题浅析 ［J］. 环渤海经济瞭望, 2018 （12）.

　　［15］木易. 医疗健康独角兽企业发展现状分析 ［R］. 2019.

　　［16］石晓鹏, 魏向杰, 陶菊颖等. 独角兽企业的发展态势及成长路径 ［J］. 群众, 2018 （4）.

　　［17］宋立丰, 祁大伟, 宋远方. 中国新兴独角兽企业估值比较基础与分析框架 ［J］. 科技进步与对策, 2019 （3）.

　　［18］王永东. 未来世界属于感性人工智能 ［EB/OL］. 新浪科技, 2015-01-13.

　　［19］於志文, 郭斌. 人机共融智能 ［J］. 中国计算机学会通讯, 2017 （12）.

　　［20］杨淼, 雷家骕. 基于熊彼特创新周期理论的科技创新驱动经济增长景气机理研究 ［J］. 经济学家, 2019 （6）.

　　［21］［加］伊斯梅尔等. 指数型组织: 打造独角兽公司的 11 个最强属性 ［M］. 杭州: 浙江人民出版社, 2015.

　　［22］张可. 经济集聚与区域创新的交互影响及空间溢出 ［J］. 金融研究, 2019 （5）.

　　［23］张学艳, 周小虎, 王侨. 新经济独角兽企业的培育路径探

析——以江苏省为例［J］. 科技管理研究，2020（4）.

［24］仲为国，李兰，路江涌等. 中国企业创新动向指数：创新的环境、战略与未来——2017·中国企业家成长与发展专题调查报告［J］. 管理世界，2017（6）.

［25］朱红梅. 车联网：移动互联网催生的下一个热点［J］. 通信世界，2015（9）：22.

［26］Au-Yong-Oliveira, M., Costa, J. P.. The Rise of the Unicorn：Shedding Light on the Creation of Technological Enterprises with Exponential Valuations［M］. World Conference on Information Systems and Technologies，2018：967-977.

［27］Aghion, P., Howitt, P.. A Model of Growth through Creative Destruction［M］. National Bureau of Economic Research，1990.

［28］Acs, Z. J., Mueller, P.. Employment Effects of Business Dynamics：Mice, Gazelles and Elephants［J］. Small Business Economics，2008，30（1）：85-100.

［29］Birch, D. G.. Job Creation in America：How Oursmallest Companies Put the Most People to Work［M］. University of Illinois at Urbana-Champaign's Academy for Entrepreneurial Leadership Historical Research Reference in Entrepreneurship，1987.

［30］Center for American Entrepreneurship. The Rise of the Global Startup City：The New Map of Entrepreneurship and Venture Capital，2018.

［31］Dan, Y., Chieh, H. C.. A Reflective Review of Disruptive Innovation Theory［J］. In PICMET Portland International Conference on Management of Engineering & Technology（IEEE），2008（8）：402-414.

［32］Newman, D.. Top Six AI and Automation Trends for 2019（12）. https：//www. forbes. com/sites/paultalbot/2019/10/28/why-direct-marketers-still-mail-offline-coupons/#2887c60217d6.

［33］ Fan, J. S.. Regulating Unicorns: Disclosure and the New Private Economy ［J］. Boston College Law Review, 2015, 57 （2）: 583.

［34］ Guo, Y., and Liang, C.. Blockchain Application and Outlook in the Banking Industry ［J］. Financial Innovation, 2016, 2 （1）: 1-12.

［35］ Gornall, W., Strebulaev, I. A.. Squaring Venture Capital Valuations with Reality ［J］. Journal of Financial Economics, 2020, 135 （1）: 120-143.

［36］ Greenspan, A., Wooldridge, A.. Capitalism in America ［M］. London: Penguin Press, 2018.

［37］ Gibbs, S.. Google Sibling Waymo Launches Fully Autonomous Ride-hailing Service ［EB/OL］. The Guardian, 2017.

［38］ Heher, A. D.. Return on Investment in Innovation: Implications for Institutions and National Agencies ［J］. The Journal of Technology Transfer, 2006, 31 （4）: 403-414.

［39］ Joshi, N.. Artificial Emotional Intelligence: The future of AI ［M］. Experfy, 2019.

［40］ Jaderberg, M., Dalibard, V., Osindero, S.. Population Based Training of Neural Networks ［M］. arXiv, 2017: 1711. 09846.

［41］ Kenney, M., Zysman, J.. Unicorns, Cheshire Cats, and the New Dilemmas of Entrepreneurial Finance ［J］. Venture Capital: An International Journal of Entrepreneurial Finance, 2019, 21 （1）: 35-50.

［42］ Lee, A.. WelcomeTo The Unicorn Club: Learning From Billion-Dollar Startups ［M］. Techcrunch, 2013.

［43］ Moedas, C.. Science Diplomacy in the European Union ［J］. Science & Diplomacy, 2016, 5 （1）.

［44］ McNeill，D.．Governing a City of Unicorns：Technology Capital and the Urban Politics of San Francisco ［J］．Urban Geography，2016，37（4）：494-513.

［45］ Murgia.，M.．DeepMind Helps Waymo Train Self-driving Cars ［M］．Financial Times，2019.

［46］ Porter，M. E.．Competitive Advantage of Nations：Creating and Sustaining Superior Performance ［M］．New York：Simon and Schuster，2011.

［47］ PitchBook，2019，Unicorn Report 2019.

［48］ Patel，N.，Moon，M.，Crandall，P.．Displaying Sensor Data and Supplemental Data As A Mask for Autonomous Vehicles ［M］．US10297152B1，2019.

［49］ Rice，D.．The Driverless Car and the Legal System：Hopes and Fears as the Courts，Regulatory Agencies，Waymo，Tesla，and Uber Deal with this Exciting and Terrifying New Technology ［J］．Journal of Strategic Innovation and Sustainability，2019（1）.

［50］ Solow，R. M.．A Contribution to the Theory of Economic Growth ［J］．The Quarterly Journal of Economics，1956，70（1）：65-94.

［51］ Schumpeter，J.，Backhaus，U.．The Theory of Economic Development ［M］．Boston：Springer，2003.

［52］ Schuetz，S.，Viswanath，V.．Blockchain，Adoption，and Financial Inclusion in India：Research Opportunities ［J］．International Journal of Information Management，2019（52）：101936.

［53］ Szybalski，A.，Gomez，L. R. P. and Urmson，C. P.．User Interface for Displaying Internal State of Autonomous Driving System ［M］．US8352110B1，2013.

［54］ Kent，S.．Federal Cloud Computing Strategy：From Cloud First to

Cloud Smart, 2018, https：//cloud. cio. gov/strategy/.

［55］ Trehan, B.. Productivity Shocks and the Unemployment Rate ［M］. Economic Review – Federal Reserve Bank of San Francisco, 2003： 13–28.

［56］ Tapscott A., Tapscott D.. How Blockchain is Changing Finance ［J］. Harvard Business Review, 2017.

［57］ Vernon, R.. International Investment and International Trade in the Product Cycle ［J］. The Quarterly Journal of Economical, 1966, 80 （2）.

［58］ Waymo. On the Road to Fully Self – driving： Waymo Safety Report, 2017.

［59］ Zhai, J. Z., and Carrick, J.. The Rise of the Chinese Unicorn： An Exploratory Study of Unicorn Companies in China ［J］. Emerging Markets Finance and Trade, 2019, 55 （15）： 3371–3385.

［60］ Zheng, N., Liu, Z. and Ren, P.. Hybrid – augmented Intelligence： Collaboration and Cognition ［J］. Frontiers of Information Technology & Electronic Engineering, 2017, 18 （2）： 153–179.

后　记

新一轮科技创新和产业变革正在加速演进。创新作为引领发展的第一动力，在推动全要素生产率快速提高的过程中发挥着不可替代的作用。而企业是创新的主体，创新的竞争很大程度上就是企业之间的竞争。通过对大量的科技创新企业（特别是全球独角兽企业500强）成长轨迹与典型案例的分析，总结、归纳和提炼出"科技创新企业成长模型"。该模型描述了科技创新企业成长的一般规律、关键因素、成长阶段和外部条件。科技创新企业从一个初创公司起步，迅速地在市场竞争中崭露头角，相继进阶为隐形独角兽、独角兽，进而登陆资本市场，成为一个科创上市公司。这是一个优胜劣汰的演化过程（如下页图所示）。独角兽企业作为具有强大创新能力和巨大成长潜力的企业群体，已经成为衡量一个国家和地区创新能力与创新生态的重要风向标，代表着未来科技的发展方向和战略制高点。如今，越来越多的独角兽企业站到了世界经济舞台的中央，它们通过技术创新、商业模式创新、资本运营等方式多维联动并迅速发展壮大，成为科技、产业、投资和政府等各个层面关注的焦点。

然而，无论是国际还是国内，社会各界对独角兽企业的认识还不够充分。为此，中国人民大学中国民营企业研究中心和北京隐形独角兽企业信息科技院组织专家团队，对全球独角兽企业进行了全方位、多角度、深入系统性的研究。历时一年，从全球1000余家独角兽企业中遴选出估值最

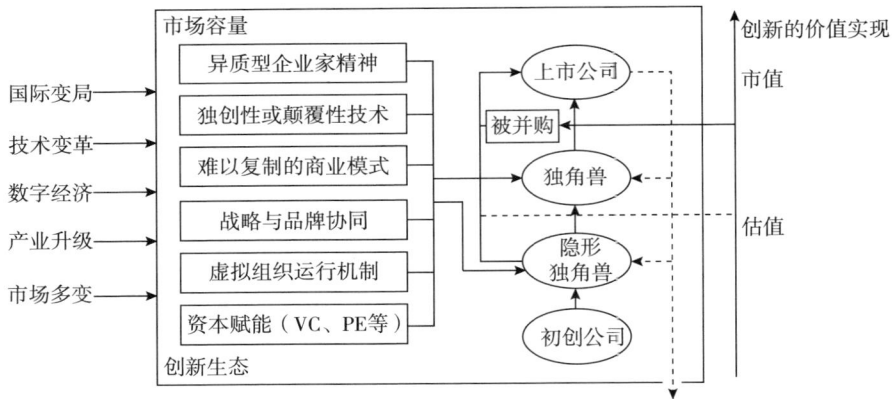

科技创新企业成长模型

高的 500 家，确定全球独角兽企业 500 强榜单，并撰写了《2019 全球独角兽企业 500 强发展报告》。全球独角兽企业 500 强的评价标准是：①公司估值在 70 亿元人民币（10 亿美元）以上；②拥有独创性或颠覆性技术；③拥有难以复制的商业模式；④成立时间 10 年左右；⑤符合现行政策导向，不存在重大负面舆情。

为进一步推动独角兽企业的成长，助力独角兽企业的技术创新、品牌推广和产业化落地，增进全球独角兽企业之间、独角兽企业与投资机构之间的交流与合作，2019 年 12 月 18 日，中国人民大学中国民营企业研究中心、北京隐形独角兽信息科技院联合青岛市人民政府举办了"2019 全球独角兽企业 500 强大会"。中国工业和信息化部总经济师王新哲、青岛市委书记王清宪、中共中央对外联络部原副部长于洪君、中国人民大学中国民营企业研究中心主任黄泰岩、北京隐形独角兽信息科技院院长李庆文、中国汽车工程学会理事长李骏、美国交通部前助理部长玛丽安·麦克伦妮、印度工商会联合会中国会长阿都尔、南非蓝鹤投资有限公司董事长兼总经理安迪·拉马福萨等出席了大会并发表重要讲话，蚂蚁金服、滴滴出行、京东物流、OYO、Promasidor Holdings、地平线机器人、依图科技、云从科技、平安医保科技等 60 余家全球独角兽 500 强企业出席并发表了主旨演讲。目前全球独角兽企业 500 强大会已被列入了青岛"十大平台"之一，并且在青岛设立了永久会址。

本书是全球独角兽企业 500 强大会的阶段性成果，是《2019 全球独角兽企业 500 强发展报告》的补充和深化。全书在深入分析全球独角兽 500 强企业基本格局的基础上，选取了 26 个独角兽 500 强企业，从技术创新、商业模式创新、品牌建设、管理运营等多角度进行了案例分析。此外，本书加入了主要国家、主要城市的科技创新政策，还对北京和青岛的科技创新政策进行了评价，有利于分析国家之间和城市之间独角兽企业发展程度不同的主要原因。

本书是集体智慧的结晶。全书由解树江负责总体统筹规划并修改定稿，各章节撰写人分工如下：解树江、程春华、唐靖宇、林幼娜（第一章第一节至第九节），郭亚男（第十节），胡胜龙（第十一节），金鑫、辛昌贺（第十二节），于洋（第十三节），曲晨歌、鲁童童（第十四节），李文杰（第十五节），欧周文（第十六节），曲晨歌（第十七节），程春华（第十八节）；林幼娜（第二章第一节），辛昌贺（第二节），李文杰（第三节），平安医保科技（第四节），鲁童童（第五节），林幼娜（第六节），威马汽车（第七节），奇点汽车（第八节），云从科技（第九节），欧周文（第十节），汇通达（第十一节），作业帮（第十二节），费丽英（第十三节），蔡国良（第十四节），胡胜龙（第十五节），解淑清、陈立兵（第十六节），爱驰汽车（第十七节），华云数据（第十八节），景域驴妈妈（第十九节），伟东云教育（第二十节），松鼠 AI（第二十一节），找钢网（第二十二节），中加特（第二十三节），闪送（第二十四节），好享家（第二十五节），七牛云（第二十六节）；唐靖宇、郭亚男（第三章第一节至第六节），林幼娜（专栏 3-1），辛昌贺（专栏 3-2）；郭亚男、唐靖宇（第四章）；唐靖宇（第五章）。他们分别来自：中国人民大学、中南财经政法大学、中央民族大学、北京电子科技学院、北京隐形独角兽信息科技院的教授、副教授和研究员以及嘉楠科技、日日顺物流等全球独角兽企业 500 强。

本书的出版，还得到了经济管理出版社社长杨世伟、华商教育分社社长张丽原的支持和帮助，正是他们的辛勤劳作，才使本书又好又快地出版，在此表示衷心的感谢！囿于水平、能力，加之时间紧迫，如有不足之处，希望国内外专家学者批评指正。

全球独角兽企业 500 强大会秘书长　　解树江

2020 年 7 月

《2019 全球独角兽企业 500 强蓝皮书》
企业家书评

独角兽企业具备独特的创新经济活力，身处充斥发展机遇的新"风口"，被市场寄予厚望。智能汽车、智慧出行、新能源等是未来发展的关键行业，在国家"新基建"、5G 等政策的大力助推下，中国经济势必加速向智能经济时代变迁，更将成为助推全球经济加速发展的新引擎。《2019 全球独角兽企业 500 强蓝皮书》中，详细解读了独角兽企业异军突起的表现及其产生的鲇鱼效应，对于未来科技和市场走向有着独到的参考价值。

——威马汽车创始人、董事长、CEO　沈晖

本书从各个视角对全球独角兽企业 500 强的格局态势、领域行业进行了鞭辟入里的分析。这些企业是新经济的典型代表，是城市、区域创新创业生态的集中体现。通过营销策略解读、商业模式分析等方式细致地描述了各领域独角兽企业的快速成长，其提炼出的观点使本书成了企业家创新思维的必读经典。

——作业帮联合创始人　陈恭明

在全球竞合的新格局下，拥有独角兽数量的多寡，从侧面反映了一个国家或地区的综合经济实力。在"新基建"的大背景下，对于"人工智能"这个走在时代前沿的尖端领域而言，行业内的企业更要抓住历史的机遇，"浓厚"创新生态的氛围，把具有深刻变革意义的关键技术搞上去，争取诞生更多具有核心竞争力的中国独角兽企业。在这个过程中，虽难免狂风骤雨，但我们坚信：希望就在前方。

——云从科技联合创始人　姚志强

《2019 全球独角兽企业 500 强蓝皮书》以犀利的眼光，独特的视角，对全球独角兽 500 强企业进行了深入系统的分析和研究，多维度、全行业系统阐述了独角兽企业的基因、发展和成功秘籍，为读者从商业模式、技术创新、企业文化、成长历程等多角度呈现了独角兽案例，具有良好的示范意义，同时也详细介绍了北京和青岛的创新体系政策和内容，帮助读者快速掌握政策动向、把握时代脉搏！值得拜读。

——嘉楠耘智公共事务部副总监　费丽英

闪送创造性地提出一对一急送模式，为用户提供平均 1 小时送达的同城速递平台。创业初期，闪送通过"精益创业"理念快速迭代产品，发展过程中不断把握时机，持续重视服务品质，目前"闪送"已经成为速递行业代名词。闪送卡位市场对于时效性和个性化的需求，不断加强安全保障措施，结合大数据、人工智能等技术，提升用户的服务体验和闪送员的接单效率。优秀的企业引领市场，伟大的企业创造市场。闪送希望和更多的独角兽企业一道，提升人们的生活品质，让社会更美好。

——闪送对外事务总监　刘学柱